D1620520

Göttinger Universitätsschriften

Serie A: Schriften

Band 14

V&R

Vandenhoeck & Ruprecht
in Göttingen

Die Klassische Altertumswissenschaft an der Georg-August-Universität Göttingen

Eine Ringvorlesung zu ihrer Geschichte

Herausgegeben
von Carl Joachim Classen

Mit 36 Abbildungen

V&R

*Vandenhoeck & Ruprecht
in Göttingen*

CIP-Titelaufnahme der Deutschen Bibliothek

Die klassische Altertumswissenschaft an der Georg-August-Universität Göttingen: e. Ringvorlesung zu ihrer Geschichte / hrsg. von Carl Joachim Classen. – Göttingen: Vandenhoeck u. Ruprecht, 1989 (Göttinger Universitätsschriften: Ser. A, Schriften; Bd. 14)

ISBN 3-525-35845-8
NE: Classen, Carl Joachim [Hrsg.]; Universität ⟨Göttingen⟩: Göttinger Universitätsschriften / A

© 1989 Vandenhoeck & Ruprecht, Göttingen
Printed in Germany. – Das Werk einschließlich aller seiner Teile ist urheberrechtlich geschützt. Jede Verwertung außerhalb der engen Grenzen des Urheberrechtsgesetzes ist ohne Zustimmung des Verlages unzulässig und strafbar. Das gilt insbesondere für Vervielfältigungen, Übersetzungen, Mikroverfilmung und die Einspeicherung und Verarbeitung in elektronischen Systemen.
Gesetzt aus Baskerville auf Linotron 202 System 4
Satz und Druck: Gulde-Druck GmbH, Tübingen
Bindearbeit: Hubert & Co., Göttingen

Inhalt

Vorwort

Der vorliegende Band geht auf eine Ringvorlesung zurück, die die hiesigen Vertreter der Klassischen Altertumswissenschaft anläßlich des zweihundertfünfzigsten Jubiläums der Georgia Augusta in dem auf den Gedenktag der Inauguration (17. 9. 1737) folgenden Wintersemester 1987–1988 in Göttingen gehalten haben. Die Auswahl wurde mit Rücksicht auf die Zahl der hiesigen Fachvertreter und einige in den letzten Jahren gehaltene Gedenkvorträge getroffen (s. u. S. 233).

Als Anhang ist eine knappe Skizze der Geschichte der Klassischen Altertumswissenschaft an der Georg-August-Universität 1734–1987 aus der Zeitschrift Georgia Augusta (Mai 1987) mit freundlicher Erlaubnis der Herausgeber wieder abgedruckt. Ihnen sei ebenso gedankt wie allen denen, die die Genehmigung zur Benutzung unveröffentlichter Materialien und zur Wiederhabe von Bildern erteilt haben, außerdem dem Direktor des Archäologischen Instituts, Herrn Professor Dr. K. Fittschen, für die Hilfe bei der Beschaffung von Bildvorlagen.

Der besondere Dank der Göttinger Altertumswissenschaftler gilt den Herausgebern für die Aufnahme dieser Ringvorlesung in die Reihe der Göttinger Universitätsschriften und dem Herrn Präsidenten der Universität für die Bereitstellung eines Druckkostenzuschusses.

C.J.C.

Ulrich Schindel

Johann Matthias Gesner, Professor der Poesie und Beredsamkeit 1734–1761

Absicht der folgenden Skizze ist es, den ersten Professor der Klassischen Sprachen in Göttingen, Johann Matthias Gesner, vorzustellen, der vom frühsten Anfang der Universität, 1734, bis zu seinem Lebensende, 1761, über ein Vierteljahrhundert also, hier gelehrt hat.

I.

In den 30er Jahren des 18. Jhs. war im Heiligen Römischen Reich Deutscher Nation wahrlich kein Mangel an Universitäten: ihre Zahl ging, die Konfession beiseite gelassen, in die drei Dutzend. Und sie waren keineswegs alle alte Humanistengründungen, es gab auch Gründungen des 17. Jhs. wie Kiel (1665) und betont progressive wie Halle (1694). Wenn eine neue Universität wie die unsre dem Konkurrenzdruck gewachsen sein wollte, mußte sie besondere Anziehungspunkte bieten, neben günstigen wirtschaftlichen Bedingungen vor allem attraktive Professoren.

Nichts, was dem unermüdlichen Kurator von Münchhausen weniger klar gewesen wäre. Und als er den 43jährigen Rektor der Leipziger Thomasschule als Professor der Poesie und Beredsamkeit – das war noch bis in den Anfang des 19. Jhs. der althergebrachte Titel des Klassischen Philologen – nach Göttingen berief, tat er einen vorzüglichen Griff: neben Albrecht von Haller sollte Gesner eine der Säulen der Universität in ihrer Anfangsphase werden.

II.

Aber wie konnte der scharfsichtige Kurator wissen, daß Gesner der richtige Mann für seine Reform-Universität war? Was wußte man 1734 von Wesen und Leistung dieses Mannes?

Gesner[1] war 1691 in einem fränkischen Pfarrhause geboren. Seine Vorväter waren Pfarrer und Beamte gewesen. Die Schule hatte er in Ansbach besucht, 1710 die Universität Jena bezogen. Dort hatte er, gefördert vor allem durch den Theologen Johann Franz Buddeus, die klassischen Sprachen, aber auch Orientalistik und Theologie studiert. 1715 mit einer echtheitskritischen Untersuchung zu Lukians Philopatris zum Magister Artium promoviert, war er sofort als Konrektor nach Weimar berufen worden. Dort hatte er in kurzer Zeit das Niveau der Schule erheblich gehoben und war daneben weiter energisch in der Wissenschaft tätig: durch Teilnahme an der großen Lukian-Ausgabe des berühmten Tiberius Hemsterhuys in Leiden hatte er Verbindungen über die Grenzen des Landes hinaus geknüpft und auch keinen Augenblick gezögert, neben dem Schulamt die Verwaltung der reichen herzoglichen Bibliothek in Weimar zu übernehmen.

Wie mühelos er die Forderungen des Schulamts und der Wissenschaft miteinander verband, zeigt eine kleine Anekdote aus der Weimarer Zeit, wie sie uns sein später Göttinger Nachfolger Hermann Sauppe erzählt.

»Einst gab er hier im Gymnasium Stunde. Da klopft es, und Gesner sieht heraus. ›Sind Sie der Konrektor Gesner?‹ fragt ein Herr. ›Der bin ich.‹ ›Schön: ich bin Thomas Fritsch, wollen Sie mit nach Leipzig fahren?‹ – ›Ja.‹ – ›Gut, in einer Stunde fahren wir.‹ Und Gesner ging nach Hause, und in einer Stunde saß er mit dem berühmten Buchhändler im Wagen, um über die Bearbeitung des Faberschen Thesaurus zu verhandeln.«[2]

Nach 14jähriger Tätigkeit in Weimar war Gesner dann aufgrund von Kränkungen in der Folge eines Thronwechsels nach Ansbach gegangen und hatte das Rektorat seiner alten Schule übernommen – doch nur für kurze Zeit, denn das nächste Jahr schon hatte – auf Empfehlung des einflußreichen Buchhändlers Fritsch – die Berufung auf das Rektorat der Thomasschule in Leipzig gebracht. Dort hatte er seitdem gelehrt, hatte die Schule in kurzem zur Musteranstalt emporgebracht, ein allseits beliebter Scholarch im eigensten Sinne des Wortes, in besonderem Einvernehmen mit und ungewöhnlichem Verständnis für seinen amtierenden Kantor, Johann Sebastian Bach[3]. Nur die wissenschaftliche Beziehung zur Hohen Schule am Ort hatte sich nicht gedeihlich entwikkelt: der dankbare Rat der Stadt hatte seinem erfolgreichen Rektor eine Sänfte zur Benutzung gestellt, und dies war Gesner von den rangbe-

1 Sein Leben ist am ausführlichsten dargestellt von F.A. ECKSTEIN in Ersch-Gruber, 64, 1857, 271–279 und ADB 9, 1879, 97–103; vgl. auch NDB 6, 1964, 348–349.
2 H. Sauppe, J.M. Gesner, Progr. Weimar 1856, 13.
3 S. unten S. 19 Anm. 34.

Abb. 1: Johann Matthias Gesner (1691–1761)

wußten Professoren schwer verübelt worden, so daß sie ein Lehramt an der Universität verhinderten[4].

Soviel also war es, was man 1734 in Hannover über Gesners Laufbahn wissen konnte, eine stetige, erfolgreiche Laufbahn zwar, aber keineswegs eine, die geradezu für eine Reformuniversität prädestinierte. Welches *geistige* Profil hatte der zu berufende Professor?

Münchhausen hatte offenbar mit großer Aufmerksamkeit gelesen oder war klug beraten worden, wenn er seine Suche auf Gesner konzentrierte. Zwar war die Magister-Abhandlung von 1715 über Lukian wohl solide Kritik gewesen, aber nichts Außergewöhnliches. Doch im selben Jahr hatte Gesner auch noch ein anderes Werk veröffentlicht – es ging auf Buddeus' Anregung zurück –, das so leicht nicht seinesgleichen hatte: die ›Institutiones Rei Scholasticae‹.

In der empfehlenden Praefatio, die Buddeus zu dem Werk beigesteuert hat, schreibt dieser, in seiner langen theologischen Lehrtätigkeit an der Universität habe er einen immer stärkeren Verfall der literarischen und überhaupt wissenschaftlichen Bildung feststellen müssen: schlechte Lehrer bildeten die Kinder unzureichend aus, schlechte Studenten erschienen auf den Universitäten und würden dort zu schlechten Lehrern, die wiederum an den Schulen schlechte Schüler ausbildeten: »weil also so die Ursache des Verfalls immer im Kreise geht und von den Schulen auf die Universitäten und von dort wieder auf die Schulen sich verbreitet, habe ich mir schon lange Gedanken darüber gemacht, wie dieser Schade endlich behoben werden könne, so daß der Wissenschaft ein besseres Gesicht und dementsprechend auch den Schulen und Universitäten zurückgegeben werden kann«[5]. Diese Aufgabe zu lösen hat Gesner mit seinem Buch versucht, und die Lösung ist ihm – nicht nur nach Meinung seines Lehrers Buddeus – über die Maßen gut gelungen.

Das Buch ist eine Beschreibung dessen, was ein Lehrer an Begabungen, Fähigkeiten und Kenntnissen aufweisen muß, mit welchen Methoden er sie verwirklicht und vermittelt und zu welchen Zielen er gelangen soll – kurz, eine methodologisch-didaktische Theorie, die sowohl die Lernziele der Gelehrten Schule wie auch die Ausbildungsziele der Universität in den Blick faßt, das eine mit dem andern in ein ausgewogenes Verhältnis bringt.

So bescheiden Gesner dieses Werk auch präsentiert – er habe nur, schreibt er in der Einleitung, einfach seine Meinung dargelegt und niemand anderem als sich selber dies Gesetz bestimmt, welches er standhaft

4 F. A. Eckstein, Gesners Wirksamkeit für die Verbesserung der höheren Schulen, Progr. Leipzig 1869, 42–50, hier 44.

5 Institutiones Rei Scholasticae, Jena 1715, Lectori Benevolo s. d. Jo. Franciscus Buddeus, (S. 10), Original lateinisch.

befolgen werde, bis er eines Besseren belehrt worden sei[6] – so bescheiden also die Präsentation, so war es doch ein Programmentwurf, an dessen Autor einer Reformuniversität durchaus gelegen sein mußte, zumal wenn inzwischen deutlich war, daß er auch in die Praxis umzusetzen wußte, was er geschrieben hatte. Und Gesner ist in der Tat in seiner ganzen wissenschaftlich-akademischen Wirksamkeit diesem frühen Programmentwurf – er stammt von einem 25jährigen – treu geblieben: seine grammatischen und stilistischen Lehrbücher, seine Chrestomathien, sein Lexikon, seine kommentierten Ausgaben, vor allem aber das Seminarium Philologicum sind folgerichtiger Ausdruck dieser Grundposition.

1734 erreichte Gesner also der Ruf nach Göttingen. Er nimmt mit Freuden an – nach der Mißgunst der Leipziger Fakultät verständlich –, schreibt seinen Freunden voll Behagen von dem ›unctum stipendium‹ von 700 Thalern, das man ihm biete[7], und wird ob seiner Umgänglichkeit und seines pädagogischen Geschicks beim Abschied von Leipzig von der Thomasschule sehr betrauert:

»Spielt nur immer, Musensöhne,
Spielt mit ächzendem Gethöne,
Spielt, da Geßner von euch zieht,
Ein bethräntes Klagelied.
Laßt den Thon nur matt erklingen,
Sprecht die Sylben langsam an,
Daß das halbgebrochne Singen
Euren Schmerz verrathen kan« –

so und in 10 weiteren Strophen singen die Schüler Chr. Wilh. Küstner und Joh. Benedict Carpzov[8]. Die ›Externi der oberen Classen gedachter Schule‹ reimen in 7 Strophen Fuß auf Kuß, und schön auf Lein-Athen[9]. Und in einer als ›letztes Abend-Opffer‹ überbrachten Cantata ›der sämtlichen Alumnorum auf der Schule zu St. Thomas‹, die sicher vom Thomaskantor Bach geleitet, jedenfalls auch vertont war[10], singen die Allegorien der Liebe und Dankbarkeit im Wechsel folgendes zwischen Hoffnung und Einsicht schwankende Trauerlied[11]

6 (S. 1), Original lateinisch.
7 Thesaurus Epistolicus Gesnerianus, coll. C.A. Klotz, Halle + Magdeburg 1768, 228 (an G.N. Köhler).
8 UB Göttingen, 2° Poet. Germ. I 6425 rara, Nr. 71.
9 A.O. Nr. 70.
10 Der Text ist jetzt im Faksimile veröffentlicht und erläutert von K. Hofmann, Bach-Jahrbuch 1988, S. 211–218; die Musik ist bisher verschollen, zum möglichen Zusammenhang mit einem Fragment einer Instrumentaleinleitung vgl. Hofmann S. 217, Anm. 9.
11 A.O. Nr. 69.

»*Rezitativ der Liebe*
Bey meinen bittern Thränen
Die Gesners Abzug mir jetzt aus den Augen preßt,
Bey meinem bangen Sehnen,
Das sich vor Seinen Auffenthalt erblicken läßt,
Bey meinen langen Schmertzen
Beschwör' ich euch danckbare Hertzen,
Die Gesners Sanfftmuth hat gelenckt,
Die Gesners Klugheit hat geführet,
Die Gesners Weisheit hat regieret,
In die Sein Witz der Wissenschaften Grund gesencket,
Der Tugend Pfeiler eingesetzt,
Der Sitten Vorschrift eingeätzt,
Helfft mir die letzte Pflicht verwalten,
Helfft mir, den theuren Lehrer halten.

Rezitativ der Danckbarkeit
Da Sein Verdienst und Ruff bereits soweit geschritten,
Und vor der hohen Majestät der Britten
Ein gnädig Auge findt,
Ist deine Sehnsucht allzu schlechte,
Und deine Schule gar zu enge,
Daß sie Ihn länger in sich zwänge
Und einen höhern Ruff verhindern möchte.

Der Schlußchor
Belohne, o Himmel, mit reichlichem Segen
Des theuersten Gesners Verdienste und Treu.
Laß Ihn das beste Wohlergehen
Auch an dem neuen Orte sehen.
Begleite ihn auf allen Wegen,
Daß Ihm sein Glück beständig sei«

Diesere Schlußchor hat mit seinen uneigennützigen Wünschen für das neue Amt in jeder Weise Erfüllung gebracht. Nicht nur die professio eloquentiae et poeseos hat Gesner in Göttingen übernommen, sondern auch die Leitung der Universitätsbibliothek, dann die Direktion des Seminarium Philologicum, das Sekretariat, später das Direktorium der Akademie, die Inspektion über das Gelehrte Schulwesen in Braunschweig-Lüneburg, das Präsidium der Deutschen Gesellschaft. Daß er alle diese Ämter mit wachsendem Erfolg ausübte und Münchhausens Hoffnungen auf Flor und internationalen Ruhm der neuen Universität mehr als erfüllte, sah man selbst in Göttingen, obwohl doch der Prophet im eigenen Lande gemeinhin nichts gilt.

Anläßlich der Übernahme des Prorektorats der Universität 1743 wurde er vielfältig bedichtet. Eine treuherzige Gratulationskantate enthält das folgende Rezitativ[12]

> »Den Musen ist vorlängst sein großer Werth bewußt,
> Dem Deutschlands Gränzen schon vor vielen Jahren
> Zu enge waren.
> Fragt Holl- und Engelland, fragt Frankreich, Latien,
> Laßt Schweiz, Pannonien und Schweden
> Nebst Cimbrien von seinem Lobe reden.
> Hier wird sein weiter Ruhm bey Bild und Nahmen stehn,
> Geht durch Sarmatiens und Rußlands Gränzen, –
> Wo nur Sophia wohnt, muß Gesners Lorbeer glänzen.«

Das ist keineswegs nur eine nicht ganz gelungene rhetorische Kunstfigur, der gelehrte Briefwechsel Gesners bezeugt vielmehr fast durchgehend für alle diese Länder wissenschaftliche Verbindung und Diskussion[13].

Anspruchsvoller ist da die 172 Alexandriner lange Ode, die Justus Möser zum gleichen Anlaß Gesner gewidmet hat. Mit scharfem Blick hebt Möser als Gesners besondere Leistung die Verlebendigung der Literatur der Alten hervor, das, was ihn auch im heutigen Urteil zu einem der Archegeten des Neuhumanismus hat werden lassen: Überall schienen die Klassiker schon überwunden und obsolet, in der Philosophie, in der Redekunst, in der dramatischen wie der lyrischen und epischen Dichtung, in der Naturkunde –

> »Doch halt! das Altertum ist noch nicht gar entweiht,
> Und warum? Gesner lebt, an dem die graue Zeit
> Wie dort ein Archias den Tullius gefunden.
> Verteidger Latiens! die segensreichen Stunden,
> Die Dein gesetzter Geist den großen Alten schenkt,
> Macht, daß die alte Welt sich zu der neuen lenkt
> Und beide ganz erhitzt um Deine Schriften streiten,
> Um sich ein ewig Lob aus ihnen zu bereiten.«[14]

Aber nicht nur Gratulationsgedichte belegen den präsenten Ruhm Gesners, auch distanziertere Publikationen, wie der Brucker-Haid'sche Bildersaal berühmter zeitgenössischer Schriftsteller, stellen seine Zelebrität ohne Abstrich heraus.

12 A.O. Nr. 75.
13 Thesaurus Epistolicus Gesnerianus, 1768.
14 A.O. Nr. 74, jetzt in Justus Mösers Sämtlichen Werken, Bd. 2, 1981, 42–47, hier 45.

»Die Verfassung und Einrichtung der Universität selbst«, heißt es da, »und die Statuten derselben, zu welcher Berathschlagung der Herr Gesner gezogen und die letzte zu verfassen befehligt worden; so viele öffentliche Anzeigen, Reden und Gedichte..., die alle aus Herrn Gesners Feder herrühren, der sie im Namen (der Universität) zu verfertigen pflegte; die Verbesserung des Schulwesens in den königl. und churfürstl. Deutschen Landen...; die vortreffliche Anstalt des Seminarii philologici...; die Einführung und Verbesserung der Schulbücher...; die Deutsche Gesellschaft, welche unter dessen Aufsicht in seinem Hause sich zusammen gethan, den guten Geschmack und die richtige Verfassung der deutschen Sprache, Beredsamkeit, Critik und Dichtkunst zu befördern; der Anwachs des Bücherschazes der Universität, welcher ihr... unter Besorgung des Herrn Professors Gesner wiederfahren; all diese und noch viele andere Verdienste dieses trefflichen Mannes... beweisen unwidersprechlich, mit was Billigkeit er unter die ersten Zierden nicht nur von Göttingen, sondern auch von Deutschland gesezet werde.«[15]

Daß dieser Ruhm stetig geblieben ist bis ans Ende seines Amts und Lebens – Gesner ist bald nach seinem 70. Geburtstag, noch fast bis zuletzt tätig, 1761 gestorben – bezeugt die Grabrede, die ihm sein Kollege Johann David Michaelis, ein bekanntlich keineswegs von Natur zu Lob und Anerkennung fremder Leistung geneigter Kopf, gehalten hat. Mit nüchternem Blick bespricht Michaelis all die Leistungen und Werke, die wir schon in der Brucker-Haid'schen Skizze fanden, indem er sie im einzelnen detailliert und in den größeren Rahmen des zur verlebendigenden Synthese strebenden Antikeverständnisses von Gesner stellt. Ausdrücklich weist er auf den von Gesner in den letzten Lebenstagen geäußerten Wunsch hin, bei der Grabrede möchten die beiden Grundprinzipien des Historikers streng gewahrt bleiben: nur Wahres zu reden und nichts vom Wahren aus Gefälligkeit wegzulassen. Michaelis hat sich daran gehalten und in dem deutlichen Bewußtsein der größeren Dimensionen dieses Göttinger Gelehrtenlebens zusammenfassend gesagt: »Aber diese Trauer, diese Klagen sind uns gemein mit allen Gebildeten überall auf der Welt; nicht ein privater Besitz ist uns, sondern ein öffentlicher ganz Deutschlands und Europas mit Gesner dahingegangen.«[16]

III.

Das Urteil der Zeitgenossen ist damit hinlänglich zu Wort gekommen. Was bleibt nun, wenn wir Gesner aus der Distanz von heute betrachten?

15 J. Brucker, J.J. Haid, Bilder-sal, 4. Dec. 1745, Bl. 2v (UB Göttingen, Conciones Funerales 41/6, Viri II 6).

16 Memoria J. M. Gesneri, 1761, in J. M. Gesneri Biographia Academica Gottingensis, hg. v. J.N. EYRING, 3 Bde., Halle 1768, Bd. 1, 247–276, hier 247 (Original lateinisch).

In der neusten Geschichte der Klassischen Philologie von Pfeiffer wird Gesner nur kurz erwähnt als Vorläufer des Neuhumanismus[17]. Wilamowitz[18] hat ihn immerhin »fast einen neuen Praeceptor Germaniae« genannt, ihn damit in den Rang von Melanchthon erhebend – aber eben nur ›fast‹; und auch anderswo[19] ist er in jüngster Zeit unter dem Aspekt des Vorläufers behandelt worden. In dem kürzlich erschienenen vorzüglichen Buch C.O. Brinks über die Geschichte der Klassischen Philologie in England[20], das seinen Schwerpunkt im 18. Jh., also der Lebenszeit Gesners hat, ist auf überzeugende Weise der innovative Schub beschrieben, den Richard Bentley in der Altertumswissenschaft verursacht hat und der besonders in Deutschland, allerdings erst ein bis zwei Menschenalter später, aufgenommen worden ist, von Gesners Nachfolger Heyne und dessen Schülergeneration. Ist es vor diesem Hintergrund überhaupt denkbar, bei Gesner von innovatorischen Leistungen zu sprechen?

Die besondere Leistung Bentleys lag in der reinen Philologie, der Rekonstruktion der überlieferten Texte, unter Heranziehung der gesamten schriftlichen und dinglichen Überlieferung. Diese Seite gehört gerade nicht zu den Stärken Gesners. Seine erste größere Edition, die zweibändige Sammlung der Scriptores Rei Rusticae (1735)[21], ist ein in der Anlage ganz konventioneller Kommentar cum notis variorum, vollgestopft mit überkommener Gelehrsamkeit und um einige Zusätze erweitert, so wie das seit dem Barock im Schwange war. Seine Ausgaben des Livius (1735)[22] und Horaz (1752)[23] waren fast unveränderte Textabdrucke von älteren Editionen, die Horazausgabe charakteristischerweise ein Abdruck der Edition Baxters, die 1725 als gänzlich unzureichende Konkurrenz zur berühmten Ausgabe Bentleys von 1711 erschienen war.

Aber so unbefriedigend diese Ausgaben unter dem Aspekt der Überlieferungsgeschichte und Textkritik auch sein mochten, eben in der Liviusausgabe findet sich in der Praefatio eine programmatische Erörterung,

17 R. Pfeiffer, History of Classical Scholarship 1300–1850, 1976, 168 u. 175.

18 U. v. Wilamowitz-Moellendorff, Geschichte der Philologie (1921), 1959, 42.

19 U. Muhlack, Klassische Philologie zwischen Humanismus und Neuhumanismus, in ›Wissenschaften im Zeitalter der Aufklärung‹, hg. v. R. Vierhaus, 1985, S. 108–109.

20 C.O. Brink, English Classical Scholarship. Historical Reflections on Bentley, Porson and Housman, 1985.

21 Scriptores rei rusticae veteres Latini, cum editionibus prope omnibus et mss. pluribus collati, adiectae notae virorum clariss. integrae, tum editae tum ineditae et lexicon rei rusticae, curante Jo. Matthia Gesnero, 2 Bde., Leipzig 1735 (mit zahlreichen technischen Zeichnungen).

22 Titi Livii... historiarum libri qui supersunt ex editione et cum notis J. Clerici... cum praefatione Jo. Matthiae Gesneri, Leipzig 1735. Es ist ein Nachdruck der Liviusausgabe von J. LeClerc, Amsterdam 1710.

23 Q. Horatii Flacci Eclogae una cum scholiis perpetuis... ex restitutione Wilhelmi Baxteri. Recudi curavit et varietate lectionis suisque notis auxit Jo. Matthias Gesnerus, Leipzig 1752.

mit der Gesner einen erheblichen Wandel im Phänotyp von Klassikerausgaben bewirkt hat. Ausgangspunkt ist hier weniger ein theoretisch-wissenschaftliches Prinzip, sondern eher ein praktisch-pädagogisches: die Opposition von statarischer und kursorischer Lektüre, die hier erstmals beschrieben und zum Kriterium für Textausgaben gemacht wird[24].

Die statarische Lektüre der Klassiker – der Ausdruck ist eine Erfindung Gesners – gebe es von jeher, an der Schule wie an der Universität: »ein und dieselbe Stelle wird gewöhnlich zwei bis drei mal vorgelesen und von den Schülern je nach Kenntnisstand zwei bis drei mal analysiert. Das führt dazu, daß ein ziemlich kurzer Abschnitt eine ganze Stunde lang behandelt wird: Jahre werden für ein einziges Buch von Ciceros Briefen … aufgewendet« – so in der Schule[25]. »In dieser Art legen die Professoren der Klassischen Literatur ihre Vorlesungen über antike Autoren an, daß sie einen größtmöglichen Apparat von Gelehrsamkeit anbringen und nichts ungesagt lassen, was sich irgendwie und sei's auf Umwegen beiziehen läßt« – so in der Universität[26]. Durch eine solche kleinteilige Behandlung gehe aber jeglicher Zusammenhang und damit der Begriff für das, was die Autoren eigentlich sagen wollten, verloren und das Lesevergnügen werde ausgelöscht – obwohl doch von der Sache her dasselbe Lesevergnügen möglich wäre wie bei Telemach, Robinson, Gulliver, die von der Jugend verschlungen würden[27].

Solche Art von Lektüre sei vielleicht nötig, um die ersten Anfänge zu erlernen, aber ›post iacta fundamenta‹ müsse sehr bald die kursorische Lektüre folgen. Damit sei nicht Diagonal-Lesen gemeint oder Flüchtigkeit:

»Was wir kursorische Lektüre nennen, ist folgendes: man nimmt ein klassisches Buch in die Hand, um es nicht wieder hinzulegen, bevor man es ganz durchgelesen hat. Man liest so, daß man sorgfältig auf die Bedeutungen der Einzelwörter und Verbindungen achtet, daß man genau registriert, was geschmackvoll, eigentümlich, präzise, glanzvoll ausgedrückt ist; daß man auch die Redefiguren aufmerksam erfaßt und durch Analyse und Bewertung sich aneignet. Aber alles übrige geschieht nebenbei, und wenn etwas dunkel, ungewohnt, fern liegend ist, bleibt man nicht gleich stehen und bremst den Leseeifer ab. Oft … bringt das Folgende von sich aus Klärung dessen, was kurz vorher noch in Dunkelheit verborgen schien. Darauf vor allem zielt der Verstand bei dieser Leseweise und darauf konzentriert sich alle Überlegung, zu verstehen und in uns aufzunehmen, was der Autor zu bewirken und mitzuteilen beabsichtigte.«[28]

24 Die Praefatio zur Liviusausgabe (1735) ist abgedruckt in den Opuscula Minora Varii Argumenti, t. I–VIII, 2 Bde., Breslau 1743, hier t. V, Bd. 2, 289–307.
25 A. O. Bd. 2, 292 (Original lateinisch).
26 A. O. Bd. 2, 292.
27 A. O. Bd. 2, 293–295.
28 A. O. Bd. 2, 299–300.

Die kursorische Lektüre sei diejenige Lesemethode, die allein praktischen Nutzen stifte, indem sie den Verstand mit Hilfe fremder Erfahrung mehre und so für private und öffentliche Tätigkeit vorbereite: »den eigenen geistigen Fortschritt bemesse jeder daran, um wieviel leichter und erfolgreicher ihm diese Leseweise von der Hand geht«[29].

Gesners Konsequenz für die Anlage von Textausgaben ist, sie lesbarer zu machen: schon die Liviusausgabe enthält nicht mehr den über Jahrhunderte akkumulierten Wust der notae variorum, hier sowohl wie im Quintilian (1738)[30], Jüngeren Plinius (1739)[31], Horaz (1752)[32] und schließlich im Claudian (1759)[33] ist die Kommentierung selbständig, kurz, vor allem auf Verständnis und historisch verifizierbare Wertung abgestellt – dazu können auch, auf dem Wege der Klärung per antithesin, ganz aktualisierende Reflexionen gehören wie die berühmte Bemerkung über Johann Sebastian Bachs Virtuosität und Dirigierkunst im Quintiliankommentar[34].

Der neue Typ von Handkommentar, den Gesner damit einführte und der auch heute, mit den Aspektveränderungen, die der Historismus mit sich gebracht hat, lebt, ist am deutlichsten aus Gesners Einleitung zum Claudian zu erkennen:

> »Ich habe nicht einen dicken Kommentar aufgespeichert, sondern nur das erreichen wollen, daß man den Dichter verstehe; sodann habe ich, um den Geschmack der Jugend zu bilden, was schön und würdig, wahrhaft dichterisch sei, kurz angedeutet und ebenso getreulich auf das aufmerksam gemacht, was der Natur, den großen Mustern, der Idee des Schönen und Guten zuwiderläuft; auch hab' ich offen eingestanden, wo ich etwas nicht verstehe, um so die einen zu trösten, wenn sie es auch nicht verstehen, und Gelehrtere oder Glücklichere zu eigenen Versuchen anzuregen.«[35]

Komplement zu den Gesnerschen Handkommentaren, nämlich Texte für das statarische Lesen, sind die von ihm eingeführten »Chrestomathien«, Auswahlen aus Cicero (1717), Plinius d. Ä. (1723), den griechischen Prosaikern (1731). Auch sie nicht eigentlich editorische Leistungen, haben sie doch als didaktische Hilfsmittel vor allem für die Schulen,

29 A. O. Bd. 2, 301.

30 M. Fabii Quinctiliani de Institutione Oratoria libri XII... perpetuo commentario illustrati a Jo. Matthia Gesnero, Göttingen 1738.

31 C. Plinii Caecilii Secundi Epistolarum libri X, eiusdem Gratiarum Actio sive Panegyricus, cum adnotationibus perpetuis Jo. Matthiae Gesneri, Leipzig 1739.

32 S. o. S. 17, Anm. 23.

33 Cl. Claudiani quae exstant varietate lectionis et perpetua adnotatione illustrata a Jo. Matthia Gesnero, Leipzig 1759.

34 Zu Quint. 1, 12, 3, S. 61.

35 Claudiani Opera, 1759, Praefatio XIV–XV, in der verkürzenden Übersetzung Sauppes aus dessen Weimarer Programm (s. o. S. 10, Anm. 2) 12.

aber auch im Universitätsunterricht bis in den Anfang des 20. Jhs. als Texttyp Nachfolge und Wirkung gehabt.

Ebenfalls in den Bereich des Editorischen gehört eine Sammelausgabe, die in ganz evidenter Weise den Unterschied zwischen der strengen Textphilologie Bentleyscher Prägung und dem auf die Lebenspraxis ausgerichteten Antikeverständnis Gesners sichtbar macht: es ist das 1745 erschienene ›Enchiridion, sive prudentia privata ac civilis‹, in den Vorlesungen kurz auch ›Enchiridion Politicum Romanum‹ genannt. Es umfaßt die kurz kommentierten Ausgaben von fünf lateinischen Prosatexten, Nepos' Atticusbiographie, Quintus Ciceros Commentariolum petitionis, Marcus Ciceros Brief ad Quintum fratrem de re publica recte gerenda, Tacitus' Agricolabiographie und Plinius' Panegyricus auf Traian.

Eine umfangreiche Einleitung klärt über den Zweck der Sammlung auf: leider hätten die Philologen den Ruf erworben, Worteklauber zu sein, »die Tage, Monate und Jahre mit nichts anderem verbringen als über Buchstaben, Laute, Orthographie, Wortwahl, Satzglieder, Perioden, Figuren mit höchster Heftigkeit zu disputieren und ihr Leben so ganz mit nichtigen Dingen zu vertun, woraus kein echter Nutzen für die höheren Wissenschaften oder für's Leben erwächst«[36]. Das seien aber nur die, die ihre Profession verfehlten und die klassischen Autoren nicht wirklich verstünden, »unter denen es keinen gibt, der neben der formalen Eleganz nicht mit den nützlichsten Lebensregeln aufwartete und mit intellektueller Schärfe auch die Bereitschaft zum rechten Handeln und Lebensklugheit vermittelte«[37]. Die Beschäftigung mit diesen Büchern ziele also nicht nur auf Sprachausbildung, sondern auf geistige Souveränität, auf Anstand, Klugheit und Maß im Denken, Sprechen und Handeln. Unter diesem Aspekt habe er die fünf Schriften ausgesucht: »Nichts hat die Sonne Größeres unter den Menschen gesehen als einen ehrenhaften Mann und römischen Bürger« – deshalb Nepos' Atticus. »Nichts das freie Rom Höheres als das Konsulat« – deshalb das Commentariolum. »Nichts Glänzenderes... und Einträglicheres... als eine Provinzverwaltung« – deshalb Ciceros Brief. Damit auch das Militärische zu Wort kommt – Agricolas Leben. Als Gipfel menschlicher Größe gilt das römische Kaisertum, als sein bester Vertreter Traian – deshalb Plinius' Preisrede auf ihn[38]. Wenn einer diese Schriften nicht nur lesend verstehe, sondern auch inhaltlich sich zu eigen mache, dann »wird er die Bedeutung dieser für die rechte Handhabung des ganzen privaten und öffentlichen Lebens hoch wichtigen Regeln und Beispiele erkennen und sich... zu einer geistigen

36 Enchiridion sive prudentia privata ac civilis, Göttingen 1745, Praefatio III–IV (Original lateinisch).

37 A.O. IV.

38 A.O. XI–XIII.

Größe erhoben fühlen, die alle niedrigen Wünsche, bösen Lüste, leeren Glanz, unrechten Gewinn, gefährliche Macht verachtet, und wird nichts bewundern außer dem, was die Sterblichen der Göttlichkeit annähert, selber nur wenig zu bedürfen, möglichst vielen aber zu dienen«[39]. Diese geradezu hymnische Werbung für die auctores classici muß man natürlich in ihrem aktuellen Göttinger Rahmen sehen. Das sind zweifellos die populären, Göttingen berühmt machenden staatswissenschaftlichen Vorlesungen der Achenwall, Pütter und Gatterer gewesen. Vor diesen will der Vertreter der studia humaniora den Vorwurf der Pedanterie aus dem Wege räumen, die Leistungsfähigkeit auch seines Faches im Zusammenhang der neuen ›Publizistik‹ beschreibend. Ob er damit kurzfristig Erfolg hatte, wissen wir nicht – immerhin hat er zwischen 1745 und 1759 fünfmal das Enchiridion Politicum Romanum zum Thema einer öffentlichen Vorlesung gemacht. Zweifellos war es ein Versuch, neue Wege zu beschreiten: doch vor der wachsenden Bewußtwerdung der historischen Individualität, die eine im Historismus kulminierende Geschichtswissenschaft heraufführte, war ihm eine Zukunft nicht beschieden.

In summa: nicht das Feld editorischer Kritik ist es gewesen, wo Gesners Leistungen von Dauer sind: seine Ausgaben werden heute von den Editoren höchstens der Vollständigkeit wegen oder ehrenhalber genannt[40], nicht benutzt; allenfalls seine Editions*typen* haben überlebt.

Ein Nachbargebiet, dem Gesner viel Arbeitskraft gewidmet hat, ist die Grammatik und Stilistik des Lateinischen. Hier hat er sich aus Gründen der Wirtschaftlichkeit, wie er selbst sagt, zwar mit der Umarbeitung älterer Standard-Werke begnügt – der Erneuerung der Grammatik des Christoph Cellarius[41] und der Stilistik des Johann Gottlieb Heineccius[42] –, doch sind die Eingriffe so tiefgehend und die Begründungen so eigentümlich, daß man schon von Neufassungen sprechen kann. Dem entspricht es, daß er nach Aussage der Vorlesungsverzeichnisse an Hand dieser Lehrbücher 24mal über Grammatik, 10mal über Stilistik gelesen hat.

Die Grundtendenz der Veränderungen ist immer Vereinfachung, Konzentration auf die Norm. Folgendermaßen begründet er die Neufassung des Cellarius: »Gleichwie es... bei andern Handlungen der Menschen und den dazu gehörigen Werkzeugen gegangen, daß diese vielfältig mit so

39 A.O. XIV–XV.

40 Z.B. die Quintilian-Ausgabe in Radermachers (1907) und Winterbottoms (1970) Editionen.

41 Christoph. Cellarii erleichterte Lateinische Grammatic, von neuem ausgefertiget und an vielen Orten vermehret von Herrn Joh. Matth. Gesner, hochberühmten öffentlichen Lehrer zu Göttingen, Frankfurt 1759 (zuerst 1740, zuletzt 1786).

42 Fundamenta Stili Cultioris... adornavit Jo. Gottl. Heineccius, adiectis adnotationibus Jo. Matthiae Gesneri, Leipzig 1743 (oft wiederholt, zuletzt 1790).

vielen auswendigen Zierrathen versehen worden, darüber man bisweilen die Absicht vergessen; daher es kommt, daß z. E. die kostbarsten und auf das mühsamste gearbeiteten Messer, Lauten, Uhren, Kleider nicht die besten, das ist, zum Gebrauch die bequemsten sind: Also ist es auch in der Grammatic gekommen. Es haben viele gelehrte Leute ihre natürliche und durch die Studien geschärfte Geschicklichkeit in allerhand tiefe Untersuchungen kleiner Sachen angewendet, künstliche und gelehrte Grammaticken zu verfertigen, welche subtile Kunststücke zu seiner Zeit der Betrachtung und genauen Einsicht der Liebhaber würdig, aber zur ersten Grundlegung eben so ungeschickt sind, als die subtilste und vortrefflichst gefaßte Lancette zum Brotschneiden.«[43] Unter diesem Gesichtspunkt ist das Lehrbuch auf die Grundbedürfnisse zurückgeführt, von allzu großer Gelehrsamkeit entlastet. Und auch bei dieser Form hält Gesner eine sinnvolle Nutzung nur dann für möglich, wenn dauernde Lektüre parallel geht: »Wir wollen zwei Menschen von gleichen Gemüthskräften im Verstand und Willen setzen. Der eine soll eine grosse gute Grammatic, z. E. die Märkische, ganz auswendig können, alle Exceptiones und Annomalien auf den Nagel herzusagen wissen; der andere aber die Zeit, welche jener mit Auswendiglernen seiner Grammatic zugebracht, an schöne Stellen aus den alten Auctoribus gewendet und eine Fertigkeit im Verstehen und Übersetzen dadurch erlangt haben. Welcher von beiden wird wohl geschickter zu andern Studien seyn? Zu mahlen da wir hier setzen, daß der letztere derentwegen der Grammatic nicht unerfahren, sondern nach der Art, die angeführet ist, dazu angewiesen worden. Ich glaube nicht, daß man eine Stunde zweifeln kan.«[44]

Daß hier trotz immenser sprachlicher Gelehrsamkeit ein ganz nüchterner, wirklichkeitsnaher Blick für die Probleme des Spracherwerbs lebendig ist, braucht man fast nicht zu sagen. Gesner spricht von dem überwiegend auf mechanisches Memorieren abgestellten zeitgenössischen Grammatikunterricht nur verächtlich als von einem ›Psittacismus‹, und seine aufgeklärt-empirische Grundposition zur Sprachlehre spiegelt sich nirgends schöner als in den Sätzen: »Unsere ganze Natur ist von dem Schöpfer so eingerichtet, daß unsre Erkäntnis nicht von allgemeinen und abgezogenen Sätzen, sondern von einzelnen, und die Sinnen unmittelbar rührenden Dingen anfängt und entstehet. Wer einem Kinde die beste botanische Beschreibung einer Rose, die richtigste Erklärung einer Wage... tausendmal vorsagen wolte, würde damit nicht so weit kommen, als wenn er ihm eine wahre oder gemahlte Rose oder Wage zeiget. Das Kind braucht keine linnäische oder andere Beschreibung eines Hundes, und kan doch bey sogar verschiedenen Geschlechtern (= Rassen) die Hunde

43 Ausg. Frankfurt 1759, Vorrede § 2 (S. 2).
44 A. O. Vorrede § 11 (S. 11).

von allen andern Thieren gar bald unterscheiden. Eben so geht es mit den Sprachen. Wir lernen ohne allgemeine und abgezogene Begriffe, ohne Regeln, durch die blosse Erwartung und Einrichtung ähnlicher Fälle, jede Sprache, in welcher andere mit uns reden, recht verstehen und reden.«[45] Diese beherzte Stellungnahme gegen erstarrten Formalismus ist so unkonventionell, daß sie Gesner, sehr zum Ärger des späteren Schulhumanismus, die fromme Bitte des Philanthropisten Trapp eingetragen hat: »O sancte Gesner, ora pro nobis«.[46] Aber auch hier blieb der Neuansatz auf den Bereich der Praxis begrenzt, wissenschaftliche Folgen hat er nicht gehabt: die Grammatik und Stilistik von heute kennt Gesners Name nicht.

Das ist anders im letzten zu nennenden Bereich, in der lateinischen Lexikographie. Wie Gesner an diesen Gegenstand kam, haben wir aus der Anekdote mit dem Leipziger Buchhändler Fritsch gehört: in der Folge erschienen 1726 und 1735 seine verbesserten Neuauflagen des ›Thesaurus eruditionis scholasticae‹ von Basilius Faber (1571). 1733 hatte Gesner prinzipiell über die Anlage eines gänzlich neu zu verfassenden Lexikons gehandelt und für dessen Fertigstellung 3 Jahre veranschlagt[47]. Nach 12jähriger Arbeit erschien dann 1749 der vierbändige ›Novus Linguae et Eruditionis Romanae Thesaurus‹. Und hier hat Gesner nun wirklich neue Bahnen beschritten und Perspektiven eröffnet, ohne welche die seit hundert Jahren an einem lateinischen Großlexikon arbeitende Lexikographie – ich meine das von den internationalen Akademien getragene Münchener Thesaurusunternehmen – heute vielleicht nicht da wäre, wo sie ist, beim Buchstaben P. Nicht umsonst ist Gesners Name in der lakonischen Praefatio des ersten Münchener Bandes (1900) als einziger neben Forcellini unter den Vorgängern erwähnt.

Was Gesners Lexikon von denen der Vorgänger bis zurück zu Robert Stephanus (1543) unterscheidet, ist dreierlei:

1) er hat alles mittel- und neulateinische Vokabular beseitigt und sich ausschließlich auf antike Quellen beschränkt – so wie auch heute der Münchener Thesaurus nur bis ins 7. Jh. geht,
2) er hat keinerlei deutschsprachige Äquivalente gegeben in der Überzeugung, daß sich die Bedeutung aus den originalen Belegen ergeben müsse – wie auch heute der Münchener Thesaurus,
3) er hat die Artikel systematisiert nach wort- und bedeutungsgeschichtlicher Entwicklung unter strenger Einhaltung der Chronologie – wie auch heute der Münchener Thesaurus.

45 Ob man aus der Grammatic die lateinische Sprache zu lernen anfangen müsse? (1751), in Kleine Deutsche Schriften, Göttingen u. Leipzig 1756, 294–352, hier 305.

46 F. A. Eckstein, Gesners Wirksamkeit..., Progr. Leipzig 1868, 48.

47 In der Praefatio ad Thesaurum Linguae Latinae Reyhero-Junckerianum, abgedruckt in Opuscula Minora Varii Argumenti, t. VII, Bd. 2, 287–289.

Gerade seine Erklärung zum letzten Punkt verdient, im Wortlaut zitiert zu werden: »Ich habe das System gewählt, soweit möglich eine allgemeine, oder doch die ursprüngliche Bedeutung der Wörter zu fixieren, wovon die übrigen abhängen oder sich ableiten...; um jenem Irrtum der alten Grammatiker... zu begegnen, die grundlos die Wortbedeutungen vervielfältigen, so oft sie sehen, daß ohne Änderung des Sinnes in diesem oder jenem Kontext ein Wort durch ein anderes ersetzt werden kann.«[48] Hier ist die Tendenz zur sprachhistorischen Synthese unverkennbar.

Typisch für Gesners ganzheitlichen Ansatz, doch eher zeitverhaftet und jedenfalls nicht für die Lexikographie zukunftsweisend ist dagegen die durchgehende Komplementierung des sprachlichen Befunds durch die die Wörter betreffende Sachinformation: nicht nur *Linguae*, sondern auch *Eruditionis* Romanae Thesaurus heißt sein Werk ja. Zwar habe er, sagt Gesner, diese Seite im Vergleich zu seinen Vorgängern erheblich beschnitten – dann könnte man ja gleich den ganzen Zedler in ein Sprachlexikon inkorporieren[49] –, aber Wort- und Sachkenntnis klafften gewöhnlich so weit auseinander, daß er bewußt nützliche Grundsätze, Beschreibungen von Sachen natürlicher oder künstlicher Art, Exempel, Aussprüche der Römer in das Lexikon eingearbeitet habe, um handfest zu beweisen, daß der Wortgebrauch nicht anders sei, als es der Menschenverstand und die Sachen selber zeigten[50]. Der Münchener Thesaurus hatte so etwas nicht mehr nötig, denn wir haben inzwischen die RE. Doch begründbar ist Gesners Vorgehensweise auch noch aus heutiger Sicht, denn – wie Heinrich Wölfflin sagt, der Heros Ktistes des Münchener Thesaurus – »Lexikographie ist ja nichts anderes als Philologie, wie umgekehrt niemand... als Philologe anerkannt werden kann, welcher glaubt, den Aufgaben der Lexikographie fremd bleiben zu können«[51].

IV.

Wir haben Gesners Leistungen, die innovatorischen wie die zeitverhafteten, Revue passieren lassen, jedenfalls diejenigen, die sich in seinen gedruckten Werken dokumentieren. Von erheblicher Zukunftsträchtigkeit war aber auch eine Leistung, die im wissenschaftsorganisatorischen Bereich liegt: ich meine die Einrichtung des Seminarium Philologicum. Ich brauche darüber jetzt nicht ausführlicher zu sprechen, da dies schon

48 Thesaurus, Jo. Matth. Gesneri Praefatio § 17.
49 Thesaurus, Praef. § 5.
50 Thesaurus, Praef. § 17.
51 Archiv f. Lexikographie 15, 1908, 602 (letzter Band der 1884 begonnenen Vor- und Begleitarbeiten des Thesaurus).

im vergangenen Mai[52] geschehen ist. Vielleicht darf ich, mich selbst zitierend, nur kurz zusammenfassen: Diese neue Institution ist es gewesen, die das Studium zunächst der antiken Literatur und in der Folge jegliches philologisch-historische Studium auf eine neue Basis gestellt hat. Das Seminarium Philologicum Gesners ist die Quelle geworden, aus der sich methodologisch wie organisatorisch die moderne philosophische Fakultät speist: Lehrform wie Organisationsform des Seminars, auch heute noch eine der typischen Erscheinungen des deutschen Universitätswesens, haben hier ihren Anfang genommen.

Ziehen wir nun die Summe:

Auch unter einem strengen Maßstab, wie ihn Brink an die Leistungen der Klassischen Philologie in England angelegt hat, kann Gesners wissenschaftliches Wirken bestehen: zwar sind es nicht seine Werke, die wir benutzen – doch das tun wir auch bei Bentley nicht –, wohl aber leben Gesners Methoden, seine Perspektiven, seine Grundansätze weiter, in der philologischen Alltagsarbeit ebenso wie in der wissenschaftlichen Organisation.

Zum Abweis der Forderung nach genauer Registrierung der Verdienste der Vorgänger hat Gesner im Vorwort seines Thesaurus geschrieben: »So wie unsere Leine gern einräumt, daß sie aus vielen kleineren Bächen gewachsen, die Aller nicht leugnet, daß sie durch die Wasser der Leine vermehrt, die Weser sich nicht schämt, die Aller aufgenommen zu haben, alle zusammen aber der eine Ozean schluckt und dann... keine Unterscheidung mehr möglich ist, so muß das Bewußtsein genügen, von anderen empfangen zu haben.«[53]

So wäre er es sicher voll zufrieden, sein Werk und Denken mittelbar weiter wirken zu sehen. Am Ende seines Lebens, an seinem 70. Geburtstag, hat er sich ein kleines Carmen gedichtet

»Bis duo lustra decem super iam viximus: ipsam
 Attigimus metam. Vivere adhuc ne placet?

Et placet et iuvat, hac sed lege, ut nostra probetur
 Vita Deo, Patriae, Posteritasque tibi[54]

52 U. Schindel, Von der »Poesie und Beredsamkeit« zur Philologia Classica: Die Entwicklung der lateinischen und griechischen Philologie in Göttingen im 18. Jh. in: Anfänge der Philologie in Göttingen im 18. Jh., hrsg. v. R. Lauer, Göttinger Universitätsschriften (erscheint demnächst).

53 Gesner, Thesaurus, Praef. § 12.

54 UB Göttingen, Cod. ms. hist. lit. 18^b, Bl. 4, Übersetzung von mir.

Vierzehn Lustren schon hab' ich gelebt, dem Ziele fast gänzlich
  Nahe bin ich fürwahr. Weshalb leb' ich annoch?

Weil es gefällt und mich freut. Doch nur wenn mein Leben gefällig
  Gott und der Väter Land und auch der Nachwelt erscheint.«

Daß Gesners Werk und Wirksamkeit bei der Mit- und Nachwelt Hochschätzung gefunden und auch verdient hat, davon hoffe ich einen Eindruck gegeben zu haben. Daß es auch Gott gefällig war, dürfen wir hoffen.

Klaus Nickau

*Karl Otfried Müller, Professor der Klassischen Philologie 1819–1840**

Vor 150 Jahren, zur Saecularfeier der Georgia Augusta, wurde am 18. September 1837 das neue Aulagebäude am Wilhelmsplatz der Universität feierlich übergeben[1]. Wenige Stunden später hielt Karl Otfried Müller, der die klassizistische Form und Ausstattung dieses Gebäudes

* Dieser Vortrag wurde am 26. Oktober 1987 gehalten, sechs Tage bevor sich zum 150. Mal der Erlaß jährte, durch welchen der König Ernst August von Hannover das Staatsgrundgesetz für ungültig erklärte. Daher die etwas unkonventionelle Form dieses Beitrags, die ich doch nicht ändern wollte.
Folgende Quellen und Schriften werden in Abkürzungen zitiert: Boeckh-Müller: Briefwechsel zwischen August Boeckh und Karl Otfried Müller, Leipzig 1883. – Hertz: Index lectionum in univ. litterar. Vratislaviensi per aestatem a. 1884 habendarum. Praemissa sunt Martini Hertz de C.O. Muellero ex Actis excerpta, Breslau 1884. – Kern: Aus dem amtlichen und wissenschaftlichen Briefwechsel von Carl Otfried Müller ausgew. Stücke mit Erläuterungen von Otto Kern, Göttingen 1936. – K. & K.: Carl Otfried Müller. Lebensbild in Briefen an seine Eltern mit dem Tagebuch seiner italienisch-griechischen Reise, hg. von Otto und Else Kern, Berlin 1908. – Kück: Hans Kück, Die Göttinger Sieben (Historische Studien H. 258), Berlin 1934 (Nachdr. Göttingen 1987). – Lücke, Erinnerungen: Friedrich Lücke, Erinnerungen an Karl Otfried Müller, Göttingen 1841. – Ed. Müller, Erinnerungen: Eduard Müller, Biographische Erinnerungen an Karl Otfried Müller, in: Karl Otfried Müller's kleine deutsche Schriften... gesammelt und hg. von E.M., Erster Band, Breslau 1847 (der Band wird auch zitiert als Kl. dt. Schr. 1). – Nachlaß: in der Handschriftenabteilung der Universitätsbibliothek Göttingen als K.O. Müller-Nachlaß aufbewahrte Handschriften. – Ranke, Lebensbild: C.F. Ranke, Carl Otfried Müller, ein Lebensbild, Jahresbericht über die Königl. Realschule, Vorschule und Elisabethschule zu Berlin, Berlin 1870, 3–20. – Reiter: C.O. Müller, Briefe aus einem Gelehrtenleben 1797–1840, hg. und erl. von Prof. Dr. Siegfried Reiter, 2 Bde., Berlin 1950. – Säcular-Feier: Die Säcular-Feier der Georgia Augusta im September 1837, Göttingen 1838. – Seminario: Seminario su K.O. Müller, in: Annali della Scuola Normale Superiore di Pisa, Classe di lettere e filosofia, ser. III, vol. XIV 3, 1984, 893–1226. – Universitätsarchiv: Akte Müller 4/V b 85, in den Kuratorialakten des Universitätsarchivs Göttingen, die einzelnen Stücke numeriert 1–63 (mit Ausnahmen). – Vormann: Der Vormann der Georgia Augusta. Christian Gottlob Heyne zum 250. Geburtstag (Göttinger Universitätsreden 67), Göttingen 1980.

1 Der offizielle ausführliche Bericht über die Feierlichkeiten findet sich in: Säcular-Feier.

maßgeblich bestimmt hatte[2], als Professor eloquentiae et poeseos die lateinische Festrede[3] in dieser neuen Basilica.

Im Rückblick teilte er hier das erste Saeculum der Universität in vier Perioden von ungefähr je 25 Jahren. Für die ersten drei Perioden nennt er jeweils die ihnen zugehörigen großen Göttinger Gelehrten, für die vierte nur einen Namen: Wilhelm von Humboldt, den Erneuerer des Universitätswesens in Preußen. Es sei jetzt dahin gekommen, daß Göttingen, das vorher anderen den Weg gewiesen habe, auch seinerseits von den Einrichtungen anderer lerne und in einem ehrenvollen Wettstreit sich befinde[4]. Es gab für das jetzige moderne Göttingen der Lücke, Dahlmann, Jacob und Wilhelm Grimm und anderer ein halb spöttisch gemeintes Wort: das neue Göttingen im ehrwürdigen Old England. Begonnen hatte dieses neue Göttingen, wie Friedrich Lücke in seinen ›Erinnerungen‹ (7) sagt, nach aller Urteil mit Karl Otfried Müller. Nur politisch sehr hellsichtige Geister, zu denen Müller nicht gehörte, hätten zur Stunde der Saecularfeier vielleicht die Möglichkeit ahnen können, daß dieses neue Göttingen, wie es besonders in den letzten zehn Jahren geblüht hatte, binnen eines Vierteljahres durch die Regierung zerstört werden würde[5].

Ich will mich im folgenden auf drei Punkte beschränken: die Berufung nach Göttingen (I.), Müller als klassischer Philologe (II.), Aufbruch zur letzten Reise (III.).

2 Zu Müllers Anteil an diesem Gebäude: H. THIERSCH, Göttingen und die Antike. Festrede bei der Jahresfeier der Georg-August-Universität am 9. Juni 1926; RUDOLF HORN, Jahrb. der Akademie d. Wiss. zu Göttingen, 1944–1960, 68–101; PAUL ZANKER, Carl Otfried Müllers Haus in Göttingen. Zur Selbstdarstellung eines deutschen Professors um 1835, in: Seminario 1129–46, bes. 1140–4.

3 Der Text der Rede ist gedruckt in: Säcular-Feier 87–97. In demselben Jahr setzte Müller in der Gesellschaft der Wissenschaften zu Göttingen ein Circular in Umlauf, in welchem er beantragte, die lateinische Sprache in Reden abzuschaffen (Nachlaß).

4 Säcular-Feier 95: »Scilicet eadem universitas, quae exemplo suo reliquas ducere solita erat, et permulta salutariter instituta patriae scholis prima ostenderat, etiam vicem sibi honesta aemulatione reddi intellexit, bonisque, etiamsi alio in solo reperta essent, uti non neglexit.«

5 Nach dem königlichen Patent vom 5. Juli 1837 hatten Dahlmann und Jacob Grimm bereits am 11. Juli im Senat Widerstand zu organisieren versucht, freilich vergeblich (KÜCK 19). Schon vor dem Jubiläum hatte die Universität insofern Schaden erlitten, als manche angesehenen auswärtigen Kollegen es vermieden, zu der Feier in offizieller Funktion zu erscheinen; so August Böckh (BOECKH-MÜLLER 398). Müller erwartet, der König werde einlenken (an die Eltern 13. August 1837, K. & K. 244; an Blume 14. August 1837, REITER 1, 319,30; an Elvers 10. August 1837, KERN 275).

Abb. 2: Karl Otfried Müller (1797–1840)

I. Berufung nach Göttingen

Vom letzten Jahr des siebenjährigen Krieges bis zum Jahr vor der Völkerschlacht bei Leipzig[6], fast ein halbes Jahrhundert lang, hatte Christian Gottlob Heyne die klassischen Studien in Göttingen vertreten. Heyne hatte die Archäologie in den akademischen Unterricht eingeführt[7], er hatte in einer neuen Weise antike Dichtungen als Kunstwerke zu verstehen gelehrt[8], er hatte mit immenser Gelehrsamkeit und mit einem lebendigen Sinn für die Aktualität der Vergangenheit[9] das gesamte Altertum zu umfassen gesucht und war zu einem Wegbereiter der sich formierenden Altertumswissenschaft geworden. Noch für das Sommersemester 1812 kündigte er eine Pindarvorlesung an und drei Seminare. Es war das Semester, in dem er, 82jährig, starb.

Einen Nachfolger zu finden, war schwer. Gleich umfassend wie Heyne, und zugleich nach den strengeren Normen, wie sie in den Generationen der Schüler und Enkelschüler aufgekommen waren, zu arbeiten, wer wollte sich das zutrauen? Jacobs und Thiersch nicht; 1816 gelang es, Friedrich Gottlieb Welcker zu gewinnen, aber er ging 1819 an die neue Universität in Bonn. Es sei, so berichtete das Universitätskuratorium an die Regierung im August 1819[10], nicht zu erwarten, »daß einer von den berühmten Philologen Deutschlands... für Göttingen zu gewinnen seyn werde«, und so habe man sich darauf beschränken müssen, »einen jungen Mann aufzufinden, dessen Gelehrsamkeit und Talente zu Hofnungen für die Zukunft berechtigten«. Arnold Ludwig Heeren, ursprünglich Altphilologe, seit langem schon Historiker, der, wie früher Heyne, jetzt der Vertrauensmann der Regierung innerhalb der Professorenschaft war, hatte einen solchen jungen Mann gefunden bei der Lektüre eines 200 Seiten starken Buches mit dem Titel ›Aegineticorum liber‹[11]. Es war eine Monographie über die Geschichte der Insel Ägina im Altertum, mit Ausblicken auf die byzantinische und fränkische Zeit. Denkmäler, Kulte, Mythen, Staat und Wirtschaft waren hier nach den Zeugnissen dargestellt, und ein Kapitel über die bildende Kunst enthielt bereits eine kecke Auseinandersetzung über die Datierung und Deutung der Giebelskulptu-

6 So definiert Müller selbst in der Saecularrede (Säcular-Feier 90 und 94) sinngemäß den Anfang der zweiten und das Ende der dritten Periode.

7 KLAUS FITTSCHEN, Heyne als Archäologe, in: Vormann 32–40, bes. 37f.

8 WOLF-HARTMUT FRIEDRICH, Heyne als Philologe, in: Vormann 15–31.

9 ULRICH SCHINDEL, Heyne als Schulreformer, in: Vormann 47-54.

10 Universitätsarchiv Nr. 1 (Entwurf des Schreibens »An seine Kon. Hoheit den Prinzen Regenten« mit dem Vermerk »9. Aug. abgeg[angen]«).

11 Heeren an Böckh 19. Mai 1819 (BOECKH-MÜLLER 35f.); v. Arnswaldt an den Prinzregenten 2. August 1819 (Universitätsarchiv). Erschienen war das Buch in Berlin 1817.

ren des Aphaiatempels[12], die damals noch in Rom standen, aber soeben von Schelling und Martin Wagner beschrieben und besprochen waren[13]. Gewidmet war das Buch August Böckh, als Verfasser war angegeben Carolus Mueller, Silesius. Nach einer überaus günstigen Auskunft Böckhs über die Person des Verfassers[14], der bei ihm 1817 in Berlin mit den ersten beiden Kapiteln der Aeginetica zum Doctor promoviert worden war[15], hatte Heeren im Juni 1819 bei Müller angefragt[16], ob er bereit sei, seine Lehrerstelle am Magdalenaeum in Breslau mit einer außerordentlichen Professur in Göttingen zu vertauschen. Seine Aufgabe würde es sein, »Alterthumskunde und Philologie in ihrem vollen Umfange zu lehren; und zugleich das Condirectorium des philologischen Seminarii gemeinschaftlich mit dem Hofrath Mitscherlich und dem Professor Dissen zu führen. Für die verschiedenen Fächer der Alterthumskunde«, schrieb Heeren unverblümt, »finden Sie hier ein meist offenes Feld. Die Vorlesungen des Hofrath Mitscherlich[17] beschränken sich auf die Erklärung einiger Klassiker; auch Professor Dissen[18] umfaßt nicht das Ganze. Die Geschichte der griechischen und der Römischen Litteratur, der Vortrag der Mythologie, so wie der Archaeologie oder Kunstgeschichte der alten Welt, fielen Ihnen ganz anheim.«

Karl Müller – seit einem halben Jahr hatte er seinem einzigen Taufnamen ein ›Otfried‹ angefügt, um in der literarischen Welt Verwechslungen zu vermeiden[19] – war, als Heeren ihm dieses umfassende Programm antrug, erst 21 Jahre alt. Geboren am 28. August 1797 als ältester Sohn

12 Damals galt er als Zeustempel, s. Aeginet. liber 108–10.

13 Johann Martin Wagner's/ Königl. Baier'schen Professor's der Historien-Malerey/ .../ Bericht/ über die/ Aeginetischen Bildwerke/ im Besitz/ Seiner Königl. Hoheit/ des/ Kronprinzen von Baiern./ Mit kunstgeschichtlichen Anmerkungen/ von/ Fr. W. J. Schelling./ Stuttgart und Tübingen/ .../ 1817. Schelling fungierte als Herausgeber des Buchs, seine Beiträge auch in Schellings Werke hrsg. von M. Schröter, 3. Erg. bd. 1959, 515ff.

14 Vom 25. Mai 1819 (Boeckh-Müller 37–9).

15 S. Reiter 2,3 (zu 1,5,4).

16 Am 20. Juni 1819 (Kern 5f.).

17 Christoph Wilhelm Mitscherlich (1760–1854), Schüler Heynes, seit 1785 außerordentlicher, seit 1794 ordentlicher Professor, seit 1806 Hofrat in Göttingen. Vgl. Eyssenhardt in Allg. Dt. Biogr. 22 (1885) 15. Sein Kommentar zu Horaz' Oden (1800) hat bis in neueste Zeit Anerkennung gefunden.

18 Georg Ludolph Dissen (1784–1837), noch Schüler Heynes, 1812 außerord., seit 1817 ordentlicher Prof. in Göttingen. Vgl. Mähly in Allg. Dt. Biogr. 5 (1877) 254–6. Heute werden vor allem seine Pindar-Interpretationen gelegentlich noch diskutiert.

19 Auf Buttmanns Rat, sagt man, seit Ranke, Lebensbild 5. Das mag den Zusatz als solchen betreffen. Den Eltern stellte er sich am 1. Dezember 1818 mit eingehender Begründung als Carl *Michael* vor (K. & K. 36f.), an Böckh unterzeichnet er mit ›Karl *O.*‹ vier Tage später. Das Motiv für die Wahl gerade dieses Namens scheint unbekannt (vgl. K. & K. VIIIf.); möglicherweise hat hier Otfrid von Weißenburg, der Schüler des Hrabanus Maurus, Pate gestanden, über den er in Breslau in Wachlers Vorlesung zur

eines Pfarrers in Brieg/Schlesien[20], bis zu seinem zehnten Lebensjahr vom Vater unterrichtet, dann ins dortige Gymnasium eingetreten, dessen Prima er vom dreizehnten Lebensjahr an besuchte, war er im Frühjahr 1814 sechzehnjährig an die Universität Breslau gegangen. Hier studierte er Philosophie, Literaturgeschichte, Mathematik, Botanik, politische Geschichte und manches andere; einige seiner Vorlesungsnachschriften, die sich erhalten haben, geben einen Eindruck[21]. Dem klassischen Philologen Heindorf wies er in der Vorlesung eine metrisch unmögliche Konjektur zum Juvenal nach; Heindorf suchte den jungen Mann ganz für die Philologie zu gewinnen und stellte ihm in dessen zweitem Semester ein Thema für eine Seminarbewerbungsarbeit[22]. Kaum war diese mit Erfolg beendet[23], ging Müller noch in diesem zweiten Semester an die Lösung zweier Preisaufgaben, die von der Philosophischen Fakultät schon anderthalb Jahre vorher gestellt, bislang aber unbeantwortet waren[24]. In der einen lautete die Frage, ›ob diejenigen Überlegungen, aufgrund derer den Philosophen einst die Existenz Gottes hinreichend feststand, die jedoch von Kant ins Wanken gebracht zu sein scheinen, jeder Grundlage entbehren, oder ob die sogenannten dogmatischen Philosophen lediglich in der Form und Methode ihrer Argumentation Fehler gemacht haben ... ‹. Die andere Aufgabe verlangte eine quellenkritische Darstellung der Makkabäergeschichte. Das Manuskript der zweiten Arbeit ist erhalten[25]. Was Müller auf die erste Frage geantwortet hat, weiß ich nicht. Er gewann jedenfalls in seinem dritten Semester beide Preise. Bedenken, insbesondere gegen den lateinischen Stil hatten nicht durchgeschlagen[26].

Zum Sommersemester 1816 ging Müller nach Berlin und fand hier in dem damals 30jährigen August Böckh, wie Heindorf ein Schüler Friedrich August Wolfs, seinen eigentlichen Lehrer und einen Freund fürs Leben. Böckh hatte vor fünf Jahren den ersten Band seiner epochemachenden Pindarausgabe publiziert, jetzt machte er das grundlegende Werk über die Staatshaushaltung der Athener für den Druck bereit. Auch zu einem anderen Wolf-Schüler in Berlin, Philipp Buttmann, hielt Müller engen Kontakt; mit ihm verband ihn vor allem das Interesse an mythologischen Fragen. Friedrich August Wolf selbst, bei Müllers Ankunft in

Geschichte der Literatur gehört hatte (Müllers Nachschrift erhalten im Nachlaß V, dort fol. 13^{v} zu Otfrid).

20 Zu Kindheit und Schulzeit: Ed. Müller, Erinnerungen Xf.

21 Nachlaß IV–V.

22 Brief an den Vater 10. November 1814 (K. & K. 17f.).

23 Brief an den Vater 21. Februar 1815 (zitiert von K. & K. 371 Anm. 10; vgl. Brief vom 13. Dezember 1814, ebd. 19).

24 Einzelheiten zu den Preisschriften bei Hertz 5–8.

25 Nachlaß V.

26 Hertz 6–7; lesenswert die Stellungnahme v. Raumers.

Berlin erst 57jährig, hielt schon nicht mehr Schritt mit der Entwicklung der neuen Altertumswissenschaft, die er in seinen Glanzjahren in Halle doch selbst in Bewegung gesetzt hatte[27]. Dem ungeduldig nach dem großen Zusammenhang wie nach der sachgerechten Bearbeitung der Einzeldisziplin suchenden Studenten konnte die aphoristische Manier Wolfs in Berlin nicht viel sagen[28]. Beides, den Zusammenhang und die gründliche Bearbeitung der Spezialgebiete fand er bei Böckh. Soeben begann die Arbeit am Corpus Inscriptionum Graecarum. Von diesem neuen Arbeitsstil zeugt auch die Aigina-Monographie, mit deren Specimen Müller nach drei Berliner Semestern promoviert wurde.

Nach knapp eineinhalb Jahren Tätigkeit am Gymnasium[29] reichte Müller der Breslauer Philosophischen Fakultät ein Habilitationsgesuch ein[30]. Mit Grammatik und Kritik der antiken Literatur habe er angefangen, schreibt er, sich dann aber mit größerem Eifer *der* Seite der Altertumswissenschaft zugewandt, »quae in rebus, quam quae in formae venustate pernoscenda versatur«. Politische und sakrale Altertümer, Herkunft und Wesen der Mythen, eine genauere Kenntnis der Geschichte der griechischen Staaten seien es, denen er Eifer, Mühe »et quidquid in me est ingenii«, gewidmet habe. Datum 19. Mai 1819, derselbe Tag, an dem Heeren seine Anfrage an Böckh wegen des Dr. Müller richtet.

Die von Heeren in ihn gesetzten Erwartungen hat Müller, sobald er seine Tätigkeit im Wintersemester 1819/20 in Göttingen aufgenommen hatte, erfüllt. Regelmäßig las er[31] im Winter entweder über Griechische Altertümer oder über Mythologie und Götterkult, im Sommer über Archäologie, jeweils fünfstündig. Hinzu kam, ebenfalls fast immer fünfstündig, im Sommer eine Vorlesung über einzelne griechische, im Winter über lateinische Autoren. Hier ist der Kreis eng gezogen: behandelt werden die Historiographen Herodot, Thukydides, Tacitus; die Dichter Pindar, Aischylos, Iuvenal und Persius. An die Stelle dieser auf einzelne Autoren konzentrierten Vorlesungen treten einmal eine über römische Literatur-

27 G. Bernhardy (Fr. Aug. Wolf, Kleine Schriften, hrsg. durch G. B. Bd. I, Halle 1869, Vorbericht XXXI f.): »Er versäumte die Stoffe seines Vortrags in dem grossen Stil, der ihm zukam, umzugestalten und mit den Fortschritten der Zeitgenossen in Einklang zu setzen, liess daher vieles halb und aphoristisch zurück« usw.

28 Brief an E. F. J. Dronke 7. Juli 1816 (Reiter 1,3,8): »Wolf ist nicht mein Mann. Er behandelt die Philologie höchst frivol und thut bei den bekanntesten und gemeinsten Sachen, als wenn es Gnade von ihm wäre, daß er unser einem ein Tröpfchen von seiner Weisheit zufließen läßt...«

29 Zu ihnen Ed. Müller, Erinnerungen XXVI–XXX.

30 Abgedruckt bei Hertz 9f. und bei Reiter 1,9f.

31 Laut den Göttinger Catalogi Praelectionum vom Sommersemester 1820 bis zum Sommersemester 1839. Es war ein mit Dissen abgestimmter dreijähriger Cyclus, s. Brief an die Eltern 21. November 1819 (K. & K. 56).

geschichte[32] und ab 1828 sechsmal solche über griechische und lateinische Sprache. Den Hinweis, daß die griechische und römische Literaturgeschichte ihm ganz anheim falle, hat Müller so gut wie nicht aufgegriffen[33]. Besonders seine Archäologievorlesung fand bei den Hörern großen Anklang[34]. Über die Leitung der Seminarübungen scheinen die Urteile uneinheitlich gewesen zu sein[35].

II. Müller als klassischer Philologe

Müllers offizieller Titel lautete Professor der Philosophie. Das bedeutete Zugehörigkeit zur Philosophischen Fakultät auf einer Stelle, die als solche nicht auf ein einzelnes Fach festgelegt war. Erst 1837 nach Mitscherlichs Rücktritt und Dissens Tod teilte ihm das Kuratorium mit, daß ihm die Nominalprofessur der Eloquenz übertragen sei[36]. Deren Funktion hatte Müller schon zwei Jahre früher, gemeinsam mit Dissen, übernommen[37]. Mit dieser Aufgabe war nicht nur das Halten von offiziellen Reden und die Abfassung lateinischer Einleitungen zu den Prorectoratsprogrammen verbunden, sondern die Professio eloquentiae et poeseos verpflichtete u. a. auch dazu, »die Censur der poetischen Sachen, welche hier gedruckt werden«, auszuüben[38]. Die eigentliche fachliche Festlegung beruhte dagegen ganz auf den Berufungsverhandlungen, letztlich auf Heerens Brief vom Juni 1819. Müller selbst nennt das Gebiet, auf dem er arbeitet, bald Philologie, bald Altertumswissenschaft[39]; aber da sich damals auch solche Philologien und Altertumswissenschaften als gesonderte Fächer fester zu etablieren begannen, deren besonderer Gegenstandsbereich nicht die griechisch-römische Kultur war, spricht er zunehmend auch von klassi-

32 Winter 1823/24.

33 Auch Dissen und Mitscherlich kündigten solche Überblicksvorlesungen nicht an; daß an ihnen Bedarf bestand, läßt sich daraus ersehen, daß erstmals im Winter 1824/25, ab 1829 ziemlich regelmäßig der Magister (später Assessor) Bode, dann der Magister (später Doktor und Privatdozent) v. Leutsch darüber vortrugen; einmal sprang auch Prof. Hoeck ein.

34 Über die Vorlesungen vgl. RANKE, Lebensbild 11 f.; über Müller als Lehrer auch LÜCKE, Erinnerungen 33–5.

35 Günstig RANKE, Lebensbild 13; weniger günstig das Urteil bei BAUMEISTER (Allg. Dt. Biogr. 22, 1885, 666).

36 Universitätsarchiv Nr. 53 (Schreiben des Kuratoriums vom 14. Oktober 1837).

37 Universitätsarchiv Nr. 50 (Schreiben des Kuratoriums vom 30. Mai 1835).

38 Müller dachte auch an diese Pflicht, als er im Schreiben an das Kuratorium vom 17. August 1839 seine Vertretung während der letzten Reise regelte (Universitätsarchiv Nr. 60).

39 Siehe etwa Kl. dt. Schr. 1,3–8. 20.

scher Philologie[40], griechisch-römischer Philologie[41], griechischer Altertumskunde[42]. Wichtig ist, daß er, auch wenn er ›Philologie‹ sagt, nicht nur die Beschäftigung mit den sprachlichen Zeugnissen der Antike meint. Philologie solle, so schreibt er[43], »zur Auslegerin jener mannigfach tönenden Sprache gemacht werden, die Nationen durch ihr ganzes lebendiges Dasein zur Nachwelt reden«, nämlich »in Gedichten und Reden, Mythen und Kunstwerken, Sitten und Staatseinrichtungen, dem Organismus der Sprache selbst«. Das entspricht dem System August Böckhs, bei dem die Sprache selbst eine unter den vielen Sachen ist, die von der Philologie untersucht werden[44]. Der Philologe unterscheidet die Einzelgebiete, um sie sachgerecht zu bearbeiten. Aber wenn er die Äußerungen antiken Lebens verstehen will, muß er sie im Zusammenhange erfassen. Nun hat Müller durchaus die Möglichkeit andersartiger Untersuchungszusammenhänge im Blick, die ihm aus seinem Studium geläufig sind: man könnte alle Literaturen der Welt nebeneinanderstellen, oder alle Sprachen, oder alle Staatsverfassungen[45]. Aber Müller wie Böckh geht es nicht um Sprache überhaupt, Literatur überhaupt, Kunst überhaupt, sondern um den lebendigen Wirkungszusammenhang, in dem diese Dinge in einem gegebenen, nach Raum und Zeit begrenzten Falle zueinander stehen, und diesen Fall nennen sie Volk oder Nation. Es ist Zentrierung auf die Nation, die den besonderen Gegenstand der Philologie ausmacht.

Was hat Müller in der so verstandenen Philologie geleistet?

Die Berufung nach Göttingen bestimmte ihn, als Nachfolger Heynes und Welckers, vor allem auch zum Archäologen. Müller hat dieser Forderung mit vollem Ernst genüge zu tun gesucht, nicht nur durch seine Vorlesungen, sondern auch in einer Fülle von wissenschaftlichen Publikationen, unter denen sein Handbuch der Archaeologie der Kunst an Umfang und durch die Zahl der Neuauflagen hervorragt. Über den Wert, den diese Publikationen aus heutiger Sicht haben (Wolfgang Schiering hat das Handbuch kürzlich in seiner Geschichte der Archäologie als ›vorbildlich geblieben‹ bezeichnet[46]) kann ich nicht urteilen. Wichtig scheint mir, daß Müller sich energisch für die Archäologie eingesetzt und offenbar erheblich dazu beigetragen hat, daß sie als Universitätsfach in Ansehen blieb.

40 Kl. dt. Schr. 1, 10. 72. 426.
41 Kl. dt. Schr. 1,8.
42 Kl. dt. Schr. 1,78.81.
43 Kl. dt. Schr. 1,21.
44 S. A. Boeckh, Enzyklopädie und Methodenlehre der philologischen Wissenschaften, hg. von E. Bratuscheck, Leipzig, 2. Aufl. 1886, 55; dazu Ernst Vogt (s. unten Anm. 85) 116f.
45 Kl. dt. Schr. 1,21.
46 In: Allgemeine Grundlagen der Archäologie (= Handbuch der Archäologie) hg. von U. Hausmann, München 1969, 70.

Dabei ist bemerkenswert, daß Müller selbst während seines Studiums die Archäologie als Universitätsfach kaum hatte kennenlernen können. Die Hannoversche Regierung hat ihm eigens 400 Taler zusätzlich bewilligt[47], damit er auf seiner Dienstantrittsreise von Schlesien nach Göttingen acht Wochen zum Studium der Kunstwerke in Dresden Station machte und sich von Böttiger, einem alten Schüler Heynes, in dieses Fach einweisen ließ. Alle seine größeren Reisen, nach England, Paris, nach Kopenhagen, nach München, nach Wien, und schließlich seine letzte, nach Italien und Griechenland, dienten zugleich oder vornehmlich der Erweiterung seiner Anschauung und seiner Kenntnisse auf diesem Gebiet.

Seine Berufung bestimmte ihn ferner zum ›Vortrag der Mythologie‹. Damit geraten wir auf ein Terrain, auf dem sich Müller in besonderer Weise heimisch fühlte und auf dem seine Leistungen bis in jüngste Zeit immer wieder Aufmerksamkeit und Bewunderung erregen. Einen ›Pfadfinder im Wirrnis der Mythen‹ nannte Martin Nilsson ihn[48], hier fand Rudolf Pfeiffer »Müller's most important contribution to scholarship«[49], von den ›einsamen Bahnen‹ Müllers, auf denen später ›viele gegangen sind‹ spricht Marcel Detienne[50], ›wohl der bedeutendste Mythologe des 19. Jahrhunderts‹ heißt er bei Fritz Graf[51]. Dennoch ist es nicht leicht, seine eigentümliche Leistung in der Mythologie in knappen Worten klar zu beschreiben, geschweige denn zu bewerten[52].

1825 erschienen Müllers ›Prolegomena zu einer wissenschaftlichen Mythologie‹. Der Anklang des Titels an Kant war beabsichtigt[53], die Situation auch insofern vergleichbar, als Müller mit diesem 400 Seiten starken Buch auf zwei Rezensionen antwortete[54], in denen, wie er meinte,

47 v. Arnswaldt 2. August 1819 (Kern S. 8); das waren immerhin zwei Drittel des ihm zugesagten Jahresgehaltes, als Reisezuschuß.

48 Gesch. d. griech. Religion I (^{3}1967) 3.

49 History of Classical Scholarship 1300–1850, Oxford 1976, 187.

50 L'invention de la mythologie, Paris 1981, 229.

51 Griechische Mythologie, München und Zürich 1985, 27.

52 Von neueren Würdigungen seien noch genannt das Droysen-Buch von Benedetto Bravo (s. unten Anm. 89) 105ff.; Walter Burkert, Griechische Mythologie und Geistesgeschichte der Moderne, in: Les études classiques aux XIXe et XXe siècles (Entretiens sur l'antiquité classique, publ. par O. Reverdin et B. Grange, tome 26) Vandœuvres-Genève (1979) 1980, 162–5; Arnaldo Momigliano, K. O. Müller's Prolegomena zu einer wissenschaftlichen Mythologie and the Meaning of ›Myth‹, in: Annali della Scuola Norm. Sup. di Pisa, Classe di Lett. e Filosofia, ser. III, vol. XIII 3 (1983) 673–89; der Aufsatz von G. Pflug (zitiert unten Anm. 56); sowie mehrere Arbeiten im Seminario, auch über die im folgenden erwähnten hinaus.

53 Vorwort V: »... aber der Leser wird dem Verfasser dabei glauben, daß er nicht im geringsten die Meinung von sich hegt durch diese Schrift etwas Aehnliches für die Mythologie geleistet zu haben, sondern nur etwa die: etwas Aehnliches thue der Mythologie grade jetzt am meisten Noth.«

54 Friedr. Christoph Schlosser, Heidelberger Jahrbücher 17. Jahrg., 1824, 898–927;

sein im Vorjahr veröffentlichtes Werk über die Dorier gründlich mißverstanden, überhaupt aber sein Umgang mit griechischen Mythen in seinen historischen Werken, auch in den Aeginetica und in dem Werk über Orchomenos und die Minyer (1820) in Frage gestellt war. In allen diesen Werken hatte er mit der Analyse griechischer Mythen und ihrer Kombination mit topographischen, religionsgeschichtlichen, archäologischen und sprachlichen Daten griechische Frühgeschichte zu rekonstruieren versucht. Es war ihm bewußt, daß er damit an das Verfahren Herodots anknüpfte, aber er glaubte, es besser machen zu können als Herodot[55]. Einige Prinzipien dieser Methode deuten sich schon in seiner von Heindorf angeregten Seminarbewerbungsschrift über Numa Pompilius an[56], in der sich der eben Siebzehnjährige in wenigen selbstgewissen Sätzen mit Barthold Georg Niebuhrs skeptischer Haltung (ohne dessen Namen zu nennen) auseinandersetzt. Müller traut sich schon damals zu, zwischen ursprünglicher Erzählung und dichterischer Bearbeitung zu scheiden,

Eduard Reinhold Lange, Jenaische Allgemeine Literatur-Zeitung 21. Jahrg. Bd. 3 Sp. 241–331. In dem von K. Kerényi besorgten reprographischen Nachdruck der ›Prolegomena‹ (Darmstadt 1970) fehlen leider die 56 Seiten der ›Antikritiken‹, die dem ganzen vorangestellt waren.

55 In seiner Rezension von Fr. Creuzers Commentationes Herodoteae (GGA 1820, 121. Stück = Kl. dt. Schr. 1,220) sagt M., Herodot habe »uns vor allem zu einer tiefern und unbeschränktern Ansicht der ältesten Mythologie verholfen«; in den Prolegomena bemerkt er (96), Herodot und Thukydides hätten für die Abstammung der griechischen Völker und für die alte Lebensweise keine andere Quelle als die Mythen gehabt: »... es war also eine wissenschaftliche Behandlung des Mythus... auf die es hier ankam.« Sie lösten die Aufgabe nur unvollkommen; denn es fehlte ihnen »eine allgemeine Herrschaft über die Masse des mythischen Stoffs, Combination des Entlegnen aber innerlich Verwandten, endlich wissenschaftliches Nachdenken über die Grundsätze und Regeln der Forschung«. Den sehr gefährlichen Einwand Buttmanns, eben weil die frühe Geschichte der Griechen »nur ein wissenschaftliches Produkt, gezogen aus wenig Monumenten und viel Sagen und Epopöen, mit einer Kritik die wir nicht mehr revidieren können« sei, lasse sich in ihr nicht eigentliche Historie erkennen, hat Müller zwar referiert (Proleg. 328), aber für überwindbar gehalten (ebd. 330 Anm. 6).

56 Die Handschrift liegt in Göttingen (Nachlaß V). Eine (wenig gelungene) Edition bietet A. Wittenburg (Seminario 1185–1226). Seit Gerhard Pflug (in: Philologie und Hermeneutik, hg. von H. Flashar u. a., Göttingen 1979, 127) diese Handschrift erstmals ans Licht gezogen und gewürdigt hat, gilt sie allgemein als eine der Preisschriften; Ursache ist, daß dem ›Numa‹ ein anonymes und undatiertes Manuskript beiliegt, in dem dies behauptet wird; Pflug vermutete als Verfasser den Bruder Eduard Müller. Der wahre Sachverhalt ergibt sich aus den Breslauer Akten (bei Hertz 8), aus K.O. Müllers Briefen an den Vater vom 10. November und 13. Dezember 1814 (K. & K. 17 und 19; vgl. auch K. & K. 371 Anm. 10) sowie aus Ed. Müller, Erinnerungen (S. XIII). – Ed. Müller spricht darüber hinaus (Erinnerungen XVII) von »einer Abhandlung über die urälteste römische Nationalpoesie, die ihm auf eine ehrenvolle Weise die Aufnahme in das *Berliner* Seminar sichern sollte«; an ihr müßte Müller im Winter 1815/16 (noch in Breslau) gearbeitet haben. Weitere, von Ed. Müller unabhängige Spuren dieser Abhandlung sind mir bisher nicht aufgefallen. In ihr müßte eine ausführlichere Auseinandersetzung mit Niebuhrs Ansichten erfolgt sein.

durch Kombination des weit Auseinanderliegenden, aber historisch Zusammengehörigen verlorene Stufen der Überlieferung zu rekonstruieren, in der Erfassung des Stammescharakters – hier des sabinischen – ein Kriterium der Wahrheit für das zu finden, was einst der Volksmund, das Os populi überlieferte[57]. Wie gewagt sein Verfahren in der griechischen Stammesgeschichte war, hat er selbst später eingesehen. »Man wird mit dem Alter klüger« schreibt er einmal an Böckh[58] – da war er 28 Jahre.

Aber wie schon sein Habilitationsgesuch von 1819 zeigte, waren die Mythen ihm nicht nur Mittel zur Rekonstruktion der Frühgeschichte: schon damals drängte es ihn »ad fabularum sacrarum originem et vim indagandam«. Wie man zu Ursprung und Wesen der Mythen gelangen könne, das sollten nun die Prolegomena zusammenfassend zeigen.

Die Literatur über Mythologie war seit Christian Gottlob Heynes Akademievortrag von 1763[59] gewaltig angewachsen. Müller setzt sich ausdrücklich mit Heyne, Voß, Buttmann, Creuzer, Gottfried Hermann, Welcker auseinander, hat aber auch Schelling[60] im Blick, Herders Gedanken, die Forschungen der Grimms[61]. Müllers Leistung in den Prolegomena besteht nicht darin, daß er eine Fülle neuer Aspekte in die Mythologie

57 Müller argumentiert im ›Prooemium‹ seiner Arbeit: Wenn die Geschichte Numas dem Stoff eines Heldenliedes ähnlich sieht (dies ein Verweis auf Niebuhrs Ansicht), muß sie darum nicht erfunden sein. Zweitens finden sich bei den verschiedensten späteren Autoren Angaben über Numas Gesetze und Einrichtungen, die so unscheinbar sind, daß sie für ein großartiges Heldengedicht kaum taugten (das hatte Niebuhr wohl selbst gespürt, als er schrieb: »von Numa können nur kurze Lieder gewesen sein«). Drittens belegten alle diese Angaben jene trockene Strenge sabinischer Geisteshaltung, so daß, wer dieses *erfunden* habe, als der vorzüglichste aller antiken Dichter gelten müsse (man sehe, wie M. hier Livius 1,18,4, in seinem Sinne wendet, so daß aus dessen Überlegung – Numa war noch nicht griechisch beeinflußt – ein Indiz für die Wahrheit der Nachrichten über Numa wird, gezogen aus dem Stammescharakter). Und was schließlich nachträgliche unberechtigte Zuschreibungen an Numa angehe, so lasse sich, was Numa wirklich gehöre, doch klar von den Einrichtungen des bereits griechisch gebildeten Tarquinius und des an der Religion wenig interessierten Servius unterscheiden. Kurzum: was der Volksmund hier überliefere, sei oft zuverlässiger als die heutigen Zeitungen.

58 Im Hinblick auf die größere Vorsicht, die er bei den ›Etruskern‹ habe walten lassen, 28. April 1826 (Boeckh–Müller 185).

59 Temporum mythicorum memoria a corruptelis nonnullis vindicata, in: Commentationes Soc. Reg. Scient. Gotting. VIII, 1785–86, 3–19. Zu Heyne im Hinblick auf Müllers Mythologie siehe M. M. Sassi, Seminario 916–21. Ein Überblick über Heynes mythologische Arbeiten bei Otto Gruppe, Geschichte der klassischen Mythologie und Religionsgeschichte, Leipzig 1921, 107–112.

60 Schelling wird meiner Erinnerung nach in den Prolegomena nicht namentlich genannt, aber (S. 269) doch gestreift, wo es heißt, im Mythos werde Natur »in enger Verbindung mit dem Menschen gefaßt, und die geistigen Principe beider (wie Themis) als identisch oder homogen; ja der Menschengeist erscheint, wie in ächter Identitätsphilosophie, oft nur als ein abhängiger Naturgeist.«

61 Vgl. M. M. Sassi, Seminario 922 f.

eingeführt hätte, sondern darin, daß er die vorhandenen Ansätze prüfte und soweit sie dazu tauglich waren, in den Dienst eines Forschungskonzeptes stellte, das mit einer streng historisch-philologischen Methode zur Deutung der griechischen Mythen in ihrer Entstehung als Wesensausdruck einer frühen Menschheit führen sollte. Das hieß: die Entwicklung die jeder einzelne Mythos, jeder Mythenkomplex, die ganze Mythologie in der Antike durchgemacht haben, mußte Stufe um Stufe zurückverfolgt werden. Da im Laufe der Entwicklung »das Bestreben herrschte, Sagen zu größeren Zusammenhängen zu verbinden«, habe man vor allem »den Zusammenhang zu vernichten und aufzulösen«[62]. Die leitenden Fragen der Analyse lauten:

Wo ist diese Erzählung entstanden
durch welche Personen
woran hat sie sich gebildet (Brauch, Fest, Einrichtungen...)

Erst wenn diese Bestimmungen erfüllt sind, kann an die Deutung gedacht werden[63]. Die Deutung hat folgendes zu berücksichtigen: Mythen enthalten Tatsächliches und Gedachtes, Reelles und Ideelles. In den frühen Stufen erscheint beides unlösbar miteinander verknüpft[64]. Es gehört zum Wesen des ursprünglichen Mythos, »daß er alle Wesen zu Personen und alle Beziehungen zu Handlungen macht«[65]. So sei »die Hauptaufgabe noch übrig«, nämlich die Antwort auf die Frage, »wie zu einem einigermaßen sichern Verständnis der mythischen Redeweise zu gelangen sei«[66]. Müller legt an Beispielen dar, was im Mythos durch die Beziehungen von Eltern und Kindern, von Geschwistern und Gatten, von Kampfgegnern ausgedrückt werden könne. Im Form einer Praeteritio wird noch ein Katalog mythischer Handlungen aufgezählt: Binden und Lösen. – Verschlingen. – Zerreißen. – Wiederbeleben. – Aufkochen. – Entmannen. – Ausbrennen. – Rauben. – Herabstürzen vom Himmel. – Versinken in der Erde und im Wasser. – Umherirren und Suchen. – Spinnen und Weben. – Drachenkampf. – Säen der Zähne. – Genießen gewisser Früchte. – Verwandeln in Rosse, Schlangen, Stiere usw. – »Es ist deutlich, daß davon handeln, nichts anderes heißen würde, als der Symbolik und Mythologie Lexikon und Grammatik anfertigen, in welchen die Symbole neben den mythischen Personen als Sprachwurzeln, die mythischen Thätigkeiten als Flexionen und syntaktische Zusammensetzungen stehen würden. Auf keinen Fall ist das eine Aufgabe für die Prolegomena« (278). Leider. Denn zumindest in der klassischen Altertumswissenschaft scheinen eine solche Grammatik und ein solches Lexikon bisher zu fehlen.

62 Proleg. 219.
63 Proleg. 226.
64 Proleg. 66ff.
65 Proleg. 78.
66 Proleg. 267.

In letzter Zeit hat man Anleihen bei Vladimir Propp (Morfologija skazki) gemacht[67]. Der Gedanke steht schon bei Creuzer[68]. Heute würde man wohl von einem strukturalistischen Programm sprechen[69].

Wichtig für die Stellung Müllers als Mythologe in seiner Zeit scheint mir folgendes: Müller ist einerseits frei von der Vorstellung, wissende Priester hätten sich auf das Niveau der Mythenerzählung herabbegeben, um ein zum Begriffe unfähiges Volk zu belehren (eine Auffassung, in der sich Creuzer und Hermann, sonst völlig uneins, noch in ihrem Streit 1817–19 einig waren)[70]. Müller hält sich anderseits frei von der Tendenz, das Mythische in den Rang einer *a priori* notwendigen Form der Anschauung zu erheben[71]. Vielmehr: die mythischen Anschauungsformen sind etwas Vergangenes, und Fremdes, sie waren einst notwendig. Warum sie es waren, könne vielleicht einmal eine »bisher kaum noch geahnete Geschichte des menschlichen Geistes« lehren[72].

Die Prolegomena setzten einen gewissen Schlußpunkt unter die mit drei Bänden doch erst begonnenen »Geschichten Hellenischer Stämme und Städte« (Orchomenos und Die Dorier). Ein thematisch vergleichbares Werk hat Müller allerdings sofort nach den Prolegomena noch geschaffen, »Die Etrusker«, die 1826 von der Berliner Akademie preisgekrönt wurden. Müller selbst hielt diese Arbeit für solider als die vorigen,

67 Leningrad 1928, 2. Aufl. 1969; deutsch Morphologie des Märchens, München 1972. Vgl. WALTER BURKERT, Structure and History in Greek Mythology and Ritual (Sather Classical Lectures 47), Berkeley 1979, 5–10. Propp analysiert einen einzigen Typus russischer Märchen, der sich unter Müllers ›Umherirren und Suchen‹ subsumieren läßt. Propps Leistung liegt, um im Bilde zu bleiben, auf dem Gebiet der Syntax, während sein Ergebnis für die Semantik allenfalls negativ ist: identische Handlungen können in unterschiedlichen syntaktischen Funktionen erscheinen. Am entschiedensten hat in jüngerer Zeit CLAUDE LÉVY-STRAUSS zeitweilig die moderne Sprachanalyse als Modell für die Mythenforschung angesehen; wie er dazu kam, gerade die Phonologie zum Vorbild zu nehmen, erwähnt er im Vorwort zu R. JAKOBSON, Six leçons sur le son et le sens, Paris 1976 (Nachdruck in Le regard éloigné, Paris, 1983, Kapitel 9; dt. Der Blick aus der Ferne, München 1985, 213–24, wonach ich zitiere); über das Ergebnis s. W. BURKERT a. O. 10–14.

68 Dazu F. GRAF (oben Anm. 51) 26f.

69 Müller war, wie oben S. 35 gezeigt, bereit, das Modell der Sprache nicht nur auf die Mythen, sondern auf sämtliche Äußerungen und Einrichtungen der Antike zu übertragen.

70 GOTTFRIED HERMANN, Über das Wesen und die Behandlung der Mythologie. Ein Brief an Herrn Hofrath Creuzer. Leipzig 1819, 32ff.

71 S. das in dem Fragment einer Handschrift Hegels überlieferte, von der Forschung Schelling zugeschriebene, offenbar unter Hölderlins Einfluß entstandene sog. ›älteste Systemprogramm des deutschen Idealismus‹ vom Ende des 18. Jhs. (ich zitiere nach der Ausgabe von FR. BEISSNER, Hölderlin, Sämtliche Werke = Gr. Stuttgarter Ausgabe IV 1, 1961, 297–9), wo aus der Annahme, ohne ästhetischen Sinn könnten Ideen nicht verstanden werden (298,12–24), die Forderung erwächst: »wir müssen eine neue Mythologie haben« (299,1).

72 Proleg. 121.

und der Erfolg hat ihm recht gegeben: obwohl wichtigste Entdeckungen der Etruskologie erst in der Zeit danach gemacht wurden, erschien das Werk annähernd vier Jahrzehnte nach seinem Tode noch in einer Neubearbeitung.

Als Etruskologe wurde er zum Textherausgeber. Als er Varros Bücher de lingua Latina aufschlug, um zu erfahren, was Varro über die Altäre des Sabinerkönigs T. Tatius in Rom sagt, mußte er sich, trotz der jüngst erschienenen fleißigen Ausgabe Spengels den Text an der betreffenden Stelle erst selbst herstellen[73]. Wenn man Varro nur sorgfältiger emendieren würde, so vermutete er, dann würde das Wissen vom römischen Altertum nicht weniger gefördert werden können als durch die Entdekkung unbekannter antiker Schriften auf Palimpsesten. Und wie hat er emendiert! Das meiste ist in Goetz-Schoells Ausgabe wieder rückgängig gemacht, aber eine Reihe von Coniecturae palmares sind geblieben, viele wichtige Anregungen, die zumal in der Diagnose von Korruptelen stekken, und in einer Interpunktion, die vielfach dem Verständnis erst den Weg wies. »Animi saucius« sei er gewesen, sagt er in dem flüssigen Latein seiner Praefatio, solange er nicht, was auf dem Wege der Konjektur möglich war, für den Text getan habe. Methodengeschichtlich interessant ist die Ausgabe insofern, als sie zu den allerersten Editionen überhaupt gehört, in denen ein Handschriften-Stemma gezeichnet und aus Fehlern belegt ist, zu den ersten auch, die den Terminus »Stemma« dafür verwenden[74]. Das Wort ›archetypus‹ verwendet er nur einmal und nicht nach heutiger Terminologie[75], aber der Begriff, den Madvig im selben Jahre 1833 mit diesem Wort bezeichnet, steht ihm völlig klar vor Augen. Im Hinblick auf die Methode der Recensio war die Ausgabe hochmodern. Die beste Methode nützt wenig, wenn sie von falschen Voraussetzungen ausgeht: Müller glaubte, die Lesarten einer Florentiner Handschrift aus fremden Angaben zu kennen; aber diese waren ungenau; so konnte er nicht erkennen, daß der so sorgfältig rekonstruierte Vorfahr aller erhaltenen Handschriften selbst erhalten war.

Wenige Jahre nach Erscheinen des Varro begann er mit Vorarbeiten zur Edition eines Textes, der ebenfalls für die Erforschung des römischen

73 M. Terentii Varronis de lingua Latina librorum quae supersunt, Leipzig 1833, Praef. XXXIII.

74 Den frühesten Beleg für ›stemma‹ in diesem Sinne findet Sebastiano Timpanaro (La genesi del metodo del Lachmann, nuova ed. riv. e ampl. Padova 1981, 52) in C. G. Zumpts Ausgabe der Verrinen von 1831, den nächsten anscheinend erst in Schneidewins Martial-Edition von 1842. – Für die Zeichnung eines Stemmas gibt Timpanaro 51 als frühesten Beleg wiederum Zumpt (1831), dann Ritschls Thomas Magister von 1832 und (Timp. 57) Madvigs Abhandlung De emendandis Ciceronis orationibus von 1833.

75 Praef. XXX, für den Vorfahren mehrerer, aber nicht aller Hss. (was heute etwa Hyparchetypus heißt).

Altertums von Bedeutung war: das Lexikon des Festus. Hier hatte es die Recensio von vornherein mit einem Codex unicus zu tun. Niebuhr hatte die Handschrift selbst angesehen, andere suchten sich mühsam Auskünfte aus alten Ausgaben und Abhandlungen zusammen, jetzt bot der Rechtswissenschaftler Böcking Müller eine Kollation des Farnesinus an, zu der Bedingung, daß Müller eine kritische Edition herausbringe[76]. Müller, schon längst mit sprachgeschichtlichen Untersuchungen befaßt, griff zu. Mit einem schon von Richard Bentley verwendeten, zu Müllers Zeit in der Analyse antiker Lexika noch nicht sehr verbreiteten Kunstgriff[77], schied er im Text des Festus zwei Schichten, von denen heute noch jede Quellenanalyse ausgeht und präsentierte das nur fragmentarisch erhaltene Werk zusammen mit einer neuen Ausgabe der Epitome des Paulus Diaconus, in einer praktischen Anordnung, die noch heute geschätzt wird. Die Ausgabe erschien 1839[78].

Ganz anderer Art ist die 1833 (wie der Varro) erschienene zweisprachige Ausgabe einer griechischen Tragödie, der Eumeniden des Aischylos[79]: nichts belehrt den Leser über die Grundlagen der Recensio[80]. Müller ging es um anderes. Am Anfang stand die Übersetzung, »zu welcher den Verfasser das Verlangen trieb, der Schönheit und Eigenthümlichkeit des Originals auf eine selbstthätige Weise inne zu werden« (Vorwort S. III). Sie sollte zugleich, »da eine Übersetzung selbst nothwendig schon Interpretation ist«, an Stelle eines Kommentars gelesen werden. Das Wichtigste aber waren letztlich doch die beiden »Erläuternden Abhandlungen«, die dem Text und der Übersetzung in dem Buche folgten. Die erste, »Ueber die äußere Darstellung der Eumeniden« handelt vom Chor, vom Theater, von den Schauspielern, kurz von den Aufführungsbedingungen, die zweite »Ueber den Inhalt und die Composition der Eumeniden« behandelt die politischen, rechtlichen, religiösen Hintergründe des Stükkes sowie die »poetische Composition«. Den Beginn eines neuen Zeitalters in der Interpretation des Aischylos und des attischen Dramas über-

76 Brief an Blume 31. Dezember 1835 (Reiter 1,282,14).

77 Die Ermittlung unterschiedlicher Ordnungsprinzipien in der Reihenfolge der Lemmata und ihre Interpretation als Indizien für die Quellenanalyse. Ritschl hatte 1832 in der Edition des Thomas Magister gute Erfolge damit erzielt. Immerhin hielt es M. (Praef. XVI n. 2) für nötig, Zweifler zu warnen: »Omnino, nisi quis prima saltem probabilitatis calculi, quem dicunt, elementa tenuerit, nunquam, quae in his rebus casui, quaeve consilio debeantur, inter se dignoscere poterit.«

78 Sexti Pompei Festi de verborum significatione quae supersunt cum Pauli epitome emendata et annotata a. C. O. M., Leipzig 1839.

79 Aeschylos, Eumeniden, Griechisch und deutsch, mit erläuternden Abhandlungen über die äußere Darstellung, und über den Inhalt und die Composition dieser Tragödie, Göttingen 1833.

80 M. legte die Ausgabe von Wellauer (1824) zugrunde und gab (S. 62–68) lediglich eine Liste seiner Abweichungen.

haupt hat Eduard Fraenkel dies Buch genannt[81]. Es war die Anwendung der neuen Altertumswissenschaft auf das Drama. Wer allerdings bei Lektüre des Vorworts glaubt, der Verfasser werde, ›der Schönheit des Originals innegeworden‹, seine Zurückhaltung gegen die ›pernoscenda formae venustas‹ aufgeben, sieht sich getäuscht: der Abschnitt über die poetische Composition ist recht kurz, und hier geht es, unter Berufung auf Aristoteles' Tragödientheorie, um ›Reihen und Verknüpfungen von Gefühlen‹, die, nach Ansicht Müllers, der Dichter bei der Abfassung gehabt hatte und der Zuschauer bei der Aufführung haben sollte. Wie immer man diesen Versuch beurteilt, auffällig ist, daß hier nicht die Wege zur Würdigung dichterischer Kunst beschritten werden, die Heyne zum Vergil und zur Ilias gegangen war, und auf denen Christian Gottfried Schütz in seiner großen Aischylosausgabe zu folgen versucht hatte[82]. Dazu Müller (1834)[83]: »In dem Commentar des verewigten Schütz [...], hat es dem Ref. immer geschienen, herrsche eine Vorstellung von diesem Dichter, in welcher weit mehr der erhabene Schwung der Gedanken, die Kühnheit des leidenschaftlichen Ausdrucks, das Große und Prachtvolle der Bilder, anerkannt wird, als die scharfe Bestimmtheit und genaue Verkettung aller Vorstellungen zu Gebilden, die bis in alle Züge charakteristisch gezeichnet sind...«[84] Im Vorwort zu den Eumeniden (S. IV): »Die Erklärung eines alten Kunst-

81 Aeschylus, Agamemnon, ed. with a Commentary, vol. 1, Oxford 1950 (corr. 1962), 50f.

82 Aeschyli tragoediae quae supersunt ac deperditarum fragmenta, Halle 1782–94. Dem »Litteratori philosopho« Heyne widmet Schütz »hanc... editionem Heynianae poetarum enarrationis nobilem cursum haud aequis passibus urgentem sed longe sequentem et vestigia prorsus adorantem«.

83 In einer Rezension von KLAUSENS Agamemnon-Ausgabe (Kl. deutsche Schriften 1, 274).

84 Das Urteil wird Schütz nicht gerecht; in dessen Kommentar steht durchaus nicht die rhetorische Würdigung im Vordergrund, sondern das redliche Bemühen um ein Verständnis des Textes. Müllers Verdikt gibt eigentlich Sinn nur im Hinblick auf die anhangsweise beigegebenen, nicht übermäßig langen ›Excursus de tragoediae... consilio et adornatione‹. Hingegen gehört eine gewisse Reserviertheit gegenüber der venustas der Rede zu Müllers Selbstverständnis als Philologe und als Schriftsteller, von der Vorrede zu den Aeginetica und vom Habilitationsgesuch über Orchomenos (Vorerinnerung S. VI) bis hin zur Saecularrede, wo die Bemerkung, wenn Mitscherlich das Amt noch hätte, würde dieser rotundiore ore reden, aus Müllers Sicht nicht bloß ein Bescheidenheits-Topos ist. Vorgegeben ist diese Haltung in Böckhs Vorrede zur Staatshaushaltung der Athener; in Böckhs Enzyklopädie und Methodenlehre der philologischen Wissenschaften (hg. von E. BRATUSCHECK, Leipzig 1886, Nachdr. Darmstadt 1966) findet sich die böse Bemerkung (156): »Mit Gemeinplätzen und Ausrufen wie Heyne's ›O quam pulchre, o quam venuste‹ ist natürlich nichts gethan«, und (165): »Die meisten Commentare aus der Heyne'schen Schule... übergehen nicht viel, ausgenommen das Schwierigste...; sie enthalten mattes und seichtes ästhetisches Gewäsch...«

werks ist ja überhaupt nichts anderes, als die Vermittelung des einzelnen Produkts mit der gesammten Zeit und Welt, in der es darin steht, und aus der es hervorgegangen.«

Es gab Gelehrte, die in der Verbreitung solcher Auffassungen das Ende der Philologie herankommen sahen. Gottfried Hermann befürchtete, durch diese Art von Altertumswissenschaft werde die genaue Kenntnis der alten Sprachen in einem gefährlichen Maße vernachlässigt. In scharfer Form hatte er solche Befürchtungen schon 1825 in seiner Rezension des ersten Heftes von Böckhs Corpus Inscriptionum Graecarum ausgesprochen, woraus sich alsbald ein heftiger Methodenstreit entwickelt hatte[85]. Im Vorwort zu den Eumeniden hatte sich Müller nun sogleich etwaige ›dictatorische Aussprüche‹ Hermanns energisch verbeten, was zur Folge hatte, daß nun wiederum, auf hunderten von Druckseiten[86], ein erbitterter Kampf losbrach. Hermann galt als der beste Kenner des Aischylos, auf seine große Ausgabe wartete man (und mußte man bis nach seinem Tode warten). Scheinbar ging der Streit darum, ob Hermann etwas von den Sachen, Müller von der Sprache verstehe. In Wahrheit ging es um die Rolle der Sprache im Konzept einer neuen Altertumswissenschaft, die noch nicht aufgehört hatte, sich Philologie zu nennen[87]. Die Rolle des Angreifers kam eher den Altertumswissenschaftlern zu: sie mußten, so schien es, Raum schaffen für die Erweiterung des Forschungshorizontes. Man lese, was Böckh schon 1817 in den ›Vorerinnerungen‹ zu seiner Staatshaushaltung der Athener hatte drucken lassen. Über Müller hat Wilamowitz gesagt: »Er wollte den Krieg, er erhielt ihn, aber er ist nicht Sieger geblieben.«[88] Dem großen Fortschritt, den die ›Erläuternden Abhandlungen‹ brachten, entsprachen nicht gleich gewichtige Ergebnisse in der Einzelbehandlung des Textes. Die Frage, ob Athene ihren Orest freisprechenden Stimmstein vor, oder, wie Müller wollte, nach Auszählung der Stimmen niederlegte, hat Müller nach dem Sinn des Mythos statt nach dem Zusammenhang des Textes entschieden. Auch die Schönheit und Eigentümlichkeit des Originals, deren Müller durch seine Übersetzung innewerden wollte, war für ihn, wie das Vorwort zu erkennen

85 ERNST VOGT, Der Methodenstreit zwischen Hermann und Böckh und seine Bedeutung für die Geschichte der Philologie, in: Philologie und Hermeneutik im 19. Jahrhundert, hg. von H. FLASHAR u. a., Göttingen 1979, 103–121.

86 G. HERMANN hat seine an verschiedenen Orten publizierten Beiträge alsbald gesammelt nachdrucken lassen in den Bänden VI 2 und VII seiner Opuscula, Leipzig 1835 und 1839. Müller antwortete mit: Anhang zu dem Buche Aeschylos Eumeniden..., Göttingen 1834; Erklärung, Göttingen 1835. Vgl. auch FRANCO FERRARI, L'Eumenidenstreit, in: Seminario 1173–84.

87 Erhellende Bemerkungen dazu bei E. VOGT (oben Anm. 85) 116f., die, auf Böckhs Streit mit Hermann bezogen, doch auch für Müller gelten können.

88 Euripides Herakles, Bd. 1, Einleitung in die griechische Tragödie, Vierter Abdr. Darmstadt 1959, 243.

gibt, nur durch ein Hervorheben dessen, »was dem Dichter selbst vor allem am Herzen lag« wiederzugeben; das Wesentliche mußte herausgearbeitet, ja ›herausgefühlt‹ werden. Müllers Übersetzung hat Droysen zu Recht manches Treffende und Schöne für die zweite Auflage seiner eigenen Übertragung entnommen.

Mit unerschöpflicher Energie arbeitete Müller neben der Ausgabe des Festus und anderem an seiner Geschichte der griechischen Literatur, die nach Wilamowitz' Urteil »nicht nur die lesbarste, sondern allein eine wirkliche Geschichte ist«. Sie erschien zuerst in England, wo man Müller zu diesem Werk aufgefordert hatte, erst nach Müllers Tod in Deutschland, später in Italien und in Frankreich.

Ich fasse zusammen: Der Philologie als ›Auslegerin jener mannigfach tönenden Sprache‹ hat Karl Otfried Müller auf vielen Gebieten gedient, im Sinne der neuen Altertumswissenschaft Einzelgebiete bearbeitend, um zum Verstehen des großen Zusammenhangs zu gelangen. Lange nachgewirkt hat, daß er den großen Zusammenhang der Einzeldisziplinen in den kleineren Einheiten der griechischen Stämme und Städte aufsuchte. Die römische Geschichte des 1831 gestorbenen Niebuhr fortzusetzen, hat er abgelehnt[89]. Ihm schwebte seit seiner Jugend das Idealbild einer wirklichen Gesamtgeschichte der Hellenen vor Augen. Bevor er an dieses Werk ging, wollte er sich durch eine Reise nach Griechenland die unmittelbare Anschauung verschaffen, Anschauung der Monumente, aber auch der Landschaften, der Topographie.

III. Aufbruch zur letzten Reise

Müller, erst 22jährig nach Göttingen gekommen, ist hier sehr schnell heimisch geworden und schließlich so festgewurzelt wie wohl kaum einer seiner nach ihm berufenen Kollegen. Heeren lenkte seine ersten Schritte in die Hofratsgesellschaft[90], von der er rasch als zugehörig angesehen wurde. Daneben suchte und fand er Kontakt zu jüngeren Privatdozenten und fortgeschrittenen Studenten, vor allem in der Gesellschaft der ›Ungründlichen‹, die seit 1827 zur ›Latina‹ unter seiner Regie wurde: hier las und besprach man Literatur und wanderte in Göttingens Umgebung[91].

89 Brief an Elvers 26. September 1833 (KERN 207f.), besprochen von BENEDETTO BRAVO, Philologie, Histoire, Philosophie de l'histoire – Étude sur J. G. Droysen, Wroclaw 1968, 106–8.

90 Brief an die Eltern 21. November 1819 (K. & K. 55): »Die Gött ing'sche Höflichkeit muß man erst loskriegen, und es giebt eine Menge Redensarten, die man papageimäßig auswendig lernen muss...« Dagegen schon im Brief an die Eltern vom 17. Dezember 1819 (K. & K. 59–64) ein recht attraktives Bild von der Göttinger Atmosphäre.

91 LÜCKE, Erinnerungen 9.

1824 heiratete er Pauline Hugo, die Tochter des großen Göttinger Rechtsgelehrten; fünf Kinder gingen aus der Ehe hervor. Er lebte in Verkehr mit den Vertretern des neuen Göttingen, mit den Brüdern Grimm zeitweilig unter einem Dache in der ›Allee‹[92]. Neben den Planungen und Vorbereitungen für die Aula plante und baute Müller in den Jahren 1835–6 sein eigenes Haus in der Hospitalstraße[93]; den Zeitgenossen fiel am meisten das klassizistische Äußere ins Auge[94]; Müller selbst scheint, nachdem die Planung einmal abgeschlossen war, außer der Finanzierung eine noch ungewöhnliche Luft-Zentralheizung am meisten Kopfzerbrechen gemacht zu haben[95]; nach der Fertigstellung wurde das Haus 1836 zu einem neuen gesellschaftlichen Treffpunkt. Mehr als durch familiäre und häusliche Momente war Müller durch die Universität an Göttingen gebunden. 1823 Ordinarius und Mitglied der Societät, 1824 Ablehnung eines ehrenvollen Rufes aus Berlin, 1825 Aufseher aller Gipsabgüsse und Kupferwerke auf der Bibliothek, 1830 zweiter Commissarius, ein Jahr darauf Dirigent der wissenschaftlichen Prüfungskommission im Königreich Hannover, 1831 Mitglied des akademischen Senats, 1832 Hofrat, 1834 Mitglied des Guelfenordens, 1835 die Funktion und 1837 die Nominalprofessur Eloquentiae et poeseos, 1837 auf das Gerücht eines erneuten Rufes aus Berlin Erhöhung des Gehaltes auf 1500 Taler und Fackelzug der Studenten. Hinter all dem steht ein intensives Leben unausgesetzter und erfolgreicher Tätigkeit für die Universität und für die Philologie an dieser Universität. In seinem Dank für die Gehaltserhöhung schreibt Müller am 7. August 1837 an Hoppenstedt[96], wie sehr er sich mit Göttingen verbun-

92 Sie sind wohl die »Mit-Insularii« des Briefes an Blume vom 13. Juli 1834, nach denen sich Reiter (2,118) bei Kennern Alt-Göttingens vergeblich erkundigt hat. Für die dort ebenfalls erwähnten »Assinen« steht die Erklärung noch aus.

93 »Möglich, daß das Universitätsgebäude mir diese unkluge Baulust eingeimpft hat, mit dem ich mich vor einem Vierteljahr so viel beschäftigt habe« (an Blume 9. Februar 1835, Reiter 1,244,13). Über das Haus, die Bedeutung seiner Anlage und die Beziehungen zum Universitätsgebäude siehe Paul Zanker, in: Seminario 1129–46 (mit Abbildungen).

94 Man sprach von ›griechisch-schlesischem Stil‹ (Lücke, Erinnerungen 35). Müller (an Blume 31. Dezember 1835, Reiter 1,283,13) redet einmal von seinem ›närrischen Phantasie-Hause‹. Vom biederen Fachwerkstil Göttingens stach es mit seinen dorischen Säulen stark ab. Ja, es war sogar ein Problem, daß »man hier noch wenig Erfahrung im Bauen mit Backsteinen« hatte (an die Eltern 28. März 1835, K. & K. 227), so daß in Kassel und in Schlesien angefragt werden mußte.

95 Sie erwies sich im Gebrauch später zwar als angenehm, hierin unähnlich mancher heutigen Klima-Anlage, ähnlich aber doch darin, daß das Kosten-Nutzen-Verhältnis sehr ungünstig war; nach vier Wintern wurden Öfen gesetzt (Brief an Pauline 8. April 1840, K. & K. 338).

96 Universitätsarchiv Nr. 52. Der Brief an den Geheimen Canzley-Secretär (also Carl Ludwig Rudolf Hoppenstedt) ist dem offiziellen Schreiben »An königliches Universitäts-Curatorium« vom gleichen Tage beigelegt.

den fühle: Warme Anhänglichkeit an die Regierung des Landes, Freude am hiesigen Wirkungskreis, Familien- und andere örtliche Verhältnisse: das klingt noch ziemlich konventionell; dann aber: »auch bin ich in den achtzehn Jahren meines hiesigen Lehramts so mit der Universität, allen ihren Interessen und dem herrschenden Geiste zusammengewachsen, daß eine Losreißung von diesem mütterlichen Boden nicht ohne große Verletzung der Wurzeln abgehn könnte«. Phrase war das nicht. Hier war er zu dem berühmten, in ganz Europa geachteten Philologen geworden, auf den sich seine Universität einst Hoffnung gemacht hatte.

Als der neue König Ernst August die Verfassung am 1. November 1837 einseitig aufhob, beteiligte sich Müller nicht an der Protestation der Sieben. Seine Begründungen sind verschieden beurteilt worden; sie laufen letztlich darauf hinaus, daß er die Universität nur geschlossen, und dann frei von allem Anschein parteilicher Unbotmäßigkeit, Widerstand leisten sehen wollte[97]. Als aber die Regierung öffentlich den Eindruck zu erwekken versuchte, die Sieben stünden in der Universität isoliert, ihr Verhalten werde von allen Collegen mißbilligt, und als sich die Möglichkeit der Entlassung, gar der Landesverweisung der Sieben den Eingeweihten schon andeutete, hat Müller mit fünf anderen, darunter seine Schüler Leutsch und Schneidewin, am 13. Dezember eine Erklärung unterzeichnet, in der es heißt: »Wir unterzeichneten Professoren der hiesigen Universität erklären hiermit öffentlich, zur Berichtigung falscher Gerüchte, daß wir uns niemals tadelnd über die in der bekannten Protestation unserer sieben Collegen enthaltenen Gesinnungen ausgesprochen haben...« Typisch wieder für Müller: mit der kürzesten Front operieren, nur das Gerücht wurde korrigiert, obwohl jeder erkennen mußte, daß darin eine Zustimmung zu dem Protest der Sieben enthalten war. Am 14. wurde die Entlassung der Sieben vollzogen, am 17. Dezember wurde die Erklärung der Sechs in der Kasselschen Allgemeinen Zeitung veröffentlicht[98]. Es war der Tag, als die drei des Landes Verwiesenen, Dahlmann,

97 Brief an die Eltern 7. Januar 1838 (K. & K. 246): er habe sich, ungeachtet seiner Übereinstimmung dem Grunde nach, der Protestation nicht angeschlossen, u. a. »weil ich glaubte, daß die Univ. ihre Kräfte aufsparen müsse auf den Zeitpunkt, wo sie verfassungsmäßig ihre Meinung auszudrücken verpflichtet ist, nämlich als Wahlcorporation bei der Wahl eines neuen ständischen Deputirten«. Brief an Böckh 19. Dezember 1837 (Boeckh-Müller 401): »Ich hielt jene Erklärung für nicht geeignet, an das Curatorium gebracht zu werden, welches die Sache nichts angeht, und das von Anfang an sich ohne allen Muth in der Sache benommen.« Was die Unzuständigkeit des Curatoriums betrifft, ähnlich an den Grafen Münster am 20. Februar 1838 (ed. F. Thimme, Zeitschr. des Historischen Vereins für Niedersachsen 1899, 266ff., hier 280): M. würde »kein Bedenken getragen« haben, zu unterzeichnen, wenn die Protestation »an das Königliche Cabinet selbst gerichtet, und in einigen Stellen weniger schneidend und absprechend abgefaßt gewesen wäre«.

98 Kück 99–101. – Jacob Grimm über seine Entlassung [Basel 1838], in: Göttinger

Gervinus, Jacob Grimm von vielen Studenten und einigen Professoren, unter ihnen Müller, Leutsch und Schneidewin, in Witzenhausen verabschiedet wurden[99].

Müller rechnete nun mit seiner Entlassung. »Die Universität«, schreibt er am 7. Januar 1838 an die Familie in Schlesien, »ist eigentlich schon ganz vernichtet, da Hauptfächer ganz ausfallen, und kein gescheuter und rechtlicher Mann sich in diese Stellen rufen lassen wird... Indeß will ich, so lange noch eine Hoffnung einer Herstellung der Universität mit Ehren vorhanden ist, nicht freiwillig abgehen, sondern mich lieber absetzen lassen...«[100] Um diese Wiederherstellung mit Ehren, das meinte: um die Wiedereinsetzung der Sieben, hat er sich entschieden bemüht. Sie war nicht möglich[101]. Noch im selben Jahr hat Müller sich an Versuchen beteiligt, die entstandenen Lücken nicht zu schließen, aber doch provisorisch durch die Einsetzung von jüngeren Gelehrten zu überbrücken. Einem von ihnen, Wilhelm Havemann, schreibt Jacob Grimm am 24. Juli 1838 aus Jena, mit unverkennbarem Bezug auf Müller: »Jene freunde, die ich liebe und hochachte, in den wesentlichen puncten mit uns einverstanden, lähmen, wie mir scheint, ihre sonst so freie gesinnung durch eine peinliche und eigensüchtige sorge um hastige wiederherstellung der universität...«[102] Grimm hat wohl richtig gesehen: Müllers Sorge um die Universität war eine eigensüchtige, sie mußte es sein, wenn er so mit dieser Universität zusammengewachsen war, wie er seinerzeit schrieb. Aber war dies noch *der* Boden, den er damals gemeint hatte[103]?

Universitätsreden 74, 1985 [kritische Edition, nach der Hs., von U.-M. SCHNEIDER], 37: »Diese zweite Protestation zu Gunsten der bedrohten Constitution von 1833, ihrer Fassung nach schwächer als die erste, stärker hingegen, weil sie nach der schon ausgesprochnen Ungnade des Königs jener sich anzuschließen wagt, ist unsre schönste Ehrenrettung und ein herrliches Zeugnis für den Geist der Universität.«

99 KÜCK 119–121.

100 K. & K. 247.

101 Zur Ausweglosigkeit der Situation, in der weder die Regierung noch die Sieben nachgeben konnten, s. KÜCK 177–190.

102 Unbekannte Briefe der Brüder Grimm, hrsg. von WILHELM SCHOOF, Bonn 1960, Nr. 115; Grimm hält es für wichtig, »die wunde offen zu lassen«. Als Havemann sich zu seiner Rechtfertigung auf Müller und seine Freunde beruft, antwortet Grimm am 3. August 1838 (ebd. Nr. 116) schärfer, »daß in der dermaligen sachlage es der regierung nicht zuwieder, sondern sogar erwünscht sein muß, einen mann von der sogenannten opposition [d.i. Havemann] zu bekommen... Man weiß wohl, daß ohne Müller, Lücke und seinesgl. die universität zusammenbräche... und ist froh sie bis auf einen gewissen punct hier zu verstärken. Innerlich liebt man sie freilich nicht, und wird sie bei schicklicher gelegenheit springen lassen.«

103 Statt vom ›mütterlichen‹ ist nun vom ›schwankenden Boden‹ die Rede (an die Eltern z. Januar 1838, K. & K. 247), schärfer an den Grafen Münster 20. Februar 1838, (THIMME 281, s. oben Anm. 97): »Jedes Mitglied der Universität, welches sich als solches fühlt und auf andere Weise als in seinen nächsten pecuniären Interessen verletzt werden kann, mußte sich den Boden, auf den es die Hoffnungen eines sicheren

Am 2. Februar 1839 beantragt er ein Jahr Urlaub für eine Reise nach Italien und Griechenland[104]. Dem Antrag fügt er einen Brief an den Herrn Staatsminister bei, der das Gesuch in persönlicher Hinsicht erläutert[105]: zu den wissenschaftlichen Gründen »kommt das Gefühl eines wahren Bedürfnisses, nach den mannigfachen Arbeiten der letzten Jahre ... eine längere Zeit eine andere Luft zu athmen als die meiner Studierstube«. So werde die Zeit, die seinen Funktionen entzogen werde, und die »so leicht auf andre Weise durch Krankheit und Körperschwäche verloren gehen kann« der Universität wieder zugute kommen, »wenn mir die gründliche Erfrischung und Erneuerung der Lebenskräfte gestattet wird, wie sie mir eine solche Reise gewähren muß«. Aus gesundheitlichen Gründen über ein Jahr lang die Studierstube zu meiden, ein wahres Bedürfnis? Das ist sehr ungewöhnlich für Müller[106], und man wird wohl in Hannover verstanden haben, was hier zwischen den Zeilen stand. Acht Wochen vorher hatte er einem französischen Freund deutlicher geschrieben, er habe eine archäologische Reise nach Trier gemacht, »eigentlich mehr um mich etwas von den geistigen und moralischen Anstrengungen des letzten Jahres zu erholen«[107]. Dreißig Tage nach seinem Antrag hält er das Schreiben in Händen, das ihm erlaubt, ein Jahr lang eine andere Luft zu

und erfreulichen Wirkungskreises gebaut hatte, unter den Füßen weggezogen glauben.«

104 Kern 329–31. Der Plan einer großen Italienreise wurde bereits 1820 »von fern ein wenig berührt« (21. Juni 1820, K. & K. 82) und bald im Kuratorium günstig aufgenommen (an die Eltern August 1820, K. & K. 84: »Auch mit der Reise nach Italien rücken sie schon immer näher«); Heeren scheint hier die treibende Kraft gewesen zu sein. Sehr zögerlich nahm M. dann das von Heeren vermittelte Angebot zu einer Reise nach London und Paris an (an die Eltern 21. Mai 1821, K. & K. 91–2). Die große Reise nach Italien und Griechenland war schon 1835 grundsätzlich genehmigt, aber von Müller aus verschiedenen Gründen (vgl. auch Brief an W.A. Klütz März 1835, Reiter 1,252,31) aufgeschoben worden (Kern 329).

105 Universitätsarchiv Nr. 56.

106 Darum freilich nicht schon unwahr. Nach der gleich zu erwähnenden Trierreise hatte er (an die Eltern 17. Oktober 1838, K. & K. 253) bemerkt, »daß die Art von jugendlicher Frische, von der man auf Reisen belebt wird, gleich wieder schwindet, wenn man in die geheizte Stubenluft kommt«. Doch am zweiten Weihnachtstag 1838 klagt er den Eltern (K. & K. 254) über »eine solche Gewitterschwüle, wie vor dem Sturme«, nun in Bezug auf das politische Klima, die Angelegenheiten der Sieben und den Zustand der Universität. Der Mann, von dem Böckh einst (an Heeren 25. Mai 1819, Boeckh-Müller 39) gesagt hatte, »er kann unmäßig arbeiten, ohne dass er seine frische Jugendfarbe verlöre«, gestand sich auch, kaum ein Vierteljahr auf der großen Reise am 29. November 1839 in Rom, trotz allem, was noch zu erkunden vor ihm lag, ein, »eigentlich ein lebhafteres Bedürfniss zu haben, zur Ruhe zu kommen, das Gesehne zu verarbeiten« usw., das hieß, in seine Studierstube zurückzukehren, erwägend, »was ich noch in dem Rest des Lebens, das mir der Himmel bestimmt haben mag, zu meinem wahren geistigen Eigenthum machen und in einer Form, in der es mir selbst neue Bedeutung gewinnt, niederlegen kann«. (K. & K. 295).

107 An Raoul-Rochette 10. Dezember 1838, Reiter 1,354,9.

atmen als die seiner Georgia Augusta[108]. Gegen Ende dieses Jahres starb er, am 1. August 1840. Seine Athener Kollegen begruben ihn am folgenden Tag, dem 21. Juli dortiger Zeitrechnung, unter Anteilnahme der ganzen Stadt, auf dem Kolonos Hippios[109].

108 »Es wirken jetzt in der That die verschiedensten Umstände und Kräfte lähmend auf Göttingen ein, und ich bin froh, für ein Jahr aus dieser quälenden Lage erlöst zu sein...«, schreibt er am vierten Tag der Reise (3. September 1839 an Böckh, BOECKH-MÜLLER 441.

109 Die Universität Athen zeigte den Tod mit Schreiben vom 22. Juli/3. August 1840 der Göttinger Universität an. Dem Brief liegt ein Auszug aus dem Protokoll der Athener Senatssitzung vom 21. Juli bei, welcher beginnt Τὸ 'Ακαδημαϊκὸν Συμβούλιον σκεφθὲν περὶ τῆς κηδείας τοῦ Περικλέους Μυλλέρου ἀπεφάσισε (›Der akademische Senat beschloß nach Beratung über die Bestattung des Perikles Mylleros‹). Das Dokument (Universitätsarchiv) ist nicht nur wegen des einbürgernden Namens bemerkenswert. Rasch entschlossen – die Bestattungsfeierlichkeiten sollten am Spätnachmittag desselben Tages stattfinden – entschied man, daß die Professoren selbst (nicht: die Universität) die Kosten für Begräbnis und ein würdiges Grabmal tragen, daß die vier Dekane die vier Ecken des Sarges halten, daß alle Professoren und Studenten mit einer schwarzen Binde am linken Arm teilnehmen, der Professor der Philosophie Philippos Ioannou den Epitaphios logos hält, die Regierung eingeladen wird, das Grab auf dem Kolonos (einem Hügel in der Nachbarschaft der Akademie Platons) sein soll.

Hartmut Döhl

Karl Otfried Müllers Reise nach Italien und Griechenland 1839/40

I. Karl Otfried Müller (1797–1840) *

Im Jahre 1819 wurde der knapp 22jährige Karl Otfried Müller nach Göttingen berufen. Zu seinen Lehrgebieten gehörten u.a. Grammatik, antike Autoren, antike Mythologie, Archäologie sowie die antiquitates Graecae und Romanae (Rechts- und Staatsaltertümer, Privataltertümer usf.). Seiner Amtsbeschreibung nach war er freilich Professor der Philosophie.

Es würde schwer fallen, in dem heutigen gegliederten Universitätssystem einem Mann mit dieser Aufgabenvielfalt seine Stelle zuzuweisen. Müller war Klassischer Archäologe, aber auch mehr als dies, er war Philologe, aber auch hier wiederum mehr, er war Althistoriker, und auch

1 Danken möchte ich an dieser Stelle vor allem Dr. Günther Meinhardt, der mir schon vor längerer Zeit die in seinem Besitz befindlichen Skizzenbücher Neises zum Studium und zur Auswertung überließ und große Geduld bewiesen hat; danken möchte ich ferner H. Kyrieleis, Athen, für die Genehmigung zur Publikation des in Athen befindlichen Tagebuchs, Antje Krug, Berlin, die mir die Berliner Tagebücher zugänglich machte, K. Fittschen, der die Publikation der Göttinger Zeichnungen bewilligte, Klaus Nickau, Göttingen, für Gespräche, Hinweise und die Überlassung seines Vortragsmanuskriptes. Ein besonderer Dank schließlich gebührt Stephan Eckhard vom Archäologischen Institut, der die oft sehr blassen Zeichnungen in reproduzierbare Photographien umwandelte.
Der hier publizierte Beitrag ist eine Vorstudie zu einer geplanten größeren Arbeit über Karl Otfried Müllers Griechische Reise. Es schien mir von daher gerechtfertigt, manchen durchaus wichtigen Aspekt, etwa Müllers Stellung innerhalb der »griechischen Reisenden«, – manch wichtigen Aspekt also nur zu streifen oder auszuklammern. Was hier vordringlich deutlich gemacht werden sollte, das war der universelle Charakter der Altertumskunde, der Müllers Forschungen auszeichnet.
Um den Anmerkungsteil nicht zu sehr anschwellen zu lassen, wurde bei wörtlichen Briefwiedergaben jeweils im Text die zitierte Stelle angegeben. Dort, wo als Beleg ein Datum angeführt ist, handelt es sich um ein Zitat nach Otto und Else Kern, Carl Otfried Müller. Lebensbild in Briefen an seine Eltern mit dem Tagebuch seiner italienisch-griechischen Reise (Berlin 1908), wo bei einem Zitat Tgb. und Seite angeführt werden, ist die Stelle entnommen aus Otto Kern, Briefwechsel von Carl Otfried Müller (Göttingen 1936).

hier wiederum mehr. Das ›Fach‹, das er eigentlich vertrat, »Altertumskunde« im umfassenden Sinne, das gab es seinerzeit nicht und das gibt es auch heute nicht.

Es ist der Altertumskundler Müller, den es schon früh in den Süden drängt, doch erst im Jahre 1839 kann er seinen lang gehegten Plan verwirklichen: eine einjährige Reise nach Italien und Griechenland, wobei auch ein Abstecher in die westliche Türkei erwogen wird.

Die Reise begann unmittelbar nach seinem 42. Geburtstag (31. August 1839) in Göttingen. Bereits der Beginn der Reise stand unter einem schlechten Stern. In einem ersten brieflichen Reisebericht an seine Frau (3. September 1839) klagt er:

»Die Reise nach München wäre glücklich überstanden, ohne anderen Unfall, als daß deine treffliche Liqueurflasche, liebe Frau, mir gleich beim Aussteigen aus dem Wagen in Heiligenstadt aus dem Mantel stürzte und in Stücke zerbrach.«

Noch vor dem Ende der Reise zerbrach dann freilich weit Wichtigeres: sein eigenes Leben. Beim Studium antiker Inschriften in Delphi erhielt er – ohnehin bereits kränkelnd – einen schweren Sonnenstich, an dessen Folgen er am 1. August 1840 auf der Rückreise nach Athen verstarb. Unter großer Anteilnahme wurde er auf dem Kolonos-Hügel in Athen beigesetzt (Abb. 3a). Der Hofprediger Julius Meyer vermerkte im Kirchenbuch der Athener Gemeinde[1]:

Karl Ottfried Müller, Kgl. Hannov. Hofrat und ord. Prof. der Altertumswissenschaften an der Georgia-Augusta zu Göttingen, geb. 1797 zu Brieg in Schlesien, studierte zu Breslau und Berlin und ward 1819 als Professor der Altertumskunde nach Göttingen berufen; sein Aegineticorum liber, sein Werk über Orchomenos und die Minyer, seine Dorier, seine Prolegomena zu einer wissensch. Mythologie, seine Etrusker, sein Handbuch der Archäologie der Kunst usw. usw. haben ihm für immer einen allgemein anerkannten europäischen Namen erworben. – Er trat in den ersten Tagen des Augustmonats 1839 seine kunstarchäologisch-historische Reise, unter Begleitung des Hr. Dr. Schöll und Künstlers Neise, von Göttingen nach Italien, Sizilien, Griechenland an. Sein erster Hauptpunkt war Rom, von wo aus er einen Ausflug nach Etrurien machte, brach darauf gegen das Ende des Jahres nach Neapel und Sizilien auf und kam über Malta und Syra den 19. März 1840 in Athen an. Nachdem er hierselbst die Akropolis usw. (vorläufig) wiederholt besucht hatte, machte er mit seiner früheren Begleitung, der sich nach vorausgegangener brieflicher Verabredung, sein früherer Schüler Hr. Ernst Curtius aus Lübeck anschloss, eine vierzigtägige Reise im Peleponnes und brach mit derselben Begleitung, als er, aus Morea zurückgekehrt, in Athen

1 Zitiert nach einer Abschrift im Archäologischen Institut Göttingen; vgl. auch Augsburgische Allgemeine Zeitung Nr. 239 (26. August 1840); JULIUS MEYER, Evangelische Reden (Oldenburg 1840) 57ff.

zuvor 10 Tage gewartet hatte, dann nach Nordgriechenland auf. In Delphi betraf ihn zuerst ein bedenklicheres Unwohlsein, dessen Grund und Ursache wohl in den Beschwerden des Inschriftenlesens, in der dieses Jahr besonders ungesunden Luft am Parnass und namentlich in der Juliussonne, vor deren Strahlen er sich nicht warnen liess, zu suchen sein mögte. In Thespia zeigten sich am 28. Julius zuerst Anfälle von Ohnmacht und Bewußtlosigkeit, sodass er nur mit Mühe des Abends nach Platea und den folgenden Tag nach Kasa gebracht werden konnte. Von hier ward sogleich ein Eilbote an den Kgl. Gr. Leibarzt Dr. Röser nach Athen gesandt, der schon in aller Frühe den 30. Julius zu dem Kranken kam und mit demselben um 2 Uhr des nachts hierselbst anlangte. In Kasa war Müller, bei der Ankunft des Leibarztes Dr. Röser, zwar noch bei Bewusstsein, verfiel aber bald in einen Zustand der Besinnungslosigkeit, aus dem er in diesem Leben nicht wieder zum hellen Bewusstsein erwachte; er erlag, trotz aller erdenklichen ärztlichen Mühe, am 1. August nachmittags 4 Uhr einem typhösen Fieber.

Sonntags den 2. August, nachmittags zwischen 6 und 7 Uhr, wurde die Leiche Ottfried Müllers im schönsten Leichenpomp unter Begleitung des Kgl. Hofmarschallats, des Kultusministers und der Räte des Kultusministeriums, der Universität des Gymnasiums, der z. Zt. anwesenden Gesandten auswärtiger Höfe und Tausenden von Athenern usw., auf dem Kolonos der platonischen Akademie feierlichst von uns bestattet. – Nach mir hielt auch der Professor Philippos Joannu eine (neugriechische) Rede und ich segnete alsdann die teure Hülle ein. »Nos in nobilissimo orbis terrarum gymnasio Academiae locum delegimus, ibique eum combussimus, posteaque curavimus ut Athenienses in eodem loco monumentum ei marmoreum faciendum locarent.«
Serv. Sulpiz apud Ciceronem epp. ad fam. IV,12.

II. Vorbereitung der Reise

Über die Erwartungen, die Müller in diese Reise gesetzt hatte, sind wir durch seine Briefe und vor allem sein Urlaubsgesuch an das Kgl. Curatorium der Universität recht gut unterrichtet. An seinen Freund und Schüler Adolf Schöll schreibt er (4. März 1839): »Sie glauben nicht, wie diese Reise jetzt meine ganze Seele erfüllt; sie ist mir keine bloße Kunstbeschaungsreise; ich denke damit ein neues lebendiges Leben im Alterthum anzufangen.«

Einen ersten Urlaubsantrag für diese Reise hatte Müller bereits 1835 gestellt; der Antrag habe »damals eine gnädige Aufnahme gefunden…, nur daß die damaligen Verhältnisse[2] und besonders die bevorstehende

2 Mit den »damaligen Verhältnissen« sind gemeint zum einen die Vorbereitung der 100-Jahrfeier der Göttinger Universität (1837), zum anderen wohl der Bau des Aulagebäudes sowie seines eigenen Hauses (1835/36). Zu letzterem jetzt PAUL ZANKER, Carl Otfried Müller's Haus in Göttingen. Zur Selbstdarstellung eines deutschen Professors um 1835. In Annali della Scuola Normale Superiore di Pisa, Classe di lettre e filosofia, ser. III, vol. XIV 3, 1984, 1129ff.

Jubelfeier die Gewährung desselben hinauszuschieben nötigten«. In seinem erneuten Urlaubsantrag an das Kuratorium[3] vom 2. Februar 1839 begründet Müller Sinn und Notwendigkeit der Reise: Die Motive lägen zum Teil in seinem »kunstarchäologischen Amt und Berufe«. Eine unmittelbare Anschauung der großen Sammlungen, insbesondere aber »der alten Architektur-Denkmäler auf ihrem eigenen Grund und Boden« sei dringend erforderlich, da »die Bearbeitung dieser Wissenschaft aus dem Studierzimmer gegen die reiche und genaue Autopsie so vieler Zeitgenossen sich in zu großem Nachtheile« befände. Dringlicher ist Müller »noch ein anderes wissenschaftliches Bedürfnis, welches gerade jetzt eine solche Reise mir so wünschenswerth macht, daß mir die planmäßige Vollendung meiner ganzen wissenschaftlichen Laufbahn davon abzuhängen scheint«:

»Ich habe seit dem Beginne meiner schriftstellerischen Arbeiten eine umfassendere und tiefer eindringende Geschichte von Griechenland stets als Hauptaufgabe vor Augen gehabt. Nachdem ich zwanzig Jahre hindurch den größten Theil der Muße, den meine Berufsgeschäfte mir gestatteten, auf Studien für diesen Zweck gewendet, habe ich gegenwärtig das Bewußtsein, der Lösung jener Aufgabe ziemlich so gewachsen zu sein, als ich es nach meinen Kräften überhaupt werden kann, aber auch zugleich die Überzeugung, daß ich nicht lange säumen darf das Werk zu beginnen, wenn ich es meinem Entwurfe gemäß vollenden will. Für diese Unternehmung, und gerade für den Anfang derselben, ist die Kenntniß der Gegenden, ein anschauliches Bild von der Localität der alten Niederlassungen, und den noch vorhandnen Trümmern, eine unerläßliche Bedingung. Ich habe auf literarischem Wege mich so viel mit geographischen und topographischen Studien beschäftigt, und mich an allen historisch wichtigen Orten genau zu orientieren gesucht, daß ich nun das lebhafteste Bedürfniß empfinde, die Ergebnisse einsamer Forschung mit der Wirklichkeit zusammenzuhalten und darnach zu berichtigen. So sind unter diesen Umständen einige Monate in Griechenland für mein ganzes Leben von unschätzbarer Wichtigkeit.«

Die Dringlichkeit der geplanten Reise wird in dem Antrag von Punkt zu Punkt stärker unterstrichen; wenn bei der beabsichtigten Erweiterung seiner Denkmälerkenntnis noch nüchtern von einem Vorteil für die Universität die Rede ist, heißt es bei der Reise als solcher dann bereits, daß davon »die planmäßige Vollendung meiner ganzen wissenschaftlichen Laufbahn abzuhängen... scheint«, und wo schließlich Griechenland als eigentliches Reiseziel angesprochen ist, da sind dann »einige Monate« sogar »für mein ganzes Leben von unschätzbarer Wichtigkeit«. Es geht offenbar um mehr als die bloße Erweiterung des fachlichen Horizonts, die Universität ist zu eng für ihn und seine wissenschaftliche Zielsetzung geworden: das »Studierzimmer« kann die »reiche und genaue Autopsie«, die »Anschauung« nicht ersetzen, der »einsamen Forschung« wird die

3 Abgedruckt bei O. KERN (1936) 329–332.

»Wirklichkeit« gegenübergestellt, an der die Ergebnisse der Forschung aus dem Studierzimmer zu überprüfen und »darnach zu berichtigen« sind.

Die Regierung in Hannover beurlaubte Müller für ein Jahr, sie gab ihm darüber hinaus Geld für den Ankauf von Antiken mit[4] und bewilligte ihm für das ganze Jahr einen Zeichner als Reisebegleiter (Georg Friedrich Neise[5]). Wohl selten war die Regierung in Hannover im Laufe der Universitätsgeschichte einem Professor gegenüber so spendabel gewesen. Man wäre geneigt, diese Regierung zu loben, wären da nicht auch deutliche Mißklänge im Vorfeld:

Müller hatte sich im Streit um die Göttinger Sieben in Hannover mißliebig gemacht, rechnete zeitweilig sogar mit seiner Entlassung. Schöll gegenüber äußert er den Verdacht, daß das Cabinet in Hannover ihm »sehr wenig wohl will, sondern... den Urlaub nur deshalb gegeben (hat), weil man mich gern auf ein Jahr los ist« (18. Mai 1839).

Auch die Kosten für den Zeichner waren nicht ohne weiteres bewilligt, doch »endlich habe ich mich nicht an das Ministerium des Unterrichts, das bei uns sehr beschränkt ist, sondern an den Minister des Handels und der Industrie gewandt... und kaum sind 8 Tage vorbei, und ich erhalte einen Brief, worin der Minister mir Alles bewilligt« (13. Juni 1839).

Aus den Briefen geht auch einiges über die Reisevorbereitungen hervor. So nimmt er u. a. mit einen Theodolith, ein Fernrohr, einen Kompaß und Reißzeug (9. August 1839); dazu kommt ein Maßstab »mit genauester Angabe des Griechischen und Römischen Fußes neben dem Pariser« sowie »ein Instrument um Winkel zu messen und Rayons aufzunehmen« (18. Mai 1839). Dem Maßstab begegnen wir in einem amüsanten Brief vom 22. Mai 1840 später noch einmal. Müller hatte ihn in Mistra seinem zeitweiligen Reisebegleiter Ernst Curtius geborgt. Curtius ließ ihn bei der Abreise jedoch liegen, mußte daraufhin noch einmal umkehren, um ihn zu suchen, »da wir ihn nicht gut missen können« (Tgb. 351).

Ein großer Teil der Reisevorbereitung betrifft die Beschaffung von Kartenmaterial. Sein späterer Reisebegleiter Schöll wird in dieser Angelegenheit in Berlin mehrfach bei Carl Ritter vorstellig, denn »ganz ohne Bücher und Karten können wir doch nicht gehen« (Schöll an Müller 21. April 1839). Zu den landeskundlichen Büchern, die Müller vor Antritt der Reise »genauestens durchgearbeitet« hat, gehören u. a. Leakes Nord-

4 Friedrich Wieseler, die Sammlungen des archäologisch-numismatischen Instituts der Georg-Augusts-Universität (Göttingen 1859) 7 und Anm. 30.

5 Georg Friedrich Neise (geb. 2. Januar 1818 in Göttingen, gest. ebd. 1. Oktober 1898). Ernst Brieke, Otfried Müllers letzte Lebenstage. Sein Mitarbeiter Georg Friedrich Neise, in Göttinger Tageblatt 3. August 1937; Dr. Günther Meinhardt, Georg Friedrich Neise, Zeichner des Landkreises Göttingen, in Göttinger Monatsblätter Februar 1979, 4ff.

griechenland[6] und die französische Description de Morée[7]. Zu den Büchern, die sie auf die Reise selbst mitnehmen, zählen Taschenausgaben von Pausanias und Strabo, ferner Thucydides und Xenophon; der erste Band von Plinius wäre Müller erwünscht; »Homer, Virgil, Properz wären ganz hübsch, aber man kann sie auch entbehren« (9. August 1839).

III. Die Reise

III.1. Quellenlage

Müllers eigene Aufzeichnungen und Notizen über die Reise sind weitgehend verschollen[8]. So war die Forschung bislang im wesentlichen auf die Briefe als Quelle angewiesen. Hier sind zwei Editionen von besonderer Bedeutung:

1. Otto Kern, Aus dem amtlichen und wissenschaftlichen Briefwechsel von Carl Otfried Müller (Göttingen 1936). Die darin erfaßten Briefe informieren vor allem über die Vorbereitung zur Reise.

2. Otto und Else Kern, Carl Otfried Müller. Lebensbild in Briefen an seine Eltern mit dem Tagebuch seiner italienisch-griechischen Reise (Berlin 1908). Die in dem »Tagebuch« zusammengefaßten Briefe informieren über die eigentliche Reise. Die überwiegende Zahl der Briefe ist an Müllers Frau gerichtet. Diese Briefe an seine Frau bezeichnet er selbst als sein »briefliches Tagebuch« oder auch das »Brieftagebuch seiner Reise«. Zur Veröffentlichung waren die Briefe kaum bestimmt; man muß zugleich aber wohl doch berücksichtigen, daß ja gerade das spätere 18. Jh. und das 19. Jh. die große Zeit der Briefpublikationen bildet. Eine Parodie auf diese Modererscheinung hat Gottfried Keller in seiner Erzählung von den vertauschten Liebesbriefen gegeben.

An die Briefeditionen lassen sich heute weitere wichtige Quellen anschließen:

6 William Martin Leake, Travels in Northern Greece, 4 Bde., London 1835.

7 A. Blouet u. a., Expédition scientifique de Morée ordonnée par le gouvernement français, 3 Bde., Paris 1831–38.

8 Im Deutschen Archäologischen Institut Berlin befinden sich zwei gebundene Notizbücher, die Carl Otfried Müller zugeschrieben werden. Da in einem dieser Bücher auch die Rückreise von Athen über Italien bis nach Wien beschrieben wird, ging ich zunächst davon aus, daß es sich nicht um Müllersche Tagebücher handeln könne. Das andere Tagebuch (durchpaginiert) umfaßt den Zeitraum vom 7. April 1840 (Parthenon) bis zum 27. Juni 1840 (Lycabettos), also genau die Zeit vom Eintreffen Müllers in Athen bis zum Einsetzen des Athener Tagebuchs der großen Rundreise. Es handelt sich also wohl doch um ein authentisches Tagebuch Müllers. Wie diese Tage/Notizbücher nach Berlin gelangten, ist unklar. Ein lose einliegender Zettel mit einem Briefstempel der Universitätsbibliothek Göttingen besagt lediglich »übersandt von Thiersch«. Die Berliner Tage/Notizbücher sind in dem vorliegenden Beitrag noch nicht berücksichtigt.

3. Zeichnungen, die Georg Friedrich Neise auf der Reise für Müller anfertigte. Sie befinden sich heute im Besitz des Archäologischen Instituts der Göttinger Universität[9]. Von Anfang an hatte Müller klare Vorstellungen davon, wie Neise für ihn zeichnen sollte: nicht künstlerisch, sondern wissenschaftlich; er schreibt diesbezüglich an Schöll, daß er »diesen jungen Mann *für seine Zwecke* erst recht anlernen (müsse); dafür würde ich ihn aber auch *rein für dieselben* brauchen können, da er nicht auf der Stufe steht, *für sich* Italien und Griechenland studieren zu können« (18. Mai 1839). Neise ersetzte für Müller somit den damals noch nicht üblichen Photoapparat[10].

Erhalten sind knapp 240 Zeichnungen, die zum überwiegenden Teil in Bleistift ausgeführt sind; einige wenige Reinzeichnungen in Feder kommen dazu. Nahezu alle Zeichnungen sind mit Ortsangabe und Datum versehen. Sie lassen sich daher leicht dem »Brieftagebuch« zuordnen[11].

4. Zu diesen ›offiziellen‹ Zeichnungen kommen nun diejenigen, die Neise privat für sich in Skizzenbüchern angefertigt hat. Die im Hinblick auf die Reise wichtigen Skizzenbücher befinden sich heute im Besitz von Dr. Günther Meinhardt. Sehr viel Zeit für privates Zeichnen hat Neise offenbar nicht gehabt. Die Skizzenbücher machen darüber hinaus deutlich, daß Müller bei seiner Suche nach einem künstlerisch nicht besonders ambitionierten oder ausgewiesenen Zeichner wohl die rechte Wahl getroffen hatte. Eine besonders kuriose Zeichnung findet sich im Skizzenbuch Meinhardt 3 (25. Dezember 1839 Blick auf S. Pietro in Montorio, Rom). In der rechten unteren Bildhälfte verlaufen einige kräftige unkontrollierte Bleistiftstriche über die zartere Zeichnung (Abb. 3b). Die Erklärung findet sich in einem Brief Müllers (26. Dezember 1839): »Noch eins muß ich erzählen, was hier viel zu sprechen macht. Unser Neise ist gestern nachmittag um 3 Uhr in der Stadt, in einer einsamen Gegend, bei Fontana Paolo, von zwei Kerls überfallen und nach einiger Gegenwehr seiner Uhr beraubt worden; das Geld fanden sie in der Eile nicht. Sonst ist er glücklicherweise ohne Schaden und Verletzung davongekommen.«

5. Das vielleicht wichtigste Dokument ist ein unpubliziertes und so gut wie unbekanntes Tagebuch Müllers über die letzte innergriechische Reise

9 Die Zeichnungen galten bis vor wenigen Jahren als eigenhändige Arbeiten Müllers. Der Irrtum ist verständlich, weil sich auch einige sichere Müllerzeichnungen (privaten Charakters) im Institut befinden. Dabei handelt es sich um Zeichnungen, die das Kind bzw. der jugendliche Müller anfertigte.

10 Zuvor hatte Schöll versucht, Müller einen Zeichner vorzuschlagen: »Mein Freund Bönisch, der Ihnen als ausgezeichneter Landschafter wohl schon bekannt ist, er hat aber auch früher architektonische Studien gemacht und ist ein sicherer und eleganter Zeichner nicht minder von Figuren – würde, wenn er freie Station erhielte, gerne mitgehen« (9. März 1839). Daß Müller damit aber nicht gedient war, ist verständlich.

11 Eine Publikation dieser Zeichnungen ist in Vorbereitung.

ins nördliche Griechenland (30. Juni 1840–1. August 1840). Das ist die Reise, auf der Müller starb. Dieses Tagebuch ergänzt Müllers »Brieftagebuch« an seine Frau, es zeigt ihn bei der archäologischen Arbeit. Man darf annehmen, daß Tagebücher ähnlicher Form während der gesamten Reise von ihm geführt wurden. Die Entdeckung dieses einen Tagebuchs dürfte wohl H. Pomtow zu verdanken sein; und H. Pomtow war es wohl auch, der »Müllers Sohn« dazu bewogen hat, das Tagebuch 1908 dem Deutschen Archäologischen Institut in Athen zu überlassen[12].

6. Im Besitz des Archäologischen Instituts der Universität Göttingen befinden sich – ohne Zuweisung einer Autorschaft – zahlreiche Pausen aus älteren Handbüchern oder Reisebüchern, die Grundrisse von Ruinenplätzen, Lageskizzen oder geographischen Regionen wiedergeben. Ein Teil davon dürften die in Müllers Briefen mehrfach angesprochenen vorbereitenden Exzerpte für die Reise sein.

7. Ebenfalls im Besitz des Instituts befinden sich aufwendigere kartographische Arbeiten, zum Teil Nachzeichnungen mit Quellenangabe, zum Teil aber auch selbständige Karten. Wiederum läßt sich die Autorschaft aus den Institutsunterlagen nicht klären. Nach der Handschrift stammen einige jedoch sicher von Müller.

Heute wohl nicht mehr zu klären ist die Frage, wie dieser so wenig homogene Bestand an Dokumenten in den Besitz des archäologischen Institutes gelangte. Einen »Nachlaß Müller« hat es für das Institut nicht gegeben. Die wahrscheinlichste Erklärung für die Herkunft der im Institutsbesitz befindlichen ›Mülleriana‹ scheint mir im Moment, daß es sich um die Unterlagen handelt, die sich im Besitz des Zeichners Neise befanden. Die eigentlich wissenschaftliche Ausbeute fiel offenbar der Familie und zweifellos auch Schöll zu[13].

III.2. Wissenschaftliche Zielsetzung

Den bedeutendsten wissenschaftlichen Ertrag hätte die Reise zweifellos gehabt, hätte Müller sie noch selbst auswerten können. So aber kann nur im Nachherein versucht werden, aus den genannten Quellen ein Bild der wissenschaftlichen Zielsetzung zu gewinnen. Ich möchte bei

12 H. POMTOW, Delphica II (Leipzig 1909) 11 Anm. 6.

13 Einen Teil der Zeichnungen der athenischen Skulpturen hat Schöll mit Sicherheit benutzt für seine Publikation von dem »Kupferheft zu den Archäologischen Mittheilungen aus Griechenland nach Carl Otfried Müllers hinterlassenen Papieren herausgegeben von ADOLF SCHÖLL« (Frankfurt 1843). Während aber die verwendeten Zeichnungen wieder in den Besitz des Institutes gelangten, sind die »hinterlassenen Papiere« verschollen. Sollten sie mit den jetzt in Berlin befindlichen Tage/Notizbüchern identisch sein (vgl. hier Anm. 8)?

der Besprechung mit dem Punkt beginnen, der bei dieser Reise offenbar nicht im Zentrum seines Interesses stand.

III.2.1. Die Kunstarchäologie

Die Erweiterung seiner Denkmälerkenntnis war der erste Grund, den er in seinem Urlaubsgesuch an das Kuratorium genannt hatte. Ich hatte bereits darauf hingewiesen, daß die Begründung hier relativ kühl ausgefallen war. »Tagebuch« und Zeichnungen bestätigen nun auch, daß es nicht die Denkmäler, nicht die Kunstwerke waren, die ihn vornehmlich faszinierten. In Italien sind es noch vergleichsweise viele Kunstwerke, die gezeichnet werden, aber schon ein erster Blick macht deutlich, daß hier keine systematische Erfassung vorliegt:

Vatikanische Museen	31 Monumente
Slg. Kestner, Rom	22 Monumente
Florenz, Uffizien	12 Monumente
Capitolinische Museen	11 Monumente

Die Zahl der gezeichneten Objekte und die Bedeutung der Sammlungen stehen in keinem Verhältnis zueinander. Von der Kestner-Sammlung sind doppelt soviel Monumente ›offiziell‹ gezeichnet wie von den Beständen des Capitolinischen Museums, obendrein handelt es sich dabei überwiegend um Werke der Kleinkunst, Terrakotten, Tongefäße, Steinvasen aus allen Kunstlandschaften (Abb. 4a). Daß Neise so fleißig in der Kestnerschen Sammlung zeichnete, hatte wohl einen ganz konkreten Grund: Die Sammlung Kestner sollte an das Archäologische Institut der Göttinger Universität gelangen[14].

Während Neise in Italien vornehmlich in Museen zeichnet (also kaum Landschaft), kehrt sich das Verhältnis in Griechenland um: abgesehen von Athen selbst, wird jetzt fast nur noch Landschaft gezeichnet.

In Athen selbst hat Neise knapp 30 Zeichnungen, überwiegend von Grafreliefs, angefertigt (Abb. 4b). Bei Reiseantritt war das kaum beabsichtigt, es ergab sich eher zufällig, da »die Freiheit zu zeichnen, die hier gewährt wird, die Zahl der von Neise gezeichneten unedierten Bildwerke so vermehrt (hat), daß ich große Lust habe, einige Hefte Bildwerke herauszugeben, wenn eine Buchhandlung sie auf angemessene Weise zur Welt fördern will. Etwas Zusammenhängendes werde ich aber über die Reise nicht schreiben.« (Tgb. 341). Als Forschungsergebnis wichtiger

14 Vgl. WIESELER (hier Anm. 4) 13 und Anm. 41. Nach dem Tode des Legationsrathes Georg August Kestner gelangte die Sammlung jedoch zunächst in den Besitz von dessen Neffen Hermann Kestner in Hannover, der sie später dann der Stadt Hannover vermachte.

waren Müller von Anfang an auch hier in Athen andere Fragen: die Untersuchung über die Agora, den Tempel der Athena Polias und natürlich eine Auswertung der griechischen Inschriften.

Aus der avisierten Publikation der athenischen Bildwerke ist so gut wie nichts geworden. Sein Schüler und Reisebegleiter Schöll freilich hat aus dem Nachlaß einige der Zeichnungen auf 7 Tafeln mit einem langen Kommentar publiziert[15]. Doch abgesehen von der Sammeltafel VI werden insgesamt nur 17 Objekte abgebildet, darunter auch solche aus italienischen Museen. Ein von Schöll in seinem Vorwort in Aussicht gestellter zweiter und dritter Teil dieser Publikation ist nicht mehr erschienen. Schöll lagen bei seinen Erläuterungen zweifelsohne Müllers Notizen vor. Er muß also zumindest einen Teil des wissenschaftlichen Nachlasses über längere Jahre in seinem Besitz gehabt haben.

Schölls Erläuterungen zeichnen sich durch epische Breite aus. Sie können nicht als Ersatz für die von Müller geplante Publikation herangezogen werden. Eher noch läßt sich eine Vorstellung von dem geplanten Müllerschen Werk gewinnen aus Müllers Publikation der »Denkmäler der alten Kunst« gezeichnet und radiert von Karl Oesterley (Göttingen 1832): Eine Ordnung und Systematik der Denkmäler begleitet von knappen Texten ohne die Schöllsche Geschwätzigkeit.

Während die Kunstdenkmäler dem Verfasser der »Denkmäler der alten Kunst« bei seiner Reise eher nebensächlich erscheinen und nur durch zufällige Gegebenheiten Gewicht gewinnen (Sammlung Kestner; Athen), hatte ein anderer Gesichtspunkt von Anbeginn der Reise größte Bedeutung:

III.2.2. Die antike Landeskunde

Dieser Forschung galt die vierzigtägige Reise durch die Peloponnes (gemeinsam mit Ernst Curtius und Adolf Schöll) und auch die bereits mehrfach angesprochene Reise nach Böotien/Delphi.

Ein kurzer Exkurs zur historischen Situation Griechenlands im Jahre 1840 mag an dieser Stelle angebracht sein. Knapp zehn Jahre war es her, daß Griechenland von den Türken befreit wurde. Als erster König kam 1833 der junge Wittelsbacher Otto, ein Sohn Ludwig I. nach Griechenland. 1835 wurde die Otto-Universität gegründet. Der König selbst umgab sich mit wissenschaftlichen Beratern, unter denen der Archäologe

15 ADOLF SCHÖLL, Archäologische Mittheilungen aus Griechenland nach Carl Otfried Müllers hinterlassenen Papieren herausgegeben (Frankfurt 1843); dazu ein Kupferheft mit sechs numerierten und einer unnumerierten Tafel. Die Publikation wird von Schöll als Heft 1 bezeichnet. Sie enthält nur Antiken in athenischen Sammlungen. In seinem Vorwort kündigt er ein geplantes Heft 2 an, das ebenfalls nur Antiken behandeln würde, und erwägt ein Heft 3, das die Ergebnisse der sonstigen Reise vorstellen würde.

Ludwig Ross eine besondere Stellung einnahm. Ross war es, der Otto und die Königin Amalie auf ihren Reisen durch das neue Reich begleitete, der offenbar auch die Reiserouten bestimmte. Von vielen dieser Reisen (mit oder ohne König) hat er ausführliche Berichte publiziert. Ross war seinerzeit der beste Kenner Griechenlands aus eigener Anschauung heraus.

Als Müller in Athen eintraf, wurde ihm ein warmer Empfang zu teil. Von Anfang an erhielt er jede gewünschte Unterstützung, kein Wunder, denn »mehrere der Griechen, die in Göttingen meine Zuhörer gewesen, sind hier in bedeutenden Ämtern« (Tgb. 339). »Ich habe nirgends eine solche Bequemlichkeit des Studierens gefunden wie hier; Pittakis, mit dem ich auf freundschaftlichem Fuße stehe, läßt mich überall nach Lust arbeiten und copieren, und Curtius und Ross versehen mich mit den Büchern, die mir fehlen.« (Tgb. 340). Die Letztgenannten versorgen ihn darüber hinaus mit Karten und Planmaterial, ebenso die königlichen Architekten Schaubert und Laurent; Karten erhielt er darüber hinaus auch vom Kriegsministerium; die Behörden lieferten ihm diverses Spezialmaterial, darunter einen Bericht über antike und moderne Bergwerke in Griechenland[16].

Während es gegen Ende April in Athen noch so kalt war, daß einem »auf der Akropolis beim Schreiben und Zeichnen die Hände erstarrten« (Tgb. 342), war es im Juni dann so heiß, daß sie bei ihrer Reise zu einem uns heute eigenartig berührenden Tagesablauf gelangen: »Wir werden hauptsächlich von 4 bis 9 Uhr des Morgens und des Abends reisen und dazwischen ruhen und schlafen müssen.« Auch in Athen sah die Tageseinteilung wohl oft nicht anders aus. So berichtet er von einem Tag, wo er schon um 4 Uhr aufgewesen sei, um mit Pittakis und Curtius zur Pnyx und anschließend zur Akropolis zu gehen, doch sei es dort bereits um 8 Uhr schon so heiß gewesen, daß er die Akropolis verlassen habe und »zum Café« gegangen sei, der ihm vortrefflich geschmeckt habe. Der Gang zur Pnyx erfolgte übrigens, »um den Sonnenaufgang an dem Felsenrücken des Lycabettos zu beobachten«, weil – nun folgt eine ungewöhnliche Begründung – dies »für die Attische Alterthumskunde einiges Interesse« habe (Tgb. 362)!! Endlich kann er die Studierstube nun mit der Wirklichkeit zusammenhalten: »Du kannst Dir denken, was das für ein Vergnügen ist, wenn man beim Arbeiten auf irgendeinen Punkt gekommen ist, der einen Aufschluß verspricht, und dann gleich nach der Akropolis hinaufgehen und an dem alten Tempel selbst zusehen kann.« (Tgb. 341)

Die eigentlichen Reisen ins Landesinnere erfolgten in der Regel zu Pferd, wobei sie von mehreren Agogiaten (zu Fuß!) begleitet werden.

16 Den Zugang zu letzterem verdankte Müller wohl Ferdinand Stademann, der 1832 zunächst als Zeichner mit König Otto nach Griechenland gekommen war, später jedoch dann zeitweilig die Aufsicht über das griechische Bergbauwesen wahrnahm.

Diese Agogiaten sind u. a. für die Verproviantierung zuständig. Mehrfach wird von Fieber bei einigen Teilnehmern berichtet, besonders der junge Neise scheint davon betroffen. In einigen Gegenden besteht große Gefahr von herumstreifenden Klephten, so daß sie bewaffneten Schutz erhalten müssen.

Sehr schnell gewöhnt sich Müller an die griechische Gastfreundschaft und trinkt schon bald seinen Retsina »mit Delice« (Tgb. 349). Freilich, nicht immer läßt sich die deutsche Volksseele ganz unterdrücken, so etwa wenn die Reisenden nächtens am Taygetos deutsche Lieder singen, darunter auch – nicht ganz korrekt – das Lied »Steh ich in stiller Mitternacht« (Tgb. 351)[17].

Neben seinem Brieftagebuch führt Müller auch wissenschaftliche Tagebücher, von denen sich leider nur eines heute nachweisen läßt (s. Anm. 8). Seine Eintragungen sind rein beobachtend, beschreibend, selten wertend.

Im Zentrum seines Interesses steht die Landeskunde. Der Kartographie kommt dabei besondere Bedeutung zu. Im Besitz des Göttinger Institutes befindet sich eine in Feder und Tusche ausgeführte Griechenlandkarte, die unten links den handschriftlichen Vermerk trägt: »Türkisches Reich in Europa. C. Müller 1813« (Abb. 5a). 1813 war Müller gerade 16 Jahre alt; er muß die Karte also entweder noch als Schüler oder in seinem ersten Semester gezeichnet haben. Es ist hier nicht der Ort, die möglichen Quellen zu beschreiben, die ihm dabei vorgelegen haben können. Eine Quelle mit Sicherheit bilden die antiken Autoren. Mehrere seiner in Göttingen entworfenen Karten und Pläne waren bereits vor der Reise publiziert. Seinem Dorierbuch hatte er eine selbstentworfene Peloponnes-Karte beigegeben, ferner eine Karte von Böotien. Für die Enzyclopädie von Ersch und Gruber entwarf er neben einer Böotienkarte (Abb. 5b) auch einen Stadtplan des antiken Athen. Ebenfalls im Besitz des Institutes befinden sich Fragmente einer großen handgezeichneten und getuschten Griechenlandkarte, die der Handschrift nach von Müller stammen muß (Abb. 6a). Die Karte zeigt eine Fülle von sekundären, d. h. zeitlich aufeinanderfolgenden Eintragungen, Detailskizzen, Korrekturen und Ergänzungen. Zu den Karteneintragungen gehören auch Kurznotizen bei einzelnen Orten, v. a. Stellenangaben aus Herodot, Thukydides und Pausanias. Leider läßt sich die Karte und lassen sich die Eintragungen nicht datieren. Der Zustand der Karte legt allerdings den Gedanken nahe, daß es sich um die Karte handelte, die ihn auf seiner Reise begleitete

17 Es handelt sich um das 1824 von Wilhelm Hauff verfaßte Soldatenlied »Steh' ich in finstrer Mitternacht«.

und in die er seine Reisebeobachtungen eintrug[18]. Ein weiteres Exemplar »seiner Karte« befand sich in seiner Göttinger Wohnung; in den Briefen an seine Frau nimmt er des öfteren auf diese Karte Bezug. »Meine Karte von der Halbinsel bei den Doriern« ist auch im Besitz seines Vaters (Tgb. 366), wobei jedoch nicht klar ist, ob es sich bei diesem Exemplar nicht um die Druckfassung aus dem Dorierbuch handelt. Nach der Handschrift stammt auch eine getuschte Karte, die das Gebiet um Delphi und Phokis/Doris wiedergibt, von Müller (Abb. 6b). Wiederum läßt sich nicht sagen, ob Müller diese Karte noch in Göttingen oder erst auf der Reise angefertigt hat.

Soviel jedenfalls ist deutlich, daß dieser kartenzeichnende Müller brennend daran interessiert war, von der Studierstube weg in das Gelände zu kommen, um sich überzeugen zu können, ob denn da wirklich irgendwo ein Bach oder Berg war und wie sich die einzelnen Geländeabschnitte zueinander verhalten. Wichtig ist ihm die Autopsie dann auch, um zu überprüfen, ob bestimmte historische Ereignisse hier stattgefunden haben können. So schreibt er noch vor Antritt der Reise an Schöll: »Warum soll Ithome, wenn alle Vorräte des reichen Messeniens dahin gebracht waren, an zehn Tausend Heloten nicht zehn Jahre erhalten können? Daß die Belagerung eine bloße Aushungerung war, werden wir, denk' ich bald an Ort und Stelle zusammen sehen.« (4. März 1839)

Es liegt nach dem Gesagten auf der Hand, welche Art von Zeichnungen wir neben Karten und Planskizzen auf der Reise zu erwarten haben: einen Schwerpunkt bilden größere Übersichten und Panoramen. Eine dieser Panorama-Zeichnungen, die Neise am 15. Juni 1840 von Vasiliko aus anfertigt, ist bei nur 5,5 cm Höhe über 1,20 m lang, wiedergegeben ist die Geländesilhouette vom Parnass über den Helicon, die Bucht von Livadhia, die Berge bei Theben bis hin zum Isthmos. Nur 4 cm hoch bei einer Gesamtlänge von knapp 80 cm ist ein anderes Panorama, das von der Bucht von Nauplia bis hin zur Insel Melos reicht (Abb. 7b). Gezeichnet wurde es von Elliniko Kastro bei Kalivia Agio Joannitika am 18. Mai 1840 (Abb. 7a).

Wer jemals versucht hat, sich lediglich an Hand einer Karte über hintereinandergestaffelte Bergformationen zu orientieren, weiß den Nutzen eines solchen, beschrifteten (!) Panoramas zu schätzen. Natürlich ist Müller nicht der Erfinder solcher Panoramen, er ist hier nur Glied in einer längeren Kette; er war aber wohl der erste, der diese Art von Zeichnung gezielt als wissenschaftliches Instrument in die Altertumskunde einbezog[19]. Panoramen werden bei der griechischen Topographie jetzt mehr-

18 Je nach der beabsichtigten Reiseroute scheint Müller Teile aus der großen Karte herausgetrennt zu haben.

19 Zum Panorama allgemein: St. Oettermann, Das Panorama. Die Geschichte eines

fach als Hilfsmittel eingesetzt. 1841 publizierte Ferdinand Stademann sein berühmtes Panorama von Athen[20]. Auch den Herausgebern des Baedekers Griechenland (Ausgaben von 1883 und 1904) schien ein solches Panorama noch wichtig genug, um es dem Band als Faltkarte beizugeben (H. 11 cm; L. 67 cm; aufgenommen vom Lykabettos Abb. 7c). Panorama-Postkarten erfreuen sich um die Jahrhundertwende großer Beliebtheit. Von Istanbul gibt es gleich mehrere Serien, die sich zu einem Langpanorama zusammenschließen. Im 20. Jh. werden solche Panoramen dann aber unverständlicherweise immer seltener. In dem seinerzeit weitverbreiteten Buch Josef Pontens, Griechische Landschaften (Stuttgart/Berlin 1914) finden sich zwar vereinzelt noch photographische Panoramen, doch wird auf eine Beschriftung oder Kennzeichnung verzichtet[21].

Neben das reine Panorama treten bei den Müllerschen Reisezeichnungen dann solche Zeichnungen, die größere Landschaftsausschnitte wiedergeben, die also wiederum Topographie in der Vertikale verdeutlichen sollen. Vom Nachtlagerplatz in Serifu (Böotien) läßt Müller am 9. April 1840 vor dem Aufbruch das gegenüberliegende Orchomenos zeichnen (Abb. 8a); kurz darauf sind sie in Orchomenos selbst, und eine detaillierte Zeichnung schließt sich an (Abb. 8b). Wie bei den Panoramen arbeitet Müller auch bei den größeren Geländeausschnitten gern mit Beischriften. Der erste Griechenlandreisende, der dieses Verfahren anwandte, war wohl William Gell in seiner Argolis-Publikation (London 1810)[22]. Vielleicht ebenfalls durch Gell beeinflußt ist dann noch etwas anderes: In einem einzigen Fall hat sich unter den Zeichnungen im Institut Vorzeichnung und Reinzeichnung erhalten (Abb. 9). Bei der mit Feder ausgeführten Reinzeichnung einer Ansicht von Delphi tauchen links unten Staffagefiguren auf. In ganz verwandter Weise finden wir solche Figuren auch in der Publikation von Gell

Massenmediums (Frankfurt/M. 1980). Dort S. 30/31 eine Abbildung des ersten wissenschaftlichen Vertikalpanoramas von J. B. Micheli du Crest aus dem Jahr 1775 (Berner Oberland).

20 FERDINAND STADEMANN, Panorama von Athen (München 1841, repr. Mainz 1977). Zu Stademann vgl. auch hier Anm. 16. Bedingt kann als Vorläufer die ›general view of Athens‹ in Stuart/Revett's Antiquities of Athens (London 1762) I, IX–X angesprochen werden. Am Bildrand markierte Buchstaben und Zahlen werden über eine Legende aufgeschlüsselt.

21 Den Bildern sind Legenden unterlegt, die angeben, was ›rechts‹, ›links‹, ›vorn‹ oder ›hinten‹ zu sehen ist. Sie ermöglichen in vielen Fällen keine klare Identifizierung mehr und stellen einen deutlichen Rückschritt gegenüber dem 19. Jh. dar. Hier greift offensichtlich ein künstlerischer Purismus Platz, bei dem das Bild als solches ›wirken‹ soll.

22 Das Verfahren, rund um den Bildrand Beschriftungen zu geben, wurde später besonders intensiv von Heinrich Schliemann genutzt.

wieder. Mit diesem Zugeständnis an die gesehene »Wirklichkeit« verrät sich Müller – ihm sicher unbewußt – als Vertreter der Romantik[23].

Delphi wurde ungewollt zur letzten Station der Müllerschen Reise, zugleich war es der erste Ort, an dem sich Müller auch als Ausgräber betätigte. »Ich habe... Arbeiter angestellt, die eine Mauer freilegen, welche so voll Inschriften ist, daß wir Tage daran zu copiren haben (s. Abb. 10 und 11a). Morgen will ich dem Tempel noch etwas näher zu Leibe gehen. Gerne fände ich etwas von Tempel-Sculpturen; gelingt dies aber auch nicht..., so gewinne ich doch allerlei Aufklärung über das Local dieses wunderbaren Heiligthums.« (Tgb. 367)

In Delphi können wir nun auch einmal den Zeichner Neise dem Archäologen Müller gegenüberstellen. Am 16. Juli 1840 zeichnet Neise die kastalische Quelle (Abb. 11c); ergänzend zu dieser Zeichnung skizziert Müller in seinem Tagebuch (S. 77) Aufriß und Querschnitt, fügt Maße und Kommentare bei (Abb. 11b), die auch sehr allgemeine Beobachtungen beinhalten können: »Das Wasser der Castalia verliert nach 4 Stunden, nachdem es geschöpft ist, seinen guten Geschmack.«

III.2.3. Der geschichtliche Aussagewert der Landschaft

Ich hatte bereits darauf hingewiesen, daß Müller schon vor Antritt der Reise mit der Topographie auch historische Fragen verquickt. Eine Zeichnung wie die Theatermulde von Megalopolis mag wegen des antiken Monumentes entstanden sein (Abb. 12a), die Zeichnung vom Persertumulus bei Marathon aber zweifellos wegen der historischen Bedeutung (Abb. 12b). Aus demselben Grund dürfte auch eine sorgfältigere Skizze im wissenschaftlichen Tagebuch von ihm angefertigt worden sein, die die Lage des Thermopylenpasses zwischen Callidromos und Oeta (beide beschriftet) wiedergibt.

Eine recht große Anzahl von Zeichnungen gibt Situationen wieder wie auf dem Blatt Agio Joannitika (18. Mai 1840 – Elliniko Kastro; Abb. 7a), Citadelle von Orchomenos (9. Juli 1840; Abb. 8b) oder Samicum (undatiert, Abb. 13a), also Hügel mit Mauerresten. Samicum bezeichnet Müller brieflich als Elliniko Castro oder auch als Palaiokastro, d. h. alte Burg.

Mit Kastro/Kastron wurden damals in Griechenland alle nicht näher benennbaren Ruinen auf Hügeln oder Bergen bezeichnet. Lag ein Ort nahebei, wurde der Ortsname dem Kastro beigefügt. Lag kein Ort in der Nähe, so blieb es zumeist beim anonymen Castro, Elliniko Castro oder

23 Der Einsatz von Rückenfiguren, die den Betrachter in das Bild einbeziehen sollen, findet sich bei Gell sogar in seinen Zeichnungen, so etwa der 1800 entstandenen Ansicht von Athen (Fani-Maria Tsigakou, Das wiederentdeckte Griechenland. Bergisch Gladbach 1982, 31). Die Stimmung erinnert in manchem an Bilder Caspar David Friedrichs, z. B. dessen ›Blick auf Neubrandenburg‹ von 1816/17.

Paläo-Castro. Müller fahndet auf seiner Reise regelrecht nach solchen Paläo-Castra, fragt die Ortsansässigen nach der Existenz solcher Anlagen aus. Selbstverständlich sind mit einer solchen »Paläocastro-Jagd« (Tgb. 355) oft erhebliche Strapazen verbunden. So erfahren wir aus einem Brief vom 5. Juni 1840 (Tgb. 354), daß sie am Mittag, »statt anderer Speisen das sehr merkwürdige, aber ebenso unwegsame Paläo-Castro Samikum« genossen hätten, wobei Schöll bemerkt habe, »daß der liebe Gott kein Studium mit solchen Mühseligkeiten beladen habe als das Paläo-Castro-Studium.« In seinem wissenschaftlichen Tagebuch greift Müller sehr schnell zu einer eigenen Abkürzung »PC«. Wie bei ihm nichts anders zu erwarten, nimmt er auch bei der PC-Jagd sein historisches Wissen mit. Im Tagebuch findet sich Beschreibung und Skizze eines solchen PC, es handelt sich um Boion (Abb. 13b).

Kurz bevor sie von Norden her nach Delphi gelangen, untersucht er das Kephissos-Tal. Hier im Kephissos-Tal lagen die vier alten Städte der Dorier (Kytinion, Boion, Erineos und Pindos bzw. Akyphas). Für den Verfasser der Dorier muß in diesem Tal erneut Geschichte hautnahe Wirklichkeit geworden sein.

Auf vielen Seiten des wissenschaftlichen Tagebuchs spürt man den Historiker deutlich zwischen den Zeilen heraus, aber eben doch einen Historiker, der Geschichte auch aus der Topographie heraus begreifen will. Zur historischen Topographie gehören auch die Fragen nach leichter oder schwierigerer Zugänglichkeit; so werden mit besonderer Sorgfalt Schluchtverläufe (ravins) oder Pässe beobachtet. Zur historischen Topographie im weiteren Sinn gehören für Müller aber auch Bemerkungen zur Bodenbeschaffenheit und Fruchtbarkeit.

In Göttingen hatte er sich gefragt, ob am Ithome eine ausreichende Getreideversorgung in der Antike möglich gewesen sein könne; als sie am Fuße des Akontion-Gebirges (am 8. Juli 1840) im Freien campieren, bei einer Rinderherde, um sich gegen die Mücken zu schützen, da notiert er in seinem Tagebuch (S. 44): »herrlicher Weizen«, »«die Ähre 52 Körner«.

III.3. Die Wirkung der Reise

Wenn auch Müller selbst keinen wissenschaftlichen Nutzen mehr aus der Reise ziehen konnte, so hat er doch sicher in erheblichem Ausmaß dazu beigetragen, daß man sich an den Universitäten nun auch der antiken Landeskunde zuwandte. In Athen las Ludwig Ross an der Otto-Universität, in Göttingen und Berlin Müllers zeitweiliger Reisebegleiter Ernst Curtius antike Landeskunde oder – wie man es damals bezeichnete – antike Chorographie. Das allerdings war im 19. Jahrhundert.

Abb. 3a: Gedenkfeier am Grabe Müllers in Athen (1. Hiller von Gaertringen; 3. Otto Kern)

Abb. 3b: Aus Neises privatem Skizzenbuch (Slg. Dr. Günther Meinhardt, Waake)

Abb. 4a: Terracotta. Im Besitz des geh. Legations-Rath Kestner (24 Decbr. 1839)

Abb. 4b: Im Besitz des Hofmarschalls Sutzos zu Athen (7 Mai 1841)

Abb. 5a: Türkisches Reich in Europa. C. Müller 1813

Abb. 5b: Boeotien. Entworfen von K. O. Müller. (Zur Allgemeinen Encyklopädie der Künste und Wissenschaft von Ersch u. Gruber gehörig)

Abb. 6a: Ausschnitt aus einer handgezeichneten Griechenlandkarte, vermutl. der »Großen Karte« K. O. Müllers

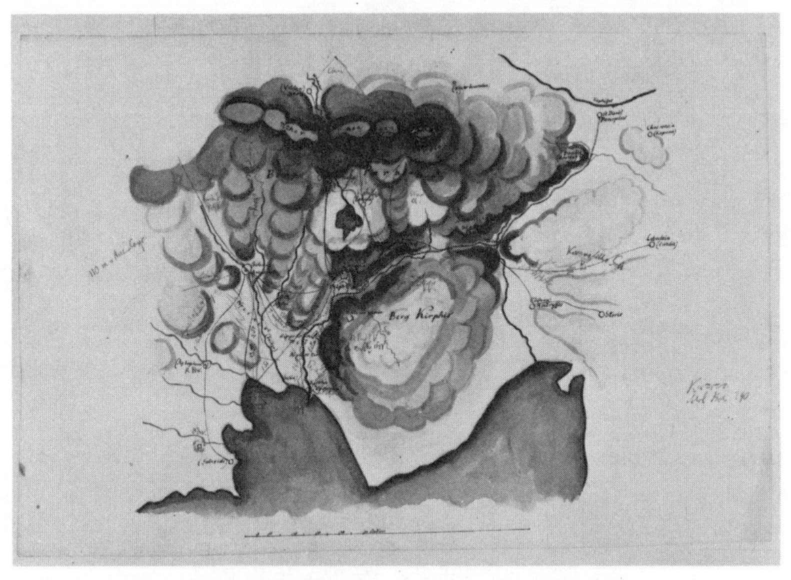

Abb. 6b: Karte von Phokis/Doris, vermutl. von K. O. Müller

Abb. 7a: Bey Kalivia Agio Joannitika d. 18ten Mai 1840
(Elliniko Kastro)

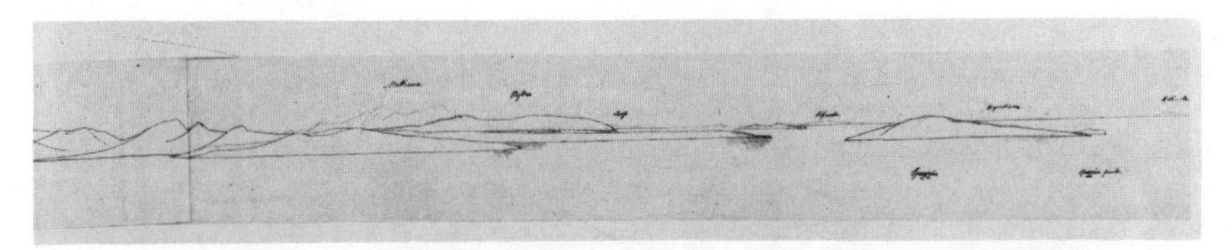

Abb. 7b: Ausschnitt aus dem Panorama Bucht von Nauplia – Anti-Milo

Abb. 7c: Ausschnitt aus einem Athen-Panorama (Baedeker)

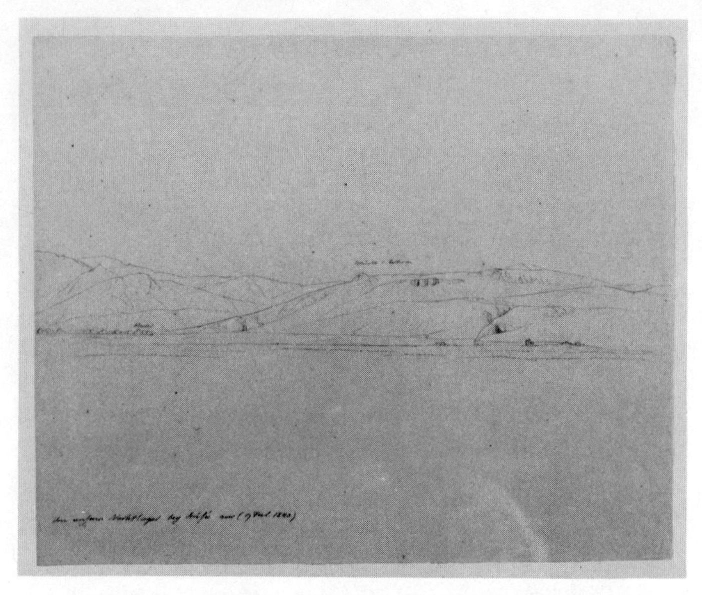

Abb. 8a: Von unserm Nachtlager bey Serifú aus (9 Jul. 1840)

Abb. 8b: Citadelle v. Orchomenos (9 Jul. 1840)

Abb. 9a: Delphi d. 21 Jul. 1840 (Bleistiftzeichnung)

Abb. 9b: Delphi von der Westseite (Federzeichnung)

Abb. 10a: Delphi d. 18 Jul. 1840

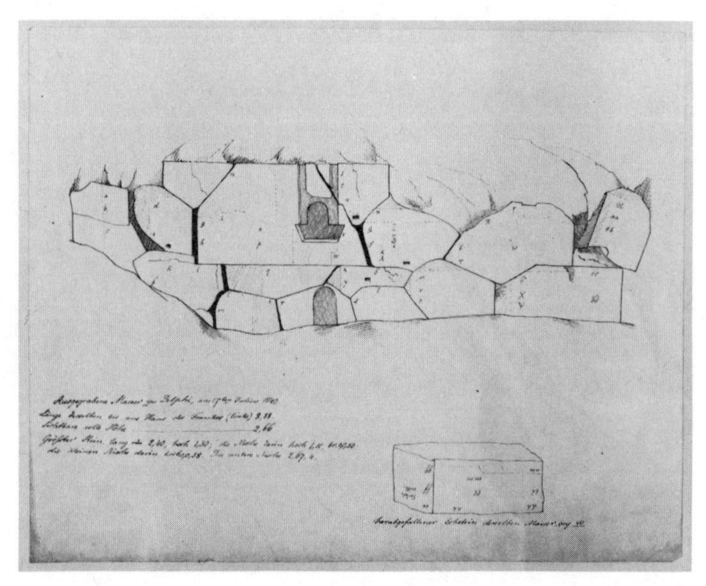

Abb. 10b: Ausgegrabene Mauer zu Delphi, am 17ten Julius 1840

Abb. 11a: Mauerinschrift Delphi; aus Müllers Tagebuch

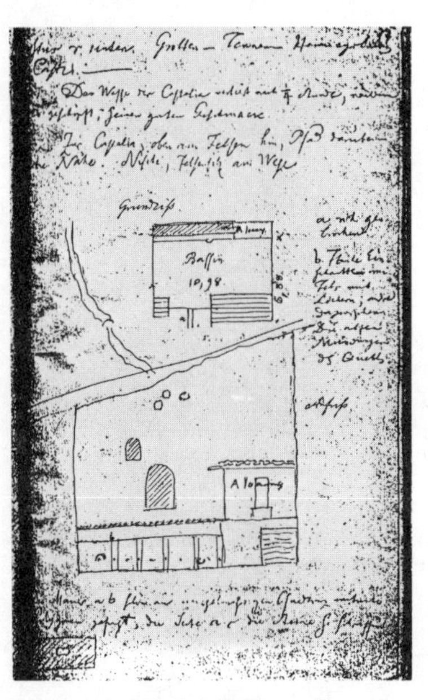

Abb. 11b: Delphi, Kastalia; aus Müllers Tagebuch

Abb. 11c: Delphi d. 16 Jul. 1840

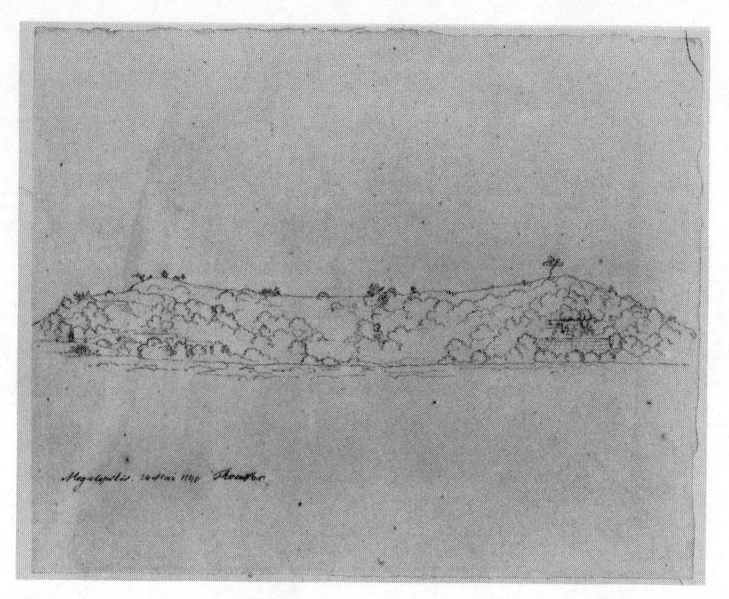

Abb. 12a: Megalopolis. 24 Mai 1840. Theater

Abb. 12b: Tumulus der gefallenen Perser (Marathon 1 Jul. 1840)

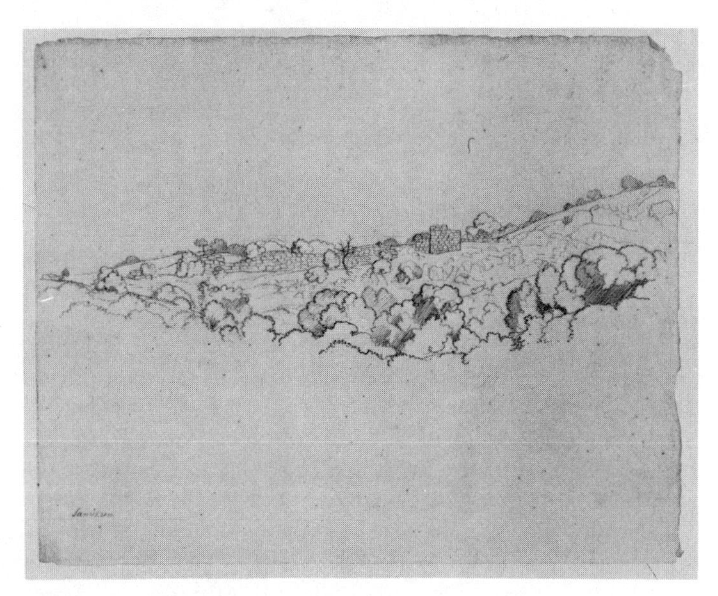

Abb. 13a: Samicum

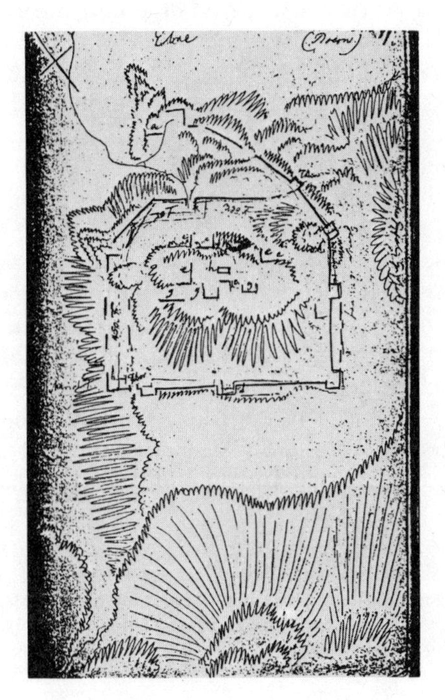

Abb. 13b: Boion; aus Müllers Tagebuch

Klaus Fittschen

Von Wieseler bis Thiersch (1839–1939): Hundert Jahre Klassische Archäologie in Göttingen

I.

Das Thema meines heutigen Vortrages ist die Klassische Archäologie in Göttingen in den 100 Jahren zwischen der Abreise K. O. Müllers nach Griechenland (1839) und dem Beginn des 2. Weltkrieges*. Anders als die meisten Vorträge, die wir schon gehört haben oder noch hören werden, geht es also diesmal nicht um einen einzelnen Gelehrten, sondern um ein ganzes saeculum. (Zum Glück sind es allerdings im wesentlichen nur vier Namen, die diese 100 Jahre ausfüllen). Ich habe mein Thema nicht deswegen so gewählt, weil es über jeden einzelnen dieser Männer nicht genügend zu berichten gegeben hätte, vielmehr geht es mir darum, die Stationen zu verfolgen, die zur Herausbildung der Archäologie als einer selbständigen Universitätsdisziplin geführt haben. Diese Entwicklung hat sich nämlich in eben dieser Zeitspanne abgespielt, nicht allein in Göttingen sondern auch an anderen deutschen Universitäten; Göttingen hat dabei allerdings einige Sonderheiten aufzuweisen.

Dieses Thema schien mir für einen Vortrag anläßlich des Jubiläums unserer Universität besonders deswegen geeignet, weil es Gelegenheit gibt, über Stellung und Funktion der Klassischen Archäologie an der heutigen Universität nachzudenken. Denn, um es vorweg zu sagen, die Herauslösung der Klassischen Archäologie aus den anderen mit dem klassischen Altertum befaßten Disziplinen hat Probleme geschaffen, die fortwirken und auch heute noch keineswegs als gelöst gelten können.

Die Kunst des Altertums war durch das Wirken Winckelmanns ins allgemeine Bewußtsein getreten. So war zu erwarten, daß dieser Teil der Beschäftigung mit der Antike auch an den Universitäten Fuß fassen und

* Die herangezogenen Archivalien befinden sich, wenn nicht anders angegeben, im Archiv der Universität Göttingen in den Akten der betreffenden Professoren bzw. in den Akten »Aula« und »Archäoligisch-Numismatische Sammlungen«. Die Lebensdaten der Göttinger Professoren sind nach W. Ebel, Catalogus Professorum Gottingensium 1734–1962 (1962) angegeben. Die Zitierweise entspricht der der »Archäologischen Bibliographie 1986«.

zunehmend Bedeutung erlangen würde. Johann Friedrich Christ (1700–1756) hatte in Leipzig um die Mitte des 18. Jhs. als erster archäologische Denkmäler, vornehmlich antike Münzen, in den Universitätsunterricht einbezogen[1]; sein Schüler Christian Gottlob Heyne (1722–1812) begann in Göttingen 1767 mit regelmäßigen Vorlesungen, die die gesamte damals bekannte monumentale Überlieferung der Antike einbezogen[2]. Seitdem wurde es üblich, von den Lehrern der alten Sprache auch Kenntnisse in der Archäologie zu erwarten, ja eigene Professuren dafür einzurichten (so z. B. 1802 für Georg Zoëga in Kiel, 1809 für Friedrich Gottlieb Welcker in Gießen, 1845 für Ludwig Ross in Halle)[3]; doch waren diese Professuren noch nicht von Dauer. Der erste Lehrstuhl, der ausschließlich für die Klassische Archäologie bestimmt war, wurde 1865 für Heinrich Brunn in München geschaffen[4]. Die Tatsache, daß viele Universitäten, darunter auch Göttingen, sich um den Ruhm streiten, den ersten derartigen Lehrstuhl besessen zu haben, zeigt allerdings klar, wie fließend die Grenzen zwischen der traditionellen Philologie und der neuen Disziplin damals noch waren.

In Göttingen war es Friedrich Wieseler (1811–1892)[5], der die Klassische Archäologie über 50 Jahre beherrscht und damit entscheidend geprägt hat.

II.

Wieseler hatte in Göttingen bei K. O. Müller und in Berlin bei Müllers Lehrer August Boeckh studiert, war 1837 in Jena, wo er nie eingeschrieben war, promoviert worden und hatte sich 1839 in Göttingen mit einer Arbeit über die Eumeniden des Aischylos habilitiert. Wieseler war also seiner Ausbildung nach ebenso Philologe wie Archäologe und hat immer

1 Vgl. C. Starck, Systematik und Geschichte der Archäologie der Kunst (1880) 159f.; W. Schiering, in: U. Hausmann, Allgemeine Grundlagen der Archäologie (Handbuch der Archäologie, 1969) 68.

2 Vgl. Starck a. O. 212ff.; Schiering a. O. 33ff. 69; K. Fittschen, in: Der Vormann der Georgia Augusta. Christian Gottlob Heyne zum 250. Geburtstag. Sechs akademische Reden (1980) 32ff.; ders., in: Archäologenbildnisse, herausgegeben von R. Lullies und W. Schiering (1988) 8f.

3 Vgl. Schiering a. O. 71.72.77.

4 Vgl. Schiering a. O. 78; W. Geominy, in: Friedrich Gottlieb Welcker. Werk und Wirkung (Hermes-Einzelschriften 49 [1986]) 230f.

5 Zu Wieselers Leben und Werk vgl. A. Müller, in: ADB 42 (1897) 430–433; G. Hubo, Friedrich Wieseler, in: Jahresberichte über die Fortschritte der classischen Altertumswissenschaft (Biogr. Jahrbuch für die Altertumskunde) 23, 1900, 9ff. (mit Bibliographie 37ff.); R. C. Kukala, Allgemeiner deutscher Hochschul-Almanach 1892, 1010f. (Bibliographie); K. Fittschen, in: Archäologenbildnisse (1988) 33f.

Abb. 14a: Friedrich Wieseler (1811–1892)

Abb. 14b: Karl Dilthey (1839–1907)

Abb. 15a: Gustav Körte (1852–1917)

Abb. 15b: Hermann Thiersch (1874–1939)

auf beiden Gebieten gelehrt und gearbeitet, wenngleich seine Liebe der Archäologie gehörte. Als Müller in jenem Jahr seine Griechenlandreise antrat, soll er zu Wieseler die Abschiedsworte gesagt haben: »Ich gebe Ihnen nun Raum.« So jedenfalls ist es in der Biographie Wieselers überliefert, die dessen Schüler Hubo im Jahre 1900 unter Verwendung autobiographischer Notizen Wieselers publiziert hat[6]. Das prophetische Wort sollte sich bald erfüllen: Wieseler verdankt seinen Aufstieg in Göttingen vor allem der Tatsache, daß er bereitstand, als es galt, die durch den Weggang Müllers entstandene Lücke auszufüllen. Im SS 1840 las er über das Thema »Die zur Mythologie der vornehmsten griechischen Götter gehörigen Kunstwerke«. Dafür hatte er beantragt, den Antikensaal in der Universitätsbibliothek[7] und die der Bibliothek gehörenden »Kupferwerke« benutzen zu dürfen. Das wurde ihm am 23. April 1840 vom Hohen Kuratorium bewilligt. Im Sommer darauf las er über »Die Archäologie und die Geschichte der plastischen Künste bei den Griechen, Etruskern und Römern, nach C. O. Müllers Handbuch«. Wieder sollte die Veranstaltung im Antikensaal stattfinden; am Tag der ersten Vorlesung stellte sich freilich heraus, daß Wieseler versäumt hatte, um eine neue Bewilligung nachzusuchen. Was sollte man tun? Die Benutzung wurde gewährt und Prorektor Bergmann mußte sich nachträglich die Genehmigung vom Kurator bestätigen lassen. Aber Wieseler war nun offenbar klüger geworden. Noch im selben Jahr, am 17. Juli 1841, stellte er den Antrag, die in der Bibliothek befindlichen originalen Münzen, die Mionneschen Schwefelabdrücke von solchen und die Lippertsche Daktyliothek für seine Forschungen benutzen zu dürfen. Die Schlüssel zu den entsprechenden Kästen waren im Besitz von Müller gewesen und befanden sich seit dessen Abreise in einem versiegelten Beutel in der Bibliothek. Wieseler versäumt nicht, darauf hinzuweisen, daß die Bibliotheksbeamten nie das Aufsichtsrecht über den Antikensaal und das in der Bibliothek befindliche kunstarchäologische Material besessen hätten. Der Kurator gab auch diesem Antrag statt und regte dabei von sich aus an, die Aufsicht über die genannten Denkmäler »bis auf weitere Verfügung dem Dr. Wieseler, nach vorgängiger eidlicher Verpflichtung, zu übertragen«, falls die Universität keine Bedenken habe. Die Universität hatte keine, vielmehr stellte der Prorektor Bergmann am 3. September 1841 dem Privatdozenten Wieseler das beste Leumundszeugnis aus; ja in einem beigefügten privaten Anschreiben an den Kurator betont der Prorektor, wie erwünscht eine

6 HUBO a. O. 17.

7 Dieser Antikensaal war in der gotischen Apsis der Pauliner Kirche untergebracht; über die dort aufgestellten Abgüsse berichtet F. WIESELER, Die Sammlungen des archäologisch-numismatischen Instituts der Georg-August-Universität (1859) 2ff. Leider ist bisher kein Stich bekannt geworden, der die genauere Aufstellung illustrieren könnte. Weitere Abgüsse blieben weiterhin in den übrigen Bibliothekssälen aufgestellt.

besondere Aufsicht sei, da der bisher damit betraute Hofrath Benecke, der Bibliotheksdirektor, nicht die nötige Sorgfalt habe walten lassen.

So wird denn der Privatdozent Wieseler, d. h. ein junger Gelehrter ohne feste Anstellung, am 12. Oktober 1841 mit der Leitung der archäologisch-numismatischen Sammlung beauftragt. Eine vertragliche Regelung der Aufgaben und Rechte erfolgt erst am 1. August 1842, nachdem Wieseler dank eines abgelehnten Rufes nach Halle zum außerordentlichen Professor ernannt worden war. Er legte sich gleich mächtig ins Zeug, nahm eine Bestandsaufnahme der Denkmäler vor und machte Vorschläge für Restaurierungen und neue Ankäufe. Einen Rückschlag erfuhr sein Ehrgeiz allerdings bald. Zum Wintersemester 1842/43 wurde auf den inzwischen über zwei Jahre vakanten Lehrstuhl von Müller der sowohl philologisch wie archäologisch bestens ausgewiesene Karl Friedrich Hermann (1804–1855)[8] aus Marburg berufen. Dieser hatte sich besonders durch sein mehrfach wiederaufgelegtes »Lehrbuch der griechischen Antiquitäten«, d. h. der Staats- und Privataltertümer, einen Namen gemacht und auch, wie vor ihm Heyne, ein Muster für eine Vorlesung über Klassische Archäologie[9] entworfen. Hermann äußerste alsbald den verständlichen Wunsch, an der Leitung der archäologischen Sammlungen beteiligt zu werden, was Wieseler nicht gut zurückweisen konnte, zumal seine Beauftragung ja ausdrücklich nur vorläufiger Natur gewesen war. So wurde eine neue Instruktion erlassen, Hermann und Wieseler wurden zu gleichberechtigten Direktoren bestellt unter Vortritt des älteren. Sie haben das Archäologische Institut, wie es jetzt auch genannt wurde, gemeinsam und offenbar einvernehmlich geleitet; das Doppelregiment hatte sogar den Vorteil, daß beide Professoren über eigene Ankaufsmittel verfügten und somit die Sammlungen schneller ausbauen konnten. Hermann war vor allem an den Münzen interessiert, auch an den neuzeitlichen, die ja in der Sammlung ebenfalls vertreten waren. Die Beschäftigung mit den im engeren Sinn kunstarchäologischen Denkmälern blieb Wieseler überlassen.

Freilich konnte sich Wieseler, seiner ehrgeizigen Natur gemäß, mit dieser Situation auf Dauer nicht zufrieden geben. Der Tod des Professors Mitscherlich (1760–1854), der 60 Jahre den Lehrstuhl für Beredsamkeit innegehabt hatte, veranlaßte ihn am 22. Januar 1854 zu einem Antrag an den Kurator, in dem er darum nachsuchte, ihm eine ordentliche Professur zu verleihen. Er erinnerte dabei an Zusagen, die ihm bereits 1842 gemacht worden seien, zählte seine Verdienste auf und beklagte sich darüber, daß seinen beiden philologischen Kollegen Schneidewin (1810–1856) und

8 Vgl. Halm, in: ADB 12 (1856) 182ff.
9 Schema akademischer Vorträge über Archäologie oder Geschichte der Kunst des classischen Altertums (Göttingen 1844).

v. Leutsch (1808–1887) bereits in jüngeren Jahren (1842) ein Ordinariat verliehen worden sei, »obwohl die archäologische Seite der Altertumswissenschaften, für welche ich hier hauptsächlich angestellt bin, viel eher einer Vertretung durch eine ordentliche Professur bedurft hätte, als die philologische durch vier«. Der Antrag hatte tatsächlich Erfolg, das Ordinariat wurde ihm drei Monate später, am 27. März 1854, zuteil, wobei die Erwartung ausgedrückt wurde, daß er in Zukunft mitwirke, »daß die Georg-August-Universität im Gebiet der Archäologie eine bedeutsame Stellung unter den deutschen Hochschulen einnehme«. Wieseler hat diese Erwartungen eingelöst, wie allein schon die sechs archäologischen Habilitationen in der Zeit seines Wirkens belegen können[10].

Am Ende des folgenden Jahres (1855) starb ganz unerwartet Karl Friedrich Hermann. Wieseler war am Ziel seiner Wünsche: alleiniger Direktor der archäologischen Sammlungen. Als 1856 zum Nachfolger Hermanns der an der Archäologie ebenfalls stark interessierte Ernst Curtius (1814–1896) berufen wurde, konnte es Wieseler verhindern, daß ihm dasselbe widerfuhr wie 14 Jahre zuvor: Curtius erhielt zwar Nutzungsrechte an der Sammlung, hatte auch einen eigenen kleinen Ankaufsetat, wurde an der Direktion selbst aber nicht beteiligt. Wieseler hat die alleinige Leitung bis 1889, d.h. bis kurz vor seinem Tod (1892) innegehabt. Er hat sich in dieser Zeit um die Sammlung in der Tat große Verdienste erworben. Die von Heyne begonnene Abgußsammlung enthielt bei Wieselers Tod 754 Stücke, hatte sich also gegenüber der Zeit Heynes verzehnfacht[11]. Der Katalog der antiken Originalwerke, der zu Wieselers Goldenem Doktorjubiläum 1887 erschien, führt – ohne die Münzen – 1500 Stücke auf[12]. Unter den letzten Zugängen befinden sich die 1888 aus der Sammlung Fontana in Triest erworbenen griechischen Vasen aus Unteritalien, die vom 23. November 1987 an für sechs Wochen in der Städtischen Sparkasse erstmals wieder seit vielen Jahrzehnten einem breiterem Publikum zugänglich gemacht werden[13].

Alle diese Sammlungen waren 1844 aus der Pauliner Kirche in das

10 Unter Wieseler haben sich in Göttingen habilitiert: Alexander Conze (1861), Otto Benndorf (1868), Friedrich Matz d. Ä. (1870), Friedrich v. Duhn (1879), Gustav Körte (1880) und Arthur Milchhöfer (1882).

11 Vgl. R. Horn, AA 1967, 403 mit Anm. 44. Die Sammlung hat sich seitdem mehr als verdoppelt. Ein neues Bestandsverzeichnis ist in Arbeit und wird auch Angaben zur Geschichte der Sammlung enthalten.

12 Vgl. G. Hubo, Originalwerke in der Archäologischen Abteilung des archäologisch-numismatischen Instituts der Georg-August-Universität (1887); zu den Münzen vgl. Horn a. O. 401 f.

13 Vgl. M. Bentz-F. Rumscheid, Griechische Vasen aus Unteritalien aus der Sammlung des Archäologischen Instituts der Georg-August-Universität Göttingen (1987).

Erdgeschoß des Ostflügels des Aulagebäudes überführt worden[14]. Der Raum war von Anfang an nicht ausreichend und wurde durch die laufende Erweiterung der Sammlung noch knapper. Klagen über die unzureichende Unterbringung setzten schon 1851 ein. Eine dauerhafte Lösung dieses Problems sollte allerdings noch lange auf sich warten lassen.

Ich habe mich mit der archäologischen Sammlung etwas ausführlicher befaßt, weil die Existenz dieser Sammlung bei der Entstehung des archäologischen Lehrstuhls und des Lehrfaches Archäologie in Göttingen eine entscheidende Rolle gespielt hat. Einerseits wollte die Universität auf eine derartige Lehrsammlung nicht verzichten, andererseits hatte sich gezeigt, daß die Pflege einer solchen Sammlung und ihre Verwendung in Lehre und Forschung eine besondere Ausbildung und ein spezielles Interesse voraussetzen. Die Herauslösung der Archäologie aus den philologischen Fächern ist hier bereits im Keime angelegt. Wieseler hat das offenbar früh erkannt und seine Chance genutzt. An anderen Orten, z. B. in Bonn, wo in Bezug auf eine archäologische Lehrsammlung dieselben Voraussetzungen bestanden, verlief die Entwicklung nicht so glatt: bei der Nachfolge Otto Jahns 1869 rang sich die Bonner Fakultät erst nach einem langen Grundsatzstreit dazu durch, den Lehrstuhl zu teilen, in ein philologisches Ordinariat und ein archäologisches Extraordinariat[15].

Es war konsequent, daß Wieseler auch der archäologischen Ausbildung besondere Aufmerksamkeit schenkte. So gründete er schon 1844, damals noch außerordentlicher Professor, ein Archäologisches Seminar in bewußter Analogie zum Philologischen Seminar und erreichte sogar, daß diese Einrichtung mit fünf Stipendien dotiert wurde, über deren Vergabe Wieseler befinden konnte. Der archäologische Unterricht erfolgte in diesem Archäologischen Seminar oder im Archäologischen Institut, d.h. in der Sammlung vor den Originalen. Diese unterschiedlichen Bezeichnungen wurden ständig miteinander verwechselt und waren Quelle zahlreicher Mißverständnisse, gleichwohl wurden Seminar und Institut erst zu Beginn dieses Jahrhunderts miteinander vereinigt. Das zähe Festhalten am Archäologischen Seminar hängt sicher damit zusammen, daß es für Wieseler ein Prestigeunternehmen war und daneben auch Hörergelder garantierte, es machte aber zugleich auch jedermann deutlich, daß Archäologie und Philologie zwei verschiedene Dinge seien.

Diese Tendenz kommt sogar in den Vorlesungsverzeichnissen klar zum Ausdruck, die überhaupt für die hier verfolgte Thematik höchst aufschlußreich sind. Die archäologischen Lehrveranstaltungen sind zu Zeiten Wieselers immer unter der Rubrik »Altertumskunde« aufgeführt

14 Vgl. Wieseler a.O. 9; Horn a.O. 402. Wie die Abgüsse in diesem neuen Lokal aufgestellt waren, entzieht sich ebenfalls unserer genaueren Kenntnis.

15 Vgl. Geominy a.O. 230f.

worden, d.h. getrennt von und zwischen den Ankündigen zur Alten Geschichte und zu den Alten Sprachen. Unter dieser Kategorie erscheint die Klassische Archäologie neben anderen Archäologien, der Biblischen, der Ägyptischen und – gelegentlich – der Indischen, ferner neben den Griechischen und Römischen Staats- und Privataltertümern, der Antiken Mythologie, aber auch neben den Deutschen Altertümern und der Deutschen Mythologie, also Disziplinen, bei denen es ebenfalls nicht primär und ausschließlich um die Interpretation von Texten geht.

Die von Wieseler angebotenen Themen folgen ganz der von Heyne eingeschlagenen und von Müller fortgesetzten Richtung. Immer wiederkehrendes Hauptthema ist die Kunst des Altertums, meist in zwei Teilen, vom Orient bis zu den Etruskern sowie Griechen und Römer. In jedem Semester werden daneben in der Sammlung ausgewählte antike Denkmäler im Original oder im Abguß erklärt, eine Tradition, die – mit gewissen Modifizierungen – auch heute noch gepflegt wird. Häufiger behandelte Wieseler auch die Szenischen Altertümer. Auf diesem seinem Lieblingsgebiet hat er auch seinen wichtigsten eigenständigen Beitrag zur Archäologie geleistet, sein Werk über »Theatergebäude und Denkmäler des Bühnenwesens bei den Griechen und Römern« (1851), das erst 100 Jahre später durch das Standardwerk von Margarete Bieber ersetzt worden ist. Seine Arbeiten auf diesem Gebiet zeigen aber auch, wie nahe Wieseler der Philologie im Grunde steht. Zwar ist unübersehbar, daß der Umfang der berücksichtigten Denkmäler gegenüber der vorausgehenden Zeit erheblich gewachsen ist und daß vor allem die griechischen Vasen als neue Denkmälergattung stärker beachtet werden, die Fragestellungen sind aber im Grunde noch ganz von der Philologie geprägt: die Denkmäler dienen vor allem der Erklärung der antiken Texte. Fragen des Stils und der historischen Einordnung der Denkmäler spielen noch kaum eine Rolle. Obwohl Wieseler während seines Lebens viel gereist ist, z.B. Italien, Griechenland, ja sogar Rußland besucht und dabei eine umfassende Denkmälerkenntnis erworben hat, muß man doch bezweifeln, daß er wirklich ein Augenmensch gewesen ist. Die im letzten Drittel des 19. Jhs. einsetzenden archäologischen Ausgrabungen, die unsere Kenntnisse von der materiellen Kultur der Antike auf eine völlig neue Grundlage gestellt haben, sind im Werk Wieselers jedenfalls ohne Wirkung geblieben.

Daß davon Kunde auch nach Göttingen kam, dafür sorgten dagegen die jungen Archäologen, die sich unter Wieseler in Göttingen habilitierten und die vorher als Reisestipendiaten des Deutschen Archäologischen Instituts Gelegenheit gehabt hatten, die neuen Entdeckungen kennenzulernen. In ihren Vorlesungen werden Themen behandelt, die auch heute noch zum Repertoire gehören: »Griechische Vasenmalerei« (Alexander Conze, SS 1862); »Chorographie von Athen und Attika« und »Topographie von Pompeji« (Otto Benndorf, WS 1868); oder, besonders modern: »Kunst und Leben in Italien vor dem 2. punischen Krieg« (Friedrich von Duhn, WS 1879/80).

Übrigens sind für mein Thema recht aufschlußreich auch die Bezeichnungen der venien dieser jungen Privatdozenten: Alexander Conze erhielt 1861 die venia »für das Fach der Philologie, speziell der Archäologie«; bei Otto Benndorf (1868) und Friedrich Matz (1870) lautete sie »für die Fächer Philologie und Archäologie«, bei Friedrich von Duhn (1879) schließlich »Klassische Archäologie im weitesten Sinn des Wortes«. Die heute noch übliche Form ist erst seit 1905 bezeugt (Ernst Pfuhl: »Klassische Archäologie«).

III.

Die unangefochtene Stellung, die Wieseler der Archäologie in Göttingen verschafft zu haben schien, erwies sich allerdings als nicht von Dauer. Wieselers Nachfolger wurde Karl Dilthey (1839–1907), ein Mann, der in der archäologischen Wissenschaft gänzlich vergessen ist[16]. Dilthey war bei Otto Jahn in Bonn mit einer Arbeit über den Dichter Kallimachos 1863 promoviert worden, hatte sich dort 1869 habilitiert und bekleidete seit 1872 eine Professur in Zürich. 1877 wurde er auf den Philologischen Lehrstuhl, den vorher Curt Wachsmuth (1837–1905) innegehabt hatte, nach Göttingen berufen. Hier hat er zunächst zwölf Jahre lang als Philologe gewirkt. Im Jahre 1889 wurde ihm die Direktion der archäologischen Sammlungen übertragen, nachdem der damals 78jährige Wieseler unter Vermittlung von Wilamowitz zum Rücktritt gedrängt worden war. Nach Wieselers Tod übernahm er 1893 auch die Direktion des Archäologischen Seminars und vertrat damit dieses Fach bis zu seinem Tod im Jahr 1907. Es geht aus den mir zugänglichen Akten nicht hervor, was zu dieser Lösung geführt hatte. Es darf wohl vermutet werden, daß es Dilthey neben dem 1883 berufenen Wilamowitz-Moellendorff (1848–1931) nicht eben leicht hatte und er sich gern auf die Archäologie abschieben ließ. Möglich war das, weil Dilthey in Bonn auch eine archäologische Ausbildung erfahren hatte und in seinem schmalen wissenschaftlichen Œuvre auch die Archäologie, und zwar etwa zur Hälfte, vertreten ist. Aus den Akten geht sogar hervor, daß er ein großes archäologisches Werk geplant hatte, nämlich eine Tafelpublikation zu den Griechischen Porträts, ein Thema also, das seit 30 Jahren nun tatsächlich zu den Arbeitsschwer-

16 Vgl. den Nachruf von E. Schwartz, in: Chronik der Georg-August-Universität zu Göttingen für das Etatsjahr 1906, 4ff. (mit Schriftenverzeichnis).

punkten des Archäologischen Instituts gehört[17]; ausgeführt worden ist davon jedoch nichts. Deshalb fällt es auch schwer, Dilthey unter die Archäologen im engeren Sinn zu rechnen. Wie sehr die Archäologie unter Dilthey wieder unter die Philologie gefallen ist, erhellt wiederum aus den Vorlesungsverzeichnissen: seit dem WS 1892/93, das heißt unmittelbar vor dem Tod Wieselers, erscheinen die archäologischen Lehrveranstaltungen unter der Rubrik »Classische Philologie«, von dem rein philologischen Lehrangebot nur durch einen dünnen Strich getrennt.

Umso befremdlicher lesen sich die Angaben, die Dilthey in der jährlichen Chronik der Universität unter der Rubrik »Archäologisches Seminar« macht. Da heißt es zum Jahr 1897/98: »In der allmählich sinkenden Frequenz macht sich die bei den jungen Philologen zunehmende Tendenz der Beschränkung auf die Prüfungsfächer bemerklich.« Im Jahr darauf: »Der auffallend rasche Rückgang in der Beteiligung muß auch diesmal konstatiert werden; die in der vorigen Chronik hervorgehobene Ursache, die beklagenswerthe Neigung unserer jungen Philologen, ihre Studien auf die Examensfächer einzuschränken, scheint noch im Zunehmen begriffen zu sein.« Und wieder ein Jahr später: »Es war wiederum ein weiterer Rückgang in der Beteiligung unserer klassischen Philologen zu verzeichnen.« Was Dilthey hier beschreibt und zutreffend erklärt, gilt heute in verstärktem Maße: die Beteiligung klassischer Philologen am archäologischen Unterricht ist seit langem bei Null angelangt, nicht nur in Göttingen[18].

Der Grund liegt darin, daß es bis heute nicht gelungen ist, die klassische Archäologie in den gymnasialen Studiengängen fest und ausreichend zu verankern. Über diese Frage ist damals heftig diskutiert worden. Besonders Alexander Conze (1831–1914) hat sich als Präsident des Deutschen Archäologischen Instituts intensiv dafür eingesetzt, die Lehrer der alten Sprachen auch in der Archäologie auszubilden[19]. So wurde z.B. mit verschiedenen berufsbegleitenden Kursen experimentiert. Von all diesen Versuchen ist nur der Pompeji-Kurs übriggeblieben, den das Deutsche

17 Begonnen unter Rudolf Horn, vgl. K. FITTSCHEN, in: Griechische Porträts (1988) S. VIII.

18 Daß Studenten der Klassischen Philologie archäologische Lehrveranstaltungen nicht besuchen, liegt nicht daran, daß das Archäologische Institut personell nicht in der Lage sei, spezielle Lehrveranstaltungen für Philologen anzubieten, wie C.J. Classen in seinem Beitrag zu dieser Vortragsreihe bedauernd feststellt, sondern hat andere Gründe. Das läßt sich allein schon daran aufzeigen, daß die Studenten der Klassischen Archäologie ihrerseits Lehrveranstaltungen der anderen altertumskundlichen Fächer besuchen, obwohl für sie spezielle Lehrveranstaltungen ebenfalls nicht angeboten werden. Daß sie das tun, liegt weniger an eigener Einsicht als vielmehr an der Studienordnung.

19 Vgl. L. WICKERT, Beiträge zur Geschichte des Deutschen Archäologischen Instituts von 1879 bis 1929 (1979) 121 ff. bes. 133 ff.

Archäologische Institut in Rom noch jetzt jährlich im Mai anbietet. Insgesamt aber ist das Ziel, Archäologie in die Lehrerausbildung zu integrieren, nicht erreicht worden. Man muß sich natürlich nach den Gründen fragen. Offenkundig ist, daß die Philologen meinen, auf das, was die Archäologie für unsere Kenntnis der Antike anzubieten vermag, verzichten zu können, und in der Tat ist ja leicht einzusehen, daß z. B. die sinnliche Präsenz antiker, vor allem griechischer Plastik sich mit den erzieherischen Grundsätzen, die bei der Auswahl von Texten seit je gelten, nur schwer vereinbaren läßt. Der wahre Grund dürfte aber wohl darin liegen, daß der Umgang mit Texten und der Umgang mit Bildwerken zwei unterschiedliche Fähigkeiten voraussetzt. Die Ratlosigkeit oder gar Skepsis, mit der Philologen auf archäologische Beweisführungen zu reagieren pflegen, machen immer wieder deutlich, wie verschieden die Sprachen sind, mit denen sich Philologen und Archäologen beschäftigen. Natürlich sind die Archäologen davon überzeugt, daß sich die Sprache der Bildenden Kunst ebenso erlernen läßt wie Latein oder Griechisch, es ist aber offenbar schwer, sich beides im gleichen Umfang und mit derselben Kompetenz anzueignen.

Für die Frage nach der Einheit der Altertumswissenschaften ist diese Tatsache von zentraler Bedeutung. Eine befriedigende Lösung ist noch nicht in Sicht. Im Gegenteil, die Entwicklung der Fächer hat die Lage eher noch schwieriger gemacht. Denn für die Klassische Archäologie mußte sich spätestens seit der Zeit Diltheys die Frage nach ihrer Funktion an der Universität, d. h. im akademischen Unterricht stellen: Wen und für welche Berufe bildet sie aus? Geht es allein um den eigenen Nachwuchs? Ich werde im übernächsten Kapitel berichten, welche Antworten die Entwicklung des Faches in der Zeit zwischen den beiden Weltkriegen gegeben hat.

Bevor ich den Abschnitt über Dilthey abschließe, muß noch erwähnt werden, daß sein Wirken postum dem Institut doch noch zum Segen geworden ist: eine Hörerin Diltheys, die im Jahre 1967 verstorbene Göttinger Lehrerin Marie Niemeyer, hat in ihrem 1950 aufgesetzten Testament ihr Vermögen dem Universitätsbund unter der Bezeichnung »Carl-Dilthey-Stiftung« vermacht mit der Maßgabe, daß die Einkünfte daraus dem Archäologischen Institut zu Gute kommen sollen. Mit Hilfe dieser Stiftung konnten in den letzten 20 Jahren wichtige Neuerwerbungen, vor allem für die Abgußsammlung, getätigt werden[20].

20 Vgl. Horn a. O. 406; über die mit Hilfe dieser Stiftung erworbenen Abgüsse, besonders aus dem Vatikan und aus Amerika, wird das in Anm. 11 angekündigte Verzeichnis Auskunft geben.

IV.

Nach dem Tod Diltheys wurde 1907 auf den Lehrstuhl erstmals ein Archäologe modernen Typs berufen: Gustav Körte (1852–1917)[21]. Er hatte zwar ebenfalls eine vorzügliche philologische Ausbildung erfahren, besaß aber vor allem Auslandserfahrung und war in der praktischen archäologischen Arbeit erprobt. Körte hat 1871 sein Studium in Göttingen begonnen (wobei er bezeichnenderweise nicht bei Wieseler gehört hat, der als zu langweilig und ganz vertrocknet galt) und in München (bei Brunn) sowie in Berlin (bei Curtius und Heydemann) fortgesetzt. 1874 wurde er in München mit einer Dissertation »Über die Personifikationen psychologischer Affekte in der späteren Vasenmalerei« promoviert und legte – nach erneutem Studium in Göttingen – ein Jahr später das Staatsexamen ab. Nach einem einjährigen Reisestipendium des Deutschen Archäologischen Instituts und einer mehrjährigen Assistenz an der soeben gegründeten Zweiganstalt dieses Instituts in Athen habilitierte er sich 1880 in Göttingen, erhielt aber schon ein Jahr danach einen Ruf an die Universität Rostock, wo er fast 24 Jahre lehrte und forschte und es sogar bis zur Würde eines Rektors brachte. Nach Göttingen kam er von Rom aus, wo er für zwei Jahre die Stelle des 1. Direktors des Deutschen Archäologischen Instituts bekleidet hatte. Seine wichtigeren wissenschaftlichen Arbeiten sind fast alle vor der Göttinger Zeit entstanden: das von seinem Lehrer Brunn geerbte Corpus-Unternehmen über die »Rilievi delle urne etrusche«[22] und der letzte Band des schon von Eduard Gerhard begonnenen Corpuswerks über die »Etruskischen Spiegel«[23]. Von Rockstock aus hatte er zusammen mit seinem Bruder Alfred Ausgrabungen in der Nekropole von Gordion in Phrygien durchgeführt, die Alfred Körte anläßlich des Baus der Bagdadbahn entdeckt hatte[24]. Zum damals besten Kenner der etruskischen Kunst und zum Begründer der Vorgeschichtsforschung Anatoliens ist Gustav Körte mehr durch die Umstände als aus Neigung geworden. Auf seine Lehrveranstaltungen hat sich sein Spezialistentum nicht ausgewirkt. Sein akademisches Lehrangebot, das übrigens seit 1909 gleichberechtigt neben dem philologischen unter der gemeinsamen Überschrift »Klassische Philologie und Archäologie« angekündigt

21 Vgl. die ausführlichen Nachrufe von M. Pohlenz, in: Geschäftl. Mitt. der Ges. der Wiss. Göttingen 1918, 74–86 und A. Körte, in: Biographisches Jahrbuch der Altertumskunde 38, 1916/18, 99–130 (mit Schriftenverzeichnis); vgl. ferner: Ch. Schwingenstein, in: Archäologenbildnisse (1988) 102.

22 Von Körte wurden bearbeitet die Bände II Teil 1 (1890) und Teil II (1896) sowie III (1916).

23 Von Körte wurde der Band V (1884–1897) nach Vorarbeiten von A. Klügmann vollendet.

24 G. Körte und A. Körte, Gordion. Ergebnisse der Ausgrabungen im Jahr 1900 (1904).

wurde, enthält vielmehr durchweg Themen zur griechischen und römischen Archäologie.

Die eigentliche Leistung Körtes in seinen Göttinger Jahren stellt zweifellos der Neubau für das Archäologische Institut und seine Sammlungen in der heute noch bestehenden Form dar. Bereits 1904 waren Überlegungen angestellt worden, wie der Raumnot zahlreicher Fächer, besonders der Philosophischen Fakultät, begegnet werden könnte. 1907, als Körte nach Göttingen kam, wurden die Pläne konkreter. Die betroffenen Fächer wurden aufgefordert, Raumprogramme zu entwickeln. Die Akten unseres Instituts belegen, mit welcher Präzision und Weitsicht Körte die Planung des Neubaus betrieben hat. An alles wurde gedacht: die Statik der Decken (wegen des großen Gewichts der Abgüsse), die Belüftung und Beheizung, die Dunkelkammer im Keller, die Projektion im Hörsaal (1909 hatte die erste Vorlesung mit den neuen, die archäologische Ausbildung revolutionierenden Lichtbildern stattgefunden). Die Zusammenarbeit mit den Behörden klappte vorzüglich, auch wenn Körte nicht alle Wünsche durchsetzen konnte (so mußte das Raumprogramm für die Abgußsammlung verkürzt werden, wobei allerdings Erweiterungsmöglichkeiten für die Zukunft offengehalten wurden)[25]. Für den Umgangston zitiere ich aus einem Brief des Regierungsbaumeisters Philippi an Körte vom 4. Juni 1910 (meine Kollegen aus dem »Blauen Turm« werden schon verstehen, warum ich gerade dieses Beispiel gewählt habe): »Ich bitte ergebenst mir baldgefälligst mitteilen zu wollen, ob Sie sich mit den Temperaturen, die in den einzelnen Räumen (auf einem beigefügten Plan) eingetragen sind und die dem Entwurf zur Heizungsanlage zu Grunde gelegt werden sollen, einverstanden erklären können«. Vorgesehen waren 18° für die Bibliothek, 20° für die Abgußsammlung.

Im Jahr 1912 war es dann endlich soweit. Im vorderen Teil des Hauses wurden 7 Seminare untergebracht (das philologische, das philosophische, die Seminare für deutsche, englische und romanische Philologie, das Seminar für mittlere und neuere Geschichte sowie das theologische Seminar). Der ganze hintere Teil war für das Archäologische Institut und seine Sammlungen bestimmt, die nun zum ersten Mal in ihrer langen Geschichte in sachgemäßer Weise und chronologischer Folge aufgestellt werden konnten.

Das Jahr des Einzugs fiel zusammen mit Körtes 60. Geburtstag. Aus diesem Anlaß erhielt er von der Familie Krupp ein Geldgeschenk von 10000,– Mark. Körte war mit 15 Jahren Begleiter des kränkelnden Krupperben Friedrich Alfred Krupp gewesen, hatte mit diesem Reisen

25 Diese Erweiterungsmöglichkeit wurde erst nach dem 2. Weltkrieg endgültig verbaut durch die Errichtung des Flügels, der früher das Englische Seminar beherbergte, in dem seit 1986 das Seminar für Ur- und Frühgeschichte untergebracht ist.

nach Paris und Nizza gemacht und längere Zeit auf Villa Hügel verbracht. Der Jugendfreund hatte auch die Grabungen in Gordion finanziert.

Körte hat diese 10000 Mark dem Institut vermacht, nachdem der Kaiser am 21. März 1914 die Schenkung gnädig genehmigt hatte. Die Summe wurde ganz auf die Abgußsammlung verwendet; es wurden vor allem Abgüsse der archaischen Kunst Griechenlands erworben, die bisher noch gar nicht vertreten war[26]. So konnte erstmals die griechische Plastik von ihren Anfängen bis zum Ausgang des Hellenismus in ihren wichtigsten Phasen dokumentiert werden. Es ist mir eine Freude, Ihnen mitteilen zu können, daß die »Alfried Krupp von Bohlen und Halbach-Stiftung« aus Anlaß des Jubiläums der Universität und in Erinnerung an Gustav Körte dem Institut einen namhaften Betrag zum Erwerb von Abgüssen archaischer Skulpturen von der Insel Samos zur Verfügung gestellt hat; die erste Sendung ist im November 1987 eingetroffen, der Rest wird hoffentlich zu Anfang des nächsten Jahres folgen[27].

V.

Gustav Körte starb 1917 kurz vor seiner Emeritierung an den Folgen einer Blinddarmoperation. Sein Nachfolger wurde Hermann Thiersch (1874–1939)[28]. Auch Thiersch war ein in der praktischen Arbeit erprobter Archäologe, doch nahm seine wissenschaftliche Tätigkeit in Göttingen eine andere Richtung. Thiersch hatte bei Adolf Furtwängler in München studiert und war dort 1898 mit einer Dissertation über die »Tyrrhenischen Amphoren« promoviert worden. Danach unternahm er mehrere Reisen ins Mittelmeer, teils als Reisestipendiat des Archäologischen Instituts, teils zur Teilnahme an Ausgrabungen auf Ägina (mit seinem Lehrer Furtwängler) und in Alexandria (mit seinem Vater, dem Architekten und Bauhistoriker August Thiersch). 1904 habilitierte er sich in München mit einer Arbeit über alexandrinische Grabanlagen[29] und erhielt schon im Jahr darauf eine Professur in Freiburg. Hier verfaßte er sein

26 Die Ankäufe wurden besonders durch Kurt Müller getätigt, der sich damals häufig in Griechenland aufhielt. Über den Umfang der »Körte-Stiftung« wird das Anm. 11 angekündigte Verzeichnis der Abgußsammlung ebenfalls Rechenschaft legen.

27 Es handelt sich um die sog. Geneleos-Basis (vgl. E. WALTER-KARYDI, AM 100, 1985, 91ff. Abb. 1–4) und den Großen Kuros (vgl. H. KYRIELEIS, in: Archaische und Griechische Plastik, Akten des Intern. Kolloqiums in Athen [1985] 1986 I 35ff. Taf. 14–19).

28 Vgl. die Nachrufe von L. CURTIUS, Jahrbuch der Ges. der Wiss. Göttingen 1940/41, 69–80 und J. CROME, Hellas-Jahrbuch 6, 1940, 55ff. (mit Schriftenverzeichnis); vgl. ferner K. FITTSCHEN, in: Archäologenbildnisse (1988) 183f.

29 Zwei antike Grabanlagen bei Alexandria (1904).

opus magnum, die umfassende Dokumentation und Analyse des Leuchtturmes von Alexandria[30]. In Göttingen setzte Thiersch diese topographischen und architekturhistorischen Arbeiten nicht fort, manches blieb deswegen bis heute unpubliziert. Dominierende Themen wurden nun Probleme der Religionsarchäologie[31] und besonders das weite Feld des Nachlebens der Antike. Dazu gehören vor allem seine Biographien über seinen Vater August Thiersch und seinen Onkel Friedrich von Thiersch, beide berühmte Architekten der Gründerzeit in Bayern, sowie seine Rektoratsrede von 1926 über die Göttinger Universitätsaula[32]. Thiersch war für die nachantike Kunst offenbar sehr empfänglich: so leitete er den Göttinger Kunstverein und sorgte für die Neuaufstellung der Gemäldesammlung der Universität während der Vakanz des Kunsthistorischen Lehrstuhls (1920). Diese neuartige Hinwendung zur Kunstgeschichte läßt sich auch an zwei für mein Thema besonders aufschlußreichen Dokumenten gut belegen.

Die Unterbringung des Kunsthistorischen Seminars im Accounchierhaus galt seit langem als unzureichend. Deshalb wurde ein Anbau an das Seminargebäude im Norden, d. h. unmittelbar am Archäologischen Institut ins Auge gefaßt. Am 14. Juli 1925 schreibt Thiersch an den Kurator[33]: »Wir begrüßen diesen Plan freudig und dankbar, würde doch seine Ausführung einem auf das schwerste empfundenen Mißstand endlich abhelfen und zwei innerlich eng zusammengehörigen Instituten zu beiderseitigem Nutzen die langersehnte Nachbarschaft bringen.« Thiersch einziger Vorbehalt galt der Sorge, der Anbau könnte künftige Erweiterungen des Archäologischen Instituts (die ja schon vor 1912 vorgesehen waren), auf immer unmöglich machen[34]. Es wurden alsbald Pläne entworfen und neue Raumprogramme erstellt. So war z. B. das untere Hofauditorium, wo demnächst die römische Abteilung der Abgußsammlung eingerichtet wird, für die Unterbringung der Gemälde-Sammlung vorgesehen. Nichts von diesen Plänen ist jedoch verwirklicht worden, vielleicht war die bald folgende Weltwirtschaftskrise daran Schuld.

Erst im Herbst 1986 hat, wie Sie wissen, die Kunstgeschichte ihr endgültiges Domizil gefunden, *im* Seminargebäude, mit der Archäologie unter *einem* Dach. Das war nur möglich, weil vorher die anderen, bisher hier untergebrachten Seminare nach und nach in andere Gebäude verlegt worden waren, die Seminare für Klassische Philologie und Alte Geschich-

30 Pharos. Antike, Islam und Occident. Ein Beitrag zur Architekturgeschichte (1909).

31 Vgl. die Abhandlung über die Artemis von Ephesos (I 1935) sowie die Untersuchung über »Ependytes und Ephod. Gottesbild und Priesterkleid im Vorderen Orient« (1936).

32 Göttingen und die Antike (1926).

33 Im Archiv des Archäologischen Instituts.

34 Vgl. o. Anm. 25. Ich hatte bisher nicht die Gelegenheit zu prüfen, ob die Baumaßnahmen nach dem 2. Weltkrieg auf die Planungen der 20er Jahre Bezug nehmen.

te schon in den früheren 70er Jahren. Dadurch wurde die Abtrennung der Archäologie von den anderen Disziplinen der Altertumswissenschaften auch räumlich vollzogen. Man mag das bedauern, es war dies aber eine unabwendbare Konsequenz der Entwicklung aller betroffenen Fächer, keineswegs nur der Klassischen Archäologie[35].

Im Jahr 1925 wurde auch wieder einmal eine Veränderung in den Vorlesungsverzeichnissen vorgenommen: Seit dem SS 1925 heißt die Überschrift, unter der die Archäologie angekündigt wird, »Kunstwissenschaft«; darunter fallen auch die Fächer Ägyptologie und Kunstgeschichte. Damit hatte sich also die Ansicht durchgesetzt, daß es nicht die Epoche, also das Altertum ist, die für die Stellung der Klassischen Archäologie maßgebend ist, sondern die Tatsache, daß sie es primär mit Kunst zu tun hat.

Diese Auffassung, deren Anfänge wir kennengelernt haben und die sich letztlich auf Winckelmann berufen kann, ist in unserem Jahrhundert zur vorherrschenden geworden und wird auch heute noch weithin als verbindlich angesehen. Zuerst und besonders konsequent ist sie in der Archäologie von der sog. Wiener Schule um Wickhoff und Riegl vertreten worden. Thiersch selbst war von dieser neuen Strömung nur berührt, nicht etwa einer ihrer Exponenten. Genau das aber muß für Gerhard Krahmer (1890–1931)[36] gelten, der sich unter Thiersch in dem schon mehrfach genannten Jahr 1925 habilitierte. Seine Habilitationsschrift »Stilphasen der hellenistischen Plastik«[37] ist geradezu ein Musterbeispiel für diese neue Forschungsrichtung, die die Veränderungen der Kunst aus der Kunst innewohnenden Gesetzmäßigkeiten ableitet und sich damit im Besitz einer Methode glaubt, die Entstehung jedes Bildwerkes unabhängig von äußeren Faktoren bestimmen zu können. Diese Betrachtungsweise hat ihre unbestreitbaren Verdienste, die Beobachtung und Analyse der Bildwerke hat eine bis dahin nicht gekannte Intensität erreicht. Und sie hat der Archäologie eine neue Klientel zugeführt: die Kunsthistoriker. Unbestreitbar sind aber auch ihre Mängel: Die reine Stilforschung erwies sich zunehmend als Selbstzweck, der weiterführende Fragen nicht zuließ; die früheren Nachbardisziplinen der Archäologie, vor allem die Alte Geschichte, wurden ihr dadurch noch weiter entfremdet.

In den letzten 20 Jahren hat die Klassische Archäologie damit begonnen, aus dieser Sackgasse herauszukommen. Die antiken Denkmäler werden wieder stärker mit ihrem kulturellen Kontext, dem sie entstammen, verbunden und unter historischen Fragestellungen analysiert, ohne

35 Auch die Alten Sprachen und die Alte Geschichte haben ja eine stärkere Hinwendung zu den Fächern verwandter Thematik durchlaufen.

36 Vgl. den Nachruf von L. CURTIUS, RM 46, 1931, S. XV f.; ferner W. FUCHS, in: Archäologenbildnisse 254 f.

37 Bereits vorher in den RM 38/39, 1923/24, 138–184 erschienen.

daß dabei auf das stilgeschichtliche Rüstzeug verzichtet wird. Sie hat sich dabei zunächst besonders der römischen Kunst zugewandt, weil diese sich der neuen Betrachtungsweise leichter erschließt und sie durch die Forschungen der beiden vorausgehenden Generationen weniger belastet ist. Die beteiligten Archäologen glauben, daß sie respektable Ergebnisse erzielt haben, die noch fruchtbarer werden könnten, wenn sie mit den Forschungen der Nachbardisziplinen verbunden würden. Als ein Beispiel für solche Arbeiten nenne ich das gerade erschienene Buch von Paul Zanker, das den programmatischen Titel trägt: »Augustus und die Macht der Bilder«[38]. Es sieht allerdings bisher nicht so aus, als würden die Veränderungen in der neueren Archäologie wirklich wahrgenommen oder gar ernstgenommen. Besonders absurd stellt sich die Situation in der Lehre dar. Die neuen Fragestellungen setzten natürlich historisch und philologisch vorgebildete Studenten voraus, wie es sie früher gab, wie es sie aber heute aus allbekannten Gründen kaum mehr gibt. Wie soll man, um beim genannten Beispiel zu bleiben, die Funktion der Kunst unter Augustus vermitteln, wenn die Hörer nicht wissen, wer das eigentlich ist, dieser Augustus, und wenn niemand je eine Zeile von Vergil oder Horaz gelesen hat, und wenn diejenigen, die derartige Defizite nicht aufweisen, solche Lehrveranstaltungen gar nicht aufsuchen, weil sie in ihrem Studienplan nicht vorgesehen sind?

VI.

Ich könnte hier abbrechen, weil ich am Ziel meines eigentlichen Themas angekommen bin. Ich ziehe es aber vor, mit einem Epilog abzuschließen.

Die Klassische Archäologie in Göttingen hat die Jahre des 3. Reiches ohne Schäden überstanden, in materieller wie in moralischer Hinsicht, dank der Integrität ihrer beiden Sachwalter, Hermann Thiersch und Kurt Müller (1880–1972)[39].

Thiersch war ein ganz unpolitischer Mensch, der nur seiner Wissenschaft lebte. Was um ihn herum vorging, nahm er offenbar nicht wirklich zur Kenntnis. In seiner Personalakte befindet sich der Fragebogen, der aufgrund des Beamtengesetzes von 1937, einer Neuauflage des berüchtigten »Gesetzes zur Wiederherstellung des deutschen Beamtentums« allen Hochschullehrern und Mitgliedern von Adakemien zugegangen war. Daraus ergibt sich, daß die Frau von Thiersch, Adelheid Thiersch, geb. Eller, nach dem damaligen Sprachgebrauch »Halbjüdin« war, Thiersch

38 Erschienen 1987; vgl. dort bes. 5f.

39 Vgl. den Nachruf von R. Horn und H. Döhl, in: Jb. Akad. Wiss. Göttingen 1972, 189–193; H. Döhl, in: Archäologenbildnisse 202f.

somit »jüdisch versippt«. Vom Krankenbett erbittet Thiersch am 4. Dezember 1938 vom Kurator Bojunga Aufklärung darüber, was unter »jüdisch versippt« zu verstehen sei; die Aufklärung wird ihm in trockener Behördensachlichkeit zu teil. Im Antwortschreiben an den Kurator vom 12. Dezember 1938 heißt es: »Daraus ergibt sich ja die Entscheidung, die ich in den nächsten Tagen an die Gesellschaft der Wissenschaften zu senden habe, ganz deutlich.« An diese schreibt er am 15. Dezember 1938[40]: »Wie ich auch aus einer Erläuterung des Herrn Kurators vom 7. d. Ms. ersehe, die ich zum Ausdruck »jüdisch versippt« in meinem Fall besonders erbeten hatte, kommt, in Rücksicht auf meine Frau, meine Zugehörigkeit zur Göttinger Gesellschaft der Wissenschaften hinfort nicht mehr in Frage. Es ist auch nur folgerichtig, wenn ich ausscheide aus einem Kreise, der seine ursprüngliche innere Weite, die solange meine stolze Freude gewesen ist, verloren hat.« Thiersch war 12 Jahre Sekretär der Gesellschaft gewesen. Es bedarf keiner besonderen Phantasie zu vermuten, daß solche Entscheidungen nicht dazu angetan waren, die Lebenskräfte des seit langem kränkelnden Thiersch zu stärken. Er ist am 4. Juni 1939 gestorben, nachdem er auf seinen Antrag vom 11. Oktober 1938 am 20. Januar 1939 ordnungsgemäß im Alter von 65 Jahren emeritiert worden war. Der Krieg und alles, was damit zusammenhängt, ist ihm so erspart geblieben.

Die Fakultät hatte die Wiederbesetzung des Lehrstuhls schon seit dem Frühjahr 1938 eingeleitet. Sie zog sich allerdings immer mehr in die Länge, da der zuständige Referent des Berliner Ministeriums, Frey, der Fakultät immer neue Kandidaten aufnötigte. Das Ziel ist dabei nicht völlig deutlich, offenbar wollte man eine politisch zuverlässige Person, doch geht aus den Göttinger Akten nicht deutlich hervor, an wen genau dabei gedacht war. Die von der Fakultät schließlich verabschiedete Liste enthielt die Namen Schuchhardt (Freiburg), Herbig (Würzburg) und Horn (Doz. in Breslau). Nachdem Schuchhardt und Herbig abgelehnt hatten, wurde schließlich, am 1. Oktober 1941, Rudolf Horn, der offenbar von Anfang an der Wunschkandidat der Fakultät gewesen war, berufen; da es sich um einen Erstruf handelte, wurde die Stelle entsprechend damaligem Usus automatisch auf ein Extraordinariat heruntergestuft. Horn konnte den Ruf nicht antreten, da er eingezogen war. Die Archäologie wurde in Göttingen deswegen den Krieg über allein von Kurt Müller vertreten, der dem Institut seit 1912, zunächst als Assistent, seit 1921 als apl. Professor treu gedient hatte. Der mündlichen Überlieferung nach ist es seiner Standhaftigkeit gegenüber höheren Anweisungen zu danken, daß die Bibliothek des Instituts nicht in das Bergwerk von Volpriehausen ausgelagert worden ist und somit vor der Zerstörung bewahrt blieb.

40 Im Archiv der Akademie der Wissenschaften zu Göttingen, Rubrik »Austritte«.

Die Wiedereröffnung der Universität im Herbst 1945 ist also auch für die Archäologie in Göttingen ein Neuanfang geworden. Aber das ist ein anderes Kapitel, über das ich heute nicht mehr berichten will.

Jochen Bleicken

Die Herausbildung der Alten Geschichte in Göttingen: Von Heyne bis Busolt

I. Die Anfänge. Heyne und Heeren

Die Alte Geschichte ist eine junge Disziplin der Universität, jedenfalls soweit wir in ihr ein selbständiges Fach mit einem eigenen Lehrstuhl sehen. Gegenstände der Alten Geschichte wurden von den ersten Inhabern der Professuren für Geschichte und Eloquenz an dieser Universität behandelt, und dies in sehr unterschiedlicher Weise. Der Historiker traktierte die älteren Perioden der Geschichte innerhalb der Universalgeschichte, welche die historischen Begebenheiten in meist stereotyper, handbuchartiger Weise von der Erschaffung der Welt bzw. von Adam bis in die neuere Zeit, aber durchaus mit dem Schwerpunkt auf der älteren Geschichte bis etwa zum 5. Jahrhundert n. Chr. verfolgte. Alte Geschichte war dabei nicht lediglich wie heute die Geschichte der griechisch-römischen Antike, sondern vor allem auch biblische und altorientalische Geschichte: Ägypten, die mesopotamischen Reiche, das Perserreich und Israel nahmen einen breiten Raum ein. In dieser Weise ist die ältere Geschichte etwa auch von den beiden Göttinger Historikern Johann Christoph Gatterer, der seit 1759, und August Ludwig Schlözer, der seit 1769 in Göttingen lehrte, behandelt worden, von jenem u. a. in seinem weit verbreiteten ›Handbuch der Universalgeschichte‹[1], von diesem in dessen nicht weniger bekannten ›Weltgeschichte‹[2]. An dem außergewöhnlichen Aufschwung der Geschichtswissenschaft in Göttingen, wo nach dem ausdrücklichen Wunsch des Universitsätsgründers und ersten

1 Handbuch der Universalgeschichte nach ihrem gesamten Umfange von Erschaffung der Welt bis zum Ursprunge der meisten heutigen Reiche und Staaten. Nebst einer vollständigen Einleitung von der Historie überhaupt, und der Universalhistorie insonderheit, wie auch von den hierher gehörigen Schriftstellern, 2 Bde., Göttingen 1761–1764 (bis zum 5. Jh. n. Chr.); vgl. auch ders., Abriß der Universalhistorie in ihrem ganzen Umfange, Göttingen 1765. 1773² und ders., Weltgeschichte in ihrem ganzen Umfang, 2 Bde., Göttingen 1785–1787 (im Prinzip eine verbesserte Auflage des ›Handbuchs‹).

2 Weltgeschichte nach ihren Hauptteilen im Auszug und Zusammenhang, 2 Bde., Göttingen 1785–1789 (bis Chlodwig, mehr nicht erschienen). 1792–1801²; vgl. auch ders., Vorstellung einer Universalhistorie, 2 Bde., Göttingen und Gotha 1772/73.

Abb. 16a: Ernst Curtius (1814–1896)

Abb. 16b: Georg Busolt (1850–1920)

Kurators der Universität, Gerlach Adolf Freiherr von Münchhausen, die Geschichte aus ihrer Rolle als Hilfsdisziplin vor allem für Theologie und Jurisprudenz herausgeführt werden sollte, hatte die ältere Geschichte insofern Anteil, als in jenen Universalgeschichten gerade sie umfänglich behandelt wurde. Doch verschob sich der Schwerpunkt der historischen Studien in Göttingen seit den ersten Jahrzehnten der Universitätsgeschichte von der Universalgeschichte weg zur Geschichte der europäischen Staaten bzw. des europäischen Staatensystems; Reichsgeschichte, Statistik und europäische Staatengeschichte standen bald im Mittelpunkt, und für die letztere, die europäische Staatengeschichte, stehen Namen wie Georg Christian Gebauer (Jurist, schon seit 1734), Gottfried Achenwall (seit 1747), Ludwig Timotheus Spittler (seit 1779) und vor allem Arnold Herrmann Ludwig Heeren (seit 1794)[3], dessen ›Handbuch der Geschichte des europäischen Staatensystems und seiner Colonien‹, zuerst 1809 erschienen, auch von Fragestellung und Methode her eine glanzvolle Leistung und einen gewissen Kulminationspunkt darstellte[4]. So verlor die Alte Geschichte bei den Historikern sozusagen ihr Heimatrecht. Die jüdisch-christliche Geschichte wurde von Theologen und Orientalisten versorgt, und für die griechisch-römische Geschichte fühlte sich der (zunächst einzige) Philologe zuständig, bei dem sie schon immer als Hilfsdisziplin, als Realienkunde und Reservoir für exempla ihren Platz gehabt hatte. Der erste Inhaber der Eloquenz-Professur, Johann Matthias Gesner (1734–1761), hatte in dem Programm seines Vorlesungszyklus denn auch ausdrücklich vorgesehen, daß die Philologie durch Realien ergänzt werden sollte, und er war es auch, der gegen die herausragende Rolle der Grammatik und der Worterklärung im Unterricht, wie sie die damals in den alten Sprachen noch führenden Holländer vertraten, den aus den griechischen und lateinischen Schriften sprechenden *Geist* erfassen wollte und zu diesem Zweck in die Philologie alle altertumswissenschaftlichen Bereiche einbezog. Insofern wurde die Philologie in Göttingen zur Vertreterin der gesamten Altertumswissenschaft, und durch den Nachfolger von Gesner, Christian Gottlob Heyne (1763–1812 in Göttingen), wurde diese Linie, wenn auch mit ganz anderen Akzenten, fortgesetzt[5]. Obwohl auch als Editor von Texten ganz außerordentlich fruchtbar, lagen doch seine bleibenden Verdienste um Philologie und Universi-

3 Vgl. RUDOLF VIERHAUS, Die Universität Göttingen und die Anfänge der modernen Geschichtswissenschaft im 18. Jahrhundert, in: Geschichtswissenschaft in Göttingen, hg. von H. Boockmann und H. Wellenreuther, Göttingen 1987, 9ff.

4 5. Aufl. 1830. Vgl. dazu MICHAEL BEHNEN, Statistik, Politik und Staatengeschichte von Spittler bis Heeren, in: Geschichtswissenschaft in Göttingen a. O. 96ff.

5 Zu ihm: ARNOLD HERMANN LUDWIG HEEREN, Christian Gottlob Heyne, Göttingen 1813 (= ders., Historische Studien 6, Göttingen 1823); FRIEDRICH LEO, Heyne, in: Festschr. zur Feier des hundertfünfzigjährigen Bestehens der königl. Gesellschaft der Wiss. zu

tät nicht hier; die von ihm besorgten Ausgaben antiker Texte wurden von der Nachwelt nicht als besondere Leistungen anerkannt, was auch Wilamowitz in seiner Geschichte der Philologie höflich, aber bestimmt vermerkte[6]. Für die Ausbildung der Alten Geschichte war es wichtig, daß Heyne über Gesner hinaus sich intensiver der griechischen und römischen Geschichte, insbesondere der Staatengeschichte, sowie der Archäologie zuwandte. Nicht nur die Verbindung von Philologie und Geschichte, gerade auch die von Philologie und Archäologie sollte Zukunft haben; noch Ernst Curtius ist 1856 für die Lehrfächer klassische Philologie und Archäologie berufen worden[7]. Vor allem aber wurde – wie für die Philologie – auch für die Geschichte wichtig die von Heyne bei der Textinterpretation geübte Quellenkritik, in welche die historische Dimension einbezogen wurde. Der antike Autor bzw. das antike Kunstwerk wurde von ihm in den geographischen und zeitspezifischen Rahmen gestellt, aus den Bedingungen seiner Zeit interpretiert, dabei relativiert und auf diese Weise historisiert. »Die erste Regel bey der Hermeneutick der Anticke«, sagt Heyne, »sollte doch wohl diese seyn: Jedes alte Kunstwerk muß mit den Begriffen und in dem Geiste betrachtet und beurtheilt werden, mit welchen Begriffen und in welchem Geiste der alte Künstler es verfertigte. Man muß sich also in sein Zeitalter, unter seine Zeitverwandten versetzen, diejenigen Kenntnisse und Begriffe zu erreichen suchen, von denen der Künstler ausging; die Absicht seiner Arbeiten so viel möglich aufsuchen.«[8] So wurde Distanz zum betrachteten Gegenstand geschaffen, ohne daß Heyne dabei jedoch dessen normativen Wert aufgab, im Gegenteil es ihm gerade auch auf den Gegenwartsbezug im Sinne einer Lehrhaftigkeit des Alten ankam. Diese, in Ansätzen schon bei Gesner erkennbare, von Heyne dann in einem langen Gelehrtenleben vor einem großen Publikum – er hatte in seinen Privatvorlesungen 80–100 Hörer, davon viele aus anderen Fakultäten – vertretenen Auffassungen sollten das wissenschaftliche Denken nicht nur in Göttingen prägen.

Es schien aber zunächst so, als ob trotz der deutlichen altertumswissenschaftlichen und historischen Auffassung der Philologie durch Heyne sich die Alte Geschichte nicht über die Klassische Philologie, sondern über die Geschichtsprofessur als Fach heranbilden sollte. Derjenige, der die Heynesche Philologie und Auffassung von Textinterpretation für die ältere

Göttingen, Berlin 1901, und Norbert Kamp u.a., Der Vormann der Georgia Augusta. Sechs akademische Reden, in: Göttinger Universitätsreden, Göttingen 1980.

6 Geschichte der Philologie, 1921, 45; vgl. auch Friedrich Leo a.O. 232f.

7 Gött. Univ. Archiv, Philos. Fak. 4/Vb 135: Vortrag des Schulrates Schmalfuß vom 15. Februar 1856 über die Wiederbesetzung der durch den Tod der Klassischen Philologen K.F. Hermann (1855) und F.W. Schneidewin (1856) freigewordenen Professuren.

8 C.G. Heyne, Lobschrift auf Winkelmann, Kassel 1778, 2f. (= A. Schulz [Hg.], Die Kasseler Lobschriften auf Winckelmann, Berlin 1963, 20).

Geschichte fruchtbar machte und die ersten Konturen einer Alten Geschichte sichtbar werden ließ, war zwar ein Heyne-Schüler, nämlich Arnold Herrmann Ludwig Heeren, ein gerade jüngst, jedoch nicht erst im Zuge der mit dem Göttinger Universitätsjubiläum verbundenen Rückbesinnung wiederentdeckter Historiker[9]. Aber er entwickelte seine Gedanken als Professor des *historischen* Lehrstuhls. Heeren (1760–1842) entstammte einem Pfarrhaus in Arbergen bei Bremen, kam nach Göttingen, um Theologie zu studieren, wechselte dann aber, vor allem unter dem Eindruck der Vorlesungen Heynes, seine Studienrichtung und studierte bei ihm Philologie, und zwar ausschließlich griechische Philologie; am stärksten scheinen ihn die Vorlesungen Heynes über die griechischen Altertümer und über alte Kunstgeschichte beeindruckt zu haben. Er promovierte 1784 mit einer Arbeit über die Stellung des Chores in der griechischen Tragödie, wurde gleichzeitig Privatdozent und erhielt 1787 eine außerordentliche Professur (ohne Gehalt), von der aus er griechische und lateinische Philologie lehrte. Heeren selbst hat indessen gesagt, daß auch seine Anfänge als Historiker schon mit dieser Professur einsetzten[10], und in der Tat hat er nach Ausweis der Vorlesungsverzeichnisse bereits seit dem Wintersemester 1787/88 gelegentlich über römische Antiquitäten, römisches Recht und ›historia orbis antiqui‹ gelesen, und seit dem Wintersemester 1790/91 überwiegen sogar eindeutig die historischen Themen; in diesem Semester las er vor allem zum ersten Mal ›über alte Geschichte in Verbindung mit alter Geographie‹[11] (historia antiqua cum geographia antiqua). Damit beginnt eine sich über Jahrzehnte hinziehende intensive Vorlesungstätigkeit über die alten Völker und Kulturen; die soeben genannte Vorlesung über alte Geschichte und Geographie hat Heeren, immer wieder ergänzt und verändert, mit nur wenigen Ausnahmen in jedem Semester bis zu seinem Tod, also ein halbes Jahrhundert

9 Zu Heeren vgl. H.-J. Schild, Untersuchungen zu Heerens Geschichtsauffassung, Diss. Göttingen 1954 (Ms.); H. Seier, Arnold Herrmann Ludwig Heeren, in: H.-U. Wehler (Hg.), Deutsche Historiker IX, Göttingen 1982, 61ff.; Ch. Becker-Schaum, Arnold Herrmann Ludwig Heeren. Ein Beitrag zur Geschichte der Geschichtswissenschaft zwischen Aufklärung und Historismus, Diss. Frankfurt a. M. 1983 (Ms.).

10 Arnold Herrmann Ludwig Heeren, Schreiben an einen Freund, biographische Nachrichten enthaltend, in: A.H.L. Heeren, Historische Werke I (= Vermischte historische Schriften I), Göttingen 1821, XLIXf.

11 So in dem ›Entwurf‹ zu dieser Vorlesung, der ein Inhaltsverzeichnis nebst Bemerkungen zu der Bedeutung der Geographie für die Geschichte und zum Nutzen des Studiums der älteren Geschichte enthält. Die Vorlesung umfaßte einen Überblick und die Geschichte des Alten Orients, der Griechen und Römer von den ältesten Zeiten bis 476 n. Chr. – Über ius publicum Atheniensium und ius publicum et privatum Romanorum las gelegentlich auch der außerordentliche Professor Christoph Wilhelm Mitscherlich (a.o. Professor seit 1785, o. Prof. seit 1794), nach dem Sommersemester 1791 dann aber nicht mehr.

lang, insgesamt 94mal, gehalten[12]. Dazu traten schnell andere Vorlesungen über Handel und Seefahrt und schließlich gedruckte Schriften, in denen dann auch die Staatengeschichte in den Vordergrund rückte, ab 1793 die ›Idee über die Politik, den Verkehr und den Handel der vornehmsten Völker der alten Welt‹, dreimal wieder aufgelegt (zuletzt 1824–1826), und 1799 das ›Handbuch der Geschichte der Staaten des Altertums, mit besonderer Rücksicht auf ihre Verfassung, ihren Handel und ihre Colonien‹, in der 5. Auflage 1830 erschienen, um die beiden herausragenden Werke zu nennen. Seiner Wendung zur Geschichte verdankte er dann 1799 die historische Professur, und dieses Amt sollte bald seinen historischen Interessen weitere Gebiete öffnen. Zunächst wandte er sich mediävistischen, seit Anfang des neuen Jahrhunderts zunehmend auch neuzeitlichen Themen zu, die schließlich das Interesse an der älteren Geschichte merklich zurücktreten ließen.

Heeren ist als Historiker – hier als Historiker der älteren Geschichte – in mehrfacher Hinsicht ein Mann mit neuen Ideen gewesen, dies nicht in dem Sinne, daß er in dem, was er jeweils anpackte, ausgesprochen originell war. Er konnte auf eine reiche Literatur zurückgreifen und hat sie genutzt. Herder, Montesquieu und Adam Smith etwa stehen unübersehbar hinter seinem noch zu besprechenden Werk über ›Politik, Handel und Verkehr der Völker der alten Welt‹. Aber es ist doch aufregend zu sehen, wie er solche Anregungen verarbeitete, eine Sehweise zu der beherrschenden machte und dann ein Bild von der Geschichte entwarf, das man vorher so nicht gesehen hatte. Es kam ihm dabei manches zugute. Von seiner bremischen Heimat her fühlte er sich, wie er selbst hervorhebt, als der Mittelschicht zugehörig, hatte er Distanz zum Adel und zum Despotismus ebenso wie zu den Ideen der französischen Revolution. Er war von seiner Herkunft her in seiner Auffassung von Welt und Politik nicht eingeengt, war weltoffen und gegenüber der Politik des Tages passiv; auch etwa das Jahr 1837 konnte ihm keinen Anlaß zu politischer Aktivität geben. Für die Durchführung seiner Ideen kam ihm ferner zustatten, daß er als Schüler von Heyne dessen Art der Textinterpretation vertrat: Quellenkritik, Einordnung des Textes in seinen historischen Zusammenhang, also die historische Kritik, waren sein Rüstzeug.

Unter den neuen Akzenten, die Heeren setzte, ist zuerst die enge Verbindung von Geographie und Geschichte zu nennen; sie ist bereits das Thema seiner ersten althistorischen Vorlesung. Das war an sich nicht neu; die Geographie war im Gegenteil damals geradezu in Mode. Neu war die Konsequenz, mit der er sie in seine althistorischen Traktate einbaute und zu welchen Weiterungen sie ihn führte. Er verband mit der Bedeutung, die er der Geographie für die Geschichte zumaß, durchaus keine

12 Becker-Schaum a.O. 118.

doktrinären Ansichten; er setzte die verschiedenen Möglichkeiten geographischer Betrachtung ein, und dies in späteren Fassungen seiner Werke durchaus nicht immer einheitlich. Er verwendete die Geographie zunächst als rein physische, zur Demonstration des Raumes, in dem Geschichte abläuft, und hier nicht lediglich die reine Geographie, sondern auch Angaben über die wirtschaftliche Beschaffenheit des Landes. Geographie ist ihm ebenso eine Bedingung für die Entwicklung und den Charakter der Völker, dies nicht in einem streng determinstischen Sinne, der zwar mitbedacht, aber nicht doktrinär gefaßt ist. Vor allem aber will er die Geographie, von den Philologen in aller Regel nur als Hilfsdisziplin für die Erklärung der Dichter benutzt, von ihrem mythischen Beiwerk befreien und eine historische Geographie vertreten, d.h. eine Geographie, welche die geographischen Räume nach unseren antiken Quellen beschreibt. Es wird hier also die Geographie u.a. auch mit den Augen der historischen Subjekte gesehen und dabei eine stufenweise Entwicklung der räumlichen Vorstellungen bei den Völkern erkannt. Dies letztere war Heeren besonders wichtig und verleiht dem Werk Originalität: Er begriff die Geschichte der alten Völker auch als ein Hinausgreifen in neue Räume; die Entdeckung der Welt war ihm ein historischer Prozeß[13]. Und das führt hinüber zu einem anderen Ansatz von Heeren, den er in seinem Hauptwerk, den ›Ideen über die Politik, den Verkehr und den Handel der vornehmsten Völker der alten Welt‹, vorgestellt hat.

Die ›Ideen‹ sind ein umfangreiches, zunächst zweibändiges (1793–96), in der 4. Auflage sechsbändiges Werk (1824–26) über die wichtigsten Völker der alten mediterranen Welt, nämlich der Karthager, Äthioper, Ägypter, Perser, Phönizier, Babylonier und Skythen in der Zeit von ca. 600 bis auf Alexander den Großen. Es werden ihre jeweiligen staatlichen und wirtschaftlichen Verhältnisse behandelt und wird nach den geographischen und klimatischen Voraussetzungen ihres Daseins gefragt; es wird weiter ihr Ausgreifen in andere Räume durch Handel und Städtegründungen untersucht und vor allem auch nach den Gründen für den Aufschwung, besonders aber den Niedergang dieser Völker geforscht. Es traten in diesem Werk alle ereignisgeschichtlichen Daten, wie Kriege und große Persönlichkeiten, und auch die damals breit behandelte Dynastiengeschichte zurück vor dem Bemühen um eine Einsicht in das Wesen, wir würden heute sagen: die Struktur der Staaten und die wesensmäßigen Voraussetzungen ihres Seins wie ihres Untergangs. Dabei war Heeren wichtig – und auch das charakterisiert sein Werk besonders und hebt es über andere hinaus – die Bedeutung der, wie er selbst es nannte, ›politisch-merkantilen‹ Komponente eines Volkes und Staates, durch die – mehr als durch andere Komponenten – Entwicklung und Verfall be-

13 Vgl. dazu BECKER-SCHAUM a.O. 111ff.

stimmt würden. Trotz der vielfachen Überarbeitung und des dabei wachsenden Umfangs ist das Werk ein Torso geblieben. Der geplante 3. Band über die europäischen Völker, vornehmlich die Griechen, ist nie erschienen. Ob die negative Resonanz in der gelehrten Welt ihn von einer Vollendung abgehalten hat, wie Hellmut Seier meint, sei dahingestellt. Tatsächlich war vieles eilig geschrieben, waren die Quellenbelege teils willkürlich ausgewählt und unvollständig; die einseitige Herausarbeitung von Strukturen war für viele nicht nachvollziehbar. Nichtsdestoweniger fügte Heeren für den praktischen Gebrauch der Studenten einen Abriß der ›Ideen‹ an, das ›Handbuch der Geschichte der Staaten des Altertums, mit besonderer Rücksicht auf ihre Verfassung, ihren Handel und ihre Colonien‹, zuerst 1799, in 5. Auflage 1828 erschienen. Hier sind alle wichtigen Staaten traktiert, auch die Griechen – und diese mit dem Schwergewicht auf den kleineren griechischen Städten und Stämmen –, ferner die Makedonen mit den hellenistischen Nachfolgereichen und die Römer; Griechen und Römer nehmen ¾ des Ganzen ein. Das sehr verbreitete Handbuch enthielt neben kurzen Quellenangaben auch Hinweise auf Literatur. Es treten darin indessen die eigentlich tragenden Intentionen der ›Ideen‹ hinter dem Willen nach einer systematischen Staatenkunde zurück; aber es hat wohl gerade dieser Handbuchcharakter über einhundert Jahre nach seinem Erscheinen Eduard Meyer, den zu seiner Zeit bedeutendsten Historiker der griechischen Geschichte veranlaßt, es als ein zwar veraltetes und im einzelnen überholtes, aber noch immer »vortreffliches, durch kein neues ersetztes Buch« zu bezeichnen[14], übrigens unter großzügiger Außerachtlassung des Handbuches eines anderen Göttinger Philologen, Karl Friedrich Hermann, von dem noch zu reden sein wird.

Bei der Originalität der Konzeption innerhalb der altertumswissenschaftlichen Literatur muß man sich fragen, wie sie zustande gekommen ist[15]. Hinter der Auffassung der Völker und Staaten als moralische Personen, für deren Entstehung und Entwicklung geistige Kräfte wirkten, wird man Herder, in manchen Gedanken zum Handel und zur Wirtschaft Adam Smith, zu den Verfassungseinrichtungen Montesquieu erkennen. Von den Göttingern haben am ehesten vielleicht, wie in einer noch unveröffentlichten Dissertation von Becker-Schaum vermutet wird[16], die Lehren von Christoph Meiners mit seiner ›Geschichte der Menschheit‹ gewirkt, obwohl Heeren nicht sein Schüler gewesen ist. Es waren wohl mehrere Anstöße, die das Werk entstehen und wachsen ließen, und es werden kräftige Impulse auch von der Bedeutung ausgegangen sein, die

14 Geschichte des Altertums II, Stuttgart 1893, 26.
15 Dazu zuletzt Becker-Schaum a. O. 132ff.
16 Becker-Schaum a. O. 140ff.

Heeren der Geographie für die Darlegung der Voraussetzungen und der Entwicklung von Völkern zumaß; er hat dies seit 1791 ja in Vorlesungen für die ältere Geschichte ununterbrochen vorgetragen.

Heeren hatte Alte Geschichte als Heyne-Schüler, aber von der Geschichtsprofessur aus traktiert. Das Fach sollte sich jedoch nicht von dieser, sondern von der Philologie her zur Selbständigkeit entwickeln[17]. In dem nach Hannover gesandten Bericht vom Januar 1856 über die Wiederbesetzung der durch den Tod von Friedrich Wilhelm Schneidewin und Karl Friedrich Hermann freigewordenen beiden philologischen Professuren heißt es, daß die doppelte Vertretung der alten Gesner-Professur notwendig geworden sei, weil »die exegetisch-sprachliche Seite der Philologie« neben der mehr »realen (Archäologie, Kunstgeschichte, Mythologie, Staatsverfassung, Geographie)« vertreten werden müsse und daß das schon bei der Nachfolge von Heyne so praktiziert worden sei[18]. Man denkt also bei dieser Akzentuierung der Professuren in Hannover von Heyne (nicht etwa von Heeren) her, und tatsächlich können wir nun eine Liste von Professoren aufstellen, die diese ›reale‹ Seite der Philologie vertraten oder richtiger: sie *auch* vertraten, dieser mehr, jener weniger. Tatsächlich ist aber dann doch bei den später zu nennenden Professoren die Alte Geschichte zunächst noch nicht als ein besonderer Teil ausgeworfen. Das zeigt nicht nur die schwankende Lehrstuhlbezeichnung, in der neben Philologie bisweilen Archäologie oder Altertumswissenschaften, aber bis in die sechziger Jahre nie Alte Geschichte erscheint, sondern auch die Auffassung der Lehrstuhlinhaber selbst von ihrer Wissenschaft. Dabei wird die Alte Geschichte offensichtlich viel enger mit der Philologie verbunden als die Archäologie, die schon durch die Sammlungen ein Eigengewicht gewonnen hat. In einem der Vorträge zur Wiederbesetzung der beiden Professuren aus dem Jahre 1856 heißt es denn auch etwa, daß der für die Nachfolge ins Auge gefaßte Curtius, der die ›reale‹ Seite der Philologie in der Nachfolge Hermanns vertreten sollte, die griechische Geschichte ausfüllen könne, in der er ausgewiesen war. Vielleicht könnte er sich auch in die römische Geschichte einarbeiten, heißt es weiter, aber das täte u.U. auch Ritschl, der für die andere Professur Vorgeschlagene

17 Von den Inhabern der Geschichtsprofessur gingen keine Impulse mehr auf die Alte Geschichte aus. Dahlmann las noch eine Überblicksvorlesung über ältere Geschichte (›historia universalis antiquitatis‹, sechsmal zwischen 1831 und 1837), Waitz berührte sie nur im Zusammenhang einer allgemeinen Staaten- bzw. Politikgeschichte und der Geschichte der Germanen. Der Privatdozent Sigurd Abel (1837–1873), ein Waitz-Schüler, las einmal, im WS 1866/67, über ›Römische Geschichte‹ (er ging 1868 als o. Professor nach Gießen).

18 Gött. Univ. Archiv, Philos. Fak. 4/Vb 135, Vortrag über die Wiederbesetzung der beiden Professuren vom 20. Januar 1856.

(es wurde dann tatsächlich Hermann Sauppe)[19]. Man denkt also hier noch nicht in einzelnen altertumswissenschaftlichen Fächern, sondern natürlich zunächst an die Person, die ausgewiesen sein soll, und an die Berücksichtigung auch der ›realen‹ Seite der Philologie, die aber eben gegebenenfalls jeder Philologe übernehmen kann.

Ich werde im folgenden die Reihe der recht unterschiedlichen Gelehrten durchgehen, welche nach Heyne diese ›reale‹ Seite der Philologie vertraten und auf das Fach Alte Geschichte hinführten, doch will ich mich vor allem auf vier konzentrieren, die herausragen und, sei es für die Göttinger, sei es für die deutsche Althistorie, bedeutsam waren, nämlich Karl Otfried Müller, Karl Friedrich Hermann, Ernst Curtius und Georg Busolt.

II. Die Herausbildung des Faches. Müller, Hermann und Curtius

Getreu dem nun geltenden Grundsatz, daß die ›reale‹ Seite der Philologie möglichst durch einen darin ausgewiesenen Philologen vertreten werden solle, wurde 1816 neben Ludolph Dissen Friedrich Gottlieb Welcker berufen, der Hauslehrer beim Gesandten Wilhelm v. Humboldt in Rom und von 1809–1816 Professor für griechische Literatur und Archäologie in Gießen gewesen war. In seiner wissenschaftlichen Ausrichtung war er seinem berühmten Nachfolger, Karl Otfried Müller, nicht unähnlich. Er betrieb intensiv Archäologie, und es schwebte ihm vor, die Religion, Kunst und Literatur der Hellenen in einen Zusammenhang zu stellen, um so den ›Geist der Hellenen‹ sichtbar zu machen; es war für seine Arbeitsweise typisch, daß er die von ihm traktierten griechischen Autoren, wie die Lyriker, in die sozialen und politischen Verhältnisse ihrer Zeit einzubetten trachtete. Aber er ging bereits 1819 nach Bonn, und an seine Stelle trat der damals erst 22jährige Karl Otfried Müller[20], für den Heeren sich eingesetzt und den sein Berliner Lehrer August Boeckh mit nachdrücklichen Worten empfohlen hatte[21]. Müller war vor allem auch unter dem

19 Gött. Univ. Archiv, Philos. Fak. 4/Vb 135, Vortrag des Schulrates Schmalfuß vom 16. Januar 1856.

20 Zu Karl Otfried Müller vgl. Otto und Else Kern (Hg.), Carl Otfried Müller. Lebensbild in Briefen an seine Eltern mit dem Tagebuch seiner italienisch-griechischen Reise, Berlin 1908; Otto Kern (Hg.), Aus dem amtlichen und wissenschaftlichen Briefwechsel von Carl Otfried Müller ausgewählte Stücke und Erläuterungen, Göttingen 1936 und S. Reiter (Hg.), Carl Otfried Müller. Briefe aus einem Gelehrtenleben, 1797–1840, 2 Bde., Berlin 1950; Wolfhart Unte, Karl Otfried Müller, in: Schlesien. Kunst. Wissenschaft. Volkskunde 25, 1980, 9–21.

21 Anfrage Heerens an Boeckh, Empfehlungsbriefe von Boeckh an Heeren sowie Heeren an Boeckh mit der Ankündigung von der Berufung Müllers in: Briefwechsel zwischen August Boeckh und Karl Otfried Müller, Leipzig 1883, 35ff.

Eindruck der Lektüre der 1811/12 erschienenen ›Römischen Geschichte‹ von Barthold Georg Niebuhr zur Alten Geschichte gekommen[22], hatte seit 1814 in Breslau studiert und war 1816 nach Berlin gegangen, wo er – Friedrich August Wolf meidend – sich Boeckh angeschlossen hatte und 1817 mit einer Schrift über Ägina promoviert worden war. In Müller vereinigten sich demnach die Einflüsse *der* beiden Männer, die am Anfang einer wissenschaftlichen Alten Geschichte stehen: Quellenkritik und die Auffassung der Geschichte als einer wirklichkeitsnahen, alle Bereiche des menschlichen Lebens einschließenden Wissenschaft stehen als selbstverständliche Forderungen am Beginn von Müllers wissenschaftlichem Leben. Das Verständnis der Philologie als einer alle Bereiche geschichtlichen Lebens umfassenden Wissenschaft, in der die Sprache nur eine der vielschichtigen Äußerungen gesellschaftlichen Daseins war, also die Auffassung der Philologie als Altertumskunde – Boeckh nannte sie indessen Philologie –, hatte Müller insbesondere bei Boeckh lernen können[23]. In Göttingen, wohin er für die Fächer Philologie und Archäologie[24] berufen

22 Die Aufnahmearbeit für das philologische Seminar in Breslau über Numa (56 S., Nachlaß K. O. Müller, Gött. Univ. Bibl., Kasten 5) verrät deutlich den Einfluß Niebuhrs, der, wie der Autor der ›Beiblätter‹ (s. u.) der Numa-Schrift sagt, mit seiner ›Römischen Geschichte‹ in Müller »die Zuneigung für das Studium zugleich der Philologie und Historie« geweckt hatte. Die Arbeit war von einem der Breslauer Lehrer Müllers, Ludwig Friedrich Heindorf (von 1811–1816 Professor der Philologie in Breslau; er kam aus Berlin, wo er zum Kreis von Niebuhr, Buttmann und Schleiermacher gehört hatte), angeregt worden, und dieser war es auch gewesen, der dem Studenten Müller die Lektüre von Niebuhrs ›Römischer Geschichte‹ empfohlen hatte (vgl. O. u. E. Kern, Carl Otfried Müller a. O. Brief Nr. 12, vgl. Nr. 13 und 14; K. Dilthey, Otfried Müller. Rede zur Saecularfeier Otfried Müllers am 1. Dezember 1897, Göttingen 1898, 4 und den Autor der ›Beiblätter‹ zur Numa-Schrift, Nachlaß K. O. Müller a. O. 1 sowie Unte a. O).

23 Vgl. A. Hentschke/U. Muhlack, Einführung in die Geschichte der Klassischen Philologie, Darmstadt 1972, 88ff. Zu Boeckh: M. Hoffmann, August Boeckh. Lebensbeschreibung und Auswahl aus seinem wissenschaftlichen Briefwechsel, Leipzig 1901.

24 Müller ist zunächst nur als außerordentlicher Professor (mit Gehalt) und formal als Professor der Philosophie berufen worden; 1823 wurde er ordentlicher Professor. Nach dem Tode Dissens (1837) erhielt er dann die Nominalprofessur eloquentiae (was bereits zwei Jahre früher, nach dem Ausscheiden von Hofrat Mitscherlich, vorgesehen war; vgl. Gött. Univ. Archiv, Philos. Fak. 4/Vb 85, Kurator an Dissen und Müller vom 30. Mai 1835). Tatsächlich erwartete man von Müller, »Alterthumskunde und Philologie in ihrem vollen Umfange zu lehren«, ferner Vorlesungen in Mythologie und alter Kunstgeschichte zu halten und in das Direktorium des Philologischen Seminars einzutreten (Heeren in seiner Anfrage an Müller vom 20. Juni 1819, vgl. O. Kern, Briefwechsel, wie Anm. 20). Müller spricht im Zusammenhang seiner Aufgaben gelegentlich ganz allgemein von »Alterthumskunde« (so in einem Schreiben an den Herzog von Cambridge und Generalstatthalter des Königreichs, Adolphus Frederick, vom 26. März 1822, Gött. Univ. Archiv, Philos. Fak. 4/Vb 85). Bei seiner Berufung spricht man davon, daß er als Professor der Philosophie »namentlich für das Fach der Philologie und Archäologie« zuständig sein solle (Gött. Univ. Archiv a. O., Kurator an Prinzregenten

worden war, stürzte er sich, man muß es schon so nennen, in die Arbeit, begann eine umfangreiche Vorlesungstätigkeit auf allen Gebieten des Altertums, insbesondere auch auf dem der alten Kunstgeschichte sowie der Mythologie, und legte in schneller Folge teils mehrbändige gelehrte Publikationen vor. Das Schwergewicht seiner Arbeiten lag dabei bis 1826 eindeutig auf historischem Gebiet.

Müller schwebte eine »Gesamtgeschichte des Hellenischen Volkes« vor Augen, und er machte sich zur Durchführung dieser großen Aufgabe zunächst an das Studium der älteren Zeit, in der er vor allem durch eine Interpretation des Mythos und der Kultformen die ältesten Lebensverhältnisse, insbesondere die religiösen Vorstellungen, zu erhellen hoffte. Er erkannte dabei, daß »die hellenische Nationalität bis auf die tiefste Wurzel sich spaltet und verzweigt« und das geistige Leben auseinandertritt und also derjenige, der einen Begriff vom Wesen des Hellenentums erhalten wollte, zunächst diese Verzweigungen, die Müller als die Stämme der Hellenen erkannte, zu studieren habe[25]. Die Mythen werden dabei ganz im Geiste der Romantik als Zeugen des Volksgeistes betrachtet, und sie sind es denn auch, über die die Stämme als in sich ruhende geistige Einheiten Profil gewinnen. Den Doriern kam dabei nach Müller besondere Bedeutung, gleichsam eine besondere Individualität innerhalb der gesamthellenischen Nation zu, ihrem gesellschaftlichen Leben ebenso wie ihrer Kunst und ihren religiösen Anschauungen, innerhalb denen Apollon als Gefäß spezifisch dorischer Geistigkeit angesehen wurde. Diese in der Altertumswissenschaft bei Philologen und Historikern bis in das 20. Jahrhundert hinein nachwirkenden Ideen stießen auf Kritik, insbesondere auch die überzogene Hochschätzung der Dorier und die Historisierung des Mythos; aber Müller hat daran festgehalten, kamen sie doch auch so, wie er sie darstellte, dem idealen Griechenbild der deutschen Klassik am nächsten, und er hat dem Dorier-Buch als eine Art Rechtfertigung die ›Prolegomena zu einer wissenschaftlichen Mythologie‹ (1825) hinterhergeschickt. Er entwickelte sogleich nach seinem Antritt in Göttingen eine ungeheure Arbeitskraft zur Erreichung des gesteckten Ziels, nämlich der Abfassung einer Griechischen Geschichte, geschrieben von den Stämmen her. 1820 erschien das Buch über Orchomenos, Böotien und nordgriechische Mythen, 1824 das Dorier-Buch[26], 1825 die genann-

am 9. August 1819), und von diesen beiden Fächern ist in den Akten auch sonst die Rede. – Wie sehr die erwartete Breite der Kompetenz bei einem so jungen Manne wie Müller erst noch zu erwerben war, wußte Müller selbst sehr genau, der am 8. Dezember 1819 an Boeckh schrieb, daß er sich als Archäologe vorstellen muß, aber »es doch eigentlich noch heut nicht begreifen kann, wie ich Professor der Kunstgeschichte geworden bin« (Briefwechsel zwischen August Boeckh und K. O. Müller a. O. 48).

25 Die Dorier I, 1844, VI.

26 Die Arbeiten wurden von ihm zusammengefaßt unter dem Titel ›Geschichte helleni-

ten Prolegomena, ebenfalls 1825 ein Buch über die Makedonen, 1826 die Etrusker-Abhandlung, die einige Jahre später, erweitert, als Buch herauskam. Danach wandte sich Müller archäologischen und philologischen Themen zu.

Von den Ergebnissen der historischen Forschungen Müllers ist heute nicht mehr viel geblieben; allzu vieles trug zu seiner Zurückweisung bei. Die stammesgeschichtliche Auffassung der griechischen Geschichte, die Historisierung des Mythos, ein noch zu großes Vertrauen in die Angaben antiker Quellen zur älteren griechischen und römischen Geschichte, die Erweiterung unseres Quellenstandes vor allem durch Inschriften und Denkmäler (auch die Neubearbeitung des Etrusker-Buches durch Wilhelm Deecke in den siebziger Jahren änderte kaum etwas daran, daß man es in der neueren Forschung nicht mehr hinzuziehen kann) und viele Fehler und Unzulänglichkeiten lassen kaum noch jemanden zu diesen Werken greifen. Das mindert indessen nicht die Leistung Müllers in der damaligen Zeit. Es waren hier die ersten Umrissse einer griechischen Geschichte auf wissenschaftlicher Grundlage geschaffen, in einer wahren Titanenarbeit in nur wenigen Jahren dieses kurzen Gelehrtenlebens die ältere griechische Geschichte durch den zupackenden Griff eines in der Quellenkritik versierten und mit einem geradezu stupenden Wissen ausgerüsteten Gelehrten erschlossen worden. Und das war das wichtigste: Konnten die Ergebnisse nicht bleiben, so haben doch die Nachfolgenden an seiner Auffassung von dem Umgang mit den Quellen, an seiner Behutsamkeit der Interpretation und an der Richtung seiner Gedanken ein Vorbild gehabt und beginnt mit ihm in Göttingen und zusammen mit Boeckh in Deutschland die wissenschaftliche Behandlung der griechischen Geschichte.

Als Müller auf seiner Griechenlandreise plötzlich an einer Überspannung der Kräfte bei übergroßer Hitze verstarb (1840), war man um einen Nachfolger verlegen. Zunächst kam Carl Ferdinand Ranke, ein Bruder des großen Historikers, der seit 1836 Direktor des Göttinger Gymnasiums war; aber er ging nur ein Jahr später (1842) nach Berlin, wo er Direktor des Friedrich-Wilhelms-Gymnasiums wurde[27]. Er war auch von seinen wissenschaftlichen Interessen her gewiß kein angemessener Nachfolger von Müller, ein reiner Philologe eher und überhaupt noch wenig ausgewiesen. Nach seinem Weggang besann man sich jedenfalls wieder darauf,

scher Stämme und Städte‹, und zwar als Bd. I: Orchomenos und die Minyer, 1820, II: Die Dorier, 2 Abteilungen, 1824.

27 Nach den Vorlesungsverzeichnissen hat er überhaupt nur im Wintersemester 1841/42 über Aristophanes, Wolken, gelesen, doch ist die Alte Geschichte auch von dem Klassischen Philologen und (seit 1831) o. Professor (später, von 1845–1875 Bibliotheksdirektor) Karl Friedrich Christian Hoeck (1793–1877) sowohl in dieser Zeit als auch in den Jahren bis zum Weggang von Curtius mitvertreten worden.

daß eine der beiden philologischen Professuren auch die reale Seite vertreten sollte. Es wurde Karl Friedrich Hermann (1804–1855) berufen, der in Frankfurt als Sohn eines Buchhändlers geboren und 1832 im Alter von nur 28 Jahren in Marburg Professor geworden war. Hermann war noch als Heidelberger Privatdozent mit einem ›Lehrbuch der griechischen Staatsalterthümer‹ (1831) hervorgetreten, das bereits vor seiner Göttinger Berufung eine 3. Auflage erlebt hatte und während seiner Göttinger Zeit für eine 4. Auflage grundlegend überarbeitet werden sollte[28]. Das Buch, das als sein Hauptwerk angesehen werden kann, wurde von Hermann in Göttingen durch einen zweiten Teil über ›Die gottesdienstlichen Alterthümer‹ (1846) und einen weiteren über ›Die griechischen Privatalterthümer mit Einschluß der Rechtsalterthümer‹ (1852) ergänzt. Obwohl es nicht die erste hellenische Staatskunde in deutscher Sprache war, im Gegenteil in vielem Grundsätzlichen auf der hellenischen Altertumskunde von Wilhelm Wachsmuth (1826–1830) fußte, hat doch eigentlich erst Hermann die deutsche Tradition einer griechischen Staatskunde begründet, und dies mit all ihren Stärken und auch Schwächen. Die strenge Trennung des sakralen vom staatlichen Bereich und die Nivellierung der bunten griechischen Staatenwelt auf den abstrakten Typus einer hellenischen Polis bzw. eines hellenischen Staates gehen jedenfalls in ihrer konsequenten Durchführung auf Hermann zurück. Er berief sich für diese Auffassung, wonach – wie der ›hellenische Geist‹ allgemein – so auch die politische Seite dieses Geistes eine aus dem ›hellenischen Volkstum‹ herrührende Gemeinsamkeit besitzt, auf die Politik des Aristoteles, insbesondere auf den Satz aus dem 1. Kapitel des 1. Buches, wonach »der Staat dem Begriffe nach früher als das Individuum vorhanden sey«[29]. Hermann tritt uns hier als Althistoriker in der Prägung entgegen, wie wir ihn im späten 19. und frühen 20. Jahrhundert vor uns sehen; seine zahlreichen Einzelabhandlungen zu Phänomenen des griechischen Staates und griechischen Rechts unterstreichen zunächst diesen Eindruck. Er war indessen seinem eigenen Selbstverständnis nach nicht Althistoriker, sondern Altertumswissenschaftler, und auch sein wissenschaftliches Werk weist ihn als solchen aus. Neben kunstarchäologischen hat er philosophische und literaturgeschichtliche Arbeiten und Editionen griechischer und lateinischer Autoren vorgelegt. So hat er u. a. die Echtheit des Briefwechsels zwischen Cicero und M. Brutus in mehreren Schriften mit großem Scharfsinn nachgewiesen, ohne damit allerdings die Diskussion um dieses Brief-

28 Lehrbuch der griechischen Staatsalterthümer, aus dem Standpuncte der Geschichte entworfen, Göttingen 1831. 1836². 1841³. 1855⁴ (letzte Ausgabe von eigener Hand).

29 Hermann, Lehrbuch § 51. Zu der Auffassung Hermanns von der griechischen Polis bzw. dem griechischen Staat und deren Einordnung in die sich entwickelnde altertumswissenschaftlichen Staatslehre vgl. Wilfried Gawantka, Die sogenannte Polis, Stuttgart 1985, 60 ff. u. pass.

corpus endgültig beenden zu können, und in einem viel beachteten Platon-Buch die These vertreten, daß die philosophische Lehre Platons aus einer inneren Entwicklung zu begreifen sei, also nicht, wie Schleiermacher es gelehrt hatte, die grundlegenden philosophischen Gedanken jedenfalls der ›Ahnung‹ nach von Anfang an vorhanden und lediglich nach und nach entfaltet worden seien. Hermann war übrigens auch ein engagierter, ehrgeiziger Lehrer; er las bis zu 21 Stunden wöchentlich. Auch wenn man bedenkt, daß die meisten Kollegs viele Male gehalten wurden, bedeutet seine Lehrtätigkeit neben seiner umfangreichen literarischen Produktion eine große Belastung für ihn, und es hat diese Arbeitswut wohl auch zu seinem verhältnismäßig frühen Tod im Jahre 1855 mit beigetragen.

Da bald nach Hermann auch der zweite Philologe Schneidewin verstarb, waren 1856 beide philologischen Professuren vakant. Noch in demselben Jahr trat an die Stelle von Schneidewin Hermann Sauppe; der Nachfolger von Hermann wurde Ernst Curtius (1814–1896), der also die ›reale‹ Seite der Philologie zu vertreten hatte[30]. Mit Curtius betritt einer der interessantesten Gelehrten der Zeit Göttinger Boden. Der 1814 in Lübeck als Sohn eines Syndikus geborene Curtius hatte in Bonn, Göttingen und Berlin studiert; in seinem breit angelegten Studium überwog schließlich die Philologie, und es waren vor allem Karl Otfried Müller in Göttingen sowie August Boeckh, Karl Lachmann und schließlich der Archäologe und Begründer des deutschen Archäologischen Instituts in Rom (damals Istituto di Correspondenza Archeologica, 1829) Eduard Gerhard in Berlin, die ihn beeindruckten. Seine Lehrer lenkten das Interesse des Studenten auf die griechische Geschichte und Archäologie, und ein längerer Aufenthalt in Griechenland, wo Curtius als Kindererzieher und Begleiter seines Bonner Lehrers Christian August Brandis, des Beraters des griechischen Königs Otto I., von 1836 bis 1840 verweilte, bekräftigte die einmal eingeschlagene Richtung. Curtius unternahm in Griechenland ausgedehnte Reisen, war 1840 auch mit Karl Otfried Müller in Delphi und erlebte den plötzlichen Tod des verehrten Lehrers unmittelbar mit. Der Griechenlandaufenthalt legte den Grund für die umfangreichen historisch-geographischen und topographischen Studien von Curtius, und er promovierte denn auch, nach Berlin zurückgekehrt, über die Häfen von Athen (1841) und las in seiner 1843 beginnenden Privatdozententätigkeit vor allem über attische Topographie. Mit einem öffentlichen Vortrag über die Akropolis im folgenden Jahr, bei dem der preußische König und die königliche Familie anwesend waren, stellte er sich einem breiteren Publikum vor. Der Vortrag, in dem Curtius seine lebendige,

30 Zu Curtius: FRIEDRICH CURTIUS, Ernst Curtius. Ein Lebensbild in Briefen, Berlin 1903; KARL CHRIST, Von Gibbon zu Rostovtzeff, Darmstadt 1972, 68–83.

Geschichte, Landschaft, Topographie und ästhetische Denkmalbetrachtung vereinende Darstellungsgabe und seine Formulierungskunst unter Beweis stellte, hinterließ einen starken Eindruck in der Berliner Gesellschaft; hatte er doch durch seine idealisierende und harmonisierende Betrachtungsweise den herrschenden Geschmack und die historischen Vorstellungen der Zeit getroffen[31]. Noch in demselben Jahr wurde er Erzieher des Prinzen von Preußen, des nachmaligen Kaisers Friedrich III., und fand erst Jahre später, nach den großen Unruhen der Revolution von 1848, wieder zu einer Vorlesungstätigkeit und zu wissenschaftlichen Arbeiten zurück; er vollendete damals seine historisch-geographische Beschreibung der Peloponnes, die er dem Geographen Karl Ritter und seinem Lehrer Brandis widmete[32], und arbeitete an dem Boeckhschen Corpus der griechischen Inschriften. Dieser Mann war in der Tat ein hervorragender Repräsentant derjenigen philologischen Richtung, die neben der Literatur die Realien zu traktieren hatte; doch ist er bereits in jungen Jahren eigentlich nicht mehr Vertreter der Philologie, sondern Archäologe und Historiker. In Göttingen, wo er die längste Zeit, und zwar von 1859 bis 1868, in der heutigen Theaterstraße Nr. 7, im jetzigen Gebäude der Göttinger Akademie, wohnte, lebte er, der sich nun hier nicht mehr, wie er sagte, nur »als Supplementband der klassischen Professoren« zu fühlen brauchte[33], auf und begann eine intensive Lehrtätigkeit. Doch er blieb, so sehr er angesichts der wissenschaftlichen Verbindungen und der Nähe und Unmittelbarkeit der persönlichen Beziehungen große Wirkungs- und Arbeitsmöglichkeiten gewonnen hatte, gegenüber Göttingen innerlich distanziert. Er schrieb bald nach seiner Ankunft an seinen Bruder Georg: »So wenig ich es hier (sc. in Göttingen) ausspreche, so wäre mir jetzt der Gedanke, hier mein Leben lang zu bleiben, peinlich. Man wird hier freilich durch specifisch Hannöversches wenig behelligt und fühlt sich durchaus als Mitglied einer reich ausgestatteten deutschen Gelehrtenrepublik, eines wissenschaftlichen Gemeinwesens, das wahrhaftig ein Jahrhundert ohne Gleichen zurückgelegt hat. Aber ich fühle mich doch durch die vielfachsten Lebensbeziehungen, die nicht Willkür von meiner Seite, sondern höherer Rathschluß gestiftet hat, so an Preußen gekettet, daß ich mir nur dort den Schauplatz meiner gereiften Kraft denken kann.«[34] Es sollten jedoch 13 Jahre vergehen, bis Curtius, nicht zuletzt durch die Protektion des Prinzen von Preußen, nach Berlin

31 Einen Eindruck von der Wirkung der Rede vermittelt uns ein Brief Kurd von Schloezers an den Bruder Theodor Curtius, der mit der Schwester von Schloezer vermählt war; vgl. Friedrich Curtius, Ernst Curtius a. O. 314ff.

32 Peloponnesos. Eine historisch-geographische Beschreibung der Halbinsel, 2 Bde., Gotha 1851/52.

33 Friedrich Curtius, Ernst Curtius a. O. 494.

34 Friedrich Curtius, Ernst Curtius a. O. 491f.

zurückkehren konnte, um dort, nunmehr als Archäologe, einen zweiten Höhepunkt seines wissenschaftlichen Lebens zu beginnen. Die Göttinger Jahre waren weniger durch die Archäologie als durch die Geschichte bestimmt. In ihnen schrieb er seine ›Griechische Geschichte‹, deren drei Bände zwischen 1857 und 1867 herauskamen[35]. Die Anregung zu diesem umfangreichen Unternehmen war von der Weidmannschen Verlagsbuchhandlung ausgegangen; das Werk sollte also das griechische Gegenstück zu der ›Römischen Geschichte‹ von Theodor Mommsen werden, deren erste drei, die römische Republik umfassenden Bände nur wenige Jahre zuvor, nämlich zwischen 1854 und 1856, bei Weidmann herausgekommen waren. Der Wirkung nach konnte sich das Werk von Curtius in der Tat mit dem Mommsens vergleichen; es erlebte noch zu Lebzeiten von Curtius sechs Auflagen und war das zu seiner Zeit verbreitetste Buch, besser gesagt: *das* Buch zur Griechischen Geschichte. Aber es hatte im übrigen mit Mommsen wenig gemein. Es umfaßte die griechische Geschichte bis zum 4. Jahrhundert, gegliedert in drei Bänden. Der zweite, das 5. Jahrhundert umfassende Band ist das Kernstück des Werkes, konvergierte diese Zeit doch mit den Vorstellungen Curtius' vom Geist der Hellenen. In ihm entwickelte Curtius sein idealistisches Gemälde von einem Hellenentum, das in einem sittlichen Nationalbewußtsein und in dem Gedanken eines edlen Wettkampfes auf allen Lebensgebieten geeint war, eines Wettkampfes, in dem der wilde Trieb gezähmt, gesittigt und veredelt worden sei[36]. Trotz eines genauen Berichts über den Gang der historischen Ereignisse erscheint die rauhe Wirklichkeit in dem Ideal aufgehoben, leitet Perikles als die ›Macht des Geistes‹ die Stadt und hebt in sich die Demokratie auf, wird ›der überlegenen Geisteskraft ein unveräußerliches Herrschaftsrecht‹ zuerkannt, wird die für die Griechen konstitutive Vielstaatlichkeit aufgehoben in der Idee, daß Athen dazu berufen sei, die Stammesunterschiede und gegensätzlichen Volkskräfte auszugleichen, wird als Ziel der athenischen Politik die Einheit der Hellenen gesehen und dies nicht lediglich in einem geistigen, sondern auch in einem politischen Sinne: der Peloponnesische Krieg begegnet daher bei Gelegenheit auch konsequenterweise als Bürgerkrieg[37]. In einer umfangreichen Vortragstätigkeit, vor allem aus Anlaß von Preisverleihungen am

35 Griechische Geschichte, 3 Bde., 1857–1867, 6. Aufl. 1887–1889.

36 Über den agonalen Trieb der Griechen vgl. den Vortrag ›Der Wettkampf‹, gehalten am 4. Juni 1856, die Antrittsrede von Curtius in Göttingen (publiziert in: ERNST CURTIUS, Alterthum und Gegenwart. Gesammelte Reden und Vorträge, Berlin 1877), und den Bericht von Ernst Curtius darüber an seinen Bruder Georg, in: FRIEDRICH CURTIUS, Ernst Curtius a. O. 493.

37 Die Gedankengänge sind besonders krass entwickelt in dem Vortrag ›Die Bedingungen eines glücklichen Staatslebens‹, gehalten am 4. Juni 1860, in: ERNST CURTIUS, Alterthum a. O. 301 ff.

Geburtstag des Stifters der Preise, König Georg III., hat Curtius diese seine Ansichten besonders scharf herausgearbeitet und verschwimmen die Konturen des historischen Geschehens in einem idealen, zeitlosen Gemälde. Diese sehr akademische Darstellung hebt nicht nur von der Gegenwart ab – was bereits Jacob Bernays in Reaktion auf den 1. Band gegenüber Curtius mit feiner Zurückhaltung, aber deutlich bemerkte[38] –, sondern schiebt auch – trotz eines umfangreichen gelehrten Anhangs – im Grunde die Forschungsdiskussion sanft beiseite. Nicht als ob das Werk nicht den Forschungsstand der Zeit repräsentiert hätte; aber der Wille des Autors ist nicht darauf gerichtet, die Probleme des Erkenntnisstandes zu vermitteln. Das Ziel ist der große Entwurf einer idealen hellenischen Gesellschaft, und damit befand er sich in vollkommener Übereinstimmung mit dem Publikum, für das er schrieb. So konnte er denn auch keinen Geschmack an dem 4. Jahrhundert finden; »ein solches Gekrümel von kleinen Thatsachen, die an sich keine historische Bedeutung haben«, wie er seinem Bruder Georg schrieb, behagte ihm nicht[39].

III. Die Professur für Alte Geschichte bis zum Anfang des 20. Jahrhunderts. Wachsmuth, Wilamowitz und Busolt

Nach dem Weggang des bedeutenden, die Menschen bezaubernden Mannes kehrte in der Göttinger Philologie sozusagen der Alltag wieder ein. Nachfolger von Curtius wurde Curt Wachsmuth[40]. Der Plan einiger Göttinger Professoren, darunter Curtius und Sauppe, zugleich mit Wachsmuth Theodor Mommsen nach Göttingen zu holen, der angeblich nicht abgeneigt war zu kommen, scheiterte schnell an dem Realitätssinn des Berliner Ministeriums[41]. Wachsmuth, ein Ritschl-Schüler, war als Philo-

38 Friedrich Curtius, Ernst Curtius a. O. 519.
39 Friedrich Curtius, Ernst Curtius a. O. 569.
40 Zu ihm: B. A. Müller, Curt Wachsmuth (1837–1905), in: Jahresber. über die Fortschritte der klass. Altertumswiss. (Bursian) 130, 1908, Biogr. Jahrb. 30, 1907, 164–197.
41 Da es hieß, daß Theodor Mommsen nicht abgeneigt sei, nach Göttingen zu kommen, wollten Curtius, Sauppe, v. Leutsch und Waitz ihn auf die Liste setzen, obwohl er sich nach ihrer Meinung wohl kaum an dem Seminardirektorium beteiligen und auch nur römische Geschichte traktieren würde. Da sich dem »Bedürfnis des Seminars« Wachsmuth aber eher empfehle und er als Schüler von Ritschl und Jahn sowohl in den alten Sprachen als auch in dem »realen Teil der Alterthumswissenschaft« ausgewiesen sei, schlugen die Herren vor, Mommsen an erster und Wachsmuth an zweiter Stelle *zugleich* zu berufen (Brief vom 13. Juli an den Kurator und 17. Juli 1868 an den Minister, Gött. Univ. Archiv, Philos. Fak. 4/Vb 161). Tatsächlich ist dann nur Wachsmuth berufen worden (Minister an Kurator am 6. Februar 1869, Gött. Dekanatsakten Phil. Fak. 152, 1869, 448f.). Es sei dahingestellt, ob man wirklich glaubte, Mommsen gewinnen zu können.

loge ausgebildet, hatte aber bereits in Marburg eine Professur für Alte Geschichte bekleidet, und es überwogen bei ihm in der Tat deutlich die historischen, insbesondere auch epigraphischen und topographischen Interessen; er hat fast ausschließlich über althistorische Themen gelesen. In Göttingen verfaßte er u. a. eine umfassende historisch-topographische Darstellung der athenischen Baudenkmäler und hat zusammen mit Ernst Curtius, der auf diesem Arbeitsgebiet seit seinen wissenschaftlichen Anfängen geforscht hatte, die Grundlage zu einer fundierten Topographie Athens gelegt[42]. Wie sehr er bereits die Alte Geschichte als eine besondere Disziplin innerhalb der Philologie ansah, zeigt auch seine ›Einleitung in das Studium der Alten Geschichte‹, die er mehrmals in Vorlesungen vortrug, allerdings erst lange nach seinem Weggang von Göttingen veröffentlichte (1895). Sie enthält eine umfangreiche Besprechung der Quellen und (in geringerem Umfang) auch der Sekundärliteratur zu den einzelnen Perioden der Alten Geschichte und wendet sich an den *Historiker*. In der Tat hatte die Behörde denn auch bei der Berufung Wachsmuths der historischen Ausrichtung der Professur durch eine neuartige Bezeichnung Rechnung getragen: Wachsmuth wurde berufen für »vorzugsweise die reale Seite der Alterthumswissenschaft mit Einschluß der Geschichte des Alterthums«. Unzweifelhaft bekundet sich in diesem Wandel das Wirken von Curtius; dessen starke Ausrichtung auf die Geschichte und außergewöhnliche Resonanz, sowohl in der Fachwelt als auch in breiten Kreisen der Gesellschaft, hatte diese Professur geprägt[43]. Da auch Wachsmuth seine Professur ganz im Sinne von Curtius als Historiker ausgefüllt hatte, zog die Fakultät nach seinem Weggang (1877) daraus die Konsequenz. Da die Philologie angesichts der wachsenden Studentenzahl nicht be-

42 CURT WACHSMUTH, Die Stadt Athen im Alterthum, 2 Bde., Leipzig 1874–1890. Bei seiner Berufung lagen Arbeiten zur griechischen Epigraphik und attischen Topographie sowie die 1863 erschienene Edition des Johannes Lydus vor. – Ernst Curtius hat zur Erforschung der Topographie Athens neben seiner Dissertation über die Häfen Athens (de portubus Athenarum, 1841) nach seinem Weggang aus Göttingen vor allem durch den gemeinsam mit J. A. Kaupert herausgegebenen ›Atlas von Athen‹ (Berlin 1878) beigetragen. An die Stelle dieses Atlas' setzten die Verfasser in den letzten beiden Jahrzehnten des Jahrhunderts ein umfangreiches, nun ganz Attika umfassendes Kartenwerk, das in Einzelheften ausführlich erläutert wurde: Karten von Attika, Berlin 1881–1900. Seine großen topographischen Kenntnisse befähigten Curtius dazu, auch eine umfassende Stadtgeschichte auf topographischer Grundlage zu schreiben, die von den Anfängen bis in die Spätantike reicht (Die Stadtgeschichte von Athen, Berlin 1891) und bis heute einer Erneuerung harrt.

43 Gött. Univ. Archiv, Philos. Fak. 4/Vb 161, Schreiben des Ministers an den Kurator vom 4. Februar 1869. Schon in dem Kommissionsvorschlag zur Wiederbesetzung der Professur von Curtius vom 13. Juili 1868 an den Kurator war von einer zweifachen Aufgabe Curtius' in Göttingen die Rede gewesen. Einmal sei er Direktor des Philologischen Seminars gewesen, zum anderen »vertrat (er) durch seine Vorlesungen das Fach der alten Geschichte«.

nachteiligt werden durfte, erbat sie die Aufspaltung der Professur in eine rein historische, für die sich die Bezeichnung ›Alte Geschichte‹ einbürgerte, und in eine philologische und machte entsprechende Berufungsvorschläge. Eine gewisse Unterstützung glaubte sie ihrem Vorschlag durch den Hinweis darauf geben zu können, daß mit dem Tode des Bibliotheksdirektors Karl Friedrich Christian Hoeck, eines Klassischen Philologen, der neben philologischen auch althistorische Themen traktiert hatte, eine weitere Lücke im althistorischen Angebot entstanden sei[44]. Nach anfänglicher Zurückhaltung berief der Minister schließlich Heinrich Nissen für Alte Geschichte und Karl Dilthey für Philologie; letzterer, der auch bereits in seinem früheren Wirkungsort Zürich Archäologie betrieben hatte, wandte sich in Göttingen dann seit 1887 zunehmend diesem Fach zu und ist nach dem Tode von Friedrich Wieseler (1892) ganz in der Archäologie aufgegangen. Die Professur für Alte Geschichte ist seit dieser Zeit als ein separater Lehrstuhl aufgefaßt und neben den philologischen (und archäologischen) Professuren als ein unabdingbares Teilgebiet der Altertumswissenschaft angesehen worden. Entsprechend bildete sich gleichzeitig auch eine venia legendi für das Fach Alte Geschichte. Angesichts des Umstandes, daß in den siebziger Jahren die Bewerber stark philologisch ausgewiesen waren, erhielten jedoch Otto Hirschfeld (1869 habilitiert) und Benedictus Niese (1876), wohl auch auf eigenen Wunsch, noch die venia ›(klassische) Philologie und Alte Geschichte‹. Hingegen wurden Otto Gilbert und Hugo Willrich, jener bereits 1876, dieser 1896 für Alte Geschichte allein habilitiert[45].

44 Gött. Univ. Archiv Dekanatsakten, Philos. Fak. 167ee, Suppl. III, 1870–1882, 236f., Dekan an den Minister Falk am 15. Februar 1877. Die Fakultät schlug v. Gutschmid und Usener vor (a. O. 241 ff.), doch lehnte der Minister die Berufung zweier Professoren ab und berief nur v. Gutschmid. Nachdem dieser abgelehnt hatte (a. O. 246), schlug die Fakultät für die historische Professur an erster Stelle Nissen, an zweiter Ulrich Köhler, Athen, und für die philologische Professur an erster Stelle Karl Dilthey, Zürich, und hinter ihm Ulrich v. Wilamowitz-Moellendorff, Greifswald, und Erwin Rohde, Jena, vor (a. O. 249ff.). In einem Separatvotum riet E. L. v. Leutsch, die historische Professur vorerst nicht zu besetzen, da in seinen Augen weder Nissen noch Köhler Historiker seien und auch sonst sich von etwa verfügbaren Kandidaten niemand entsprechend ausgewiesen habe (a. O. 252f.). Nissen und Dilthey wurden berufen. – Da Wachsmuth bereits zum Sommersemester 1877 nach Heidelberg gegangen war, hat Benedictus Niese, seit 1876 Privatdozent, ihn in diesem und in dem darauf folgenden Semester vertreten. Bereits im Sommer 1877 wurde Niese dann zum a.o. Professor in Marburg ernannt.

45 Hirschfeld (1843–1922): Gött. Univ. Archiv, Philos. Fak. 4/Vc 128; Dekanatsakten, Philos. Fak. 156, 1870/71, 552ff. Hirschfeld, der 1863 in Königsberg promoviert worden war, erhielt die venia zunächst auf zwei Jahre, 1871 dann ohne zeitliche Beschränkung. Er hat vom WS 1869/70 bis zum WS 1872/73 überwiegend althistorische Themen behandelt und ging 1872 als o. Professor nach Prag. – Gilbert (1839–1911): Er ist 1868 in Marburg promoviert worden, wurde 1884 in Göttingen a.o. Professor und ging 1886 nach Greifswald. – Niese (1849–1910): Gött. Univ. Archiv, Dekanatsakten Philos. Fak.

Nissen, der seit 1869 in Marburg Alte Geschichte gelehrt hatte, ging schon ein Jahr später nach Straßburg. Zu seinem schnellen, beinahe überstürzten Weggang[46] hat ohne Zweifel die Verärgerung vieler Göttinger Professoren über seine Weigerung, den noch aus der hannoverschen Zeit stammenden Professoreneid zu leisten, beigetragen; er setzte sich nämlich damit durch, daß sein bereits in Marburg abgelegter preußischer Diensteid auch für die preußische Universität Göttingen gelte, und es mußten ihm wie auch dem Philologen Dilthey, der ebenfalls verweigert hatte, auf ministerielle Anordnung die korporativen Rechte, die den beiden wegen der Eidesverweigerung versagt worden waren, gegeben werden[47]. Nissens Nachfolger wurde Christian August Volquardsen, der aus dem nordschleswigschen Hadersleben stammte und nach etlichen Jahren im Schuldienst 1874 auf die althistorische Professur in Kiel berufen worden war[48]. Er war nur wenig ausgewiesen, und es ist unklar,

167ee, Suppl. III, 1870–1882, 333ff. Niese, 1872 in Kiel promoviert, ging 1877 als a.o. Professor nach Marburg. – Willrich (1867–1950): Gött. Univ. Archiv, Philos. Fak. 4/Ac 30; Dekanatsakten, Philos. Fak. 181a, 1895/96, Nr. 121. Willrich, 1893 in Göttingen promoviert, erhielt 1900 für einige Jahre ein Privatdozenten-Stipendium, war dann seit 1904 Oberlehrer am Gymnasium in Göttingen und wurde 1917 o. Honorarprofessor. Habilitationsgutachten schrieben Volquardsen und Wellhausen.

46 Nissen hat in Göttingen nur im WS 1877/78 und SS 1878 gelehrt. Er wehrte sich mit Nachdruck gegen die Absicht des Ministers, ihn erst mit Abschluß des folgenden Wintersemesters zu entlassen und erreichte auch eine Intervention des Reichskanzlers – das Reichsland Elsaß-Lothringen wurde bis 1879 direkt vom Reich, also vom Reichskanzleramt, verwaltet –, der die Vollständigkeit der Vorlesungen während des WS 1878/79 in Straßburg sonst nicht gesichert sah, und als die Straßburger Philosophische Fakultät dies auf Anfrage bestätigte, gab der Minister nach, obwohl auf diese Weise nun in Göttingen für das Wintersemester die althistorischen Vorlesungen hätten ausfallen müssen. Es las indessen in diesem Semester (wie auch in späteren Semestern) der Göttinger Privatdozent für Alte Geschichte Otto Gilbert über althistorische Themen.

47 Nach dem Entzug der korporativen Rechte durch den Senat (vgl. Gött. Univ. Archiv, Sekretariat III A 2/300, 1a: Bericht des Prorektors und Senats vom 31. Oktober 1877 an den Kurator) antwortete der Minister, dem auch Nissen selbst von der Sachlage Kenntnis gegeben hatte, prompt am 24. November 1877 (a.O.) mit der Feststellung, daß der alte Huldigungs- und Diensteid nicht mehr gefordert werden dürfe, da durch Verordnung vom 22. Januar 1867 der Diensteid für Beamte im preußischen Staatsdienst an dessen Stelle getreten sei, und mit der Forderung, daß entsprechend Dilthey danach zu vereidigen, Nissen aber, der den Eid bereits abgelegt hatte, davon zu suspensieren sei, womit automatisch alle Befugnisse und Verpflichtungen auf sie übergegangen seien. Die kritische Distanz vieler Kollegen zu dem ministeriellen Schreiben und zu den beiden Eidverweigerern, die eine welfisch-göttingische Tradition beendeten, wird auch deutlich aus den Bemerkungen von Professoren auf dem Einladungsschreiben vom 30. November, das zu einer Sitzung des Verwaltungsausschusses zusammenrief (a.O.).

48 Zu ihm vgl. Karl Jordan, Geschichte der Christian-Albrechts-Universität Kiel 1665–1965, Bd. V 2, Neumünster 1969, 67f. Volquardsen (1840–1917), ein Schüler von Hermann Alfred Freiherrn von Gutschmid, war mit ›Untersuchungen über die Quellen der griechischen und sicilischen Geschichte bei Diodor, Buch 11–16‹, Kiel

warum der Minister Adalbert Falk ihn, der zudem in Kiel zu bleiben wünschte, unbedingt nach Göttingen bringen wollte, obwohl Theodor Mommsen den Lehrer Volquardsens, v. Gutschmid, empfohlen und darüber hinaus Benedictus Niese noch vor Volquardsen gesetzt hatte[49]. Vielleicht hat gerade seine deutlichere historische Ausrichtung – er war auch schon in Kiel Professor für Alte Geschichte gewesen[50] – und auch

1868, hervorgetreten und hatte jüngst einen Aufsatz (eher eine Spekulation) über die älteste Organisationsform Roms (›Die drei ältesten römischen Tribus‹, Rhein. Mus. 33, 1878, 538–564) vorgelegt; darüber hinaus hat er in seinem langen Gelehrtenleben auf dem Gebiet der Altertumswissenschaft nichts von Belang veröffentlicht.

49 Zentrales Staatsarchiv, Dienststelle Merseburg, Rep. 76 Va Sekt. 6, Tit. IV, Nr. 1, Bd. VIII, S. 126 (9. Dezember, nach Chambers, zitiert in Anm. 61). – Die Fakultät hatte zwei Listen gemacht. Die erste mit v. Gutschmid, Tübingen, Wachsmuth, Heidelberg, und Köhler, Athen, scheiterte, weil der Minister v. Gutschmid, der schon einmal einen Ruf abgelehnt hatte, und Wachsmuth, der gerade von Göttingen weggegangen war, nicht berufen wollte und Köhler ablehnte. Die zweite Liste vom November 1878 nannte Niese, Marburg, vor Volquardsen. Auf diesen Fakultätsvorschlag antwortete der Minister Falk erst am 26. Juli 1879, daß er Volquardsen nach Göttingen versetzt habe (Gött. Univ. Archiv, Philos. Fak. 4/Vb 186; vgl. a. O. Dekanatsakten, Philos. Fak. 164, 1878/79, 400ff., bes. 410 vom 16. September 1878: Ablehnung der ersten Liste, und 411 vom 21. November 1878: Zweiter Fakultätsvorschlag mit Niese und Volquardsen). Offenbar war der Fakultät bei ihrem zweiten Vorschlag nicht ganz wohl. Sie hat sich nämlich darin über beide Kandidaten sehr zurückhaltend geäußert, an Volquardsen das wenig umfangreiche Œuvre bemängelt, allerdings herausgehoben, daß seine Vorlesungen »das ganze Gebiet der alten Geschichte und der Staatsalterthümer der Griechen und Römer« abdeckten, er Quellenkenntnisse besäße und Lehrerfolg habe (am 21. November 1878, s. o.). Die Bedenken der Fakultät gingen so weit, den Minister nochmals zu bitten, doch eher v. Gutschmid oder Wachsmuth zu berufen. Der Kurator gab zwei Tage darauf (a. o. 4/Vb 186) die Bedenken der Fakultät an den Minister mit der Formulierung weiter, daß sich die beiden Genannten (sc. Niese und Volquardsen) nicht mit Mommsen und Niebuhr, auch nicht mit Nissen messen könnten, daß angesichts der Haltung des Ministeriums aber ebensowenig Aussicht sei, auf die von der Fakultät »genannten ausgezeichneten Männer (sc. v. Gutschmid und Wachsmuth) zurückzukommen, so sehr auch die große Göttinger Tradition und die Verdienste, wie sie Männer wie Heeren, Dahlmann, Otfr. Müller, K. F. Hermann, E. Curtius sich durch verschiedenartige Forschungen auf dem Gebiet der alten Geschichte erworben haben, dazu aufforderten«. Wenn den Minister, der mit seiner Berufung von Volquardsen diese Bedenken, und sei es auch nach sichtlich langem Nachdenken, in den Wind schlug, nicht der Gedanke geleitet hat, daß eine Versetzung innerhalb Preußens einfacher und billiger wäre, dürfte ihn die gegenüber Niese deutlich besser ausgewiesene historische Ausrichtung von Volquardsen und vielleicht auch dessen durch seine Lehramtszeit belegte und an der Universität Kiel offensichtlich erwiesene pädagogische Befähigung zu seinem Entschluß geführt haben.

50 In Kiel war bereits 1866 bei der Errichtung des zweiten historischen Ordinariats die eine der beiden Professuren als für die Alte Geschichte zuständig bezeichnet worden, und es war daher v. Gutschmid, der von seinem Extraordinariat in diese Stelle aufstieg, der erste Professor für Alte Geschichte in Kiel. Volquardsen wurde denn auch 1874, nach dem Weggang v. Gutschmids, für dieses Fach berufen; vgl. Kurt Telschow, Die Alte Geschichte in Lehre und Forschung an der Christian-Albrechts-Universität in

sein Ruf als erfahrener Lehrer den Ausschlag gegeben. Volquardsen wurde 1879 ernannt und blieb 18 Jahre. Seine Göttinger Zeit ist als ein Hiat in der Geschichte der Göttinger Althistorie anzusehen. Er war literarisch inaktiv, kümmerte sich auch wenig um den Lehrbetrieb, obwohl er – nach Ausweis der Vorlesungsverzeichnisse – kontinuierlich Vorlesungen und Übungen ankündigte, und man stieß sich zunehmend an seiner Neigung zu einem allzu starken Alkoholkonsum. Als Ulrich v. Wilamowitz-Moellendorff 1883 nach Göttingen kam, fand er die Alte Geschichte in einem desolaten Zustand vor. Er übernahm schließlich althistorische Lehrveranstaltungen[51] und ersetzte Volquardsen auch in der Prüfungskommission, aus der dieser 1889 entfernt worden war; er hat sogar eine althistorische Dissertation betreut[52]. Wilamowitz vertrat die Idee einer alle Spezialfächer verbindenen Altertumswissenschaft und kannte für seine Person nicht nur keine Schranken zwischen den Fächern an, sondern fühlte sich gerade auch als Historiker[53]. Er war seit seiner Schülerzeit in Schulpforta von Theodor Mommsen, insbesondere von dessen ›Römischer Geschichte‹, tief beeindruckt und nannte sich selbst lange vor der Verlobung mit Mommsens ältester Tochter Marie (1878) einen Schüler Mommsens[54], und dieser hat ihn in seinen historischen Neigungen noch gestärkt, nachdem der Kontakt durch die Ehe mit seiner

Kiel bis zu ihrer Etablierung als eigenständiges Fach, in: Jochen Bleicken (Hg.), Symposion für Alfred Heuß, Kallmünz OPF 1986, 80ff.

51 Dies jedoch nur sporadisch, und auch nur soweit der Gegenstand sein eigenes Interessengebiet berührte. So bot er mehrere Male eine ›Quellenkunde zur griechischen Geschichte‹ an, las ›Über die athenische Burg und andere heilige Kultstätten‹ (SS 90), über ›Die Religion der Griechen‹ (SS 95), ›Die Kultur der Kaiserzeit‹ (SS 96), ›Die Kultur des hellenischen Mittelalters‹ (WS 96/97) und erklärte ausgewählte griechische Inschriften (SS 94). – Bis zum Sommersemester 1886, also bis zu seinem Weggang nach Greifswald, las auch Otto Gilbert, der sich 1876 für das Fach Alte Geschichte habilitiert hatte, über althistorische Themen. – Hugo Willrich, der sich 1896 für Alte Geschichte habilitiert hatte, begann im Wintersemester 1896/97 mit althistorischen Vorlesungen; er hat, seit 1917 Honorarprofessor, mit großer Stetigkeit Alte Geschichte gelehrt, kam aber für die Unterstützung Volquardsens zu spät (Busolt begann im Wintersemester 97/98) und stellte auch eher den Typ des gehobenen Journalisten als den des Gelehrten dar. Vgl. Anm. 45.

52 Die Wilamowitz seit 1890 jährlich gewährte außerordentliche Gehaltserhöhung »für seine Mitwirkung bei der Ausfüllung von Lücken im Lehrkörper der dortigen Universität« (Gött. Univ. Archiv, Philos. Fak. 4/Vb 202) ist sicher in der zusätzlichen Belastung durch die Übernahme althistorischer Lehraufgaben begründet.

53 Vgl. zuletzt in dem von William Calder/Hellmut Flashar/Theodor Lindken herausgegebenen Buch: Wilamowitz nach 50 Jahren, Darmstadt 1985, die drei Beiträge von Jürgen Malitz, Theodor Mommsen und Wilamowitz, 31ff., Wolfgang Schindler, Die Archäologie im Rahmen von Wilamowitz' Konzeption der Altertumswissenschaft, 241ff. und Wolfhart Unte, Wilamowitz als wissenschaftlicher Organisator, 720ff.

54 Neben Otto Jahn und Moritz Haupt; vgl. das Vorwort zu seiner Habilitationsschrift ›Analecta Euripidea‹, Berlin 1875.

Tochter enger geworden war. Schon etliche Jahre vor dieser Verbindung, als Ulrich Köhler von Berlin nach Straßburg ging (1872), hatte Mommsen Wilamowitz vergeblich gedrängt, in Berlin eine althistorische Professur zu übernehmen[55], und später, 1887, als Wilamowitz in Göttingen war, forderte er ihn nach der Lektüre eines Hermes-Aufsatzes über ›Die Demotika der Metöken‹ sogar auf, ein Handbuch über das attische Staatsleben zu schreiben[56]. Der griechischen, speziell athenischen Geschichte ist Wilamowitz gerade in Göttingen auch dadurch noch näher gekommen, daß er nach der Auffindung der aristotelischen Schrift vom Staat der Athener (1890) zusammen mit Georg Kaibel diesen Text herausgab (1891) und darauf sein zweibändiges Werk über ›Aristoteles und Athen‹ verfaßte (1893), in dem er nicht nur die Bedeutung der Schrift für das Werk des Aristoteles und für eine Geschichte Athens analysierte und in etlichen Einzeluntersuchungen deren Angaben kritisch überprüfte, sondern auch bereits die Umrisse einer Geschichte Athens bis in das 4. Jahrhundert hinein skizzierte. Er hatte bei diesen Forschungen in der Tat die Gesellschaft in allen ihren Lebensäußerungen vor Augen. Unbeschadet mancher Fehlurteile gerade in diesem Werk, über die man staunen oder gar betreten sein mag[57], muß man ihn hier als Historiker sehen, zwar nicht als einen Mann, der fähig gewesen wäre, auf den Spuren Mommsens eine athenische Staatskunde zu schreiben, aber doch eben als einen Historiker mit Durchblick, der nicht im Detail ertrank, sondern große Linien zu zeichnen vermochte und darzustellen wußte. Er war der echte Vertreter eines von der Philologie ausgehenden, aber alle Bereiche des gesellschaftlichen Lebens, des politischen, religiösen und sozialen, einschließenden und alle Quellengruppen berücksichtigenden Altertumswissenschaftlers und dies in manchem umfassender, auf jeden Fall aber – nach der zu seiner Zeit bereits weitgehend vollzogenen Spezialisierung – bewußter als alle seine Vorgänger.

Seit 1890 versuchte man, Volquardsen in eine Universität abzuschieben, wo er weniger auffiel und wo die Kollegen ihn tolerierten. Den Philologen – vor allem Wilamowitz und Friedrich Leo, der seit 1889 in Göttingen war – stand dabei Friedrich Althoff, Vortragender Rat und Personalienreferent für die Universitäten beim Preußischen Kultusmini-

55 Ulrich v. Wilamowitz-Moellendorff, Erinnerungen 1848–1914, Leipzig 1928, 239.

56 Friedrich und Dorothea Hiller von Gaertringen (Hg.), Mommsen und Wilamowitz. Briefwechsel 1872–1903, Berlin 1935, Nr. 247 vom 9. und Nr. 248 vom 20. Mai 1887 (Antwort von Wilamowitz).

57 Besonders eklatante Irrtümer waren die Annahme, daß als die Hauptquelle der Schrift die attische Chronik (Atthis) zu gelten habe (dazu Felix Jacoby, Atthis. The Local Chronicles of Ancient Athens, 1949), und die Anerkennung der sogen. Verfassung Drakons (cap. 4) als echte Überlieferung.

sterium, hilfreich zur Seite[58]. Die sich mit Unterbrechungen sieben Jahre hinziehenden Bemühungen – es ging dabei nicht so sehr darum, wen die Göttinger Fakultät akzeptieren könnte, als darum, welche Preußische Fakultät Volquardsen aufnehmen würde – führten schließlich dahin, daß sich alle beteiligten Personen und Fakultäten auf einen Tausch der Lehrstuhlinhaber von Kiel und Göttingen einigten, wobei Volquardsen wieder an seine alte Universität zurückkehrte und Georg Busolt (1850–1920) für Göttingen gewonnen wurde[59].

Busolt war gewiß nicht der Traumkandidat der beiden Göttinger Philologen, aber er war als Historiker gut ausgewiesen. Von seiner ›Griechischen Geschichte bis zur Schlacht bei Chaironeia‹ lag bei seinem Antritt in Göttingen bereits der 2. Band in der 2. Auflage vor (1895)[60]. Busolt blieb bis zu seinem Tode im Jahre 1920 in Göttingen, hat das Fach hier also über 20 Jahre vertreten und durch eine engagierte Lehrtätigkeit und ein imposantes literarisches Werk sich in Göttingen und in der gesamten Fachwelt Ansehen verschafft[61]. Er stammte aus Ostpreußen, war in Königsberg mit einer Arbeit über Spinoza promoviert worden[62] und wandte sich erst nach einer Italien- und Griechenlandreise intensiver den klassischen Studien zu. In Königsberg habilitierte er sich mit einer Schrift über ›Die Lakedaimonier und ihre Bundesgenossen‹ (1878)[63] und war 1879 als Nachfolger von Volquardsen nach Kiel berufen worden. Busolt, mit dem ich diesen Überblick abschließe, hat literarisch ausschließlich griechische Themen behandelt. Seine beiden großen Hauptwerke, die ›Griechische Geschichte‹ und die ›Griechische Staatskunde‹, sind bedeutende und für die damalige, insbesondere auch deutsche Althistorie charakteristische Leistungen. Seine wenigen anderen Monographien stehen in ihrer Thematik und Anlagen diesen Werken sehr nahe, ebenso die Aufsätze, von denen

58 Zu ihm vgl. FRIEDRICH PAULSEN, Geschichte des gelehrten Unterrichts auf den deutschen Schulen und Universitäten vom Ausgang des Mittelalters bis zur Gegenwart. Mit besonderer Rücksicht auf den klassischen Unterricht, Bd. 2, Berlin und Leipzig, 1921³, 700ff. (von Rudolf Lehmann) und Franz Schnabel, Althoff, in: Neue Deutsche Biographie 1, 1953, 222ff.

59 Der gut dokumentierte Vorgang ist von Mortimer Chambers (s. Anm. 61) behandelt worden.

60 Der Band III und auch Band I–II der 2. Auflage schreiben in der Titulatur Chaeroneia!

61 Zu Busolt vgl. jetzt das demnächst erscheinende Werk von MORTIMER CHAMBERS, Georg Busolt. His Life and his Letters.

62 Die Grundzüge der Erkenntnistheorie und Metaphysik Spinozas, Berlin 1875.

63 Achtung verdient auch eine andere umfangreichere Schrift dieser Jahre über den zweiten athenischen Seebund: Der zweite athenische Bund und die auf der Autonomie beruhende hellenische Politik von der Schlacht bei Knidos bis zum Frieden des Eubulos, in: Jahrb. für class. Philologie, Suppl. 7, 1873–1875, 641–866. Die auch gut lesbare Schrift ist erst in jüngster Zeit ersetzt worden.

manche als Vorarbeiten oder Parerga der größeren Arbeiten anzusehen sind.

Die ›Griechische Geschichte‹ sollte bis Chaironeia hinabreichen, doch führte sie Busolt nur bis zum Ausgang des Peloponnesischen Krieges und machte dann sogleich eine zweite, stark erweiterte Auflage dieser Bände; mehr ist nicht erschienen; über 20 Jahre hin, zwischen 1885 und 1904, hat Busolt daran gearbeitet. Das Werk war in der 2. Auflage (Bd. 3 nur in 1. Aufl.) zu einem gewaltigen Umfang angewachsen und mit einem großen, teils übergroßen Anmerkungsapparat versehen[64]. Die Akribie, die sich in der Quellenkritik am historischen Detail zeigt, kam nicht von ungefähr. Busolt war – was damals kaum je vorkam – als Althistoriker von Haus aus nicht Philologe. Seine ersten Bücher, vor allem die Habilitationsschrift über die Lakedaimonier und ihre Bundesgenossen sowie die Forschungen zur griechischen Geschichte[65], in der weitere Fragen der älteren spartanisch-peloponnesischen Geschichte behandelt werden, offenbarten die Schwächen seiner Ausbildung; die Bücher wurden hart rezensiert, teils schlichtweg verrissen; unter den kritischen Rezensenten befand sich neben Niese auch Wilamowitz. Busolt hat die Kritik akzeptiert und sich in die philologische Arbeitsweise eingearbeitet, dies so sehr, daß der historische Gegenstand nicht selten in der Quellenkritik ertrinkt. Aber er wurde jetzt anerkannt, und es erschienen am Ende des alten und am Anfang des neuen Jahrhunderts, als die meisten noch heute gültigen großen Handbücher zur griechischen Geschichte geschrieben wurden, seine Bände neben denen von Eduard Meyer, Karl Julius Beloch oder Benedictus Niese. Er konnte sich nun als Teil dieser großen Althistorie fühlen, reagierte auf die jeweils erscheinenden Bände der Kollegen und wurde seinerseits beachtet. Der große Eduard Meyer ließ sich zu einer Korrespondenz herab, Beloch nicht, aber das lag eher an dessen allgemeiner Isolierung in Deutschland. Von den drei großen ›Griechischen Geschichten‹ der Trias Meyer, Beloch, Busolt sind indessen trotz der breiten Anerkennung auch von Busolt durch die zeitgenössische Fachwelt nur die von Meyer und Beloch geblieben; kaum je ein Althistoriker empfiehlt heute die Lektüre von Busolt. In der Tat ist die Darstellung von Meyer nicht nur lesbarer; sie besticht durch Urteilskraft, durch die Breite des

64 Der Band III wuchs gegenüber den früher erschienenen um ein Beträchtliches; ebenso schwollen die in 2. Auflage erschienenen Bände I–II an: Bd. I^2 (1893, Bis zur Begründung des Peloponnesischen Bundes): 716 S. gegenüber 624 S. der 1. Auflage von 1885; Bd. II^2 (1895, Die ältere attische Geschichte und die Perserkriege): 814 S. gegenüber 608 S. i. J. 1888; die Bände III 1 (1897, Die Pentekontaëtie) und III 2 (1904, Der Peloponnesische Krieg) umfassen zusammen 1640 S.

65 Die Lakedaimonier und ihre Bundesgenossen I (mehr nicht erschienen): Bis zur Begründung der athenischen Seehegemonie, Leipzig 1878. ND 1980. – Forschungen zur griechischen Geschichte I (mehr nicht erschienen), Leipzig 1880.

Durchblicks, durch die Einbeziehung wirtschaftlicher Aspekte. Belochs Darstellung kamen dessen statistische und bevölkerungsgeschichtliche Interessen zugute, und seine klare, bisweilen leidenschaftliche Art des Argumentierens sowie die – gelegentlich auch halsbrecherische und sogar gesuchte – Originalität, mit der er scheinbar feststehende Forschungsergebnisse wieder in Frage stellte, nimmt für ihn ein. Und Meyer hat seine Darstellung immerhin bis zur Mitte des 4. Jahrhunderts, welche Zeit für ihn den Ausgang der Griechischen Geschichte bedeutete, Beloch gar bis 227 v. Chr. hinabgeführt. Busolt hingegen gelangte nicht über das Ende des 5. Jahrhunderts hinaus. Für ihn ließe sich indessen die große Detailkenntnis und die Zuverlässigkeit der Angaben ins Feld führen. Allerdings wirkte die minutiöse Ausbreitung des Materials und ihre gelehrte Besprechung nicht selten störend auf die Entwicklung von übergreifenden Gedanken, die eine große Darstellung nicht entbehren kann. Die gewissenhafte Ausbreitung des gelehrten Apparates, die in einem wissenschaftlichen Aufsatz als eine Tugend angesehen wird, kann in einem umfänglichen Werk, das eine andere Zielsetzung hat, als überschwere Last empfunden werden. Einem Rezensenten, der sich in dieser Richtung äußerte, entgegnete Busolt, daß seine Geschichte »als ein Handbuch mehr zum Lernen, als zum Lesen« geschrieben sei[66]. Das war es eben; es war der gelehrte Stil des wissenschaftlichen Aufsatzes in die große Darstellung hineingeraten. Und so begegnet denn das Werk vor allem als ein Produkt reiner Gelehrsamkeit. Akribie und Streben nach Vollständigkeit, Kritik der Quellen und Forschungsmeinungen sind seine Stärken; es ist ganz in sich gekehrt, ohne jede Reflexion auf ein höheres Ganzes, (scheinbar) leidenschaftslos, unparteiisch; die geistige Erhebung findet in den Anmerkungen statt. Aber wenn man das Werk nicht an historiographischen Kategorien mißt, auch einmal davon absieht, daß es ein Torso geblieben ist, und nur von dem rein wissenschaftlichen Standard ausgeht, den es repräsentiert, muß man zugestehen, daß hier eine Leistung vollbracht wurde, die auch heute noch Anerkennung verdienen darf und die es rechtfertigt, das Urteil über Busolt, der gerade gegenüber Eduard Meyer und Karl Julius Beloch in der Fachwelt wenig beachtet wurde und wird, etwas zu revidieren.

Mit dem anderen großen Werk, der ›Griechischen Staatskunde‹, hat die heutige Fachwelt weniger Schwierigkeiten. 35 Jahre hat Busolt darüber gesessen; die 2. Auflage hat noch er selbst fast zu Ende führen können. Die Anfänge fallen in die Zeit, als das ›Römische Staatsrecht‹ von Theodor Mommsen vollendet wurde und in seiner endgültigen Gestalt vorlag[67].

66 Griechische Geschichte II^1, VII.

67 Es erschien zunächst unter dem Titel ›Staats- und Rechtsalterthümer‹ innerhalb des Bandes ›Die griechischen Staats-, Kriegs- und Privatalterthümer‹ des von Iwan Müller

Als Gegenstück zu Mommsen war die Busoltsche Staatskunde aber weder am Anfang noch in ihrer Überarbeitung konzipiert worden, doch blieb sie von Mommsen auch nicht ganz unbeeinflußt. Das zeigt sich einmal schon in dem Titel der 2. Auflage: ›Griechische Staatskunde‹, nicht mehr ›Staatsaltertümer‹, wie noch in der 1. Auflage und wie bei seinem Vorgänger Georg Friedrich Schoemann. Vor allem aber wird man den umfangreichen, den ganzen 1. Band füllenden allgemeinen Teil nicht ganz unabhängig von dem 1. Band des Mommsenschen ›Staatsrechts‹ sehen dürfen, auch wenn solche Verallgemeinerungen in Büchern über die griechische Staatenwelt vor Busolt nicht unüblich waren. Im Widerspruch zur historischen Realität, in der es keinen ›griechischen Staat‹ gibt, suchte Busolt – mehr oder weniger in Anlehnung an die alte Philosophie, vor allem an die Politik des Aristoteles - »die allgemeinen staatsrechtlichen Grundbegriffe und gemeinsame(n) Einrichtungen unter Berücksichtigung der Verschiedenheiten systematisch zusammen(zu)stellen«[68], und der 1. Band stellt in der Tat eine solche »allgemeine Darstellung des griechischen Staates« dar. Er wird heute gerade wegen der Zusammenstellung von Daten aus allzu verschiedenen Städten und Stämmen kaum oder weniger herangezogen als der 2. Band, der die einzelnen Städte und Stämme, vornehmlich Sparta und Athen, getrennt behandelt. Dieser zweite Teil ist ein Handbuch geworden, das heute eben wegen der Tugenden noch benutzt werden kann, die Busolt schon in seiner ›Griechischen Geschichte‹ unter Beweis gestellt hat: Die Redlichkeit und Genauigkeit, das Vollständigkeitsstreben und der Kenntnisreichtum des in der Philologie erudierten Historikers. Aber nicht lediglich darum. Denn Busolt hat hier eine aus älteren Ansätzen übernommene Form der Darstellung gefunden, die seinem Gegenstand auch wirklich angemessen ist. Noch weniger als der römische Staat ließen sich die zahlreichen, untereinander so unterschiedlichen Staaten der Griechen mit ihren einschneidenden Veränderungen und Entwicklungsbrüchen in ein auf alle bezogenes begriffslogisches System zwingen. Busolt hat das gar nicht erst versucht, sondern als biederer, den Quellen und ihren Problemen verhafteter Gelehrter, der er war, auch in dem allgemeinen Teil seines Werkes die einzelnen Phänomene der

herausgegebenen Handbuchs der klassischen Altertumswissenschaft in systematischer Darstellung, München 1887 (224 Seiten). Nach der Auffindung und Edition der aristotelischen Schrift vom Staat der Athener wurde das neue Material in eine Neuauflage eingearbeitet (1892). Die umfängliche Neuausgabe von 1920–1926 erschien als ›Griechische Staatskunde‹ in 2 Bänden von zusammen 1575 Seiten (ohne Nachträge und Index). Den ersten Band hat Busolt noch selbst besorgt, vom zweiten war bei der Übernahme der Herausgeberschaft durch Heinrich Swoboda erst ein Teil gedruckt; Swoboda kürzte den noch nicht gesetzten Teil, nahm in dem gesetzten geringfügige Zusätze und Berichtigungen vor und fügte weitere Zusätze in den angehängten ›Nachträgen‹ an. Zur Kritik der Konzeption vgl. Gawantka a. O. (Anm. 29) 177–184.

68 Staatskunde I 3.

mannigfachen Städte und Stämme doch meist so locker zusammengestellt, daß Mißdeutungen und Verzerrungen, die sich aus der Abstraktion eines ›griechischen Staates‹ einstellen könnten, vermeidbar sind, und der zweite Teil der ›Staatskunde‹ verbindet dann eine jeweils historische Übersicht über die Entwicklung des einzelnen Staates mit einer Systematik, welche die verschiedenen Gegenstände an dem historischen Begriff orientiert und beschreibt. Es läßt sich vor allem im Hinblick auf diesen zweiten Teil kaum eine andere Darstellungsform denken, die den Verfassungen der griechischen Städte ebenso gerecht würde. Es ist an diesem Buch gewiß manches verbesserungswürdig, und vor allem durch inschriftliche Neufunde ist es nicht mehr auf dem letzten Stand, aber eben die im Grundsätzlichen richtige Form der Gliederung und Beschreibung des Materials macht es auch zu einem für den Fachmann noch heute unentbehrlichen Handbuch. Wenn ich den Überblick mit Busolt abschließe, hat das einen gewissen Sinn. Bei allem Methodenstreit und aller Evolution des Denkens versinnbildlicht er das, was uns auf jeden Fall aus dem 19. Jahrhundert geblieben ist und auch wohl bleiben sollte.

Und diese Überlegung zu Busolt führt zu einem letzten Gedanken, der auf die Zukunft des Faches gerichtet ist. Wenn man auf die von mir geschilderte Entwicklung zurückblickt, könnte die Verselbständigung der Alten Geschichte als eine Emanzipation von der Philologie erscheinen. Das sollte man nicht so sehen. Es war zwar ein legitimes Anliegen, die ältere Geschichte zu den anderen Disziplinen hinzuführen, mit denen zusammen sie das große Fach ›Geschichte‹ bildet, und es ist auch seit dem letzten Drittel des 19. Jahrhunderts überall in Deutschland selbstverständlich und als ein Gewinn auch für die anderen altertumswissenschaftlichen Fächer anzusehen, daß derjenige, der griechische und römische Geschichte betreibt, Historiker ist. Tatsächlich hat diese Entwicklung dem Althistoriker ja auch ein neues, breiteres Publikum gebracht, nämlich die Studenten des Unterrichtsfaches Geschichte, und er hat über die feste Einbindung der Alten Geschichte in dieses Unterrichtsfach auch einen leichteren Zugang zu allen in unserer Gesellschaft historisch Interessierten erhalten, ist also nicht mehr allein an den Studenten der Klassischen Philologie verwiesen, an den die Professoren, die hier behandelt wurden, sich in erster Linie gewandt hatten. Aber der Althistoriker vermag sich doch von der Philologie nicht ganz zu lösen. Das hat mehrere Gründe. Die Antike ist auch im Bewußtsein der heutigen Gesellschaft eine in sich geschlossene Epoche, in der durch unsere Bildungstradition die griechisch-römische Geschichte mit der gesamten Geistesgeschichte der Zeit eng verknüpft ist, enger gewiß, als es bei historischen Disziplinen der Fall ist, die sich mit jüngeren Epochen beschäftigen. Ferner führt der Zugang zur Alten Geschichte über die Philologie, und er ist schwieriger als für die neueren Perioden; die Sprachkompetenz spielt hier eine große

Rolle, und sie ist unverzichtbar. Es ist darum auch ganz natürlich, wenn der Althistoriker, so sehr er sich über ein erweitertes Publikum freut, sich doch vor allem den Studenten der Klassischen Philologie zuwendet, weil er mit ihnen – sofern sie kommen – sozusagen e plano wissenschaftliche Probleme erörtern kann, deren Verständnis für Nichtphilologen bei dem weitgehenden Verlust einer humanistischen Schulbildung immer schwieriger wird. Trotz dieser unleugbaren starken Bindung des Althistorikers an die Philologie ist es aber nicht zu übersehen, daß der Aufstieg neuer historischer oder vornehmlich historisch orientierter Disziplinen sowie neuere Fragestellungen und methodische Ansätze, die von dorther oder auch von der neueren Geschichte ausgehen und die alle ihre Berechtigung haben mögen, einen Typ von Althistoriker schaffen können – und in Einzelfällen steht er schon vor uns –, der nicht mehr philologisch ausgebildet ist, ja sich auch ausdrücklich nicht mehr als Philologe verstehen will, der ohne das mühsam erworbene Rüstzeug der Philologie oder nur mit einem flüchtigen Blick darauf seine Vorstellungen zur Alten Geschichte vornehmlich aus Denkansätzen, die in anderen Disziplinen entstanden sind, entwickelt, der nicht mehr die eigentliche Problematik der wissenschaftlichen Arbeit zuallererst – vor jeder weitergehenden Überlegung – am Text sucht und etwa aufkommendes Unwohlsein unter dem alles abdeckenden Schlagwort vom Fortschritt der Wissenschaft begräbt. Natürlich muß auch der Althistoriker sich den neuen Herausforderungen stellen, doch ist es heilsam für sein Fach, wenn bei allem, was er macht, ihm Christian Gottlob Heyne über die Schulter schaut.

Fidel Rädle

Wilhelm Meyer, Professor der Klassischen Philologie 1886–1917

Wilhelm Meyer aus Speyer war 31 Jahre lang Professor für Klassische Philologie in Göttingen[1]. Er hat damit von allen in diesem Vortragszyklus behandelten Philologen hier am längsten gewirkt, selbst Johann Matthias Gesner hatte weniger Dienstjahre als er. Trotzdem kann man nicht sagen, daß sich Wilhelm Meyer um die Klassische Altertumswissenschaft an dieser Universität verdient gemacht hätte. Seine Berufung war von Anfang an ein Wagnis und erwies sich bald als Fehlgriff insofern, als Wilhelm Meyer die Aufgabe, die ihm zugedacht war, nämlich die praktische latinistische Schulung und Betreuung der Studenten der Klassischen Philologie, nicht ausreichend erfüllen konnte oder wollte. Wilamowitz selber hatte sich für diese Berufung eingesetzt. Im Gutachten der Philosophischen Fakultät an den Königlichen Staats-Minister und Minister der Geistlichen, Unterrichts- und Medicinalangelegenheiten, Herrn Dr. von Goßler in Berlin, vom 6. März 1886 heißt es u. a.: »...so glauben wir in der Lage zu sein, Ew. Excellenz Blick auf einen Mann lenken zu können, durch dessen Gewinnung für das akademische Lehramt nicht nur unserer Facultät, sondern der Wissenschaft ein wahrhafter Dienst erwiesen würde. Es ist Dr. Wilhelm Meyer, Bibliothekar und Direktor der

1 Vgl. Wilhelm Ebel, Catalogus Professorum Gottingensium 1734–1962, 11, Ph 1 Nr. 152; Karl Langosch, Wilhelm Meyer aus Speyer und Paul von Winterfeld. Begründer der mittellateinischen Wissenschaft (mit Bibliographie W. Meyers, 112–121), Berlin 1936; ders., Einleitung zu: Mittellateinische Dichtung. Ausgewählte Beiträge zu ihrer Erforschung (Wege der Forschung 149), hg. v. Karl Langosch, Darmstadt 1969, XIV–XVIII. Von den Nachrufen auf W. Meyer (vgl. Langosch, 1936, 121) sind besonders wichtig: Edward Schröder in: Nachrichten der Königlichen Gesellschaft der Wissenschaften zu Göttingen, Geschäftliche Mitteilungen, 1917, H. 1, S. 76–84; ders. in: Deutsches Biographisches Jahrbuch, Überleitungsband II 1917–1920, 1928, 100–110; Kurt Plenio in: Neue Jahrbücher für das klassische Altertum, Geschichte und deutsche Literatur 20, 1917, 1. Abt. 39. Band, 269–277; Otto Glauning, Wilhelm Meyer und die Staatsbibliothek in München, in: Zeitschrift für Bibliothekswesen 34, 8. und 9. Heft, 1917, 209–277. Zum wissenschaftsgeschichtlichen Umfeld sehr erhellend Wolfgang Maaz, Paul von Winterfeld. Ein Beitrag zur Wissenschaftsgeschichte, in: Mittellateinisches Jahrbuch 12 (1977), 143–163; vgl. auch Peter Wapnewski, Zum Gedenken Ulrich Pretzels (1898–1981), in: Mittellateinisches Jahrbuch 17 (1982), 1–3.

Handschriftenabteilung an der Staatsbibliothek zu München und Mitglied der Königlich bayerischen Akademie der Wissenschaften... Nach den Formen, in welchen sich das wissenschaftliche Leben in Deutschland abspielt, gehört ein Mann von solcher Bedeutung an keinen anderen Platz, als auf den Lehrstuhl einer Universität...«[2]

Dieses Urteil ist später in den »Erinnerungen« von Wilamowitz noch deutlich wiederzuerkennen, allerdings scheint es durch die inzwischen eingetretene Enttäuschung modifiziert. Wilamowitz schreibt über seine Göttinger Zeit: »Erst nach mehr als zwei Jahren gelang die Berufung von Wilhelm Meyer, mit der Dilthey ganz einverstanden war; Vahlen, den ich fragte, hatte andere Vorschläge, denen ich zum Glück nicht folgte. Mich hatten Meyers Entdeckungen der Gesetze des späteren griechischen Hexameters und ganz besonders seine Ausgabe des Ludus de Antichristo bestimmt; ein Mann von solcher Bedeutung *mußte* aus einer untergeordneten Stellung an der Münchner Bibliothek befreit werden. Er kam gern mit seiner trefflichen Frau, die er nun heiraten konnte, und einem Sohn erster Ehe, und wenn ihm die neue Tätigkeit auch nicht recht lag, ging es doch eine Weile.«[3]

Diese Weile dauerte nur gut drei Jahre. Nach 7 Semestern bereits ließ sich Wilhelm Meyer von seinem Lehramt beurlauben, um im Rahmen einer groß geplanten Katalogisierung aller Handschriften im Preußischen Staate zunächst den Katalog der Handschriften der Göttinger Universitätsbibliothek zu erstellen. An Meyers Stelle wurde nun Friedrich Leo berufen, und das war ein Glück für Göttingen. Als Wilhelm Meyer 5 Jahre später doch wieder an die Universität zurückkehren mußte, wurde sein Lehrauftrag erweitert auf die mittellateinische Philologie, und von nun an, vom Jahre 1895 bis zu seinem Tod im März 1917, hat er keinen einzigen klassischen Autor mehr behandelt und sich nur noch im Mittelalter aufgehalten.

I. Das wissenschaftliche Leben. Am Anfang: der Bibliothekar

Wilhelm Meyers äußeres wissenschaftliches Leben ist durch Quellen reich belegt. Die hiesige Universitätsbibliothek besitzt seinen umfangreichen Nachlaß, u. a. mit über tausend Briefen an Meyer von Gelehrten aus aller Welt[4].

Wissenschaftsgeschichtlich besonders interessant sind die Briefwechsel

2 Universitäts-Archiv Göttingen 4 Vb, 218.

3 Ulrich von Wilamowitz-Moellendorff, Erinnerungen 1848–1914, Leipzig s. a., 206.

4 Es handelt sich zu einem großen Teil um Anfragen, die noch an Meyer als Bibliothekar der Bayerischen Staatsbibliothek gerichtet wurden und die er bei seiner Berufung nach Göttingen mitnahm. Zu den Absendern gehören u. a.: É. Chatelain, W. Christ, L. Delis-

mit den Germanisten Elias Steinmeyer in Erlangen sowie den Göttinger Kollegen Gustav Roethe und Edward Schröder einerseits – und mit den mittellateinischen Fachgenossen Ludwig Traube in München, Paul von Winterfeld in Berlin sowie dem Nachfolger Winterfelds, Karl Strecker. Eine Auswahl aus diesen Briefen hat Ulrich Pretzel 1968 und 1973 ediert[5]. Da es so viel ungedrucktes Material gibt, werden in diesem Vortrag Pretzels höchst verdienstvolle Veröffentlichungen bewußt ausgespart.

Über die Göttinger Zeit Wilhelm Meyers existieren reichhaltige Akten im Universitätsarchiv[6], im Archiv der hiesigen Akademie[7] und im Diplomatischen Apparat[8]. Die zahlreichen »Vorgänge«, darunter viele Beschwerden, Rechtfertigungen, Rücktrittsdrohungen und Rücktrittserklärungen, dokumentieren das an Aktivitäten und Komplikationen reiche Leben eines Gelehrten, mit dem es Kollegen und Behörden bisweilen schwer hatten.

Geboren ist Wilhelm Meyer 1845 in Speyer als einziges, offenbar

le, E. Dümmler, J. Huemer, Th. Mommsen, Fr. Novati, V. Rose, A. Schönbach, E. Steinmeyer, K. Strecker, L. Traube, P. v. Winterfeld sowie der 77jährige Ranke.

5 Vgl. ULRICH PRETZEL, Beiträge zur Geschichte der mittellateinischen Philologie, in: Mittellateinisches Jahrbuch 5, 242–269; ders., Beiträge zur Geschichte der mittellateinischen Philologie. Neue Folge, in: Literatur und Sprache im europäischen Mittelalter, Festschrift für Karl Langosch zum 70. Geburtstag, hg. v. A. Önnerfors, J. Rathofer, Fr. Wagner, Darmstadt 1973, 481–508. Erwähnt sei noch der Brief W. Meyers vom 19. November 1911 an Paul Lehmann, den Karl Langosch veröffentlicht hat in: Mittellateinische Dichtung (wie Anm. 1), 6f. Der Verf. hofft, auf die im Literaturarchiv der Akademie der Wissenschaften in Berlin (Ost) verwahrte Sammlung von Briefen der Gründer der mittellateinischen Philologie (darunter 51 Briefe W. Meyers an K. Strecker) zurückkommen zu können. Besonders zahlreich sind im Göttinger Nachlaß W. Meyers die Briefe von P. v. Winterfeld (Cod. Ms. W. Meyer V,2: 156–223A) und K. Strecker (V,1: 3–46). Strecker berichtet ausführlich von seinen Berliner Anfängen, u. a. von seiner Enttäuschung darüber, wie wenig ihm Paul von Winterfelds Vorarbeiten für die Fortführung der Poetae-Edition in den MGH halfen, oder über seine Lehrtätigkeit. »Als Colleg hatte ich Ruodlieb angekündigt und fand in der ersten Stunde 4 Männerchen vor! Und mehr sind es auch nicht geworden«, schreibt er am 28. November 1907 (4A). Drei Jahre später haben sich die Verhältnisse deutlich gebessert: »Ich lese jetzt eine Art Einführung in das Latein des Mittelalters und will dann Hrotsvit einmal wieder interpretieren. Es haben sich mehr als 20 Hörer eingefunden, ein Resultat, mit dem ich zufrieden bin« (16. Oktober 1910, Nr. 7). Bemerkenswert sind die Feldpostkarten Streckers, die z. T. den bärtigen Absender als Hauptmann im Krieg zeigen. Die Karte vom 23. Dezember 1914 (42C), auf der Strecker hoch zu Roß abgebildet ist, enthält folgenden Satz: »Heute hat der Umstehende von früh 3 Uhr bis Abends 6 Uhr ununterbrochen Dienst getan, davon 8 Stunden im Sattel, also überflüssig bin ich hier nicht.«

6 Universitäts-Archiv Göttingen 4 Vb,218.

7 Akademie-Archiv Göttingen, Chron. 16,3(7); Etat 7,4(285–289); Scient. 306,3 und 4; Pers. 16.

8 Akten des Diplomatischen Apparats 1895ff., geordnet seit Frühjahr 1910. II. Generalien des Dipl. App. A. Unterbringung und Verwaltung des Apparats (1895–1913).

Abb. 17: Wilhelm Meyer (1845–1917)

zunächst uneheliches Kind einfacher, schon etwas älterer Leute[9]. Sein Vater war Tischler. 1863 begann er das Studium der Klassischen Philologie in Würzburg und ging bereits im folgenden Jahr an die Universität München, wo Spengel und Halm seine Lehrer waren. Nach dem Staatsexamen, 1867, war er eine Zeitlang Hilfslehrer am Maximiliansgymnasium in München und danach in Bayreuth.

1872 wurde Meyer vom Schuldienst beurlaubt und vorläufig als Sekretär an der Bayerischen Staatsbibliothek angestellt. Hier sollte er seinen Lehrer Halm bei der Katalogisierung der lateinischen Handschriften unterstützen. Diese Arbeit entsprach in idealer Weise den Interessen Wilhelm Meyers, und sie hat seinem Leben die entscheidende wissenschaftliche Richtung gewiesen[10].

Als Bibliothekar entwickelte und emanzipierte sich Wilhelm Meyer in kurzer Zeit zur maßgeblichen Autorität der größten lateinischen Handschriftensammlung der Welt, und das brachte ihm in der emsig forschenden hohen Zeit der historischen Wissenschaften Kontakte mit vielen führenden europäischen Gelehrten und damit wissenschaftliche Reputation. Denn die Anfragen wurden damals nicht über den Photographen per Mikrofilm mit Rechnung beantwortet, sondern vom fachlich kompetenten Bibliothekar, der die gewünschten Textstellen meist noch eigenhändig abschrieb und nach Möglichkeit zusätzliche nützliche Auskünfte gab. In einem Brief, den Otto Glauning am 3. Mai 1917 unter dem Eindruck von Meyers Tod an Edward Schröder schrieb und den die Niedersächsische Staats- und Universitätsbibliothek Göttingen unter Schröders Nachlaß[11] verwahrt, ist die »Dreiheit der ihn vor anderen Mitarbeitern auszeichnenden Vorzüge« genannt: »Wissen, Fleiss und Arbeitskraft.« Und Glauning fährt fort: »Was aber ausser diesen seltenen Gaben Wilhelm Meyers bibliothekarische Anlagen zu voller Entfaltung brachte, war seine Auffassung des bibliothekarischen Berufes als der Fähigkeit nicht eines Verwaltungsbeamten, sondern eines Gelehrten. Hier stand er ganz in der Tradition des unvergeßlichen Schmeller und der Ritschl-Halmschen-Schule, die bei aller Bereitwilligkeit, den steigenden Anforderungen an den technischen Betrieb der Bibliothek zu genügen, doch, gegenüber dem zum Teil durch die Volksbibliotheken eindringenden Amerikanismus[12] und

9 Zur Biographie W. Meyers vgl. im einzelnen LANGOSCH, 1936 (wie Anm. 1).

10 W. Meyers bibliothekarische Qualitäten und Verdienste sind gewürdigt in OTTO GLAUNINGS Nachruf (wie Anm. 1).

11 SUB Göttingen Cod. Ms. E. Schröder 670, Beilage 5.

12 Das Wort »Amerikanismus« gebraucht W. Meyer selber mit Abscheu in einem Brief an G. Roethe vom 27. Mai 1907: »Wenn nicht der grasse Amerikanismus alles Humanistische zurückdrängt, so werden die mittellateinischen Dichtungen, die ja allmählich verständlicher und in ihrer Eigenart begreiflicher geworden sind, den ihnen in der Entwicklung unserer europäischen Volksseele gebührenden Platz erobern; vielleicht

Automobilismus, für die wissenschaftlichen Bibliotheken auf eine individualisierende Behandlung der Benützer nicht verzichten wollte und großes Gewicht darauf legte, daß der Bibliothekar, der durch die Anforderungen seines Berufes leicht der Gefahr der Zersplitterung und des Vielwissens ausgesetzt ist, durch eigene wissenschaftliche Betätigung auf seinem Sondergebiete sich zur Sammlung und Vertiefung veranlasst sehe und dabei auch stets das lebendige Gefühl für die Bedürfnisse des wissenschaftlich Arbeitenden sich frisch erhalte...«

Seit 1868 waren die ersten selbständigen Arbeiten Wilhelm Meyers erschienen[13], kleine Beiträge, etwa über Suidas oder Cicero, im Rheinischen Museum, und 1870, als Münchner Gymnasialprogramm, Beiträge zur Kritik des Horazscholiasten Porphyrio, die 1874 in eine Edition des Porphyrio mündeten. Im Jahre 1872 veröffentlichte Meyer aufgrund neuer Handschriftenfunde eine Sammlung von Sentenzen des Publilius Syrus.

II. Die Entdeckung der mittellateinischen Literatur. Handschriften aus Italien. Heirat

Seine ersten *mittellateinischen* Themen waren: »Radewins Gedicht über Theophilus« und »Philologische Bemerkungen zum Waltharius«. Beide Arbeiten sind im Jahre 1873 erschienen[14]. Der »Waltharius« gehörte seit der Göttinger Ausgabe der »Lateinischen Gedichte des 10. und 11. Jahrhunderts« von Jacob Grimm und Andreas Schmeller, 1838, zum noch bescheidenen Kanon der lateinischen Kulturdenkmäler Deutschlands aus dem Mittelalter. Dagegen waren die Theophilus-Texte, die Meyer veröffentlichte, zu einem großen Teil neu. Es handelt sich dabei um die der Faustsage verwandte spätantike Legende vom Teufelspakt des Klerikers Theophilus, die im Mittelalter zahlreiche lateinische und volkssprachige Bearbeitungen – unter anderen durch Hrotsvit von Gandersheim – fand. Wilhelm Meyer hat diese Arbeit später unter seine »Gesammelten Abhandlungen zur mittellateinischen Rythmik« aufgenommen und den Titel erweitert zu »Radewins Gedicht über Theophilus *und die Arten der gereimten*

muß sogar ein Professor der altfranzösischen Literatur eine Ahnung von der mittellateinischen haben.« Vgl. U. PRETZEL, Beiträge, Mittellat. Jb. 5 (wie Anm. 5), 248.

13 Vgl. zum einzelnen die Bibliographie W. Meyers bei LANGOSCH, 1936 (wie Anm. 1), 112–121; ein »Verzeichnis der im Druck erschienenen Schriften von Wilhelm Meyer aus Speyer« enthält auch der III. Band seiner »Gesammelten Abhandlungen zur mittellateinischen Rythmik«, hg. von der Gesellschaft der Wissenschaften zu Göttingen, besorgt von Walther Bulst, Berlin 1936, 366–388.

14 Sitzungsberichte der philos.-philol. Classe der Akademie der Wissenschaften in München, 1873, I, 49–120, bzw. ebenda 358–398.

Hexameter«[15]. Das Gedicht Radewins aus dem 12. Jahrhundert besteht nämlich aus lateinischen Hexametern, die neben sonstigen formalen Eigentümlichkeiten auffallenden *Reim*schmuck haben, entweder binnengereimt (also »versus leonini«) oder endgereimt (»versus caudati«) sind.

Hier ist Wilhelm Meyer zum ersten Mal sichtbar vor einen Sachverhalt gestellt, dessen systematische Aufarbeitung recht eigentlich sein Werk geworden ist: nämlich die auf verschiedenen Formprinzipien beruhende Divergenz, durch die ein großer Teil der mittellateinischen Poesie von der Poesie der Antike geschieden ist. Die quantitierende Metrik der Antike, in der die Silben nach Länge und Kürze gemessen wurden, ist im Mittelalter zum überwiegenden Teil abgelöst durch das rhythmische System der Silbenzählung, in dem, bei grundsätzlich regulierter Schlußkadenz, nach Möglichkeit der natürliche Wortakzent gewahrt ist und die Verse häufig mit Endreim versehen sind.

Die Mißachtung der Silbenquantitäten und vor allem der Gebrauch des Reims, gar im geheiligten Hexameter, war den Humanisten und lange Zeit auch den Klassischen Philologen ein Greuel. Die lateinischen Grammatiken des Aldus Manutius oder auch Melanchthons behandeln den Reim unter den »vitia« des Verses. Gereimtes Latein empfand man als »lächerlich« und »kindisch«[16].

Der Helmstedter Professor Poeseos Polycarp Leyser schrieb 1721 in seiner »Historia Poetarum et Poematum Medii Aevi«: »Ich weiß, man hält das Mittelalter für barbarisch und alle seine (lateinischen) Dichter für Barbaren. Mir ging das nicht anders, bevor ich anfing, sie wirklich kennen zu lernen... Die mittellateinischen Dichter tadelt man vor allem aus vier Gründen: wegen der Vernachlässigung der Silbenquantitäten, wegen des schlechten Stils, wegen der unlateinischen Wörter und wegen des Reims.«[17] Wilhelm Meyer hat sich zeit seines Lebens vorwiegend mit der rhythmischen lateinischen Dichtung des Mittelalters befaßt und hartnäckig für die Kenntnis und die Anerkennung ihrer genuinen Formgesetze geworben und gestritten, und es ist gewiß eine unmittelbare Wirkung Meyers, daß man bei Wilamowitz schließlich folgendes Urteil lesen kann: »Die lateinische Dichtung erreicht erst dann ihr Höchstes, als sie in den

15 W. MEYER, Gesammelte Abhandlungen zur mittellateinischen Rythmik I, Berlin 1905, 59–135.

16 Näheres dazu bei FIDEL RÄDLE, Über mittelalterliche lyrische Formen im neulateinischen Drama, in: Litterae medii aevi. Festschrift für Johanne Autenrieth zu ihrem 65. Geburtstag. Hg. von Michael Borgolte und Herrad Spilling, Sigmaringen 1988, 339–362, bes. 340–342.

17 Polycarpi Leyseri Poes. Prof. Ord. in Academia Helmstadiensi Historia Poetarum et Poematum Medii Aevi, Halae Magdeb. 1721: »Barbarum scio haberi medium aevum, barbarosque poetas eius omnes: Neque mihi alia mens ante fuit, quam eos noscere inciperem.« (fol. 2^{rv}) »Poetas carpunt inprimis ob *quantitates syllabarum* neglectas, *stylum minus elegantem, voces peregrinas, et rythmum*.« (fol. 2^{v})

neuen rhythmischen Formen einen Reichtum erringt, den die Römer nie besessen haben.«[18]

Im Herbst 1873 geht Wilhelm Meyer mit einem bayerischen Reisestipendium für 1 1/2 Jahre zu Handschriftenstudien nach Italien. Durch einen merkwürdigen Zufall trifft er in Rom mit zwei Männern zusammen, die ihm später in Göttingen als seine nächsten Kollegen wiederbegegnen sollten: Ulrich von Wilamowitz und Friedrich Leo.

Wilamowitz erzählt davon in seinen »Erinnerungen«: »Wilhelm Meyer... war unheimlich fleißig, ganz von handschriftlichen Forschungen eingenommen; aber es imponierte nicht nur, daß er sich ganz durch unbeugsame Energie emporgearbeitet hatte, sondern der Mann in seinem manchmal unbeholfenen, aber sicheren und lauteren Wesen hat *mir* wenigstens starke Achtung und eine vielleicht noch nicht ganz bewußte Zuneigung eingeflößt. Ich mußte ihm gut sein, auch wenn er abstieß...«[19] Über eine gemeinsame Wanderung nach Tivoli liest man ebenda: »Meyer war ein Naturfreund..., ein gewaltiger Fußwanderer. Er stürmte weiter auf die Berge zu, als wir in Tivoli ankamen. Wir saßen längst beim Weine, die Sonne war längst untergegangen, da kam er erschöpft und erfrischt zugleich zurück und holte befriedigt das überschlagene Mittagsmahl mit dem Abendbrote nach.«[20]

»Ich mußte ihm gut sein, auch wenn er abstieß« – der derbe, rustikale Meyer und der elegante Aristokrat Ulrich von Wilamowitz – es ist in der Tat ein seltsames Paar; man muß nur die Photos der beiden nebeneinander halten, um das so recht zu empfinden[21]. Zur äußeren Erscheinung Meyers seien bei dieser Gelegenheit noch zwei Sätze zitiert aus dem Nachruf seines germanistischen Schülers Kurt Plenio[22], der nur zwei Jahre nach Meyer an den Folgen einer Kriegsverwundung gestorben ist: »Als ich nach Göttingen kam«, schreibt Plenio, »da zeigte man mir auf der Straße einen schlichten Mann, in dem man eher einen robust-biedern Teilhaber des praktischen Arbeitslebens vermuten mochte als einen feinsinnigen Gelehrten. Eckig im Anzug, mit groben Stiefeln zog er seines Wegs, um ihn seine beiden struppigen Hunde, die ich dann so oft vor Bibliothek und Auditorienhaus getreulich auf ihren Herrn warten sah.«[23]

Nach seinem Italienaufenthalt, von dem er reiche wissenschaftliche Beute nach Hause brachte, wurde Meyer endgültig als Bibliothekar in

18 Zitiert bei Josef Eberle, Wider die Verächter des Mittellateins, in: ders., Lateinische Nächte, Berlin – Darmstadt – Wien 1966, 228.

19 U. v. Wilamowitz (wie Anm. 3), 166.

20 Ebenda.

21 Vgl. die Photographie Meyers oben S. 131.

22 Über ihn vgl. Ulrich Pretzel, Kurt Plenio, in: ders., Kleine Schriften. Mit einem Geleitwort hg. von Wolfgang Bachofer und Karl Stackmann, Berlin 1979, 10–14.

23 K. Plenio (wie Anm. 1), 271.

München angestellt. Bereits ein Jahr später, 1876, wollte ihn Preußen an die Greifswalder Bibliothek holen, 1877 wurde er Mitglied der Königlich bayerischen Akademie der Wissenschaften. Graz und Erlangen konkurrierten miteinander, dem Nichtpromovierten die Ehrendoktorwürde zu verleihen, Erlangen tat das schließlich 1885. Im gleichen Jahr erhielt Meyer seinen zweiten Ruf nach Preußen: er sollte Professor für Klassische Philologie in Kiel werden, aber er lehnte ab.

Inzwischen hatte er zur Verblüffung aller, die ihn kannten, eine Frau gefunden. Sein Freund Wilhelm Harster schreibt unter dem Eindruck der Verlobungsanzeige am 15. April 1879: »In der That nehme ich noch jetzt nach zwei Tagen öfter das vielsagende Blättchen zur Hand, um mich zu vergewissern, daß auch der ernste Gelehrte, dessen ganzes Sein bis dahin der Wissenschaft gehörte, nunmehr die Allesbezwingende Macht der Liebe an sich empfunden hat. Und wer von den vielen, die Dich hochachten und lieben, sollte nicht die herzlichste Freude darüber empfinden? Denn daß eine Forscherkraft wie die Deinige durch häusliche Sorge gelähmt oder auch nur vermindert werden könnte, ist nicht zu befürchten, vielmehr zu erwarten, daß dieselbe durch ein harmonisch geordnetes und beglückendes Familienleben noch höher gesteigert werden wird.«[24]

Meyers erste Frau starb bereits nach 6 Jahren, seine zweite von Wilamowitz »trefflich« genannte Frau, die er in Göttingen heiratete, nach nur 10 Jahren im Februar 1896. Ich möchte gern die Widmung zitieren, mit der Meyer 1905 im ersten Band der »Gesammelten Abhandlungen zur mittellateinischen Rythmik« seiner damals vor 20 Jahren verstorbenen ersten Frau gedenkt. Sie sagt – wie auch das Zitat aus dem Verlobungsbrief – viel aus über die der Gelehrtenfrau zugedachte Rolle, und sie paßt zu dem, was auch die zahlreichen übrigen Briefe des Nachlasses für andere Gelehrtenehen der damaligen Zeit zu belegen scheinen. Man könnte es auf folgende stark vereinfachende Formel bringen: Die Frau, von der normalerweise nur die Rede ist, wenn sie krank oder gestorben ist, opfert sich für den Mann, der sich seinerseits für die Wissenschaft opfert. Beider Leben ist eine einzige Anstrengung der Pflicht.

Das Zitat aus dem ersten Band der »Gesammelten Abhandlungen« lautet: »Gewidmet dem Gedächtnis meiner Frau Pauline geb. Riefstahl, die einst selbst zu Tod siech doch mit starkem Geiste bei den schwierigsten dieser Untersuchungen mich ermutigt hat auszuharren bis zu dem wahren und schönen Ziele«[25].

24 SUB Göttingen Cod. Ms. W. Meyer II:113. Die Heirat mit Pauline Riefstahl fand am 4. Juni 1879 statt, die Hochzeitsreise führte nach Speyer. Der Ehe entstammt als einziges Kind Rudi Meyer-Riefstahl, der den Nachlaß seines Vaters der hiesigen Universitätsbibliothek geschenkt hat.

25 Gesammelte Abhandlungen I (wie Anm. 15), p. I.

III. Der Ruf nach Göttingen. Dreieinhalb Jahre Klassische Philologie

Die Berufung Wilhelm Meyers nach Göttingen zum Sommersemester 1886 war, wie schon angedeutet, nicht unumstritten. Der Minister entsprach zwar prompt dem Vorschlag der Fakultät, und das hieß: Wilamowitzens, aber es gab ein Sondervotum[26] des Professors Ernst von Leutsch, in dem Wilhelm Meyers Qualifikation heftig bezweifelt wurde. Leutsch, ein Schüler Karl Ottfried Müllers, war bereits drei Jahre vorher auch gegen die Berufung von Wilamowitz gewesen und hatte den Erlanger Metriker August Luchs favorisiert[27], den er auch jetzt wieder an Meyers Stelle haben wollte. Leutsch stellt die Frage, ob die bisherigen Schriften Meyers erwarten ließen, »daß ihr Verfasser werde leisten können, was die in Rede stehende Professur leisten soll« (nämlich vor allem »Grammatik und besonders Syntax, ferner römische Litteraturgeschichte, endlich umfassend Metrik«), und er urteilt: »das muß m. E. auf das Entschiedenste verneint werden.« Wilhelm Meyer sei »kein Philologe, nur ein Dilettant in der Philologie«. »Nimmt man hinzu«, fährt Leutsch fort, »daß derselbe nie Dozent gewesen, daß Dociren aber eine Kunst, welche viel Übung verlangt und welche zu erlernen in späteren Lebensjahren für sehr schwierig gilt, daß aber geradezu von einem Professor wegen möglicher Leitung eines Seminars diese Kunst gefordert werden muß, so muß es mehr als bedenklich erscheinen, diesem Gelehrten eine Professur wie die in Rede stehende anzuvertrauen: es kann vielmehr m. E. nur als eine beklagenswerte Verirrung betrachtet werden, wenn eine Facultät, auf das Vorstehende nachdrücklich aufmerksam gemacht, solchen Vorschlag zu dem ihrigen macht, denn auf solchem Wege läuft sie Gefahr, die Achtung selbständig denkender Männer zu verlieren. Anders steht es mit Prof. Leo, denn dieser ist m. E. als Philologe dem Dr. W. Meyer bei weitem überlegen. Dabei beziehe ich mich auf Leo's Ausgabe des Tragikers Seneca, welche treffliche Ausführungen enthält: die Ausgabe des Venantius übergehe ich, weil dieser Schriftsteller dem Mittelalter angehört.«

Friedrich Leo stand übrigens auch auf der Liste der Fakultät, an

26 Datiert vom 27. Februar 1886, Universitäts-Archiv 4 V b,218.

27 Vgl. U. v. Wilamowitz, Erinnerungen (wie Anm. 3), 204. Vermutlich hat sich Leutsch auch deshalb so entschieden gegen Meyers Berufung gewehrt, weil es zwei Jahre vorher zu einem unerfreulichen Briefwechsel zwischen beiden gekommen war. Leutsch, als Herausgeber des »Philologus«, bat Meyer damals sehr höflich um eine Besprechung der Ennius-Ausgabe von Lucian Müller und der Symmachus-Ausgabe von Seeck und lud ihn überhaupt ein, in Zukunft für den »Philologus« zu rezensieren. Meyer lehnte schroff ab (er notiert auf Leutschs Brief: »Ich schrieb, ich habe keine Zeit für Recensionen«) und beklagte sich, wie aus der irritierten Antwort Leutschs hervorgeht, über die Mißgunst der philologischen Schulen, als deren Opfer er sich offenbar fühlte (vgl. Brief vom 14. April 1884, SUB Göttingen Cod. Ms. W. Meyer III:45 A).

zweiter Stelle hinter Meyer. Dieses Gutachten der Fakultät[28], aus dem ich eingangs schon zitiert habe, rühmt in völligem Gegensatz zu Leutsch die bisherigen Arbeiten Meyers. Es heißt da: »Wie es für den Bibliothekar nahe liegt, haben ihm handschriftliche Funde, namentlich in München, aber auch in italienischen Bibliotheken, die Anregung zu vielen Publicationen gegeben, die von ihm veranstalteten Textausgaben beruhen alle auf neuem selbst gefundenem Materiale und bekunden alle ebenso großen Fleiß, wie besonnene Methode. Umfangreichere Veröffentlichungen, zum Theil noch nie gedruckter Schriften, bereitet er vor.

Das aber, wodurch Meyer einen ganz eigenartigen Vorzug besitzt, ist seine vollkommene Beherrschung des absterbenden Lateins und der im Mittelalter künstlich gepflegten Sprache in allen ihren Formen. Diese Kenntnis ist ihm die Brücke geworden zu einer ganz neuen Disciplin der Metrik der mittellateinischen Gedichte... Die allerdings unleugbaren Bedenken, welche darin liegen, daß er dem Beruf als Lehrer bisher fremd geblieben ist, müssen und können zurück treten. Es ist vielleicht höchste Zeit, daß Dr. Meyer an den gebührenden Platz gestellt wird, aber noch ist es Zeit, und die Arbeiten, welche die ganze Bedeutung seines Könnens und Strebens erkennen lassen, sind erst vor kurzem erschienen: noch ist er zum Lernen nicht zu alt.«

Die Situation der Klassischen Philologie in Göttingen vor der Berufung Meyers war höchst unbefriedigend, und darum hatte man auf die Einrichtung und rasche Besetzung der neuen Stelle gedrungen. Ernst von Leutsch und Hermann Sauppe waren bereits hochbetagt, durch die Erkrankung von Karl Dilthey sah sich Wilamowitz zuletzt verpflichtet, selber latinistische Veranstaltungen zu halten[29].

Am 23. April 1886 teilt Wilhelm Meyer dem Kurator der Universität mit, daß er nach Göttingen – in die Weender Chaussee 6 – übersiedelt sei und »daß ich 1. die Leitung des Proseminars übernehmen werde und in demselben Phaedrus behandeln will, 2. in einem zweistündigen Kollege (privatim) Ciceros Rede pro Milone zu erklären gedenke«[30]. Einen Tag später schreibt Wilamowitz an seinen Schwiegervater Mommsen in Berlin: »W. Meyer ist vier Häuser von uns eingezogen. Nun wird sich's bald zeigen, wie wir gefahren sind.«[31]

Der Minister übertrug Meyer in Vertretung des erkrankten Dilthey die vorläufige Mitdirektion des Philologischen Seminars und erwartete nach dem Sommersemester einen Bericht darüber, »ob nicht der g. Dr. Meyer dauernd zum Mitdirektor des Seminars zu ernennen sein wird«[32]. Diesen

28 Datiert vom 6. März 1886, Universitäts-Archiv Göttingen 4 V b,218.

29 U. v. WILAMOWITZ, Erinnerungen (wie Anm. 3), 205f.

30 Universitäts-Archiv Göttingen 4 V b,218.

31 Mommsen und Wilamowitz, Briefwechsel 1872–1903, Berlin 1935, S. 270.

32 Brief an den Kurator vom 15. April 1886, Universitäts-Archiv Göttingen 4 V b,218.

Bericht verfaßten die Direktoren des Seminars, Sauppe und Wilamowitz, am 5. Oktober 1886, und er verrät eine gewisse Verlegenheit. Es heißt darin über Meyers erstes Göttinger Semester: »Prof. Meyer hat die ihm durch das Ministerial-Rescript vom 15. August übertragene Vertretung des Herrn Prof. Dilthey in der Mitdirektion des Philologischen Seminars nach einer Übereinkunft mit uns so ausgeführt, daß er die Übungen des Proseminars geleitet hat. In zwei Stunden ließ er die 24 Mitglieder ausgewählte Fabeln des Phaedrus erklären und nahm die schriftlichen Arbeiten derselben durch, deren freilich nur wenige eingereicht wurden. Obgleich wir nun überzeugt sind, daß Prof. Meyer in einer solchen Thätigkeit den besten Erfolg haben wird, glaubten wir dennoch über die Ernennung desselben zum *ständigen Direktor* uns erst nach einer sorgfältigen Beratung mit Prof. Dilthey aussprechen zu dürfen, da die geregelte Beteiligung von vier Professoren an der Direktion des philologischen Seminars und Proseminars großen Bedenken unterliegt.«[33] In einem Brief vom 9. Januar 1887, betreffend die »Definitive Gestaltung der Direktion des H. philologischen Seminar und Proseminar zu Göttingen«[34], beurteilen die Professoren Sauppe, Wilamowitz und Dilthey die Beteiligung von *vier* »in ihrer Richtung und Methode mehr oder weniger verschiedenen Männern« an der Direktion des Seminars als nachteilig für die Seminaristen. Vor allem das Proseminar sollte nach Ansicht der Verfasser in *einer* Hand liegen. Deshalb scheidet Dilthey auf eigenen Wunsch aus der Direktion aus und erweitert seine akademische Tätigkeit (mit ausdrücklichem Einverständnis Wieselers) auf die Archäologie. Wilhelm Meyer rückt als »wirkliches Mitglied der Seminardirektion« an Diltheys Stelle. In den folgenden 3 1/2 Jahren hält er jeweils eine vierstündige Vorlesung und ein zweistündiges Proseminar bzw. Seminar. Die Vorlesungen behandeln folgende Themen: Lateinische Metrik, Tacitus, Geschichte der lateinischen Dichtung, Horaz: Satiren, Geschichte der lateinischen Prosa, Catull. Die Seminare haben lateinische und griechische Gegenstände: Babrius' Fabeln, Bions erhaltene Schriften, die Epigramme des Krinagoras, dazu Ciceros Oratio pro Caelio, Quintilian: Buch 12 und Plautus: Bacchides.

IV. Scheiternde Projekte: Der Katalog der Handschriften in Preußen. Prokop. Cassiodor

Im Wintersemester 1889/90 wollte Meyer über die lateinische Literatur nach Augustus lesen und gemeinsam mit Sauppe ein Seminar zu Velleius

33 Ebenda.
34 Ebenda.

Paterculus abhalten – so steht es noch im Vorlesungsverzeichnis. Dazu aber kam es nicht mehr, denn Meyer wurde vom 1. Oktober 1889 an durch den Minister von seinen akademischen Verpflichtungen freigestellt und beauftragt, »einen Katalog der Handschriften in Preußen herzustellen und herauszugeben«[35]. Dieses Unternehmen hatte Meyer im März 1889 mit dem ihm befreundeten Personalienreferenten am Ministerium, Friedrich Althoff, ausführlich besprochen. Nach dem Modell der Handschriftenkataloge Frankreichs und Italiens sollten in insgesamt 33 Bänden alle in Preußen liegenden Handschriften erfaßt und beschrieben werden. »Den Anfang Ihrer Arbeit«, so schreibt der Minister, »wollen Ew. Hochwohlgeboren gefälligst mit den Handschriften der Universitätsbibliothek zu Göttingen machen, der Oberbibliothekar Professor Dr. Dziatzko ist dementsprechend mit Nachricht versehen.«[36]

Wilhelm Meyer verschwand also in der Bibliothek, und das Philologische Seminar mußte oder durfte ihn ersetzen. Wilamowitz schreibt an Mommsen am 24. April 1889, auf den Tag genau drei Jahre nach dem Brief, in dem er Meyers Einzug in Göttingen annonciert hatte: »W. Meyer bleibt nun noch ein Halbjahr, aber was dann? Dabei hat man Sauppe und Wieseler immer als ganz voll zu rechnen [d. h. die alten Professoren saßen noch auf ihren Stellen]. Ich habe fast die Lust verloren es weiter zu treiben.«[37] Mommsen, der als verantwortlicher Sekretär der Monumenta Germaniae Historica bis dahin schon genug Gelegenheit gehabt hatte, sich über Meyers mangelnde Disziplin zu ärgern[38], antwortet seinem Schwiegersohn am folgenden Tag: »So geht es freilich nicht weiter, lieber Wilamowitz. ...der Anstalt bist Du es schuldig, daß Wandel geschafft wird, und Du kannst es. So wie ich Althoff kenne, brauchst Du nur ernstlich zu wollen, um entsprechende Berufungen herbeizuführen. ...Daß Meyer den Sommer bleibt, ist recht gut: daß er Michaelis geht, ist auch gut. Du mußt nicht so kleinmütig sein...«[39]

In Göttingen hatte man sich bereits fest für Friedrich Leo als Meyers Nachfolger entschieden, obwohl den Dilthey, wie Wilamowitz schreibt, nicht mag, »weil er jüdisch aussieht, Sauppe nicht, weil er von Göttingen

35 Vgl. Brief des Ministeriums vom 14. Juni 1889 an W. Meyer, Universitäts-Archiv Göttingen 4 V b, 218.

36 Ebenda.

37 Briefwechsel (wie Anm. 31), 369.

38 »Er ist, wie es scheint, eine von den Naturen, die wenig über sich vermögen, deren Zusagen daher auch gewiß ehrlich, aber wenig wert sind, und die in Pflichtarbeiten eingespannt weder den Göttern noch den Direktoren es recht gemacht haben oder machen werden... Bei einem Unternehmen wie die Monumenta muß Disziplin sein, und Meyer ist so undiszipliniert wie der erste beste Backfisch.« (Brief vom 23. Juni 1886, vgl. Briefwechsel, wie Anm. 31, 271f.) Der Brief steht im Zusammenhang mit Meyers geplanter Cassiodor-Edition (vgl. dazu weiter unten).

39 Ebenda, 369f.

als Student weggegangen ist«[40]. Eine Gefahr für Leos Berufung bedeutet noch, daß Meyer »unter Belassung seines Amtseinkommens«[41] beurlaubt worden war, d.h. als Klassischer Philologe weiterbezahlt werden mußte. In dieser Eigenschaft erhielt er jährlich ein Gehalt von 5000 Mark und 540 Mark Wohnungsgeldzuschuß, dazu kamen jetzt für die Katalogisierung der Handschriften eine jährliche Remuneration von 3000 Mark und 1200 Mark Reisekosten[42].

Die Vorschlagsliste der Fakultät für die Nachfolge Meyers[43] enthält nur zwei Namen: Friedrich Leo, Professor in Straßburg, und Friedrich Marx, Professor in Rostock. Von Wilhelm Meyer trennte man sich auf denkbar elegante Weise. Im Schreiben der Fakultät an den Minister heißt es: »Es kann unserer Facultät nur zur Genugthuung gereichen, daß sie vor drei Jahren durch ihre Vorschläge Ew. Excellenz die Anregung bieten konnte, einen Mann für den Preußischen Staat zu gewinnen, welcher nunmehr von Ew. Excellenz an die Spitze eines ausgreifenden und bedeutenden Unternehmens gestellt wird, und sie bescheidet sich gern, zu Gunsten des größeren Zweckes den eben erst hier heimisch gewordenen Collegen hingeben zu müssen, so sehr sie sein Scheiden bedauert.«[44]

Spätestens fünf Jahre nach Beginn der Handschriftenkatalogisierung wurde dem Ministerium klar, daß die geplante zügige Verwirklichung des gewaltigen Unternehmens mit Wilhelm Meyer an der Spitze nicht gelingen konnte. In einem Brief des Ministers an den Kurator der Universität vom 4. April 1894 heißt es: »Die Erreichung des gesteckten Zieles erscheint durch die von dem Professor Meyer eingeschlagene Art der Bearbeitung als ausgeschlossen, da trotz des inzwischen verflossenen mehr als vierundeinhalbjährigen Zeitraums und des (einschließlich der Druckkosten) der Höhe von 40000 Mark nahekommenden Betrages der erwachsenen Kosten bisher nicht einmal der Hss.-Katalog der Göttinger Universitätsbibliothek zu Ende geführt ist. Der Umfang des letzteren, welcher nach dem Plane des Professors Meyer vom 19. März 89

40 Ebenda, 371.

41 Vgl. die vom 31. Oktober 1889 datierte Offizielle Beurlaubung Meyers (Universitäts-Archiv Göttingen 4 Vb, 218). Die Beurlaubung gilt zunächst für ein Jahr und ist verlängerbar bis zu einer Maximalzeit von 5 Jahren.

42 Vgl. Brief des Ministeriums vom 14. Juni 1889 an W. Meyer und vom 1. Juni 1889 an den Kurator (Universitäts-Archiv Göttingen 4 Vb, 218). Der »Etats-Entwurf« in diesem letzteren Brief gibt versehentlich die bisherige Summe aus Gehalt und Wohnungs-Entschädigung mit 5400 statt 5540 M. an.

43 Die vom 11. Juli 1889 datierten »Vorschläge der philosophischen Fakultät zu Göttingen für den vertretungsweisen Ersatz des beurlaubten Prof. Dr. W. Meyer« wurde vom Dekan am 16. Juli 1889 an den Kurator weitergeleitet (vgl. Universitäts-Archiv Göttingen 4 Vb, 218).

44 Ebenda.

mit den Beständen der nächstgelegenen kleineren Bibliotheken *einen* Band füllen sollte, hat zudem bereits zwei Bände überschritten.«[45]

Schon im November 1893 waren zwischen Meyer und dem Preußischen Staat mündlich neue Bedingungen vereinbart worden, die einen rascheren Fortgang der Arbeit gewährleisten sollten. So war z. B. vorgesehen, Meyer von nun an nach Leistung zu bezahlen: statt der jährlichen Remuneration von 3000 Mark sollte er jetzt für jeden fertig gedruckten Bogen 100 Mark erhalten[46]. Meyer weigerte sich jedoch später, das Protokoll dieser Verhandlung zu akzeptieren und bezeichnete die neuen Bestimmungen als seiner unwürdig[47]. Auf diese Ablehnung bezieht sich die folgende Stelle aus dem bereits erwähnten Schreiben des Ministers an den Kurator: »Eure Hochwohlgeboren ersuche ich daher ergebenst, den Prof. Meyer zu einer anderweiten Erklärung zu veranlassen, ob er unter den neuen Bedingungen das Unternehmen weiterzuführen geneigt ist. Verneinendenfalls wollen Eure Hochwohlgeboren demselben gefälligst eröffnen, daß ich mich zu meinem Bedauern genöthigt sehe, auf seine weitere Mitwirkung zu verzichten und ihn mit Fertigstellung des Handschriftenkatalogs der Göttinger Universitätsbibliothek von der Leitung des Unternehmens zu entbinden. Über den Zeitpunkt der letzteren sehe ich einer gefälligen Mitteilung, sowie wegen Wiederaufnahme seiner Lehrtätigkeit eventuell Euer Hochwohlgeboren Vorschlägen entgegen.«[48]

Wilhelm Meyer scheidet tatsächlich aus dem Unternehmen aus, und mit diesem Schritt kommt das Projekt als Ganzes zum Erliegen. Es war zweifellos die für die Allgemeinheit folgenschwerste Entscheidung im Leben Meyers. Erst mehr als dreißig Jahre später gab es neue Pläne zur Gesamtkatalogisierung der Handschriften in deutschen Bibliotheken, die durch den zweiten Weltkrieg zunichte wurden, und wieder 30 Jahre später hat die DFG den Plan erneut aufgegriffen[49].

Parallel zu dieser Entlassung Meyers – für den geborenen Bibliothekar

45 Ebenda, U I No. 10687.
46 Ebenda, Abschrift zu U I 10687.
47 Brief vom 9. Februar 1894, ebenda.
48 Wie Anm. 45.
49 Vgl. dazu jetzt HELMAR HÄRTEL, Zur Geschichte der Erschließung mittelalterlicher Handschriften, in: Die Erforschung der Buch- und Bibliotheksgeschichte in Deutschland, Wiesbaden 1987, 23–54, bes. 40ff. Es soll hier nur kurz angemerkt werden, daß W. Meyer dem im Jahre 1906 begonnenen Unternehmen der Mittelalterlichen Bibliothekskataloge sehr skeptisch gegenüberstand. Er verfaßte dazu am 1. Mai 1906 eine vierseitige brüske Stellungnahme, die in der Göttinger Sitzung der Kommission (während seiner Abwesenheit in England) verlesen und diskutiert wurde. Meyers Papier und das Sitzungsprotokoll sind im Archiv der Göttinger Akademie (Scient. 306,3 und 4) erhalten. Im Protokoll, das die Unterschriften von Hartel, Pietschmann, Ottenthal, Burdach, Traube und E. Schröder trägt, liest man u. a.: »Herr Traube tritt der Skepsis W. Meyers entgegen, die sich z. Th. aus seinem wissenschaftlichen Temperament erklärten.« Der Relativsatz ist nachträglich mit Bleistift durchgestrichen.

sicher auch persönlich eine demütigende Niederlage – verlaufen zwei weitere peinliche wissenschaftliche Affären, die hier nur eben kurz angedeutet werden können. Sie betreffen zwei langjährige und schließlich gescheiterte Editionspläne Meyers. In Italien hatte er Handschriften von Prokops Gotengeschichte und Cassiodors »Variae« gefunden, durch die sich die existierenden Editionen entscheidend verbessern ließen. Er vereinbarte also mit der Bayerischen und der Berliner Akademie der Wissenschaften bzw. mit den Monumenta (vertreten durch Mommsen) Neuausgaben des Prokop und des Cassiodor, und er beantragte und erhielt für diesen Zweck beträchtliche Geldmittel. Für den Prokop wurden ihm im Mai 1875 insgesamt 2250 Mark gewährt, verteilt auf drei Jahre[50]. Fünfzehn Jahre später antwortete Meyer auf eine von Mommsen gezeichnete ultimative Mahnung der Berliner Akademie, daß »der ergebenst Unterzeichnete die Vorarbeiten zu einer kritischen Ausgabe des Prokop stets fortgesetzt hat, daß aber der öftere Wechsel seiner Berufsthätigkeit und kleinere Arbeiten, durch deren rasche Veröffentlichung er der Wissenschaft mehr zu nützen glaubte, die Ausführung der kritischen Ausgabe noch verzögerten. Doch ist diese Arbeit dem ergebenst Unterzeichneten die liebste von denjenigen, deren Ausführung der sich vorgenommen hat«[51].

Als Meyer nach insgesamt 19 Jahren und nach zahllosen Anmahnungen weder das Manuskript für den Druck des Prokop abgeliefert noch das Geld zurückgezahlt hatte, wurde die Sache vor den Minister gebracht, und dieser zwang Meyer durch einen förmlichen Schiedsspruch, »die Hälfte der ihm von der Königlichen Akademie der Wissenschaften gewährten Unterstützung, mithin den Betrag von 1125 Mark an die Akademie zurückzuzahlen«[52]. Prokop wurde 9 Jahre später von Jacques Haury bei Teubner ediert. Nicht viel besser ging es mit Cassiodor. Mommsen bittet Meyer mit zunehmender Unlust um einen Bericht über den Fort-

50 Dem diesbezüglichen Schreiben des Ministeriums vom 12. April 1894 an den Kurator liegen (abschriftlich) der Antrag W. Meyers an Mommsen vom 21. Mai 1875, das entsprechende Sitzungsprotokoll der Berliner Akademie vom 7. Juni 1875 sowie Meyers ergebener Dankbrief an Mommsen vom 8. August 1875 bei (vgl. Universitäts-Archiv Göttingen 4 V b, 218, U I No. 10933).

51 Brief vom 26. Juli 1890, ebenda; vgl. auch (ebenda) den Brief Meyers vom 8. Oktober 1890 an Mommsen und dessen erzürnte Antwort vom 6. November 1890, in der es u. a. heißt: »Wenn Sie von derselben (Akademie) jetzt verlangen, zu Ihnen das Vertrauen zu haben, daß Sie die Sache zu richtigem Ende führen werden, so weist sie diese Zumuthung als unberechtigt zurück. Sie hat dieses Vertrauen gehabt, aber Sie haben es nicht gerechtfertigt.« W. Meyer wandte sich schließlich mit einem großen Rechenschaftsbericht über sein wissenschaftliches Leben an den Minister Gossler (vgl. den Brief vom 7. Dezember 1890, ebenda).

52 Schreiben des Ministeriums vom 17. August 1894 (Universitäts-Archiv Göttingen 4 V b, 218, U I 11900).

gang der »Variae«-Edition. Da Meyer erklärt, das ihm zuletzt von der Generalversammlung der Monumenta gesetzte Ultimatum zum 1. April 1887 nicht einhalten zu können, wird der Kontrakt gelöst, und Mommsen opfert sich, die Ausgabe selber fertigzustellen. Er schreibt am 8. Mai 1886: »Bleiben Sie bei Ihrem Entschluß, so weiß ich, ..., daß kein anständiger Gelehrter sich bereit finden wird, in eine derartige Arbeit einzutreten. Ich allein kann das thun, weil meine Direktionspflicht mir zu meinem Vorgehen die Legitimation gibt, das aus freier Wahl weder ich noch sonst jemand anwenden würde. Geben Sie die Notizen ab, so schließe *ich* die Arbeit ab, setze meinen Namen nicht auf den Titel, lege aber in der Vorrede den Sachverhalt vor. Das ist eine Kalamität, für die Arbeit, für Sie und für mich. Ich habe an sich gar keine Neigung für diese Recension, und daß ich von den wenigen Jahren, über die ich noch vielleicht verfügen kann, eines dafür hingebe und von meinen anderen Arbeiten abziehen soll, ist hart. Allein ich habe die Pflicht... übernommen, und wenn es sein muß, so werde ich es thun.«[53] Es mußte sein. Die Ausgabe der »Variae« erschien, von Mommsen ediert, im Jahre 1894. Mommsen hatte offenbar keinerlei Hilfe von Meyer erhalten, darum setzte er schließlich doch seinen eigenen Namen auf den Titel der Ausgabe und bestrafte Meyer durch eine totale damnatio memoriae. Sein Name wird an keiner Stelle der Ausgabe erwähnt. In der Vorrede schreibt Mommsen, teils sei die Ungunst des Schicksals, teils die Säumigkeit der Menschen (»partim fati invidia, partim hominum ignavia«) für die Verzögerung der Edition verantwortlich. Und wörtlich: »Als ich die Hoffnung aufgeben mußte, diese Arbeit würde durch einen anderen in angemessener Zeit fertiggestellt werden können, habe ich sie selbst auf mich genommen, gegen meinen Willen und nicht der Neigung, sondern der Pflicht gehorchend« (»invitus neque animo sed officio oboediens«)[54].

V. Rückkehr an die Universität und Begründung der mittellateinischen Philologie

Nach dem Scheitern des Katalogunternehmens im Jahre 1894 mußte Wilhelm Meyer zurück an die Universität. »Mit Rücksicht auf seine angegriffene Gesundheit« entband ihn der Minister[55] zunächst für das Wintersemester 1894/95 von der Verpflichtung, Vorlesungen zu halten. Die Dispens wurde dann auch noch auf das Sommersemester 1895 erweitert. Der Kurator Höpfner hatte Meyers Gesuch befürwortend an das

53 SUB Göttingen Cod. Ms. W. Meyer III:175.

54 Cassiodori Senatoris Variae, rec. Th. Mommsen, MHG AA XII, 1894, p. CLXXIX.

55 Vgl. das Schreiben des Ministeriums vom 11. Juni 1894 (Universitäts-Archiv Göttingen 4 V b, 218, U I No. 11355).

Ministerium weitergeleitet und folgendes dazu geschrieben: »Der von dem Meyer freimütig ausgesprochene Grund zu seiner Bitte ist das Bedürfnis, nach den erschöpfenden Arbeiten an dem Werke der Handschriftenbeschreibung zu ruhiger Versenkung in die ihm nunmehr bevorstehenden schriftstellerischen und Lehramtsaufgaben zu gelangen. Die Persönlichkeit des Meyer macht den Eindruck, als ob es nicht geraten schiene, ihm schon zu dem bevorstehenden Ostertermine die höchste Anspannung auf den von ihm wieder in Angriff zu nehmenden Gebieten zuzumuten.«[56] Der Minister entsprach dieser Bitte[57] und erklärte sich darüber hinaus »mit der Erweiterung des Lehrauftrags des Professor Meyer dahin einverstanden, daß derselbe seine Lehrthätigkeit bei Wiederaufnahme der letzteren auch auf die lateinische Sprache und Literatur des Mittelalters zu erstrecken hat«[58].

Schon im Sommer 1894 hatte Wilamowitz an Mommsen geschrieben: »W. Meyer hat sich sehr ordentlich aus allen Affären gezogen, was wirklich Anerkennung verdient: Althoff wird Dir berichtet haben. Er wird uns die Philologie nicht stören, die nun auch hier zusammenzuschrumpfen beginnt.«[59] Nach dem Bescheid des Ministers sollte sich Meyers Lehrtätigkeit »*auch* auf die lateinische Sprache und Literatur des Mittelalters« erstrecken, – tatsächlich befaßte sich Meyer von jetzt an *nur* noch mit diesem Gebiet. In den gut 20 Jahren, die ihm blieben, hielt er jedes Semester eine mittellateinische Vorlesung, ausnahmslos über Dichtung, nie über Prosawerke oder über ein theoretisches oder allgemein historisches Thema. Zum Kanon seiner Kollegs gehörten der »Waltharius«, der »Ruodlieb«, ausgewählte Gedichte zur Metrik und Rhythmik, lateinische Gedichte zur deutschen Geschichte (in den Kriegsjahren hat er diese Vorlesung mehrfach gehalten), mittelalterliche Schauspiele (besonders der »Ludus de Antichristo«), die Gedichte des Hugo Primas, die »Carmina Burana«, die er insgesamt 7 Mal behandelt hat, und der Archipoeta. Über diesen kostbarsten mittellateinischen Schatz der Göttinger Universitätsbibliothek wollte Meyer auch im Sommersemester 1917 wieder lesen, aber er hat es nicht mehr erlebt. Die Vorlesungen waren vierstündig, zunächst immer von 8 bis 9, später wurden sie im Wintersemester auf den Nachmittag von 3 bis 4 gelegt.

Über viele Jahre bot Meyer jedes Semester Paläographiekurse an und meistens nicht näher spezifizierte mittellateinische Übungen. Die Paläo-

56 Schreiben vom 30. November 1894 (ebenda, N. 3654).

57 Die Verleihung des Roten Adler-Ordens IV. Klasse an W. Meyer »mittelst Allerhöchsten Erlasses« (vom 25. November 1895) durch den Kaiser darf als eine weitere sedative Maßnahme verstanden werden (vgl. das Schreiben des Ministeriums vom 5. Dezember 1895, ebenda, U I No. 13386).

58 Wie Anm. 55.

59 Briefwechsel (wie Anm. 31), 498.

graphie war in der Regel gut besucht: oft mußte er seinen Kurs – für Anfänger und Fortgeschrittene – zweiteilen[60]. Entscheidend für das starke Interesse an den paläographischen Übungen war, daß Meyer im Jahre 1891 Mitdirektor des Diplomatischen Apparats geworden war[61]. Nach vielen Querelen erklärte er in einem bitteren Brief an Karl Brandi vom 10. November 1913 seinen Rücktritt von diesem Amt. Er schreibt: »Diese Lehrthätigkeit, welche ich bisher ununterbrochen ausgeübt habe, lege ich jetzt nieder. Denn die Verhältnisse, unter denen ich sie übernommen habe, haben sich durchaus verändert. Ich hatte die Wissenschaft der Paläographie als Beamter der großen Staatsbibliothek zu München gelernt und hatte dann in Göttingen mit 5jähriger Thätigkeit die Handschriften dieser Bibliothek beschrieben. Der diplomatische Apparat in Göttingen war von jeher in enger räumlicher Verbindung mit der Bibliothek. Ich konnte so die Wissenschaft der Paläographie in engster Verbindung mit ihrem Stoffe, den Handschriften und den Drucken, lehren. Ich habe mich bemüht, durch theoretische Forschung und praktische Lehre diese Wissenschaft zu fördern... Allein meine Arbeitsfreude ist geschwunden, denn in Göttingen findet die Wissenschaft der Paläographie nicht die würdige Beachtung.«[62]

In dem bereits erwähnten Brief an den Kurator vom 24. April 1900 schreibt Meyer: »Die *Vorlesungen* sind natürlich schwach besucht, da ich keinen Examensgegenstand behandle und kein Examinator bin.«[63] Tatsächlich hatte Meyer kaum Interesse an der Lehre und auch nicht an Schülern. Edward Schröder, Meyers vertrautester Freund, tadelt in seinen beiden Nachrufen[64] zu Recht, er habe seinen Schülern keine Probleme gestellt, die er nicht selbst auch gleich gelöst hätte. »Dieser herzensgütige und stets hilfsbereite Mensch hat doch kaum je einen Fund aus der Hand gegeben, der seinem Glück und Geschick zugefallen war. Und so hinterläßt er auf einem Felde, wo es noch so unendlich viel zu tun gibt, keine Schule, wie sie sein weitblickender Freund Ludwig Traube sichtbar geschaffen hat.«[65] Wilhelm Meyer lebte ganz seiner eigenen Forschung, er

60 Vgl. Meyers zwei Briefe an den Kurator vom 21. Januar 1899 und 24. April 1900 (ebenda).

61 Vgl. das Schreiben des Kurators an Meyer vom 21. Juni 1891 (ebenda, No. 1901) und HANS GOETTING, Geschichte des Diplomatischen Apparats der Universität Göttingen, in: Archivalische Zeitschrift 65, 1969, 11–46, bes. 41f. Für freundliche Hilfe habe ich Hans Goetting herzlich zu danken.

62 Vgl. Akten des Diplomatischen Apparats (wie Anm. 8). Hauptanstoß war für Meyer die räumliche Trennung des Diplomatischen Apparats von der Bibliothek und die Erschwernis der Benutzung von Handschriften außerhalb der Bibliotheksräume.

63 Vgl. Anm. 60.

64 SCHRÖDER (wie Anm. 1), Nachrichten der Königl. Ges., 78f., bzw. Dt. Biogr. Jb., 108.

65 SCHRÖDER (wie Anm. 1), Dt. Biogr. Jb., 108. An der entsprechenden Stelle in den Nachrichten der Königl. Ges. schreibt Schröder: »So ist mir kein Fall bekannt, wo er

diente der Wissenschaft. In den Nachrichten der Göttinger Königlichen Gesellschaft der Wissenschaften, zu deren Mitglied er, vier Monate nach Wilamowitz, am 25. Mai 1892 »mit großer Majorität«[66] gewählt worden war, erschienen mit bewundernswerter Regelmäßigkeit seine wahrhaft gelehrten und in ihrem Stil ganz unverwechselbaren Abhandlungen.

Stellvertretend für viele sollen wenigstens zwei klassisch gewordene Arbeiten noch eigens genannt werden, die beide aus dem Jahr 1901 stammen. »Der Gelegenheitsdichter Venantius Fortunatus«[67], ein Aufsatz über die Entstehungsbedingungen und die Rolle der Lyrik dieses ersten großen mittelalterlichen Dichters in Frankreich, vollendete gewissermaßen (interpretierend) die Arbeit, die Meyers Göttinger Nachfolger Friedrich Leo für seine Edition aufgewendet hatte. Die zweite Abhandlung trägt den Titel »Fragmenta Burana« und ist ein Festschriftbeitrag zur Feier des 150jährigen Bestehens der Königlichen Gesellschaft der Wissenschaften zu Göttingen[68]. Meyer rekonstruiert hier aufgrund seiner neuen Handschriftenfunde (mit den Texten von 3 geistlichen Spielen) die von Schmeller nicht erkannte ursprüngliche Lagenordnung des Benediktbeurer Codex und gibt eine neue Darstellung der Geschichte der mittellateinischen Schauspiele sowie der mittellateinischen Dichtungsformen[69]. Nur eben erwähnt werden soll noch sein Aufsatz »Der Ursprung des Motetts«[70], den die Musikologen heute noch rühmen und in dem Meyer, obwohl er selber nach eigenem Bekunden zwar gerne singen hörte, aber nichts von Musik verstand[71], auf tatsächlich verblüffende Weise den höchst komplizierten Strophenbau der Motette erklärt.

Meyers Schriften haben immer etwas von einem Rechenschaftsbericht. Der Verfasser springt, stets in der Ich-Form referierend, mit dem ersten Satz in die Sache hinein und bricht, wenn der Fall erledigt ist, ebenso unzeremoniell ab. Die Gegner haben nichts zu lachen: es wird ihnen systematisch der Prozeß gemacht, den sie regelmäßig verlieren.

von sich aus einen der tüchtigen jungen Germanisten oder Historiker, die wir ihm gerne zuwiesen, zu eigener Arbeit angeregt oder gar als Legaten in eine der vielen Provinzen entsandt hätte, die er selbst nicht verwalten konnte.« (79).

66 Archiv der Akademie, Pers. 16.

67 Abhandlungen der Königl. Gesellschaft der Wissenschaften zu Göttingen, Philologisch-hist. Klasse, NF Bd. IV, Nro 5; in Auszügen wieder abgedruckt in: Mittellateinische Dichtung (wie Anm. 1), 57–90.

68 Fragmenta Burana, hg. von Wilhelm Meyer aus Speyer, Berlin 1901.

69 Der Schlußabschnitt mit Meyers grundsätzlichen Überlegungen zur mittellateinischen Philologie ist wiederabgedruckt in: Mittellateinische Dichtung (wie Anm. 1), 3–5.

70 Der Ursprung des Motetts, in: Nachrichten der Königlichen Gesellschaft der Wissenschaften zu Göttingen, Philologisch-hist. Klasse 1892, Heft 2, 303–341; wieder abgedruckt in: W. Meyer, Gesammelte Abhandlungen zur mittellateinischen Rythmik, Bd. II, Berlin 1905, 303–341.

71 Vgl. ebenda, 304.

Man konnte sicher sein: wenn sich Wilhelm Meyer zu Wort meldete, hatte er etwas Neues gefunden, und das neu Gefundene war damit zugleich wissenschaftlich endgültig abgehandelt. So kommt es, daß praktisch alle Arbeiten Meyers bis auf den heutigen Tag zur Grundausstattung der Lateinischen Philologie des Mittelalters gehören. Er hat sich in den *Sachen* kaum einmal geirrt, möglicherweise – und verständlicherweise – überschätzte er im ersten Rausch seiner Eroberungen die Abhängigkeit der nationalsprachigen literarischen Formen von der lateinischen Literatur des Mittelalters. Es ist müßig, darüber zu streiten, ob Wilhelm Meyer als Begründer der mittellateinischen Philologie zu gelten hat, oder Ludwig Traube. Ein Vergleich zwischen beiden ist letztlich für jeden ungerecht und inadäquat. Der charismatische Ludwig Traube, der 16 Jahre jünger war als Meyer, hatte nur ein kurzes Leben zur Verfügung. Er starb 1907 mit 46 Jahren, aber seine zahlreichen von ihm in jeder Hinsicht angeregten Schüler wurden zu Herolden seines Ruhms. Wilhelm Meyer starb 1917 in der Endphase des ersten Weltkriegs, in der auch eine Epoche starb.

Nicht nur bei seinem Tod, in seinem ganzen Leben war er menschlich vereinsamt[72] und gleichzeitig wissenschaftlich hochgeachtet. Die Wissenschaft in ihrer herberen Form war im Grunde die einzige Instanz, die er für sich anerkannte und die ihn gerechtfertigt haben dürfte. –

Im Jahre 1751 schrieb Albrecht von Haller in seinem Entwurf für die Statuten der Göttinger Akademie der Wissenschaften den folgenden Satz: »Es giebt zweyerley Academien, die eine zur Belehrung der Jugend, die andere zum Erfinden. Beyde haben ihren grossen und unentbehrlichen Nutzen...«[73] Da zu Hallers Begriff des »Erfindens« auch das historische und literarhistorische Finden zählt, kann man Wilhelm Meyer in solchem Sinne einen »Erfinder« nennen, wie ihn zu seiner Zeit keine andere Philologie mehr haben konnte.

72 Ludwig Traubes Briefe sind wahrhaft bewegende Dokumente einer unbeirrt herzlichen Anhänglichkeit an den älteren Freund. Am »schweren Tag der Beerdigung« von Meyers zweiter Frau bietet er diesem und seinem Sohn Rudi für die Ferienzeit sein eigenes Haus in München an (vgl. Brief vom 28. Mai 1896, SUB Göttingen Cod. Ms. W. Meyer V,2: 73). Der letzte in Göttingen erhaltene Brief Traubes an Meyer (ebenda: 87 A) datiert vom 13. Juni 1904 und nimmt Bezug auf Meyers Arbeit über die Legende des hl. Albanus: »Mein innigst verehrter Freund, Dein neues Buch ist ein herrlicher Meteor...«

73 Die Kenntnis dieser Stelle verdanke ich Ulrich Schindel (vgl. »Zum neuen Titelblatt«, in: GGA 239. Jg., Nr. 1–2, S. 4).

Wolfram Ax

Friedrich Leo, Professor der Klassischen Philologie 1889–1914

I.

Im Auftrag seiner Majestät, des Kaisers und Königs, ernannte das Berliner Ministerium der geistlichen Unterrichts- und Medicinalangelegenheiten Friedrich Leo mit Wirkung vom 1. Oktober 1889 zum ordentlichen Professor für Klassische Philologie am philologischen Seminar der Universität Göttingen. Dies geschah mit der Maßgabe – so formuliert es der Minister im Schreiben an den Kurator von Meier vom 23. September 1889 –,

> »das gesamte Gebiet der Klassischen Philologie unter besonderer Berücksichtigung der latinistischen Seite, in Vorlesungen sowohl wie in seminaristischen Übungen zu vertreten.«

Nun heißt es zwar in den Erinnerungen von Wilamowitz: »Ein Professor, der nach Göttingen kommt, richtet sich auf Bleiben ein«[1], aber Leo war damals erst 38 Jahre alt und ahnte vielleicht noch nicht, daß die Ernennung tatsächlich diese wichtige Cäsur in seinem Leben setzen sollte. Nach berufsbedingtem häufigen Ortswechsel war mit Göttingen die letzte Station seines Lebens erreicht, denn die ihm noch verbleibenden gut 24 Jahre bis zu seinem Tod am 15. Januar 1914 blieb er – Rufen nach Berlin, Bonn und Leipzig zum Trotz[2] – Ordinarius für Klassische Philologie an der Georgia-Augusta. Göttingen wurde nun aber für Friedrich Leo keineswegs die Stätte einer nach langer Mühsal der Bewährung sich setzenden, zur Ruhe kommenden Existenz, die den produktiven Höhepunkt der »Wanderjahre« bereits überschritten hat. Vielmehr sollte die Göttinger Zeit erst die Steigerung und eigentliche Vollendung im beruflichen wie im privaten Bereich erbringen: Während Leos Göttinger Ordinariat von 1889–1914 erschienen ohne Zweifel die bedeutendsten seiner

1 Wilamowitz ²1929, 198. Die häufiger zitierte Literatur wird in einem Verzeichnis am Ende des Beitrags voll angegeben. Abkürzungen entsprechen den Siglen der L'année philologique.
2 Vgl. Pohlenz 1914, 311.

Werke: die Plautusausgabe z. B. von 1895–1896, dazu 1895 die Plautinischen Forschungen (^{2}1912), die Monographie »Die griechisch-römische Biographie« 1901 und schließlich 1913 Leos wichtigste Arbeit, der erste Band der »Geschichte der römischen Literatur«[3]. Dazu kamen die für Leo beglückenden 7 1/2 Jahre der engen Zusammenarbeit mit Wilamowitz von 1889–1897 in Göttingen, Wilamowitz, den er 1873 in Italien persönlich kennengelernt, der ihm den Ruf von 1889 nach Göttingen verschafft hatte und mit dem er zeit seines Lebens in enger freundschaftlicher Verbindung stand. Daß diese Göttinger Jahre auch Wilamowitz viel bedeutet haben, wissen wir von ihm selbst. In seinen Erinnerungen von 1928 schreibt er:

»... und Leo war da. Wir hatten die engste Fühlung, einig über die Ziele und den Betrieb des Unterrichts, einig auch über unsere Wissenschaft standen wir doch ein jeder ganz selbständig nebeneinander, ergänzten und förderten uns gegenseitig, und so war für die Studenten, soweit es die Philologie anging, gesorgt. Für sie gehörten wir ganz so zusammen, wie sie uns alltäglich in der Zwischenpause im Vorgarten des Auditorienhauses spazieren sahen und wie wir uns beide oft in ihrem philologischen Vereine zusammenfanden, jedenfalls im selben Sinne an dem Wohle des Vereins regen Anteil nahmen.«[4]

Neben dieser im engeren Sinne fachlichen Tätigkeit bedeutete für Leo sicher auch seine Arbeit in der Göttinger Akademie, der er seit 1893 angehörte, einen Höhepunkt seiner wissenschaftlichen Laufbahn, insbesondere seine Mitarbeit am Thesaurus linguae Latinae von 1894–1899. Ich werde noch kurz darauf eingehen.

Aber auch im privaten, familiären Bereich müssen die Göttinger Jahre, soweit wir das noch nachvollziehen können, eine glückliche Zeit gewesen sein. Schon in Kiel hatte Leo 1882 Cécile Hensel (1859–1928), verwandt mit dem Maler Wilhelm Hensel und mit Moses Mendelssohn (1729–1786), geheiratet[5]. In den Nachrufen auf Leo wird sie als eine Frau mit geistigen und künstlerischen Interessen und mit Sinn für Geselligkeit beschrieben, ihre Ehe mit Leo als sehr harmonisch bezeichnet[6]. 1893 baute die Familie im Friedländerweg 44 ein Haus und bezog es 1894. Es diente der Familie bis zum Tode von Frau Leo 1928 als Wohnsitz und es steht noch immer, bis heute von dem Besitzer bewohnt, der es 1928 von den Erben Leos gekauft hatte. Ein Nachbar Leos erinnert sich[7], daß das Grundstück 1893 von dem durch Eisenlieferungen an die Militärbehörde

3 Vgl. LEO 1895/6 (^{2}1912), 1901 und 1913.
4 WILAMOWITZ ^{2}1929, 224.
5 Vgl. WILAMOWITZ 1935, 137, POHLENZ 1914, 303 und SCHINDEL 1985, 241. Hensel war der Großvater, Mendelssohn der Urgroßvater.
6 Vgl. POHLENZ 1914, 303 und WENDLAND 1914, 11.
7 Erinnerungen des Gärtners Ernst Lange an die früheren örtlichen Verhältnisse des

Abb. 18: Friedrich Leo (1851–1914)

reich gewordenen Nagelschmied Lünemann zum Preis von 15 Pfg. pro qm von Familie Leo erworben und darauf das Haus mit Sandsteinen aus Reinhausen und – sehr beziehungsreich, wie man noch sehen wird – Tuffsteinen aus Rosdorf errichtet wurde. Es wurde sehr bald ein Ort gutnachbarlicher Beziehungen und Mittelpunkt geselligen Lebens, wie ebenfalls aus den Erinnerungen des Nachbarn hervorgeht:

»Prof. Dr. Leo war Jude, ebenso seine Frau, eine geborene Hensel, die mit der Familie Mendelssohn-Bartholdy verwandt war. Leo's waren sehr freigebig. Sie haben z. B. die Ausbildungskosten für die Ausbildung eines Bruders von Lange als Lehrer vollkommen getragen. Im Sommer waren 2 × wöchentlich offene Abende im Garten mit Lampions. Zu diesen erschienen Altphilologen, Studenten und Professoren, die von drei Hausangestellten bedient wurden.«

Die Gastlichkeit des Hauses Leo wurde auch sonst ausdrücklich vermerkt[8]. Im Friedländerweg 44 wurden dann auch, nachdem schon 1885/6 die Tochter Erika geboren war, die Söhne Ulrich (1890) und später Paul geboren. Soviel zunächst zur Bedeutung Göttingens im beruflichen und privaten Leben Friedrich Leos. Blicken wir jetzt kurz zurück auf die Stationen vor Göttingen.

Leo wurde am 10. Juli 1851 in Regenwalde in Pommern als Sohn eines jüdischen Arztes geboren, der 1843 zum evangelischen Glauben übergetreten war[9]. Schon kurz nach Leos Geburt siedelte die Familie nach Bonn über, wo Leo seine Kinder- und Jugendjahre verbrachte. Im WS 1868 begann er sein Studium der Klassischen Philologie in Göttingen, wo er bis SS 1871 u. a. bei v. Leutsch, Sauppe und Wachsmuth hörte[10].

Der Krieg gegen Frankreich unterbrach das Studium, denn Leo meldete sich als Kriegsfreiwilliger im Juli 1870, nahm vom Dezember 1870 bis Januar 1871 an den Kämpfen teil und kehrte erst im März 1871 nach Göttingen zurück. Über dieses Kriegsintermezzo sind wir durch Leo selbst sehr genau unterrichtet. 1905 verfaßte er seine »Kriegserinnerungen«, die 1914 kurz vor Ausbruch des ersten Weltkriegs von Wilamowitz herausgegeben und eingeleitet wurden[11]. Sie sind sicher ein hochinteressantes Zeitdokument, in gepflegter Prosa verfaßt und von angenehmer sachlicher, bisweilen ironischer Distanz auch zu sich selbst. Jede Zeit liest aus den Quellen das ihr Verwandte, Passende heraus, und so hat man natürlich auch in Leos Kriegserinnerungen vor allem einen Aufruf zur

Grundstücks aufgezeichnet von dem jetzigen Besitzer des Hauses Dr. Ingo Fricke, 2 1/2 Manuskriptseiten.

8 Vgl. FRAENKEL 1960, XLI und POHLENZ 1914, 303.

9 Vgl. SCHINDEL 1985, 241.

10 Vgl. LEO 1873, vita scriptoris und POHLENZ 1914, 298.

11 Vgl. LEO 1914.

soldatischen Pflichterfüllung und Charakterprägung durch Kriegsteilnahme sehen wollen[12]. Aber es stehen auch andere Sätze in dem kleinen Buch, die uns heute vielleicht näherstehen, so z.B. S. 7:

»Keiner liebt und wünscht den Krieg; selbst die, deren Handwerk er ist, wagen kaum, ihn zu wünschen«, und weiter S. 70/1: »Wie wir uns so ausruhten, erfüllte uns alle die Sehnsucht nach Frieden... Die Sehnsucht nach Frieden war allgemein, bei Franzosen und Deutschen... In der Bevölkerung war die Hoffnung verschwunden und an die Stelle aller anderen Empfindungen trat das Friedensbedürfnis. Ähnlich erging es uns Soldaten, sobald die Spannung gelöst war; wir hatten genug vom Krieg und unsere Seelen strebten in die Heimat.«

Besonders anziehend finde ich die vornehme distanzierte Ironie, auch Selbstironie, die über manchen Partien der Erzählung liegt und von der ich schon gesprochen habe. Dafür ein Beispiel: Leo erzählt vom Abend des ersten Marschtages im Dezember 1870 (S. 30f.). Das Gepäck ist zu schwer, und so werden die Ersatzstiefel und der ungenießbare Schiffszwieback herausgenommen. Dann heißt es:

»Ferner muß ich leider gestehen, daß ich einen mitgenommenen Homer liegen ließ, wahrscheinlich, weil ich nach dem ersten Marschtage für die edleren Reizungen der Seele unempfindlich geworden war.«

Zum Wintersemester 1871/2 wechselte Leo nach Bonn und blieb dort bis zu seiner Promotion im Juli 1873. Er hörte vor allem natürlich Bücheler und Usener und lernte im philologischen Verein später bedeutende Altertumswissenschaftler wie G. Kaibel, Reinhardt, v. Duhn, Schultess u. a. kennen[13].

Nach der Promotion reiste Leo im Winter 1873/4 nach Italien, wo er Wilamowitz in Rom persönlich kennenlernte. 1874 absolvierte er sein Staatsexamen, um danach ab 1. Oktober 1874 für ein Jahr nach Berlin ins Referendariat zu gehen. Aber die Schullaufbahn lag nicht in seiner Absicht, er kehrte – auch auf Drängen von Wilamowitz[14] – zur Wissenschaft zurück und begann anläßlich eines wieder durch Wilamowitz vermittelten Editionsauftrages von Mommsen – er sollte die Gedichte des Venantius Fortunatus für die Monumenta Germaniae Historica herausgeben – eine zweite Italienreise – erweitert um eine Reise nach Griechenland – vom Oktober 1875 bis Dezember 1876. Im Juli 1877 erfolgte dann die Habilitation in Bonn mit einer Arbeit über Senecas Tragödien, die später

12 Vgl. Leo 1914, 3f., Wendel 1914, 6, Pohlenz 1914, 298, Fraenkel 1960, XIV jeweils mit Bezug auf Leo 1914, 80.

13 Vgl. Pohlenz 1914, 300 und Schindel 1985, 241.

14 Vgl. Wilamowitz 1935, 22 (Brief vom 15. Mai 1875): »Ich habe ihn veranlaßt, den Schulmeister aufzugeben, um sich zu habilitieren.«

in den ersten Band seiner Tragödienausgabe von 1878/9 aufgenommen wurde. Knapp vier Jahre später, Ostern 1881, wurde Leo dann als Extraordinarius nach Kiel berufen, trat zwei Jahre danach (1883) sein erstes Ordinariat in Rostock an und wechselte zum Herbst 1888 nach Straßburg, von wo aus er nach nur einem Jahr auf nachdrückliches Betreiben von Wilamowitz nach Göttingen berufen wurde. Die Umstände, die zu seinem Ruf führten, sind u.a. aus den Erinnerungen von Wilamowitz und dessen Briefwechsel mit Mommsen klar ersichtlich[15]. Wilamowitz[16], der bereits 1883 nach Göttingen gekommen war, mußte schon bald erkennen, daß die ganze Last der philologischen Ausbildung der Göttinger Studenten auf seinen Schultern lag. Ernst von Leutsch (*1808, o. Professor 1842–1887) und Hermann Sauppe (*1809, o. Professor von 1856–1893) standen schon im hohen Alter, Karl Dilthey (o. Professor 1877–1907) fiel häufig durch Krankheit aus, so daß Wilamowitz zunächst auch die Latinistik mitzuvertreten hatte[17]. Zu seiner Entlastung wurde 1886 Wilhem Meyer (o. Professor 1886–1917) für latinistische Lehraufgaben berufen, hinter dem auf Platz 2 der Zweierliste der Fakultät bereits Friedrich Leo, damals o. Professor in Rostock, rangierte[18]. Nach Diltheys Ausscheiden aus der Seminardirektion und Wechsel zur Archäologie 1887 erfolgte 1889 die Beurlaubung Meyers für Bibliotheksaufgaben, und so stand Wilamowitz wieder vor einem personellen Engpaß. Es gelang ihm aber doch sehr rasch, die Berufung Leos, damals o. Prof. in Straßburg, zum 1. Oktober 1889 durchzusetzen, und so konnte sich dieser – wieder in einer Zweierliste – vor Friedrich Marx (Rostock) plazieren. Wie nachdrücklich sich Wilamowitz bei seinem Schwiegervater Mommsen für Leos Berufung einsetzte, zeigt sein Brief vom 26. April 1889[19]. Dort heißt es:

»Nun hast Du aber wohl nicht gehört, daß Leo von Straßburg fort will... Ich denke, Du wirst auch der Ansicht sein, daß er für uns der Gegebene ist... Leo hat sich bisher immer steigend entwickelt, er kann gut Latein, kann italische Dialekte lesen, Plautus, die Poeten (die ich allenfalls etwas verstehe), und hat überhaupt umfassende Kenntnisse..., dann bitte ich sehr, daß Du Althoff gegenüber Dich seiner annimmst. Vahlen hielt ihn schon vor drei Jahren für allein würdig.«

15 Vgl. Wilamowitz ²1929, 205–208, derselbe 1935, 371.

16 Vgl. zum folgenden Classen, C.J., Die Klassische Altertumswissenschaft an der Georgia Augusta 1734–1987, in: Georgia Augusta, Nachrichten der Universität Göttingen, Mai 1987, 24–25 = u. S. 237.

17 Dazu kam noch zeitweise die Vertretung der Alten Geschichte. Vgl. Wilamowitz 1935, 277 und 373.

18 Vgl. dazu den Beitrag Fidel Rädles in diesem Band, S. 137–138, dessen Ergebnisse ich hier dankbar aufgreife. Leos Personalakte gibt keine nennenswerte Auskunft über die Umstände seiner Berufung.

19 Wilamowitz 1935, 371.

Mommsen antwortet am 28. April 89 wohlwollend, weist aber vor allem auf Finanzierungsprobleme hin[20]. Es muß übrigens gesagt werden, daß Wilamowitz und Mommsen – das geht aus den beiden Briefen unzweifelhaft hervor – auch mit Widerstand gegen die Berufung eines Juden seitens der Göttinger Fakultät und der Berliner Verwaltung haben rechnen müssen. Sie selbst waren beide in diesem Punkt gewiß ohne Vorurteile.

Leo kam also zum WS 1889/90 nach Göttingen. In den ihm noch verbleibenden gut 24 Jahren hat er sich durch seine Verdienste in Forschung und Lehre durch seine menschlichen Vorzüge, die in den Nachrufen eindringlich hervorgehoben werden, in der Göttinger Professorenschaft besonders profilieren können. Und dies schlug sich auch in Ehrungen, akademischen Ämtern und Repräsentationsaufgaben nieder. Er erhielt mehrere Orden, wurde 1901 zum Geheimen Regierungsrat ernannt, wurde, wie schon erwähnt, 1893 Mitglied der Kgl. Gesellschaft der Wissenschaften zu Göttingen, war ab 1897 für viele Jahre Sekretär der historisch-philologischen Klasse, wurde mehrfach auch zum Festredner im Namen der Georg-August-Universität oder der Akademie bestimmt, so zur Säkularfeier für Karl Lachmann 1893, zur Feier des Geburtstages des Kaisers 1896, zum Todestag Bismarcks 1898, zur Feier des 150jährigen Bestehens der Kgl. Gesellschaft der Wissenschaften zu Göttingen 1901, zur Festrede zur akademischen Preisverteilung in Göttingen 1904[21]. So konnte Pohlenz ihn in seinem Nachruf mit Recht »einen Großen der Georgia Augusta« nennen[22].

Leo starb am 15. Januar 1914 im 63. Lebensjahr[23]. Nach seinem Tode verarmte die Familie, die ihre russischen Wertpapiere in der Folge der Inflation nach 1919 verloren hatte. 1928 starb Frau Leo. Die Spuren der Tochter Erika verlieren sich nach München, Ulrich Leo emigrierte 1933 nach Argentinien, dann nach Kanada, wo er 1964 als anerkannter Romanist starb. Paul Leo wurde evangelischer Pfarrer, emigrierte 1933 nach England und ging dann in die USA. Mit dem Weggang seiner Kinder sind auch die Reiseerinnerungen und Briefe Leos, die noch Paul Wendland vorlagen[24], zum größten Teil verloren gegangen.

20 Vgl. Wilamowitz 1935, 372.

21 Vgl. die Personalakte Leos im Universitätsarchiv und die Nachrufe von Pohlenz 1914, Wendland 1914 und Fraenkel 1960, XIII ff., dort (XLV ff.) auch die näheren bibliographischen Angaben zu den Festreden. Zur Akademietätigkeit vgl. Wendland 1914, 3 ff.

22 Vgl. Pohlenz 1914, 297.

23 Wilamowitz' Gedenkrede am Grab ist Erinnerungen ^{2}1929, 243 f. abgedruckt.

24 Vgl. Wendland 1914, 8, 11 und 24.

II.

Wenden wir uns nun dem *Wissenschaftler Leo* zu. Von dem außerordentlichen Reichtum seiner wissenschaftlichen Produktion kann man sich leicht ein Bild machen, wenn man das »Verzeichnis der Schriften Friedrich Leos« zur Hand nimmt, das dessen Schüler Eduard Fraenkel den von ihm aus finanziellen und politischen Gründen erst 1960 herausgegebenen »Ausgewählten Kleinen Schriften« beigegeben hat[25]. Ich werde hier nur einen kurzen Überblick über Leos Werk geben können, um dann einige besondere charakteristische Schwerpunkte seiner Forschungen herauszugreifen.

Den weitaus größten Anteil seiner Forschungstätigkeit widmete Leo der römischen Literatur. Dabei hatte er als Gräzist mit einer von Usener betreuten Dissertation begonnen, den »Quaestiones Aristophaneae« von 1873[26]. Aber schon diese erste gräzistische Arbeit, wie später noch ein Euripides-Aufsatz von 1880[27], hatten Wilamowitz' Kritik hervorgerufen. Er nennt Leos Dissertation »eine gescheite, aber verfehlte Abhandlung« und an anderer Stelle:

> »Seine Dissertation gehörte noch zu der Sorte, in der die Methode durch Zerstörung eines Kunstwerkes ihren Triumph feiert. Meinen Widerspruch hatte ich ihm schon schriftlich ausgesprochen, und er richtete sich eben gegen die Methode überhaupt. Da waren also Gegensätze und es ging ohne scharfe Auseinandersetzungen nicht ab.«[28]

Und so mag P. L. Schmidt im Prinzip darin Recht haben, daß er Leos unverkennbare Abwendung von der Gräzistik nach 1880 auf Wilamowitz' kritischen Einfluß zurückführt[29]. Ich komme darauf zurück. Daß dieser Verzicht Leo nicht leicht fiel, hat E. Fraenkel nur allegorisch ausdrücken wollen: »Aber mochten ihm auch die Rosengärten des Kephisos köstlich duften – er verschmähte es nicht, sich auf den Tuffhügeln des Tiberufers anzusiedeln.«[30] Vielleicht stammt von daher die Idee, für sein Haus Tuffsteine wenigstens aus Rosdorf kommen zu lassen. Leo hat sich jedenfalls später nur gelegentlich auch zu griechischen Autoren geäußert –

25 Vgl. FRAENKEL 1960, XLV–LVI. Zur Entlastung des Literaturverzeichnisses wird im folgenden häufig Bezug auf dieses Verzeichnis genommen durch Angabe eines Stichworts und der Jahreszahl, mit deren Hilfe die betreffende Arbeit Leos leicht bei Fraenkel aufgefunden werden kann.

26 Vgl. LEO 1873.

27 Vgl. LEO, Hermes 15, 306–320 und dazu WILAMOWITZ im gleichen Band 481–523.

28 WILAMOWITZ 1935, 27 und vgl. denselben ²1929, 165.

29 Vgl. SCHMIDT, P. L. 1985, 386[91] und 387[95]. Schmidt spricht vom »jähen Abbruch«.

30 FRAENKEL, E., Fr. LEO. In: Kleine Beiträge zur klassischen Philologie, Bd. 2, Rom 1964, 645–553, 549.

meist im Zusammenhang mit neuentdeckten Papyri, so häufiger zu Menander, zweimal zu Biographienfragmenten und einmal zu Hesiod und Kallimachos[31].

Dagegen steht die Fülle der Beiträge zu römischen Autoren. Den unbestrittenen ersten Platz nimmt dabei Plautus ein. Ihm hat Leo zwei Editionen, zwei Monographien[32] und zahlreiche Aufsätze von 1883 bis an sein Lebensende gewidmet. Die Beiträge zu anderen römischen Autoren, die Leo vorgelegt hat, treten im Vergleich dazu deutlich zurück: Ein früher Schwerpunkt sind Senecas Tragödien mit der Ausgabe von 1878/9 – ein Gegenstand, der später allerdings nur noch einmal mit einem Aufsatz wieder aufgenommen wird[33]. Deutlich wird auch ein stärkeres Interesse an Problemen der Appendix Vergiliana. Der pseudovergilische Culex wird 1891 von Leo ediert und kommentiert, 1902 und 1907 erscheinen drei Abhandlungen zum Epyllion Ciris[34]. Eine größere Rolle spielt auch die römische Liebeselegie mit bedeutsamen Beiträgen zu Properz und Tibull[35]. Eine Zeit lang rücken Persius und Juvenal im Zusammenhang mit einem Editionsvorhaben in den Vordergrund[36]. Vereinzelte Beiträge gelten Terenz, Vergil, Horaz, Statius u. a. Autoren[37]. Eine Sonderstellung nimmt die Edition der carmina des spätantiken Dichters Venantius Fortunatus von 1881 ein, zu der ein Aufsatz von 1882 zu stellen ist[38]. Wir wissen, daß die spätantike Literatur ohne Mommsens Editionsauftrag nicht die Aufmerksamkeit Leos auf sich gezogen hätte, und so bleibt auch ein Aufsatz zu Ausonius' Briefen oder die Mitarbeit an der Monumenta-Ausgabe des Sidonius Apollinaris von 1884 eine Einzelerscheinung[39]. Schon jetzt wird klar, daß Leos Interesse ganz überwiegend der römischen Dichtung galt. Die Aufsätze zur römischen Prosa sind dagegen eher marginal: je zwei kleinere Beiträge zu Cicero, Varro und Livius, ein Aufsatz zu Quintilian, allerdings drei auch heute noch beachtenswerte Beiträge zu Tacitus, die von einer intensiveren Zuwendung zu diesem Historiker Zeugnis ablegen[40]. Die kurze Übersicht zeigt, daß sich Leo im Bereich der autorengebundenen Forschung kontinuierlich und intensiv vor allem mit *einem* römischen Dichter der archaischen Zeit befaßt hat: mit dem Komödiendichter Plautus. Die Arbeiten zu den

31 Vgl. bei FRAENKEL 1960 unter 1889, 1894, 1903, 1904, 1907, 1908, 1910, 1911.
32 Vgl. LEO 1895 und 1897.
33 Vgl. LEO 1878/9 und Seneca 1897 bei FRAENKEL 1960.
34 Vgl. Culex 1891, 1892, Ciris 1902 und 1907 bei FRAENKEL 1960.
35 Vgl. Tibull 1881, Properz 1880, 1898 (2 ×) bei FRAENKEL 1960.
36 Vgl. Juvenal und Persius 1909, 1910 (2 ×), 1911 bei FRAENKEL 1960.
37 Vgl. Terenz 1883, Vergil 1903, Horaz 1900, 1904, Statius 1892 bei FRAENKEL 1960.
38 Vgl. LEO 1881 und Venantius 1882 bei FRAENKEL 1960.
39 Vgl. Ausonius 1896 bei FRAENKEL 1960 und SCHMIDT 1985, 364 und 388[96] zur Mitarbeit Leos am Sidonius.
40 Vgl. Tacitus 1896 (2 ×) und 1898 bei FRAENKEL 1960.

übrigen Autoren entstammen wechselnden Interessenlagen und werden teils ganz aufgegeben, teils vereinzelt wieder aufgenommen. Von den Beiträgen zu Venantius abgesehen, bewegt sich Leo im zeitlichen Rahmen zwischen Plautus und Juvenal in der Dichtung und zwischen Varro und Tacitus in der Prosa. Es fällt auf, daß im Bereich der Poesie die erste Phase der augusteischen Klassik und im Bereich der Prosa Cicero deutlich unterrepräsentiert ist. Damit ist jedoch keinesfalls etwa ein antiklassizistisches Werturteil oder gar mangelndes Interesse impliziert. Vergil, Horaz und Cicero sind in den Lehrveranstaltungen Leos oft vertreten. Im Fall Cicero sind wir sogar sicher, daß Leo sich hier nicht wie P. L. Schmidt 1985 formuliert, »der seinerzeit im Fahrwasser Mommsens segelnden anticiceronischen Latinistik«[41] angeschlossen hat. Wir haben nämlich sein deutlich positives Urteil über Cicero in seinem literaturhistorischen Abriß von ^{3}1912[42].

Hatte die autorengebundene Forschung Leos ihren Schwerpunkt vor allem in Editionen und in diese vorbereitenden, begleitenden und korrigierenden Aufsätzen und Abhandlungen, so konzentrierte sich sein ebenso starkes Interesse an Gattungs- und Formgeschichte über die Autorindividualität hinaus, sein Sinn für übergreifende literaturgeschichtliche Zusammenhänge vorwiegend auf drei Monographien. Allerdings sind hier die Übergänge fließend. So könnte die erste einer antiken Gattung gewidmeten Monographie »Die griechisch-römische Biographie nach ihrer literarischen Form«, Leipzig 1901, ebenso gut als ein Buch über Sueton gelten. Die zweite formgeschichtliche Monographie von 1908 gilt der Geschichte des Monologs im antiken Drama[43]. Die Neigung Leos zur allgemeinen Literaturgeschichte war schon der 1905, dann in zweiter Auflage 1907 und schließlich in dritter, stark umgearbeiteter Auflage von 1912 erschienene Abriß »Die römische Literatur des Altertums« entgegengekommen[44]. Sie fand ihre verheißungsvolle Fortsetzung in dem leider durch den Tod Leos Fragment gebliebenen Alterswerk, der »Geschichte der römischen Literatur«[45]. Auf dieses Werk wird noch einzugehen sein.

Zum Schluß dieser kleinen Übersicht möchte ich weitere Schriftgruppen in Leos umfangreichem Oeuvre wenigstens noch nennen. Es gibt von ihm bedeutsame Beiträge zur Philologiegeschichte, so einen Aufsatz über Christian Gottlob Heyne in der Festschrift zum 150jährigen Bestehen der Akademie 1901, über Karl Lachmann zu dessen hundertstem Geburtstag 1893, außerdem wichtige Nachrufe zu Georg Kaibel 1902 und Franz

41 SCHMIDT 1985, 374.
42 Vgl. LEO ^{3}1912, 429ff.
43 Vgl. LEO 1908.
44 Vgl. LEO ^{3}1912.
45 Vgl. LEO 1913.

Bücheler 1908[46]. Es fehlt auch nicht an allgemeinen Äußerungen zur griechischen und römischen Literatur und zum Fach Klassische Philologie an Schule und Hochschule[47]. Als separates Interessengebiet Leos ist die Metrik nicht zu vergessen[48] und last, not least sei auf ein Betätigungsfeld verwiesen, dessen Wert heute meist zu gering eingeschätzt wird. Leo hat eine Reihe vorzüglicher, ausführlicher Rezensionen verfaßt, die durchaus als weiterführende Forschungsbeiträge gelten können, so z.B. die Rezensionen zu Gudemans Ausgabe des taciteischen Dialogus 1898, zu Rothsteins Properzkommentar ebenfalls 1898, zur Lucilius-Ausgabe von F. Marx 1906 oder die Besprechung von Bennetts »Syntax of Early Latin« 1911[49].

III.

Man wird angesichts dieser Publikationsfülle verstehen, daß ich zur weiteren Würdigung von Leos Forschungen im folgenden nur einige Aspekte herausgreifen kann. Zunächst einige Bemerkungen zu den *Editionen*: 1878/9 erschien die erste große Edition Leos, die Tragödien Senecas, und zwar 1878 die ausführlichen »Observationes criticae«, 1879 der eigentliche Textband[50]. Wilamowitz zeigte sich schon bei der Lektüre des ersten Bandes beeindruckt und las die Druckfahnen so engagiert anteilnehmend mit, daß sich Leo im Vorwort des Textbandes für die Hilfe des Freundes ausdrücklich bedankte. Noch in den Erinnerungen nennt er Leos Ausgabe »einen großen Wurf«[51]. In die für Leos Editionsarbeit charakteristische Richtung weist vor allem der erste Band, die »Observationes Criticae«. Hier wird nicht bloß eine gewöhnliche, die recensio betreffende praefatio, sondern eine umfassende gründliche Einführung in die wichtigsten Probleme der Tragödienphilologie gegeben, aufsteigend vom Problem der Überlieferung und Textkritik über Echtheitsfragen, Metrik und die griechischen Quellen bis zu einer literarhistorischen Gesamtwürdigung der Tragödien Senecas als einer rhetorischen Tragödie mit der von Leo geprägten Formel »tragoedia rhetorica«. Der von Leo erarbeitete Text wird so, auch für den Leser nachvollziehbar, auf breite-

46 Vgl. Heyne 1901, Lachmann 1893, Kaibel 1902 und Bücheler 1908 bei Fraenkel 1960. Die Rede auf Lachmann ist bei Fraenkel 1960, Vol. 2, 415–431 wieder abgedruckt.

47 Vgl. Leo 1904 und außerdem Klassische Philologie 1904, Römische Literatur 1910 und Bedeutung des Griechischen 1913 bei Fraenkel 1960.

48 Vgl. die metrischen Beiträge von 1889, 1902 und 1905 bei Fraenkel 1960.

49 Vgl. zum jeweils angegebenen Jahr die Angaben bei Fraenkel 1960.

50 Vgl. Leo 1878/9.

51 Vgl. Wilamowitz ²1929, 180. Vgl. auch denselben 1935, 534f. und Leo 1878/9 Bd. I S. VII.

ster philologischer Grundlage vorgeführt. Eduard Fraenkel, von dem die ausführlichste Würdigung dieser Edition stammt[52], hat die perspektivische Breite, insbesondere den Eigenbezug der griechischen Vorbilder gelobt[53] und auf Wilamowitz' Einfluß zurückgeführt, aber er hat auch den Mangel der Ausgabe, der schon Leo selbst bewußt war, deutlich herausgestellt[54], nämlich die Vernachlässigung der von Leo als interpoliert beiseite geschobenen Handschriftenklasse A. Hier hat die seit etwa 20 Jahren stark intensivierte Forschung zu Senecas Tragödien angesetzt, und es sind, wie in ausführlichen Forschungsberichten von 1985 nachzulesen ist, inzwischen erhebliche Fortschritte für den Text der Tragödien erzielt worden[55]. Ja, man muß sagen, daß mit der Ausgabe von O. Zwierlein von 1986 Leos Text jetzt vollkommen ersetzt ist[56]. Trotzdem hat diese Edition[57] ihre unbestreitbaren Verdienste, und werden besonders die »Observationes criticae« immer wieder herangezogen werden müssen. Die Leosche Formel von der »Tragoedia rhetorica« ist jedenfalls bis heute wirksam geblieben[58] und bleibt Ausgangspunkt der schwierigen Frage, ob Senecas Tragödien nur zur Rezitation oder zur Aufführung bestimmt waren.

Ab 1875 arbeitete Leo im Auftrag Mommsens für etwa vier Jahre gleichzeitig neben der Seneca-Edition an der Ausgabe der Gedichte des Venantius Fortunatus für die Monumenta Germaniae historica. Wieder hat E. Fraenkel die interessante Entstehungsgeschichte dieser Edition geschildert und die Ausgabe selbst eingehend gewürdigt, so daß ich mich hier kurz fassen kann[59].

Im Mai 1875 empfiehlt Wilamowitz – er war Privatdozent in Berlin, Leo absolvierte sein Probejahr an einem Berliner Gymnasium – Mommsen den Freund nachdrücklich als Herausgeber römischer Dichter für die Monumenta[60]:

»Darf ich schließlich noch auf eine Frage, die Sie mir neulich vorlegten, zurückkommen, nämlich nach einem, der geeignet wäre, römische Dichter für die Monumenta Germaniae zu bearbeiten? Ich glaube jemand, an den ich damals nicht dachte, in Dr. Leo zu kennen, Probandus am Joachimsthal bis Michaelis;

52 Vgl. Fraenkel 1960, XVIII–XXI.
53 Vgl. dagegen Schmidt 1985, 389f.
54 Vgl. Fraenkel 1960, XX und XXI Anm. 3.
55 Vgl. B. Seidensticker – D. Armstrong in: ANRW II 32,2 (1985) 916–968, 921 und O. Hiltbrunner, ebenda 969–1051, 970f.
56 L. A. Senecae Tragodiae, rec. O. Zwierlein, OCT, Oxford 1986.
57 Sie wurde übrigens 1963 nachgedruckt.
58 Vgl. Seidensticker – Armstrong 924 (oben Anm. 55).
59 Vgl. Fraenkel 1960, XV–XVII und XXII–XXIV, dazu Pohlenz 1914, 301–303 und Wendland 1914, 9f. (81f.).
60 Wilamowitz 1935, 22. Vgl. auch denselben ^{2}1929, 180 und Fraenkel 1960, XVf.

ich habe ihn veranlaßt, den Schulmeister aufzugeben, um sich zu habilitieren; er ist nicht ganz mittellos, aber allerdings noch weniger so gestellt, aus seines Vaters Tasche zu leben, so daß ich schon sehr bedauert habe, daß er vorm Jahre das Stipendium nicht erhielt; freilich ist er kein Archäologe. Seine Arbeiten sind eben die lateinischen Dichter, Terenz und speziell der Tragiker Seneca, für den er in Rom collationiert hat und den er herausgeben will. Mir scheint was er macht verständig, doch darüber kann Sie sein Lehrer Bücheler berichten. Ich würde mich aber noch mehr freuen, wenn Sie ihn beschäftigten, weil er ziemlich ohne Anhalt ist, denn von der Verehrung von Usener habe ich ihn geheilt, und Bücheler zieht ihm den Herrn von Duhn vor. Nur mit Wachsmuth steht er in regem Verkehr. – Ich mache mich anheischig, daß er mit Freude nach dem Auftrage von Ihnen greifen wird, zu verbürgen, auch wenn's der leibhaftige Dracontius wäre, und er kann recht intensiv arbeiten. Je größer die Aufgabe, zumal je mehr in den Bibliotheken zu suchen wäre, desto lieber wird er sie ergreifen.«

Mommsen greift die Empfehlung umgehend auf, und auch Leo läßt sich nicht lange bitten. Noch 1875 beginnt er mit den Vorarbeiten. Aber recht bald wird ihm das Unternehmen suspekt, das sechste Jahrhundert ist ihm fremd, er fühlt sich einem spätantiken christlichen Dichter fachlich nicht gewachsen, vielleicht auch emotional nicht angesprochen, und so ist er Ende 1876 nahe daran, aufzugeben. Mommsen gibt sich alle Mühe, Leo zum Durchhalten zu bewegen und beschwört dazu als Muster ebenfalls oft sachunkundiger, aber stets pflichtbewußter philologischer Askese: Karl Lachmann. Auch Wilamowitz wird um Beistand gebeten, und so fährt Leo, nun überzeugt, wir würden heute sagen, erfolgreich motiviert, mit der Arbeit am Venantius fort[61], von Mommsens dringlicher Aufmerksamkeit begleitet, der ihm ausgerechnet zum Hochzeitstag die Druckfahnen der Ausgabe mit Glückwunsch und der Bitte um postwendende Rücksendung geschickt haben soll – eine Anekdote, die ich übrigens für erfunden, jedenfalls für so nicht zutreffend halte[62]. Daß die Fertigstellung der Edition zum Besten der Gedichte des Venantius geschah, ist heute allgemein anerkannt. Die 1881 als erste wissenschaftlich-kritische Ausgabe nach 1603 erschienene Venantiusedition ist schon von Traube als mustergültig bezeichnet worden, gilt immer noch als grundlegend und ist, soweit ich weiß, bis heute unersetzt[63]. Die mit der Edition verbundene Abhandlung über Venantius von 1882 zeigt allerdings eine

61 Vgl. Fraenkel 1960, XVIf. und Wilamowitz 1935, 15–27.

62 Vgl. Fraenkel 1960, XVII und Pohlenz 1914, 301. Lt. Wilamowitz 1935, 137 (Pohlenz macht 1914, 303 keine genauen Angaben) hat Leo erst 1882 in Kiel geheiratet. Die Venantius-Ausgabe ist aber schon 1881 erschienen, zum »Vorabend seiner Hochzeit« können also keine Druckbögen verschickt worden sein.

63 Vgl. Leos Proömium seiner Ausgabe XIVf. und Fraenkel 1960 XXII, Anm. 1. Leos Ausgabe wurde 1961 nachgedruckt.

Einschätzung des Dichters, die erst ein zeitgenössischer Kenner der mittellateinischen Dichtung, nämlich Wilhelm Meyer, überwinden konnte[64].

Im Mittelpunkt von Leos editorischem Bemühen stehen, wie schon erwähnt, die Komödien des Plautus. Wie sehr er um den Plautustext gerungen hat, zeigt schon die Tatsache, daß er 1885 den ersten Band einer Ausgabe veröffentlichte, ihr aber in offener Selbstkritik keinen zweiten Band folgen ließ, sondern erst zehn Jahre später eine neue große Ausgabe in zwei Bänden vorlegte[65]. Dazu treten als weitere beredte Zeugen seiner unermüdlichen Anstrengung der Band »Plautinische Forschungen«, der ähnlich wie der erste Band der Seneca-Ausgabe die Edition erläutern und vertiefen sollte[66], und die zahlreichen vor- und nachbereitenden Abhandlungen, von denen ich schon gesprochen habe. So kann man Fraenkels Urteil auch heute noch guten Gewissens zustimmen: »Nach Ritschl hat niemand auch nur annähernd so viel für Plautus geleistet wie Leo.«[67] Was seine Edition betrifft, so hat Leo selbst keinen Hehl daraus gemacht, daß sie nicht auf eigenen, sondern auf den Kollationen der Ausgabe Ritschls und seiner Schüler beruht[68]. Die Stärke seiner Ausgabe liegt aber in den vielfältigen Emendationen des Textes und in den Erläuterungen des Apparates. Dies hat z. B. Ernout in seiner Budéausgabe des Plautus klar zum Ausdruck gebracht: »C'est moins par l'originalité des collations que par l'ingéniosité de l'esprit critique et l'interprétation personelle des problèmes plautiniens que se recommande l'édition de Fr. Leo.«[69] Fraenkel hat die Edition außerordentlich gelobt, aber zugleich auch klargestellt, daß sie aufgrund voranschreitender Forschung heute »nicht mehr als einzige Grundlage des Plautusstudiums dienen kann«. Trotzdem muß man Fraenkel unbedingt Recht geben, wenn er fordert, daß die Ausgabe Leos deshalb in ernstzunehmender Plautusforschung keineswegs vernachlässigt werden darf[70].

Der Begleitband »Plautinische Forschungen« bedarf keiner näheren Charakterisierung, denn er gehört sicher zu den bis heute unentbehrlichen Klassikern der Plautusforschung. Fraenkel hat dieses Buch Ritschls »Parerga zu Plautus und Terenz« von 1845 als gleichrangig zur

64 Vgl. WENDLAND 1914, 10 und POHLENZ 1914, 303.

65 Vgl. FRAENKEL 1960, XXVI f. und LEO 1895/6 Bd. I, S. VI.

66 Vgl. LEO 1895 (^{2}1912), nachgedruckt Darmstadt 1966.

67 FRAENKEL 1960 XXIV, hier auch die ausführlichste Würdigung von Leos editorischer Arbeit zum Plautus XXIV–XXXI. Vgl. dazu auch POHLENZ 1914, 304 f. und WENDLAND 1914, 12–13. Zur Würdigung Leos wichtig noch E. FRAENKEL, 1922, passim.

68 Vgl. LEO 1895/6, Bd. I, S. III f. Die Ausgabe von Ritschl, Goetz, Löwe und Schöll erschien 1871–1894.

69 A. ERNOUT (Hg.), Plaute, Vol. I, Paris 1959, XXXVI. Ähnlich urteilt schon Leo selbst, Praefatio, Bd. 1, S. III: »aliud est apparatum criticum comparare, aliud scriptoris opus recensere et emendare.«

70 Vgl. FRAENKEL 1960, XXIX. Die Ausgabe wurde 1958 nachgedruckt.

Seite gestellt, und tatsächlich verrät jedes der sechs Kapitel den immensen Fortschritt, der hier erzielt worden ist: so die Überlieferungsgeschichte der Komödien im ersten Kapitel, die, nach dem Muster der Textgeschichte von Wilamowitz angelegt[71], auf eine neue Grundlage gestellt wird (1ff.) oder die Studien zur Biographie des Plautus (62ff.)[72], der Vergleich mit den griechischen Vorbildern (87ff.), die Prologe (188ff.)[73] u.a.m.

Die editorische Leistung Leos ist damit, so glaube ich, gebührend herausgestellt, und wir können die Ausgabe des Culex von 1891, immerhin die erste wissenschaftliche Einzelausgabe mit Kommentar, und die Ausgabe von Persius und Juvenal von 1910 vernachlässigen[74]. Wenn wir heute mit Ausnahme der Gedichte des Venantius die Tragödien Senecas und die Komödien des Plautus in anderen Ausgaben als denen Leos lesen, so ist damit der Wert seiner Editionsarbeit keineswegs herabgesetzt. Es ist das Schicksal aller Editionen, das Fraenkel am Beispiel der Plautusausgabe Leos, wie folgt, formuliert hat: »Sie ist nicht endgültig, keine von einem Menschen gemachte Edition kann endgültig sein.«[75]

IV.

Nach diesen Bemerkungen zu Leos Editionen möchte ich nun einiges, was mir wesentlich erscheint, aus der umfangreichen *Sekundärliteratur* Leos herausgreifen. Bleiben wir zunächst bei Plautus. 1897 erschienen »Die plautinischen Cantica und die hellenistische Lyrik« in Fortführung der »Plautinischen Forschungen«[76]. Die in diesem Band und schon früher vorgelegten metrischen Studien gelten bis heute im wahrsten Sinne des Wortes als grundlegend[77]. Von lediglich historischem Wert scheint uns dagegen heute eine literaturhistorische These Leos, die er aus seinem metrischen Material erschließen wollte und die ihn zu einer neuen Sicht der Originalität des Plautus zu führen schien[78]. Die Vorlage des Plautus, die neue Komödie Menanders und anderer Autoren, bestand vorwiegend

71 Vgl. vor allem Leo 1895, 60.

72 Dieses Kapitel wurde zum Ausgangspunkt für die Monographie zur antiken Biographie. Vgl. Leo 1901.

73 Hier liegen die Wurzeln für die Monographie zum Monolog. Vgl. Leo 1908.

74 Vgl. Culex 1891 und Persius 1910 bei Fraenkel 1960. 1910 besorgte Leo die 4. Auflage der Persius- und Juvenalausgabe von Jahn-Bücheler.

75 Vgl. Fraenkel 1960, XXVIII.

76 Vgl. Leo 1897.

77 Vgl. H. Drexler, Einführung in die römische Metrik, Darmstadt 1967, 70 (mit dem positiven Urteil von Lindsay) und mit Einschränkungen L. Braun, Die Cantica des Plautus, Göttingen 1970, 10f.

78 Vgl. vor allem die ausführliche Kritik der These Leos bei Fraenkel 1922, 321–373.

aus Sprechpartien, gelegentlich durch eine Art Rezitativ zur Flötenbegleitung unterbrochen, wie wir seit 1957 aus der Schlußszene des Dyskolos Menanders sicher wissen. Dagegen ist die plautinische Komödie von einem bunten Wechsel gesprochener, zur Flöte rezitierter und gesungener lyrischer Partien, den eigentlichen Cantica, bestimmt, jeweils mit eigenen Versmaßen und in den Cantica auch mit schwieriger polymetrischer Gestaltung. Wie ist dieser eklatante Unterschied zwischen Vorlage und Nachahmung zu erklären? Leo hat, einer Anregung von Wilamowitz folgend, diese Frage mit dem Nachweis beantworten wollen, daß Plautus seine polymetrischen Cantica nach dem Vorbild der schon bei Euripides einsetzenden und dann in hellenistischer Zeit fortgeführten polymetrischen Arientechnik, einer Art »dramatischer Lyrik« oder eines »hellenistischen Singspiels«, wie Leo sich ausdrückt, gestaltet habe[79]. Plautus habe also die menandrinische Komödie übernommen und ihr die lyrischen Partien des »hellenistischen Singspiels« gewissermaßen »aufgepfropft« und so etwas durchaus Eigenes, Neues geschaffen[80]. Bei aller Pietät für die große Leistung seines Lehrers hat gerade E. Fraenkel in seinem Buch »Plautinisches im Plautus« gezeigt, auf welchen schwachen Fundamenten diese These ruht, die vor allem aus einer isolierten Betrachtung eines formalen metrischen Elements, statt aus allgemeinen literaturhistorischen Erwägungen erwachsen ist[81]. Die Herkunft der plautinischen Cantica ist allerdings auch heute noch ein ungelöstes Problem. Man hat an eine Weiterentwicklung der Nea zum Singspiel gedacht, an den Einfluß der römischen Tragödie (so Fraenkel) oder an das Vorbild des volkstümlich-italischen Singspiels, der Atellane[82]. Leos These ist also überwunden. Immerhin – es ist auch heute noch an ihre Stelle keine wirklich zweifelsfreie Erklärung der Eigenart der plautinischen Komödien getreten. Allerdings zeigt eine Studie von Viktor Pöschl aus dem Jahre 1973 deutlich den Weg, auf dem die Lösung der schwierigen Originalitätsfrage bei Plautus weiter gesucht werden muß. Sie kann nicht nur über formalmetrische oder motivliche Parallelen unter Anwendung schematischer, der Textkritik verwandter Methoden gefunden werden – dies wirft Pöschl Leo vor – sondern durch den interpretierenden Vergleich ganzer Szenen, der eine neue Selbständigkeit des Plautus gegenüber

79 Vgl. Fraenkel 1922, 326ff. 1885 hatte Leo die plautinischen Cantica noch auf die alte Komödie zurückführen wollen, aber diese These dann wieder aufgegeben. Vgl. Fraenkel 1922, 325ff.

80 Vgl. Leo 1897, 78 und noch 1913, 124. Leo stützte seine These von 1897 auf das 1896 entdeckte sog. »Grenfellsche Lied« oder »Des Mädchens Klage«, eine polymetrische Arie. Vgl. dazu Fraenkel 1922, 329ff.

81 Vgl. Fraenkel 1922, 325.

82 Vgl. dazu K. Gaiser, Zur Eigenart der römischen Komödie: Plautus und Terenz gegenüber ihren griechischen Vorbildern, ANRW I 2, 1972, 1027–1113, 1042f.

seinen Vorlagen erkennen läßt. Dabei ist – bei aller berechtigten Kritik an Leos Ergebnissen – jedoch immer zu bedenken, daß uns heute durch Papyrusfunde sehr viel mehr vom Menandertext zum Vergleich zur Verfügung steht als zu Leos Zeiten[83].

Mindestens ebenso grundlegend und folgenreich wie seine Arbeiten zu den plautinischen Cantica waren Leos Forschungen zur griechisch-römischen Biographie, die er in seiner berühmten Monographie von 1901 vorlegte[84]. Der dort aus reichem, oft erstmals aufbereitetem Material entwickelte gattungsgeschichtliche Entwurf wurde für genau 50 Jahre, nämlich bis zum Erscheinen der Suetonmonographie von Wolf Steidle 1951 zum festen Besitz von Handbüchern und Literaturgeschichten[85]. Leo unterschied einerseits eine ältere peripatetische, durchgehend chronologisch angelegte Biographie mit künstlerischem Anspruch zur Unterhaltung eines größeren Publikums, in der das Leben prominenter Literaten und Politiker beschrieben wurde, und andererseits eine jüngere von der peripatetischen abgeleitete, alexandrinische oder »grammatische« Biographie, die ohne literarische Ambitionen eher zu wissenschaftlichen Zwecken bestimmt, nicht durcherzählend angelegt, sondern aspektweise, systematisch gegliedert war und sich auf die Vita literarischer Personen beschränkte. Die so gewonnene Typologie wird nun von Leo zur Erklärung der Biographien Suetons herangezogen. Sueton habe, so Leo, nach Varros Vorgang völlig passend den alexandrinischen Typ für seine Biographiensammlung literarischer Persönlichkeiten, de viris illustribus, genutzt, diesen Typ dann aber wenig glücklich auch auf das politisch-historische Material seiner Kaiserviten übertragen, mit der weitreichenden literaturhistorischen Folge, daß nach Sueton die Biographie an die Stelle der annalistischen Geschichtsschreibung getreten sei[86]. Dieser gattungsgeschichtliche Entwurf Leos wurde von Steidle und kurz darauf auch von Dihle auf der ganzen Linie zurückgewiesen, vor allem mit dem Vorwurf, Leo habe aufgrund einer einseitig formgeschichtlichen Perspektive zu scharfe Trennlinien im Gattungsbereich der Biographie gezogen[87]. Ich kann darauf hier leider nicht im einzelnen eingehen, muß aber doch den Vorwurf einseitiger formgeschichtlicher Betrachtung, den besonders

83 Vgl. V. Pöschl, Die neuen Menander-Papyri und die Originalität des Plautus, Akademieabhandlung Heidelberg 1973, bes. 5–7. Pöschl demonstriert Leos schematisches Verfahren am Beispiel seines Versuchs, die römische Elegie über hellenistische Vorläufer auf die neue Komödie zurückzuführen, offenbar mit Bezug auf Leos Aufsatz, Elegie und Komödie, Rhein. Museum 55 (1900) 604–611.

84 Vgl. Leo 1901 (Nachdruck 1965).

85 Vgl. W. Steidle ²1963, 1–9 (= ¹1951).

86 Vgl. Leo 1901, 11–16; 315–328 und Steidle ²1963, 3.

87 Vgl. Steidle ²1963, 3f. und A. Dihle ²1970, 7–9 (= ¹1956).

Steidle erhoben hat[88], kurz behandeln, weil er für die Beurteilung der philologischen Methode Leos von grundsätzlicher Bedeutung ist. Steidle wirft Leo »Überschätzung formaler Elemente« vor. Er finde ausschließlich in formalen, stilistischen Eigenarten der römischen Literatur den Schlüssel zu ihrem Verständnis, so bei Autoren wie Vergil, Horaz und besonders Tacitus, der für Leo »überhaupt lediglich als Stilist und Dichter bedeutsam« sei. Ähnliche Tendenzen würden sich auch bei seinen Arbeiten zur römischen Elegie, zum Monolog und eben auch zur antiken Biographie zeigen. Abgesehen davon, daß Steidle Leos Verfahren verkürzt wiedergibt und überakzentuiert, so läßt sich doch nicht leugnen, daß er damit eine Neigung, wenn nicht Schwäche Leos richtig erfaßt hat. Man sollte sich aber davor hüten, den formgeschichtlichen Ansatz in toto zu verurteilen, denn was im einen Fall, etwa bei den plautinischen Cantica, verfehlt ist, muß nicht im anderen Fall, etwa bei der Biographie, von vornherein zu schlechteren Ergebnissen führen. Hier ist jeder einzelne Fall neu zu prüfen, und die Ablehnung der formgeschichtlichen Perspektive a priori durch Steidle, der Suetons Biographien nicht aus literarischer, gattungsgeschichtlicher Tradition, sondern von außen, aus römischen Denkkategorien heraus erklären will[89], könnte ebenfalls den Vorwurf der Einseitigkeit auf sich ziehen. Im übrigen ist Leos Buch natürlich auch von den Gegnern seiner Kernthese, besonders von Dihle, als bewundernswerte epochemachende Leistung gewürdigt worden[90]. Ja, Dihle ist in seiner neuesten Publikation zur antiken Biographie von 1987 wieder einen deutlichen Schritt von Steidle weg auf Leo zurückgegangen. Steidles Ergebnisse werden abgelehnt, formgeschichtliche Kategorien werden wieder zugelassen, die Schlüsselposition Suetons in der Gattungsgeschichte wieder bestätigt, wenn auch mit einem etwas anderen Ergebnis als dem Leos[91]. Es scheint also, als sei das letzte Wort über Leos Rekonstruktionsversuch immer noch nicht gesprochen, obwohl natürlich außer Frage steht, daß er revisionsbedürftig ist[92].

88 Vgl. Steidle ²1963, 6, dem sich Dihle ²1970, 7f. anschließt.

89 Vgl. Steidle ²1963, 112f., 166.

90 Vgl. Dihle ²1970, 8: »Das unbestrittene Verdienst Leos und seine überragende Leistung liegt darin, daß er im Rahmen seiner sicherlich willkürlichen und schwerlich richtigen Konstruktion das äußerst disparate... Material in seltener Vollständigkeit zu erfassen und mit ungewöhnlich kritischer Energie zu durchdringen vermochte. Sein Werk steht auf diese Weise turmhoch über allen Büchern, die seither zum Thema veröffentlicht worden sind, und wird wohl noch auf lange Zeit hinaus das maßgebende Arbeits- und Informationsbuch bleiben.«

91 Vgl. A. Dihle, Die Entstehung der historischen Biographie, Heidelberg 1987, 21f., 29f. Sueton hat nicht das biographische Schema auf das historiographische Material übertragen, sondern umgekehrt: der Einfluß der Historiographie auf Sueton führte zur Entwicklung der »historischen Biographie«.

92 Bei dem Vorwurf einer zu scharfen Trennung der beiden Biographietypen sollte man

Leos leider nur bis zum ersten Band gediehene Literaturgeschichte von 1913[93] ist so oft lobend erwähnt worden und allen philologisch Interessierten durch ständigen Gebrauch so vertraut, daß ich sie hier nicht ausführlich vorzustellen brauche. Wer durch eigene Lektüre erlebt hat, wie eindrucksvoll hier die Summe einer jahrzehntelangen Beschäftigung mit der römischen Literatur gezogen wird, wie aus groß angelegten politischen, kulturellen und literarischen Zusammenhängen, besonders aus der Einwirkung Griechenlands auf Rom, eine literarische, ja eine geschichtliche Epoche vor den Augen des Lesers neu entsteht, der wird E. Norden recht geben, wenn er in seinem Überblick über die Geschichten der römischen Literatur Leos Literaturgeschichte durch »die Weite des Blickes und Tiefe der Einsicht größte Leistung der Zeit vor dem ersten Weltkrieg« nennt[94]. Dieses letzte und wichtigste Werk Leos diente letztlich dem Nachweis einer lebenslangen Überzeugung, der Überzeugung vom geschichtlichen Eigenwert und der Originalität der römischen Literatur. Leo hat ihr programmatischen Ausdruck in einer Festrede von 1904 mit dem Titel »Die Originalität der römischen Litteratur« gegeben[95]. Mit der Entdeckung und Idealisierung des Griechischen im Deutschland des 18. Jhs., so Leo, sank die Wertschätzung der römischen Literatur als einer von der griechischen abhängigen Nachahmungsliteratur »im allgemeinen literarischen Bewußtsein« auf einen Tiefpunkt – eine Situation der Verlegenheit für die in bezug auf den von ihr vertretenen Gegenstand unsicher gewordenen Latinistik, aus der nur ein neues wissenschaftlich begründetes Urteil auf historischer Grundlage befreien kann. Das Problem steht und fällt mit dem Verständnis von Originalität. Im strengen Sinn original ist nur die griechische Literatur, die römische steht sicher in ihrer Nachfolge, aber dieses Merkmal des Sekundären teilt sie mit allen anderen Nationalliteraturen nach den Griechen. Ja, die spätere griechische Literatur steht selbst in einem Abhängigkeitsverhältnis, da sie, nachdem die

bedenken, daß Leo immer wieder auch differenziert und von Übergangsformen spricht (so z.B. Leo 1901, 118, 133). Vor allem kann seine These erst als erledigt gelten, wenn sie aus seinem Material heraus widerlegt ist. Das scheint bisher, soweit mir dies aus Dihles in Anm. 91 genannter Arbeit von 1987 ersichtlich ist, nicht in ausreichendem Maße geschehen zu sein. Der Papyrus Ox. Nr. 1176 (Satyros' Euripides-Vita) widerlegt nicht die prinzipielle Zweiteilung (Vgl. Steidle ²1963, 7, Dihle ²1970, 7), sondern nur die These von der durchgängig chronologischen Anlage der peripatetischen Vita. (So schon Leo bei Fraenkel 1960, vol. II 380f.).

93 Vgl. Leo 1913. Aus dem Nachlaß konnte noch ein Kapitel des zweiten Bandes ediert werden: »Die römische Poesie in sullanischer Zeit«, Hermes 49 (1914), 161–195.

94 Vgl. E. Norden, Die römische Literatur, Leipzig ⁵1954, 155. Leos im Zusammenhang durcherzählende Literaturgeschichte ersetzt allerdings nicht den Typ materialsammelnder und die Forschung dokumentierender Literaturgeschichten vom Typ Teuffel oder Schanz-Hosius. Eine Literaturgeschichte dieses Typs bleibt auch für die von Leo beschriebene Epoche ein dringendes Desiderat.

95 Vgl. Leo 1904. Die wichtigsten Thesen wiederholt Leo ³1912, 476–9.

literarischen Gattungen einmal entstanden waren, in diesem Sinne nicht mehr original sein konnte. Vor allem läßt sich aus dem Phänomen der Abhängigkeit allein noch kein Werturteil ableiten. Vielmehr haben Lukrez, Cicero, Vergil, Horaz u. a. in der Verschmelzung von Griechischem und Römischem durchaus etwas Neues, Eigenartiges geschaffen, und zwar von einer Qualität und Wirkungskraft, der in der Zeit von Cicero bis Tacitus die hellenistische Literatur nichts Gleichwertiges entgegenzusetzen hat. So ist also die römische Literatur »nicht die Nachahmerin, sondern die Fortsetzerin der griechischen..., mit demselben Anspruch an Mit- und Nachwelt, den die griechischen Dichter erheben...« und ist es ein »Mangel an literarhistorischem Denken, wenn man die römische Literatur als bloße Nachahmungsliteratur ansieht, nur sekundären und formalen Wertes«[96]. Mit dieser bedeutenden Rede hat Leo entscheidend dazu beigetragen, die Krise im Selbstwertgefühl der deutschen Latinistik des 19. Jhs. zu überwinden, indem er der römischen Literatur den Eigenwert zurückgab, der ihr verdientermaßen zukommt. Wenn man später auch manches hat anders und differenzierter sehen wollen[97], so bleibt es doch Leos unbestreitbares Verdienst, daß das Bewußtsein von dem historischen Eigenwert der römischen Literatur, ja des »Römischen« oder »Römertums«, wie Leo es schon gelegentlich ausdrückte, heute zum festen Besitz der Latinistik gehört. Natürlich darf Leos Verdienst dabei nicht isoliert gesehen werden. Auch spätere Philologen nach Leo wie z. B. E. Norden, R. Heinze oder Fr. Klingner haben mit ihrem Lebenswerk das Ihre zur neuen Sicht der römischen Literatur beigetragen. Aber Leo war unter den Ersten, und gegen welche Vorurteile seit den Tagen Winckelmanns, Niebuhrs, Treitschkes und Mommsens die Latinistik seiner Zeit anzukämpfen hatte, ist von E. Zinn im Nachwort zu den »Studien« Fr. Klingners eindrucksvoll beschrieben worden[98]. Um so erstaunlicher übrigens ist es, daß in einem dem später oft verwendeten, bisweilen auch strapazierten Begriff »Römertum« gewidmeten WdF-Band Gedankengänge Leos entwickelt werden, ohne daß auch nur sein Name genannt würde[99]. Daß Leo am Beginn der Geschichte dieses Begriffs steht, ist jedenfalls, soweit ich sehe, zuerst von Schindel 1985 vermerkt worden[100].

Vieles wäre noch zu Leos wissenschaftlichem Werk zu sagen, aber es kann hier nur eine Auswahl getroffen werden, und so sollen nur noch wenige Streiflichter folgen:

96 Vgl. LEO 1904, 13 und ^{3}1912, 477.
97 Vgl. G. JACHMANN, Die Originalität der römischen Literatur, Leipzig – Berlin 1926, passim.
98 Vgl. E. ZINN, Nachwort, in: Fr. Klingner, Studien zur griechischen und römischen Literatur, Zürich und Stuttgart 1964, 727–735.
99 Vgl. H. OPPERMANN (Hg.), Römertum, WdF 18, Darmstadt 1962, 1 ff.
100 Vgl. SCHINDEL 1985, 242.

Wichtig und bis heute bedenkenswert sind Leos Äußerungen zum Fach »Klassische Philologie« von 1904. Hier warnt er nachdrücklich vor starrem Reglement des Studiums durch Studienpläne und tritt ebenso nachdrücklich für die Einheit des Faches zumindest in der Lehre und für eine ungeteilte venia legendi ein[101]. Diesem Standpunkt ist er auch in seiner Lehrpraxis gefolgt, denn seine Lehrveranstaltungen weisen eine beträchtliche Zahl griechischer Themen auf[102].

Die Lektüre der beiden bedeutendsten Beiträge von Leo zur Philologiegeschichte, sein Portrait Chr. G. Heynes von 1901 und das von K. Lachmann von 1893, ist streckenweise ein Genuß und zeigt Leos Talent zur Darstellung weiträumiger historischer Zusammenhänge in fast literarischer Qualität[103]. Dies gilt auch für die Rede zum 150jährigen Bestehen der Göttinger Akademie, in der Leo Geschichte und Aufgaben dieser Institution zusammenfaßt. Sie enthält z. B. eindrucksvolle Appelle zur Förderung der wissenschaftlichen Internationalität, die wohltuend mit der befremdlichen wilhelminischen Kraftmetaphorik seiner Bismarck-Rede von 1898 kontrastieren[104]. Mit Leos Akademiearbeit – er war, wie bereits erwähnt, Mitglied seit 1893 und ab 1897 langjähriger Sekretär der philologisch-historischen Klasse – ergab sich auch eine weitere, äußerst bedeutsame wissenschaftliche Nebentätigkeit: die Betreuung der Vorar-

101 Vgl. LEO, Klassische Philologie 1904 bei FRAENKEL 1960. Dort heißt es 172f.: »Es gibt für den Philologen keinen Studienplan und keine Zwangsvorlesung, jede Einrichtung solcher Art würde dem Betriebe der philologischen und historischen Studien, wie es den deutschen Universitäten eigen ist, ans Leben gehen... Die Professoren der Klass. Philologie an deutschen Universitäten sind als Professoren nicht Gräzisten oder Latinisten. Solche Spezies ist bisher auch unter den Privatdozenten nur vereinzelt aufgetreten und hat sich zum Glück nicht fortgepflanzt..., auch eine Fakultät wird sich nicht so leicht finden, die die venia legendi für griechische und römische Philologie gesondert erteilte. Die Sonderung vollzieht sich zumeist... in der Forschungsarbeit und Produktion... Aber wenigstens an den Seminaren wird ein solcher Unterschied nicht gemacht, da fällt jedem Direktor Semester für Semester das Griechische so gut wie das Lateinische zu.« In diesem Sinne hat sich später auch WILAMOWITZ ^{2}1929, 207 geäußert. Vgl. auch SCHMIDT 1985, 397.

102 Dies läßt sich leicht anhand der Göttinger Vorlesungsverzeichnisse nachweisen.

103 Vgl. Heyne 1901 und Lachmann 1893 bei FRAENKEL 1960. Leo schrieb übrigens gern Gedichte, ein Talent, das WILAMOWITZ ^{2}1929, 141, 148 und 167 lobend erwähnt. Zwei Proben seiner Lyrik bei WENDLAND 1914, 22f.

104 Vgl. Akademierede 1901 und Bismarck-Rede 1898 bei FRAENKEL 1960, z. B. Akademierede 1901, 15: »Die kindlichen Vorstellungen von nationaler Wissenschaft theilt keiner, der in der Wissenschaft irgendwo zu Hause ist; nationale Gegensätze kann auf diesem Gebiete auch der engste Geist nicht kennen; denn welcher Gelehrte darf an Italien, England, Frankreich mit anderen Gefühlen als denen... der Dankbarkeit für die geistigen Thaten denken, durch welche diese Nationen den Boden bereitet haben, auf dem wir pflügen und ernten?« Kraftmetaphorik gibt es auch in der Einleitung und am Schluß der Tacitusrede von 1896, die in späteren Abdrucken weggelassen wurde, z. B. bei Fraenkel 1960, vol. II 262ff. Wie zeitbedingt allerdings dieser Stil ist, zeigen gleichzeitige Festreden anderer wissenschaftlicher Autoren.

beiten zum Thesaurus linguae Latinae in Göttingen. Leo war Göttinger Delegierter der Thesauruskommission der beteiligten Akademien und Leiter der Göttinger Arbeitsstelle, in der vom Juli 1894 bis zum Oktober 1899, also in etwas mehr als fünf Jahren, die Hälfte der lateinischen Literatur von den Anfängen bis in das 7. Jh. n. Chr., und zwar hauptsächlich die Poesie (Die Prosa war Aufgabe der Münchener Akademie), verzettelt, bzw. exzerpiert wurde. Das fertige Material wurde noch im Oktober 1899 zur einheitlichen und ständigen Auswertung nach München überführt[105] – eine erstaunliche Nebenleistung Leos, zu der von 1902 bis 1913 noch das Amt eines Mitherausgebers des »Hermes« kam.

V.

Ich hoffe, daß ich anhand ausgewählter Beispiele einen Eindruck von dem aus tiefem Engagement für die Literatur der Römer erwachsenen, imponierenden Lebenswerk Friedrich Leos habe vermitteln können. Es bleibt jetzt noch übrig, auf der Grundlage dieses Eindruckes etwas zur *allgemeinen Einschätzung* Leos in der Geschichte seiner Wissenschaft aus unserer heutigen Sicht zu sagen. Leos Leistung für den Fortschritt insbesondere der Latinistik ist, wie ich vor allem am Beispiel der Biographie zu zeigen versucht habe, schon zu seinen Lebzeiten und später immer wieder – auch von seinen wissenschaftlichen Gegnern – anerkannt worden. Sie hat ihre Wirkung und Geltung zu einem wesentlichen Teil bis heute nicht verloren. Seine Editionen sind noch immer im Gebrauch, seine Resultate zur Plautusforschung, insbesondere zu deren metrischen Problemen, noch immer unentbehrlich, seine Forschungen zur Biographie, zum Monolog und vor allem seine Literaturgeschichte in vieler Hinsicht noch immer Ausgangspunkt unserer täglichen Forschungen. Dies läßt sich schon allein daraus ablesen, daß fast alle größeren Arbeiten Leos nach dem zweiten Weltkrieg nachgedruckt wurden[106]. Noch deutlicher aber wird das Maß der ungeschmälerten Aktualität vieler seiner Arbeiten, wenn man ihrer Nachwirkung in der neuesten römischen Literaturgeschichte von 1982 nachspürt. Ich meine den zweiten Band des Werks »The Cambridge History of Classical Literature«[107]. Es ist schon erstaunlich und natürlich auch erfreulich, wie oft hier ein Latinist des 19. Jhs. noch immer der Erwähnung wert ist, weniger in der eigentlichen, oft sehr knapp gehaltenen Abhandlung, dafür um so häufiger im Realien- und Literatur-

105 Vgl. Leos Bericht über den Thesaurus (1899) bei Fraenkel 1960.

106 Die mir bekannten Nachdrucke sind jeweils bei den Einzelausgaben oder im Literaturverzeichnis vermerkt worden.

107 E. J. Kenney – V. W. Clausen, Latin Literature, The Cambridge History of Classical Literature, Vol. II, Cambridge University Press 1982.

anhang[108]. Kein Zweifel, Leos Werk ist für uns heute nicht von historischem, sondern von bleibendem Wert – und dies besonders in einem Punkt, der sich nicht so sehr durch konkrete Zitationen in neueren und neuesten Arbeiten, als vielmehr durch eine Breitenwirkung nachweisen läßt, die so sehr zum Allgemeingut der Latinisten geworden ist, daß sie oft nicht mehr mit Leos Namen verbunden wird: Ich meine die historisch begründete Wiederentdeckung der Originalität der römischen Literatur und das sich darauf gründende neue Selbstbewußtsein der für diese Literatur verantwortlichen Disziplin, der Latinistik, von dem ich schon gesprochen habe. Für meine Begriffe liegt darin das bedeutendste Element in der Konstanz der philologischen Leistungen Leos.

Aber natürlich ist es auch Leo nicht erspart geblieben, daß manches von dem, worauf er die oft entsagungsvolle Mühe der Materialzubereitung aufgewendet und für dessen Fortbestand er unermüdlich gekämpft hat, heute als überholt oder zumindest als revisionsbedürftig gelten muß. Dies ist, wie wir gehört haben, der Fall bei seiner These zur Herkunft der plautinischen Cantica und der darauf gegründeten Originalitätsthese der plautinischen Komödie, bei seiner Rückführung der römischen Liebeselegie über hellenistische Vorläufer auf die neue Komödie[109] und insbesondere bei seinem gattungsgeschichtlichen Rekonstruktionsversuch der antiken Biographie – also gerade bei dem, was Leo sicher zu den wichtigsten Resultaten seiner philologischen Arbeit gezählt hat. Leo argumentierte oft mit zuviel Selbstvertrauen auf zu geringer Textbasis, z. B. im Fall der Cantica-These auf der Grundlage nur eines Papyrus, des Grenfellschen Liedes. Aber schon ein neuer Papyrus kann einen gattungsgeschichtlichen Bau wie den der antiken Biographie zum Wanken bringen, oder wenigstens zu wichtigen Umbauten zwingen, so das 1912 publizierte Papyrusfragment der Euripides-Vita des Satyros[110]. Ein zweites Problem liegt in Leos Neigung zu einer schematischen, ohne Zweifel von der Textkritik beeinflußten Herstellung literaturgeschichtlicher Abhängigkeiten, die aus der oft vielleicht noch verfrühten Überzeugung entstanden ist, Ordnung und Übersicht in disparate Materialien bringen zu können. In diesem Zusammenhang wirkte sich auch seine Vorliebe für isolierte formgeschichtliche Betrachtungen, überhaupt eine Überbewertung des Stilistischen und Formalen nachteilig aus, wie besonders an seiner Cantica-These deutlich wurde[111].

Bei allem aber, was vor unseren Augen heute nicht mehr Bestand hat, sollte man bedenken, daß kein Wissenschaftler nur an der Nachwirkung

108 Vgl. Kenney-Clausen a. a. O. 1982, 85, 95f., 521f., 802, 804, 807, 811, 818, 823, 824, 828, 831 u. ö., häufig mit dem Prädikat »comprehensive« oder »fundamental«.

109 Vgl. oben Anm. 83.

110 Vgl. oben Anm. 92.

111 Vgl. aber oben S. 165f.

seiner Leistung gemessen werden darf. Wir vergessen oft, daß die Stufe der Erkenntnis, auf der wir stehen, und von der aus wir weiter und schärfer blicken können, gerade von dem gebaut ist, der unter uns steht und auf den wir oft mit Herablassung herunterschauen. Wirklich ermessen läßt sich eine wissenschaftliche Leistung erst aus dem Vergleich mit der Situation zuvor. Und diesen Vergleich braucht das Lebenswerk Leos gewiß nicht zu scheuen, denn welcher Fortschritt für unsere Kenntnis der römischen Literatur durch ihn erzielt worden ist, bedarf wohl keines weiteren Beweises. So möchte ich mich Schindels Urteil von 1985 anschließen, wenn er Leo neben Mommsen und Wilamowitz stellt und ihn den »bedeutendsten Latinisten des ausgehenden Historismus« nennt.

VI.

Leos Beziehung zu Wilamowitz verdient dabei für unser Verständnis der Klassischen Philologie in der zweiten Hälfte des 19. Jhs. besondere Beachtung, und deshalb hat sich P. L. Schmidt in seinem schon mehrfach erwähnten Beitrag »Wilamowitz und die Geschichte der lateinischen Literatur« von 1985 erneut um das Verhältnis der beiden bemüht, mit einem Ergebnis, auf das ich zum Schluß noch kurz eingehen muß. Zuvor sei jedoch die Geschichte ihrer Beziehung, soweit sie sich aus Wilamowitz' Erinnerungen und dem Briefwechsel mit Mommsen ergibt, noch einmal kurz in Erinnerung gerufen. Wilamowitz war zunächst von Leo durchaus befremdet, als er ihn im Winter 1873/4 in Rom kennenlernte.

Er schreibt in den Erinnerungen[112]:

> »Hinzu kam Friedrich Leo aus Bonn, mit Kaibel schon befreundet, was unseren nahen Verkehr begründete. Er war wohl schon als Kind im Elternhause, dann weiter in Göttingen und Bonn sehr verwöhnt worden... (Es folgt die bereits zitierte Kritik an der Dissertation Leos)... Da waren also Gegensätze und es ging ohne scharfe Auseinandersetzungen nicht ab. Aber gerade dadurch begründete sich eine enge Freundschaft, denn es war ihm mit der Wissenschaft und dem Leben ernst und er hatte die Kraft auch den Ansatz zur Selbstgefälligkeit zu überwinden.«

Aber diesem anfänglichen Befremden folgte rasch ein kurzer, offenbar heftiger Annäherungsprozeß und schließlich lebenslange feste Freundschaft, wobei es keinen Zweifel darüber geben kann, daß der drei Jahre ältere Wilamowitz das dominierende, anregende, fordernde, verändernde Element dieser Beziehung war. Dieser Eindruck bestätigt sich durch die die Venantius-Edition betreffenden Briefe von Wilamowitz an Mommsen

112 WILAMOWITZ ²1929, 112.

von 1875 und 1877[113]. Schon im ersten Brief – ich habe ihn bereits zitiert – hat er Leo »von der Verehrung von Usener geheilt«. Im zweiten Brief freut er sich mit Mommsen über Leos Entscheidung für das Venantius-Projekt, nicht ohne seinen eigenen Anteil an Leos Charakterprägung gebührend herauszustellen:

»Aber ich kann meine persönliche Freude nicht verbergen, daß Leo nun gerade da ist, wohin ich ihn seit langem haben wollte. Sie können nun in allem voll auf ihn zählen, und daß er endlich rückhaltlos zu Ihnen schwört, ist ein Glück für seine ganze geistige Entwicklung. Ich kenne seinen Entwicklungsgang, und habe wohl selbst, seit er in Bonn mit einer gescheiten, aber verfehlten Abhandlung promoviert hat, den stärksten Einfluß auf ihn gehabt. Für ihn war in Folge dauernder falscher Lobhudelei von Eltern und Lehrern die Gefahr störrischer Eitelkeit sehr groß: und von der heilt schwerlich etwas besser als rückhaltlose persönliche Hingabe aus persönlicher Verehrung. Deswegen bestimmte ich ihn zur Liviusarbeit und dann zum Venantius;...«

Fortan ist die Freundschaft auf beiden Seiten unverbrüchlich, und Wilamowitz zeigt sich als unermüdlicher und tatkräftiger Helfer. Er lobt und fördert 1878 die Seneca-Edition, bietet Leo Publikationsmöglichkeiten in den »Philologischen Untersuchungen«, erinnert 1880 Mommsen an den stellungslosen Freund, holt ihn 1889 nach Göttingen, freut sich über die Zusammenarbeit in Göttingen, vermittelt ihm 1893 die Mitgliedschaft in der Göttinger Akademie und deren Thesaurusprojekt und versucht ihn 1906 nach Berlin zu holen[114]. Ende Januar 1914 hält er dem Freund die Grabrede[115]. Leo hat also immer wieder effektive praktische Zuwendung, aber auch entscheidende wissenschaftliche Impulse von Wilamowitz empfangen, indem dieser ihn z.B. zur Arbeit an lateinischen Autoren wie Livius, Venantius, Tibull oder Statius anregte oder ihm bei der Seneca-Edition behilflich war[116]. Aber es gab, wie in jeder guten Freundschaft, auch Kritik, allerdings nur in einer Richtung. Daß Wilamowitz die frühen gräzistischen Arbeiten Leos kritisierte und damit wahrscheinlich zum weitgehenden Abbruch von dessen gräzistischer Laufbahn beitrug, habe ich schon erwähnt[117]. Aus einem Brief von 1891 wird aber deutlich, daß er auch an der Latinistik Leos etwas Grundsätzliches auszusetzen fand, nämlich an dessen zu starker Konzentration auf die römische Poesie, die seiner eigenen

113 Wilamowitz 1935, 22 und 27.
114 Vgl. Schmidt 1985, 385.
115 Vgl. Wilamowitz ²1929, 180; 1935, 534. Derselbe 1935, 69. Derselbe 1935, 89. Derselbe ²1929, 205–208; 1935, 370f. Derselbe ²1929, 224. Derselbe 1935, 480, 482, 484f. Derselbe ²1929, 243f.
116 Vgl. Schmidt 1985, 386, Anm. 91.
117 Vgl. oben S. 156 und Anm. 29.

breiten kulturhistorischen Perspektive der Literaturbetrachtung widersprach:

»Ich müßte nur einen der römischen Dinge kundigen Kollegen haben. Leo will an die Realia schlechterdings noch nicht anbeißen, ich will aber versuchen, ihm immer wieder klar zu machen, daß Plautus und Horaz ein zu enger Kreis für die Romana sind.«[118]

Von einer Kritik Leos an Wilamowitz' Arbeiten ist mir nichts bekannt.

Nun komme ich zu dem Bild, das Schmidt vom Verhältnis der beiden Philologen zeichnet: Laut Schmidt hat Wilamowitz vor allem versucht, die von der Bonner Schule Useners und Büchelers geprägte, textkritisch orientierte »Wortphilologie« Leos in Richtung auf seine eigene altertumswissenschaftliche Konzeption zu verändern (386f.). Das Resultat dieser Einwirkung zeigt sich aber nach Schmidt noch nicht in der Seneca-Edition, die für ihn noch in der Kontinuität der Bonner Tradition steht (389f.), sondern erst in den »Plautinischen Forschungen«, besonders in der Geschichte des Plautustextes (389). Aber es gibt für Schmidt im Werk Leos auch Züge, die von Wilamowitz wegführen oder über ihn hinausweisen. Unterschiede zeigen sich dabei besonders in zwei Aspekten. Der *erste* Aspekt betrifft die generelle Einschätzung der römischen Literatur. Wilamowitz habe sich hier im Gegensatz zu Leo aus Scheu vor allgemeinen Fragestellungen vor »einseitigen, pauschalen oder gequälten Antworten« bewahrt und sei, nicht wie Leo stets ängstlich auf die griechischen Vorbilder als Wertungsmaßstab fixiert, etwa bei Plautus oder der römischen Liebeselegie zu positiveren Urteilen über den Anteil und Wert des Genuin – Römischen gelangt (390f.). Leo dagegen habe eine »Latinistik des schlechten Gewissens« vertreten, »die die Römer allenfalls apologetisch zu ihrem Recht kommen läßt« – dies lt. Schmidt das Ergebnis des »übermächtigen Einflusses« von Wilamowitz, »der Leo auf die Nebenstraße der Latinistik ausweichen ließ« (391).

Das *zweite* trennende Moment liegt für Schmidt darin, daß Leo sich in *einem* Punkt nur in sehr begrenztem Maße auf Wilamowitz' altertumswissenschaftliche Konzeption hat einlassen wollen. Er habe den »Sitz der... Literatur im Leben«, z.B. die Rhetorenschulen bei Seneca oder die theatergeschichtliche Realität bei Plautus vernachlässigt (391). Das historische Umfeld sei erst in der Literaturgeschichte von 1913 angemessener berücksichtigt (391f.). Weniger trennend als vielmehr über Wilamowitz hinausweisend hat dagegen Leo für Schmidt vor allem durch die vertiefte, sich auf die formalästhetischen Charakteristika konzentrieren-

118 Wilamowitz 1935, 420.

de Interpretation einer bewußt begrenzten Anzahl antiker Texte gewirkt (388, 389, explizit erst 392).

So kommt Schmidt schließlich zu folgendem Resümee (392): »Überschauen wir Leos wissenschaftliches Oeuvre insgesamt, so ist unverkennbar, daß er trotz aller Einwirkungen (man ist fast versucht zu sagen: Pressionen) des Freundes einen eigenen Weg gegangen ist. Die Konzentration des Arbeitsfeldes, die Wilamowitz irritierte, führt (in einer Vertiefung der textbezogenen Interpretation) von Textkritik und Textgeschichte über Quellenanalyse zur Erkenntnis von Gedankenform (Tibull) und Textstruktur (Plautus, Biographie). Die Vernachlässigung der historischen Einbettung wird durch den Gewinn an ästhetischer Erkenntnis balanciert und bilanziert, die deutlich über den altertumswissenschaftlichen Ansatz hinausweist und ihre Bedeutung behält.«

Zweifellos hat dieses jüngste Portrait Friedrich Leos seine unbestreitbaren Verdienste insofern, als das Verhältnis Leos zu Wilamowitz nicht im Sinne einer platten Übereinkunft, sondern differenziert als ein Wechsel von Nähe und Distanz zu sehen ist und so Leo ein eigenes, schärfer als bisher gezeichnetes Profil gegeben wird. In einem wesentlichen Aspekt scheint es mir aber auch mehr als fragwürdig. Mag es auch zutreffen, daß Leo sich nur zum Teil der philologischen Konzeption von Wilamowitz geöffnet hat[119], so dürfte doch m. E. der erste Unterschied, den Schmidt zwischen den beiden gesehen hat, jedenfalls, was Leos Position angeht, nicht zutreffen. Von einer »Nebenstraße der Latinistik« kann meiner Ansicht nach bei Leo keine Rede sein und noch viel weniger von einer »Latinistik des schlechten Gewissens, die die Römer allenfalls apologetisch zu ihrem Recht kommen läßt« (391). Hier wird negativ eingefärbt, was von Leo positiv gedacht und ausgeführt wurde. Was die »Nebenstraße« angeht, so sollte man den Einfluß von Wilamowitz auch nicht überschätzen, denn Leo war immer von der Einheit des Faches überzeugt und hat offenbar von Anfang an nicht nur gräzistisch arbeiten wollen, wie das Projekt der Seneca-Edition beweist, zu der Leo schon entschlossen war, bevor er Wilamowitz kennenlernte. Leos spätere Wendung zur Latinistik entspricht jedenfalls zum großen, wenn nicht zum größten Teil einer inneren Affinität und ist nicht nur das Ergebnis der Abdrängung durch einen Konkurrenten ins Nebenrevier.

Die These von der »Latinistik des schlechten Gewissens« will mir dagegen ganz und gar nicht einleuchten. Zur Apologetik sah sich Leo durch die Geringschätzung der römischen Literatur, die er vorfand, gezwungen, aber seine Verteidigung hat nichts Gequältes, Verkrampftes

119 Aber auch hier sind gewisse Abstriche zu machen. Schmidt vermißt 1985, 391 eine Erörterung der Rolle der kaiserzeitlichen Rhetorenschulen. Vgl. aber Leo 1878/9, Vol. I, 149–152 zum Einfluß der rhetorischen Bildung auf Seneca.

oder künstlich Aufwertendes. Sie ist vielmehr ein positiver, von einem wissenschaftlich begründetem neuen Wertgefühl getragener Versuch, einer in den beiden Generationen zuvor vor allem in Deutschland verkannten Literatur ihr Recht zurückzugeben. Das ist keine »Latinistik des schlechten Gewissens«, sondern im Gegenteil die Absicht, der eigenen und zukünftigen Latinistik das gute Gewissen zurückzugeben, das sie zu Unrecht verloren hatte[120].

VII.

Ich komme zum Schluß: Friedrich Leo hat am Ende seiner Rede zur Feier des 150jährigen Bestehens der Göttinger Akademie von 1901 die Wirkungsmöglichkeit des Einzelnen im Gesamtgefüge der Wissenschaft, wie folgt, beschrieben:

»Nicht die Dauer unseres Namens ist die Folgerung, die wir aus der Bedeutung des Individuums in der Geschichte der Wissenschaft ziehen. Unsere Sorge ist, daß die Fäden, die wir in den Webstuhl der Wissenschaft schlagen dürfen, von der Geschichte haltbar gefunden werden. Diese Arbeit ist unsere Gegenwart. Danach mögen andere Generationen das Ihre tun und ihrer Väter so gern zu gedenken Ursach haben wie wir der unsern.«

Ich hoffe, ich sage nicht zuviel, wenn ich behaupte, daß wir gerade hier in Göttingen allen Grund haben, gern an Friedrich Leo zurückzudenken.

Verzeichnis der häufiger zitierten Literatur

Dihle, A. ^{2}1970, Studien zur griechischen Biographie, Akademieabhandlung, Göttingen.
Fraenkel, E. 1922, Plautinisches im Plautus, Philologische Untersuchungen 28, Berlin.
Fraenkel, E. 1960, Fr. Leo, Ausgewählte Kleine Schriften, 2 Bde. Rom.
(Hier das Verzeichnis der Schriften Friedrich Leos s. XLV–LVII, auf das im Text stets verwiesen wird. Besonders zu beachten ist auch die Charakteristik vom Leben und Werk Leos in der Einleitung, s. XIII–XLIII).
Leo, Fr. 1873, Quaestiones Aristophaneae, Diss. phil., Bonn.
Leo, Fr. 1878/9, L. Annaei Senecae tragodiae, rec. et. emend. F.L., 2 Bde., Berlin (Nachdruck 1963).
Leo, Fr. 1881, Venanti Fortunati opera poetica rec. et. emend. F.L. (Monumenta Germaniae historica, Auct. antiquiss. tom. IV pars prior), Berlin (Nachdruck 1961).
Leo, Fr. 1895, (^{2}1912), Plautinische Forschungen zur Kritik und Geschichte der Komödie, Berlin (Nachdruck Darmstadt 1966, Dublin–Zürich 1973).
Leo, Fr. 1895/6, Plauti comoediae, rec. et. emend. F.L., 2 Bde., Berlin (Nachdruck 1958).

120 Vgl. auch die ablehnende Stellungnahme von R. Kassel, GGA 239 (1987), 188–228, 214–215.

LEO, Fr. 1897, Die plautinischen Cantica und die hellenistische Lyrik, Abhandlungen der Gött. Gesellsch. d. Wiss., Phil.-hist. Klasse, N.F. Bd. 1, Nr. 7, Göttingen.

LEO, Fr. 1901, Die griechisch-römische Biographie nach ihrer literarischen Form, Leipzig (Nachdruck 1965).

LEO, Fr. 1904, Die Originalität der römischen Litteratur, Festrede zur akademischen Preisverteilung. Göttingen.

LEO, Fr. 1908, Der Monolog im Drama – Ein Beitrag zur griechisch-römischen Poetik, Berlin.

LEO, Fr. ^{3}1912, Die römische Literatur des Altertums, in: Die griech. u. lat. Literatur und Sprache (Die Kultur der Gegenwart I 8, Leipzig, 401–482 (Dritte, stark verbesserte und vermehrte Auflage von ^{1}1905 und ^{2}1907, 313ff.).

LEO, Fr. 1913, Geschichte der römischen Literatur, Erster Band, Die archaische Literatur, Berlin (Nachdrucke 1958, 1967).

LEO, Fr. 1914, Kriegserinnerungen 1870–71, mit einem Einleitungswort von U. v. Wilamowitz-Moellendorff, Berlin.

POHLENZ, M. 1914, Friedrich Leo, Neue Jahrbücher für das Klassische Altertum, Geschichte und Deutsche Literatur 17, 297–316.

SCHINDEL, U. 1985, Fr. Leo, Neue Deutsche Biographie XIV, 241–2.

SCHMIDT, P.L. 1985, Wilamowitz und die Geschichte der lateinischen Literatur, in: Wilamowitz nach 50 Jahren, Darmstadt, 358–399.

STEIDLE, W. ^{2}1963 (= ^{1}1951), Sueton und die antike Biographie, Zetemata 1, München.

WENDLAND, P. 1914, Rede auf F. Leo, Geschäftl. Mitteilungen der Kgl. Gesellschaft der Wiss. zu Göttingen 1914, Heft 1, 3–24.

WILAMOWITZ-MOELLENDORFF, U.v. ^{2}1929 (^{1}1928), Erinnerungen, Leipzig.

WILAMOWITZ-MOELLENDORFF, U.v. 1935, Mommsen und Wilamowitz, Briefwechsel 1872–1903, hg. v. Fr. u. D. Hiller von Gaertringen, Berlin.

Wolfgang Fauth

Richard Reitzenstein, Professor der Klassischen Philologie 1914–1928

I.

Als Richard Reitzenstein im Jahre 1914, zum Nachfolger Friedrich Leos berufen, aus Freiburg an die Georgia Augusta kam, mag sich der eine oder andere seiner hiesigen akademischen Kollegen mit einer gewissen Skepsis gefragt haben, ob die Kontinuität der Göttinger Latinistik mit dieser doch etwas ungewöhnlichen Sukzession wohl gewahrt bleiben werde. Leo war ein renommierter und weithin respektierter Vertreter seines Faches gewesen, – nicht zuletzt auch deswegen, weil er sich streng innerhalb von dessen Grenzen gehalten und auf einem klar umrissenen wissenschaftlichen Terrain mit seinen Forschungen zu Plautus ebenso wie mit seiner umfassenden römischen Literaturgeschichte bedeutsame Schwerpunkte gesetzt hatte.

Natürlich war auch Reitzenstein latinistisch hinreichend ausgewiesen. Er hatte 1884 als Dreiundzwanzigjähriger bei Johannes Vahlen in Berlin mit einer Dissertation über die römischen Agrarschriftsteller promoviert. Das lag damals, bei seinem Antritt in Göttingen, genau dreißig Jahre zurück. In der Zwischenzeit waren von ihm nicht wenige, allerdings meist nur kleinere Beiträge zu römischen Dichtern und Prosaschriftstellern erschienen, dazu eine längere Abhandlung ›Verrianische Forschungen‹ aus dem Jahre 1887[1]. Seinen latinistischen ›Einstand‹ in Göttingen gab er mit einer etwa hundert Seiten umfassenden Untersuchung über die kleinen Schriften des Tacitus in den Nachrichten der Göttinger Gesellschaft der Wissenschaften, der er bereits seit einem Dezennium als korrespondierendes Mitglied angehörte.

Während seiner gesamten Lehrtätigkeit an der Georgia Augusta bis zu seiner Emeritierung im Jahre 1928 hat sich Reitzenstein korrekt an die aus der übernommenen Fakultas erwachsenen sachlichen Auflagen und Er-

1 Vgl. die Zusammenstellung seiner Veröffentlichungen von R. Reitzenstein Jr., Richard Reitzensteins Schriften, in: Festschrift Richard Reitzenstein, Leipzig – Berlin 1931, 160–168.

Abb. 19: Richard Reitzenstein (1861–1931)

fordernisse gehalten und in den Vorlesungen durchweg Themen aus der römischen Literatur, in den Seminarveranstaltungen nach jeweiliger Abstimmung mit seinen Fachgenossen Günther Jachmann, Walther Kranz und Max Pohlenz alternierend lateinische und griechische Autoren behandelt. Abgesehen von einer einzigen Ausnahme, einer Vorlesung aus dem Jahre 1918 über ›Das religiöse Leben im hellenistischen Synkretismus‹, ist dabei, wie es scheint, zu keiner Gelegenheit jenes Gebiet von ihm berührt oder gar ausführlich traktiert worden, das schon seit etwa anderthalb Jahrzehnten das eigentliche Objekt seiner wissenschaftlichen Interessen und Bemühungen bildete und das notwendigerweise auch in den Mittelpunkt dieses Vortrags wird rücken müssen. Wir konstatieren hier das eigenartige Faktum, daß ein Gelehrter von hohem Rang, mit dem Geheimratstitel und dem Grad eines Doktors der Theologie dekoriert, denjenigen Bereich der Forschung, der ihm zutiefst am Herzen lag, mit einer beinahe eisern zu nennenden Konsequenz aus dem tagtäglichen akademischen Lehrbetrieb herauszuhalten bemüht war. Die gleiche Konsequenz zeigt sich andererseits darin, daß die obligatorische Beschäftigung Reitzensteins mit der römischen Literatur auch in Gestalt philologischer Publikationen bis zu seinem Tode (1931) fortgedauert hat; zwei Jahre vorher, 1929, erschien noch einmal in Neuauflage sein 1926 zuerst veröffentlichter Vortrag ›Das Römische in Cicero und Horaz‹.

Aber alle diese Gegenstände bildeten, genau genommen, seit langem nicht mehr das Zentrum seiner Zielsetzungen und Betätigungen. Denn schon frühzeitig war er auf eine andere Bahn der Annäherung an die Antike gelenkt worden, und sie sollte ihn nun über mehrere Stationen und auch in verschiedenen Richtungen zu neuen, zum Teil sehr entlegenen Regionen der Altertumskunde führen. Den entscheidenden Anstoß zu dieser Neuorientierung gab kein Geringerer als Theodor Mommsen. Reitzenstein hatte das Glück gehabt, in Berlin persönlichen Kontakt zu dem berühmten Althistoriker zu gewinnen, und nach seiner Promotion wurde er bei einem mehrjährigen Aufenthalt in Italien der Mitarbeiter Mommsens beim Studium antiker Handschriften der Bibliotheca Laurentiana, wo er sich in klösterlicher Abgeschiedenheit den kritischen Umgang des Philologen mit seinen Quellen aneignete, aber auch – im Gedankenaustausch mit Mommsen – über die engeren Grenzen der klassischen Philologie hinweg Ausblick auf das weitgespannte Feld der Res antiquae gewann. Das Ergebnis der neuen und nachhaltigen Eindrücke und Einsichten wurde zunächst ablesbar einerseits an dem über zehn Jahre andauernden intensiven und entsagungsvollen Eindringen Reitzensteins in den äußerlich wenig attraktiven Stoff der griechischen Lexikographie, von Hesych bis zum Etymologicum Magnum, andererseits an seiner Breslauer Habilitationsschrift von 1888 über Fragmente aus dem siebenten Buch von Arrians Alexandergeschichte. In beiden

Fällen war es ihm gelungen, auf der Grundlage eigener Entdeckungen in zwei Codices der Bibliotheca Vaticana wertvolle editorische Leistungen zu erbringen, und man erwartete allgemein, daß er sich endgültig auf diesem Felde der Forschung etablieren werde.

Als Reitzenstein jedoch diese Phase der Zuwendung zu kodikologischen und lexikographischen Problemen 1897 mit einer umfangreichen Abhandlung über die ›Geschichte der griechischen Etymologika‹ definitiv abschloß, hatte sich längst – wenn auch publikatorisch beinahe unmerklich – eine weitere, immerhin benachbarte Komponente des wissenschaftlichen Engagements entfaltet; sie galt der alexandrinischen Literatur und mit ihr und durch sie als Medium der Welt des Hellenismus in ihrer ganzen fachübergreifenden Vielfalt und Vielschichtigkeit. Das erste Signal nach außen hin war das Buch ›Epigramm und Skolion‹ mit dem Untertitel ›Ein Beitrag zur Geschichte der alexandrinischen Dichtung‹, erschienen 1893 in Gießen. Reitzenstein war damals bereits Ordinarius in Rostock gewesen, dann nach Gießen berufen worden, und 1893 war das Jahr seines Wechsels von dort nach Straßburg. Ebenda aber verband sich mit der Fernwirkung Mommsens aus den frühen Italienjahren der Einfluß der Orientalistik. Es war der Straßburger Ägyptologe Wilhelm Spiegelberg, der ihn 1898 bei seinen Grabungsreisen in das Land der Pharaonen gleichsam magnetisch mitzog an ein neues Ufer, wo nach den Handschriftenentdeckungen in italienischen Bibliotheken nun Papyrusfunde aus dem hellenistischen Kulturerbe auf ihn warten mochten.

Dieses mit einem Hauch von Abenteuer behaftete Exkursionsunternehmen bildete den Grundstein für die bekannte, von Reitzenstein inaugurierte Straßburger Papyrussammlung, und an seinen Veröffentlichungen der folgenden Zeit läßt sich ablesen, wie die ihm wohlvertraute philologisch-editorische Tätigkeit, nunmehr auf dem speziellen Sektor der Papyrologie, einherging mit einer wachsenden Neigung zur hellenistischen Literatur in immer eindeutiger werdendem Zuschnitt auf die religions- und geistesgeschichtliche Thematik. Da sind zunächst zwei ganz knappe Artikel in den Verhandlungen der Versammlung Deutscher Philologen über ›Griechische Bibliotheken im Orient‹ (1899) und ›Zur theologischen Literatur des Hellenismus‹ (1903), sodann die ersten Mitteilungen aus der neuangelegten Papyrussammlung über Aristophanes, Apollonios von Rhodos und die Iliasscholien im ›Hermes‹ des Jahres 1900, schon im folgenden Jahre aber die etwa 150 Seiten umfassende Monographie ›Zwei religionsgeschichtliche Fragen nach ungedruckten Texten der Straßburger Bibliothek‹, basierend auf den von Reitzenstein gefundenen Papyri Graeci nr. 60 und nr. 480/81. Ihr Inhalt bestand zum einen aus einer kaiserzeitlichen Urkunde über die sakralen Vorschriften der ägyptischen Priesterordnung, zum anderen aus einem historischen Gedichtfragment über das römische Weltreich in seinem Kampf gegen den persischen

Orient während der Herrschaft Diokletians, und schließlich aus Teilen einer spätantiken Kosmogonie, in der griechische Philosopheme mit mystischen Elementen der gräkoägyptischen Hermetik auf eigentümliche Weise verwoben waren.

Reitzenstein selbst gab im Vorwort zu seiner Veröffentlichung zu erkennen, daß er sich dieser komplexen Aufgabe eigentlich nicht gewachsen fühle, ungeachtet dessen aber den Anspruch der gelehrten Öffentlichkeit auf rasche Information über die Novitäten nicht zu ignorieren vermöge. Er schrieb: »Mir persönlich ist die herbe und drückende Pflicht auferlegt, eine Anzahl wichtiger Schriftdenkmäler aus Gebieten, die mir bisher fernlagen, möglichst rasch der Verwertung durch Fachmänner zugänglich zu machen.« Immerhin konnte er sich dabei des ständigen Rates und der Hilfe seiner orientalistischen Kollegen F. Schwally und W. Spiegelberg sowie der beiden hervorragenden, ihm auch persönlich verbundenen Altertumskundler Bruno Keil und Eduard Schwartz versichern. Gleichwohl fühlte er sich als Dilettant, und – so seine eigenen Worte – »Dilettanten-Arbeit erfreut ja nur dann, wenn man nichts Besseres zu tun hat. Aber einmal geschieht es wohl jedem, daß er schreibt, nicht was er will, sondern was er muß.«[2] Für wenige hat wohl wie für Reitzenstein gegolten, daß der wahre Wissenschaftler sich seine Arbeit nicht aussucht, sondern daß sie ihn ergreift, und wie sehr und wie endgültig »der aufgezwungene Stoff« allmählich »Gewalt über ihn bekommen« hatte, zeigte sich an den beiden folgenden Werken, dem ›Poimandres‹ von 1904 und den ›Hellenistischen Wundererzählungen‹ von 1906.

Bei den ›Wundererzählungen‹ wird der Leser zunächst in den literarischen Grenzbereich zwischen Antike und Orient geführt, mit Geschichten und Gestalten von Magiern, Priestern, Heilern, Wundertätern und philosophischen Übermenschen. Reitzenstein hat diese Erzählgattung seltsamer und unglaublicher Mirabilien als Aretalogie bezeichnet; sie berührt sich mit bestimmten Merkmalen des spätantiken Romans, aber auch mit dem Motivbestand mancher christlicher Heiligenlegenden und apokryphen Apostelgeschichten[3]. Insofern haftet ihr ein religiöses oder zumindest pseudoreligiöses Fluidum an; und wohin die Intention solcher thaumasiologischen Fabeleien schließlich zwangsläufig führt, ergibt sich aus dem zweiten Teil des Buches. Hier wird man mit einem märchenhaftgeheimnisvollen Prozeß magischer Heilung des ägyptischen Gottes Horus durch seine Mutter Isis aus dem großen demotischen Zauberpapyrus bekannt gemacht, danach – als Parallele dazu – mit einem Abschnitt aus

2 Zwei religionsgeschichtliche Fragen nach ungedruckten griechischen Texten, Straßburg 1901, VI. VIII.

3 W. FAUTH, Astraios und Zalmoxis. Über Spuren pythagoreischer Aretalogie im Thule-Roman des Antonius Diogenes, Hermes 106, 1978, 320f.

den syrisch-griechischen Akten des Apostels Thomas über Irrwege und Heimkehr eines persischen Prinzen: Nach dem Fortgang aus seinem weit im Osten gelegenen Vaterhause führt ihn seine Wanderung in die Fremde, über Babylon nach Ägypten, auf der Suche nach einer im Meer verborgenen kostbaren Perle, – eine symbolisch verschlüsselte Parabel von der Errettung der individuellen Lichtseele aus den dunklen Tiefen der diesseitigen Welt, eine Parabel, deren Sinnerhellung inzwischen für das Verständnis der Psychologie christlicher Gnosis, insbesondere des christlich beeinflußten Manichäismus, große Bedeutung erlangt hat[4].

II.

Eben die beiden gleichen Anteile (ägyptische Magie und Theologie – gnostische Geheimlehre unter dem Zeichen der Heilsfindung durch Erkenntnis) bilden auch den Kern des zwei Jahre früher verfaßten ›Poimandres‹. Der Titel Ποιμάνδρης, der ›Menschenhirt‹, bezeichnet den ersten Traktat des sogenannten Corpus Hermeticum, einer überwiegend aus dem zweiten Jahrhundert nach Christus stammenden Sammlung von Schriften heidnischer Gnosis in der Synthese von ägyptisch-memphitischer Priestermystik und griechischer Philosophie, verkörpert durch die Gestalt des unter der Erscheinungsform des Poimandres auftretenden Weisheitsgottes Hermes-Thot Trismegistos als Offenbarungsträger. Das Verdienst Reitzensteins bestand zum einen darin, daß er dieses Erzeugnis des hellenistischen Synkretismus, der griechisch-orientalischen Religionsmengerei, auf eine kritisch gereinigte und gesicherte Textgrundlage gestellt hat, zum anderen darin, daß er durch Heranziehen der spätantiken Zauberliteratur sowie von einschlägigen griechischen, ägyptischen, jüdischen, arabischen und chaldäischen Überlieferungen in Schriften astrologischer, alchemistischer, metaphysischer und soteriologischer Ausrichtung den ungeheuer komplexen Hintergrund ausgeleuchtet hat, auf dem Gebilde solcher Art damals erwachsen sind.

Mehr noch als zuvor mußte er sich dabei auf unvertrautes, fremdartiges Neuland wagen; er selbst spricht im Vorwort davon, seine Arbeit bewege sich auf dem »Grenzgebiet von Philologie und Theologie«[5]. Das war eher bescheiden ausgedrückt; in Wahrheit bot sein Buch eine geradezu überwältigende Fülle von Materialien unterschiedlichster Herkunft, und das, ehrlich gesagt, nicht eben in übersichtlicher Anordnung. Umfangreiche

4 Vgl. G. Widengren, Der iranische Hintergrund der Gnosis, ZRGG 4, 1952, 112.

5 Poimandres. Studien zur griechisch-ägyptischen und frühchristlichen Literatur, Leipzig 1904, V. Vgl. jetzt R. A. Segal, The Poimandres as Myth. Scholarly Theory and Gnostic Meaning (Religion and Reason 33), Berlin – New York – Amsterdam 1986, 13–59.

Textzitate, weitläufige Anmerkungen, ständige Vor- und Rückverweise, die Neigung zu einer umständlichen Gelehrsamkeit, zu immer neuen Exkursen und Abschweifungen machten die Lektüre zu einer mühsamen Angelegenheit. Um so bemerkenswerter war es, daß die Stellungnahmen der Rezensenten aus den diversen Disziplinen durchweg positiv ausfielen: Der Altphilologe Wilhelm Kroll nannte den ›Poimandres‹ zwar ein Wagnis, zollte ihm aber trotz mancher Einwände im einzelnen, insgesamt hohe Anerkennung[6]. Der bekannte österreichische Papyruskundler Carl Wessely meinte, Reitzenstein habe einen Schatz ans Licht gehoben, von dem man kaum geahnt habe, welch reiche Belehrung und welche Fülle von Anregungen er bieten könne[7]. Der Kirchenhistoriker Hans Lietzmann schließlich betonte, auch der Theologe könne viel aus dem Buch lernen, da es der Forschung tatsächlich ein neues Gebiet erschlossen habe, dessen Bearbeitung reichen Ertrag verspreche[8]. Seine Beurteilung und Prognose sollte sich als zutreffend erweisen. Reitzenstein hatte einen entscheidenden Anstoß zu der bis heute gewaltig angewachsenen Gnoseologie, der Aufarbeitung all der vielfältigen Phänomene der Gnosis gegeben, – unabhängig von der Frage der Haltbarkeit seiner These vom Bestehen einer Poimandres-Gemeinde, gegründet vor Christi Geburt von ägyptischen Priestern, die ihre eigene Lehre von der Weltschöpfung durch den Demiurgen Ptah mit einer östlichen Heilsbotschaft von der Gefangenschaft und Befreiung des Anthropos, des Gottes ›Mensch‹, aus den Fesseln der Finsternis zu einem gnostischen System verbunden hätten.

Wenn am Anfang dieses Jahrhunderts die hermetische Erlösungsdoktrin des ›Poimandres‹ mit ihren kosmogonischen, anthropologischen und eschatologischen Komponenten, nicht zuletzt aber auch ihre von Reitzenstein ins Auge gefaßten Berührungen mit dem christlichen ›Hirten des Hermas‹ und die Anklänge des Mythos vom Gott ›Mensch‹ an den Menschensohn der Evangelien Gelehrte verschiedener fachlicher Provenienz offensichtlich zu faszinieren vermochten, so lag das unter anderem an einer Reihe von Umständen, die Reitzenstein damals nicht nur zugutekamen, sondern auch ihn selbst, möglicherweise ohne daß er dies sogleich voll zu realisieren vermochte, stimuliert und wegweisend beeinflußt haben. Etwa drei Jahrzehnte früher hatte sich vor dem Hintergrund des Historismus in der klassischen Philologie eine vorwiegend auf religionsgeschichtliche Fragen und Themen abgestellte Forschungsrichtung entwikkelt, die durch den Namen Hermann Usener gekennzeichnet war[9]. Use-

6 W. KROLL, BphW 26, 1906, 481–489.
7 C. WESSELY, WKlPh 21, 1904, 561–564.
8 H. LIETZMANN, ThLZ 10, 1905, 201–204.
9 G. ARIGHETTI, Aspetti di Hermann Usener, filologo della religione, Pisa 1982. Vgl. J. DE VRIES, Forschungsgeschichte der Mythologie, München 1961, 298f. J.N. BREMMER, Mnemosyne 39, 1986, 561–564.

ner hatte sich seit 1873 der römischen und griechischen Religion zugewandt; seine Bücher ›Italische Mythen‹, ›Das Weihnachtsfest‹, ›Die Sintfluthsagen‹, ›Der heilige Theodosios‹ waren weithin bekannt, und 1895/96 brachte er die aufsehenerregende Untersuchung ›Götternamen. Versuch einer Lehre von der religiösen Begriffsbildung‹ heraus. Seine Autorität hatte die meisten seiner Schüler auf die gleiche Spur gesetzt; darunter waren Albrecht Dieterich mit seinem Werk ›Mutter Erde‹, Richard Wünsch, der hervorragende Kenner griechischer Zaubertexte, Eduard Norden, Verfasser des ›Agnostos Theos‹, Ludwig Deubner, der Lehrer Kurt Lattes, aber auch Gelehrte wie der eben erwähnte Theologe Hans Lietzmann mit seinem Buch ›Petrus und Paulus in Rom‹ oder der Belgier Franz Cumont, bahnbrechender Erforscher der spätantiken Mithras-Mysterien[10].

Usener residierte seit 1866 in Bonn; Reitzenstein zählte nicht zu den Mitgliedern seines Kreises und ist ihm wohl nur ein einziges Mal persönlich begegnet, nämlich auf dem internationalen Kongreß für Religionsgeschichte in Basel, wo dann allerdings das fachliche Gespräch bis in die Nachtstunden angedauert haben soll. Das war 1904, im Erscheinungsjahr des ›Poimandres‹ und kurz vor Useners Tod. Immerhin – dessen Schwiegersohn Albrecht Dieterich hatte aus Heidelberg Kollationen zum ›Poimandres‹ beigesteuert und der Usener-Schüler Eduard Schwartz war Reitzenstein in Straßburg über längere Zeit persönlich verbunden, hielt sich aber fast ausschließlich dem althistorischen und ekklesiastischen Bereich der Altertumskunde zugewandt. So blieben die Impulse der Bonner Schule mehr indirekt, gleichsam atmosphärisch, nichtsdestoweniger aber durchaus nachhaltig.

Ähnlich lagen die Dinge bei der Beziehung Reitzensteins zu einer vergleichbaren wissenschaftlichen Strömung, die etwa um dieselbe Zeit und unter denselben Bedingungen des methodischen Verfahrens auf dem benachbarten Feld der Theologie aufgekommen war. Gemeint ist die sogenannte Religionsgeschichtliche Schule in Göttingen, durch die vorjährige Ausstellung der Niedersächsischen Staats- und Universitätsbibliothek auch weiteren Kreisen inzwischen hinreichend bekannt[11]. Diese Göttinger Schule mit ihrem ›radikal historischen Ansatz im wissenschaftlichen Umgang mit den Quellen des christlichen Glaubens‹, wie es in der

10 H.J. Mette, Nekrolog einer Epoche. Hermann Usener und seine Schule. Ein wirkungsgeschichtlicher Rückblick auf die Jahre 1856–1979, Lustrum 22, 1979/80, 5–106. Vgl. K. Pruemm, Reitzenstein (Richard), philologue allemand (1862–1931), et l'École de la Religionsgeschichte, in: Dictionnaire de la Bible Suppl. 10, Paris 1985, 200–201.

11 Vgl. O. Eissfeldt, Religionsgeschichtliche Schule, in: Die Religion in Geschichte und Gegenwart 4, 1930², 1898–1899.

Dokumentation zu der Ausstellung einleitend heißt[12], hatte – chronologisch etwa parallel zu der Bewegung um Usener – ihre Ursprünge in den letzten Dezennien des 19. Jahrhunderts; ihre geistigen Väter waren der systematische Theologe Albrecht Ritschl und der Orientalist Paul de Lagarde; zu ihren bekanntesten Vertretern gehörten Albert Eichhorn, Hermann Gunkel, Hugo Greßmann, Alfred Rahlfs, Ernst Troeltsch und Wilhelm Heitmüller[13]. Auch hier war es so, daß Reitzenstein nicht dem eigentlichen Zirkel der Religionsgeschichtlichen Schule zugerechnet werden konnte; er stand jedoch in engerem Kontakt zu einem ihrer hervorragendsten Repräsentanten, zu Wilhelm Bousset[14]. Dessen Abhandlung ›Die Religion des Judentums im neutestamentlichen Zeitalter‹ war 1903, ein Jahr vor dem ›Poimandres‹ herausgekommen und hatte Reitzenstein wirkungsmäßig gerade noch so weit erreicht, daß er daraus eine Bestätigung seiner These über den gnostischen Anthropos-Mythos entnehmen zu können meinte. Und es ist recht aufschlußreich zu sehen, daß die 1961 bei Vandenhoeck & Ruprecht publizierte Studie von Carsten Colpe über ›Die Religionsgeschichtliche Schule. Darstellung und Kritik ihres Bildes vom gnostischen Erlösermythus‹ sich von Anfang an mit den diesbezüglichen Aussagen Reitzensteins und den entsprechenden Hypothesen von Bousset und Greßmann zu befassen hatte[15].

Nach der Veröffentlichung des ›Poimandres‹ erhielt Reitzenstein aus den Reihen der klassischen Philologie, wo man ihn nun der eigenen Disziplin mehr und mehr verloren glaubte, eine briefliche Admonition, er möge sich doch nicht allzu sehr auf das abstruse Terrain finsteren Aberglaubens und dubioser Winkelkulte verlieren. Der Warner war niemand anders als Ulrich von Wilamowitz, selbst einst ein Lieblingsschüler Useners, nach und nach aber in eine sehr eigenständige Distanz zu ihm gegangen[16], andererseits während seines langen Wirkens in Göttingen von 1883–1897 neben dem Philosophen Hermann Lotze eine Koryphäe, der auch Mitglieder der Religionsgeschichtlichen Schule zu Füßen gesessen hatten, um prägende Einblicke in die Kultur- und Geistesgeschichte

12 G. LÜDEMANN – M. SCHRÖDER, Die religionsgeschichtliche Schule in Göttingen. Eine Dokumentation, Göttingen 1987, 7.

13 H. PAULSEN, Traditionsgeschichtliche Methode und religionsgeschichtliche Schule, ZThK 75, 1978, 20–55. G. LÜDEMANN, Die Religionsgeschichtliche Schule, in: B. Moeller (Hg.), Theologie in Göttingen (Göttinger Universitätsschriften Serie A: Schriften 1), Göttingen 1987, 325–361.

14 A. F. VERHEULE, Wilhelm Bousset. Leben und Werk, Amsterdam 1973, 309–310.

15 C. COLPE, Die religionsgeschichtliche Schule. Darstellung und Kritik ihres Bildes vom gnostischen Erlösermythus (FRLANT NF.60), Göttingen 1961.

16 S. dazu A. HENRICHS, Der Glaube der Hellenen: Religionsgeschichte als Glaubensbekenntnis und Kulturkritik, in: W. M. Calder III – H. Flashar – Th. Lindken, Wilamowitz nach 50 Jahren, Darmstadt 1985, 280–289. Vgl. R. KASSEL, GGA 239, 1987, 209.

des Hellenismus aus wegweisenden Vorlesungen zu empfangen[17]. Reitzenstein antwortete auf diesen wohlgemeinten Brief mit einem »persönlichen Bekenntnis«, daß Aberglaube und Glaube für ihn untrennbar seien. Aberglaube sei »verwesende Religion«, doch könne die religiöse Energie aus ihr neue Glaubensmächte schaffen, und überall, wo er denen begegne, habe er Sympathie und Ehrfurcht, auch wo er nicht mitzuglauben imstande sei. Dieses Bekenntnis wird als charakteristisch zitiert von seinem Göttinger Kollegen Max Pohlenz anläßlich des Nachrufs auf den Verstorbenen in den Nachrichten der Akademie von 1931/32, wo das tiefe religiöse Empfinden des einem theologischen Elternhaus Entstammenden ebenso wie sein leidenschaftliches Engagement auch für die abgelegensten und verworrensten Äußerungen spätantiker Religiosität in menschlich anrührender Weise geschildert werden[18].

III.

In der Tat ließ gerade die wohl bedeutsamste Publikation Reitzensteins, ›Die hellenistischen Mysterienreligionen‹, aus einem 1910 gehaltenen und gedruckten Vortrag mit umfangreichen Anmerkungen allmählich angewachsen über einen etwa 270 Seiten umfassenden Band mit zahlreichen Exkursen im Jahre 1920 bis zu einer auf den doppelten Umfang gestiegenen Endauflage 1927, alle Linien deutlich erkennen, die aus solchen Spät- und Verfallsformen des Religiösen herausgearbeitet, sich in der Konzeption des Verfassers nach und nach abgezeichnet und schließlich vereinigt hatten. Man braucht nur die in der Vorrede zu dieser Endauflage enthaltene Liste der hilfreichen Kollegen zu durchmustern, von den Iranisten Friedrich Carl Andreas und Hans Heinrich Schaeder über den Turkologen Willi Bang und den Turfan-Archäologen Albert von Le Coq bis zu dem Keilschriftkundler Heinrich Zimmern und den Ägyptologen Kurt Sethe, Heinrich Junker und Wilhelm Spiegelberg, um wiederum die weit über den vom Titel her vorgegebenen Rahmen hinausreichende Breite der Darstellung zu erahnen. Natürlich war Albrecht Dieterichs Kommentar zu der sogenannten Mithras-Liturgie (1903) inzwischen ebenso in dieses gelehrte Sammelbecken des hellenistischen Synkretismus eingegangen wie Wilhelm Boussets ›Hauptprobleme der Gnosis‹ (1907), und so wurde mit der Widmung an die beiden vor längerem verstorbenen befreundeten Mitforscher am Schluß der Vorrede auch die tiefgreifende Wirkung sowohl der Bonner als auch der Göttinger religionsgeschichtlichen Schulrichtung auf Reitzenstein indirekt gewürdigt mit seinen Wor-

17 LÜDEMANN-SCHRÖDER, Die religionsgeschichtliche Schule in Göttingen 33–34.36.
18 M. POHLENZ, Richard Reitzenstein, NGA 1931/32, 67.72–74.

ten: »Weg und Ziel haben jedem Forscher auf diesen Gebieten Hermann Usener und Albrecht Dieterich gewiesen, aber die engere Fühlung mit der Orientalistik blieb ihnen versagt, und doch ist das Christentum im Ursprung eine orientalische Religion. Wenn wir hier ergänzen und nacharbeiten, so geschieht es, wie ich von beiden weiß, in ihrem Sinn. Der Führer aber für diese Ergänzung ist Wilhelm Bousset gewesen. So zolle auch die neue Ausgabe dieses Büchleins den verstorbenen Freunden, dem Philologen und dem Theologen, meinen Dank.«[19]

Das »Büchlein« umfaßte immerhin stattliche 425 Seiten, und es waren in diesem Stadium der Vollendung nicht nur die zahlreichen Anregungen anderer, sondern auch nicht wenige von Reitzensteins eigenen Ergebnissen und Erkenntnissen seit 1903 mittelbar oder unmittelbar darin verwertet worden. Gerade weil hier eine Ausweitung und Anreicherung über mehrere zeitlich weit auseinanderliegende Stadien zu beobachten ist, läßt sich die gleichsam in konzentrischen Kreisen das Gesichtsfeld vergrößernde, immer neues Material einbeziehende Arbeitsweise des Autors besonders gut daran ablesen. Ohne auf das vielschichtige Geflecht feiner und feinster Stoff- und Motivverbindungen im einzelnen eingehen zu können, möchte ich versuchen, einige dominierende Phänomene aufzugreifen, weil sich ihnen nahezu das gesamte religionsgeschichtliche Forschungsrepertoire Reitzensteins enger oder auch entfernter zuordnen läßt[20]. Dabei ist es zumindest in einem Falle möglich, den Faden der Betrachtung noch ganz im Raum der klassischen Philologie, also auf seinem eigentlichen Fachgebiet aufzunehmen: Reitzenstein hatte seine Freiburger Antrittsrede 1911 über ›Das Märchen von Amor und Psyche bei Apuleius‹ gehalten; sie kam 1912, auf insgesamt 92 Seiten erweitert, zum Druck. Seine Vermutung, es sei in dieser märchenhaften Einlage des lateinischen Metamorphosen-Romans mehr zu suchen als eine mythisch verbrämte erotische Novelle, unterbaute er zunächst durch eine symbolhaltige Interpretation hellenistischer Kunstdenkmäler mit Darstellungen von Eros und Psyche, publiziert in den Sitzungsberichten der Heidelberger Akademie von 1914, um dann drei Jahre später an gleicher Stelle eine auf umfangreichen Vorstudien beruhende große Abhandlung ›Die Göttin Psyche in der hellenistischen und frühchristlichen Literatur‹ folgen zu lassen und schließlich gegen Ende seiner wissenschaftlichen Tätigkeit 1930 mit dem Aufsatz ›Noch einmal Amor und Psyche‹ in einer letzten Äußerung darauf zurückzukommen[21]. Das in der Abhandlung von 1917

19 R. REITZENSTEIN, Die hellenistischen Mysterienreligionen, Göttingen [3]1927; [Darmstadt [3]1956], VII. Vgl. K. RUDOLPH, Die Gnosis. Wesen und Geschichte einer spätantiken Religion, Göttingen 1978, 37–38.

20 Vgl. die Übersicht bei PRUEMM, Dictionnaire de la Bible Suppl. 10, 202–205.

21 R. REITZENSTEIN, Noch einmal Amor und Psyche, ARW 28, 1930, 42–87. Vgl. W. FAUTH, Cupido cruciatur, GB 2, 1974, 48–49.

vorgetragene Resultat seiner Untersuchungen lautete, es liege bei Apuleius der Nachhall eines romanhaft umgestalteten, zudem vorher vielfach verfremdeten und verdunkelten, dabei mit anderen Traditionen vermengten iranischen Mythos von der Allseele Psyche als Tochter des Lichtkönigs vor, die begehrt und gefesselt vom schlangenleibigen Sohn des Chaosherrschers (gemeint ist Eros als das von Begierde erfüllte Prinzip der Materie), zum Schluß von dem göttlichen Boten der höheren Welt aus dieser unseligen Bindung erlöst und zur himmlischen Hochzeit in die Lichtheimat zurückgeführt wird.

Um diese Theorie zu erhärten, zog Reitzenstein mit seiner gewohnten, ungemein subtilen synthetischen Methode der Beweissammlung nicht nur Zeugnisse griechischer Sprache heran, sondern auch allerlei orientalische, darunter vor allem einen manichäischen Turfan-Text, der die kosmischen Äonen Jesus den Glanz, die Lichtjungfrau und die ›große Manuhmēd‹, seiner Deutung zufolge eben die Göttin Psyche, nebeneinanderstellt. Was hier letztlich zum Vorschein kommt, ist eine Variante des gnostischen Mythendramas vom Fall eines Lichtwesens in die Dunkelsphäre und von seiner Befreiung durch einen herabsteigenden Erlöser; demgemäß findet sich in Reitzensteins ›Mysterienreligionen‹ als komprimiertes Fazit seiner intrikaten Interpretation unter anderem die Weltseele (Ψυχή) mit dem Anthropos identifiziert, dem Urmenschen der Manichäer, dem primären Subjekt dieses ebengenannten Mythendramas.

Vom Stichwort des Manichäismus aus lassen sich nun auf dem Sektor der Soteriologie weitere Verbindungen herstellen, vor allem zu Reitzensteins bekanntestem Opus, dem ›Iranischen Erlösungsmysterium‹ von 1921. Sein Kerngehalt bestand darin, daß Reitzenstein anhand des parthischen Turfan-Fragments M 7 den altpersischen Propheten und Religionsstifter Zarathustra als soteriologischen Vorläufer Manis reklamierte und damit die diesbezügliche manichäische Überlieferung zu bestätigen suchte. Dabei betrachtete er die an die Weltseele bzw. den Urmenschen gerichteten manichäischen ›Glied-Hymnen‹ von Turfan als Exponenten eines letztlich auf die durch Zarathustra bezeichnete altpersische Epoche zurückreichenden Mysteriums der Erlösung, der Todüberwindung und des Aufstiegs zur Höhe. Das bedeutete für ihn im Endeffekt den iranischen Ursprung der manichäischen Heilslehre, darüber hinaus aber – durch das Medium des Manichäismus – auch iranische Einflüsse zumindest auf die paulinischen Partien des Neuen Testaments[22]; und obgleich Ernst Waldschmidt und Wolfgang Lentz in ihrer Turfan-Textpublikation von 1926 ›Die Stellung Jesu im Manichäismus‹ eine konträre, wie wir heute wissen, zutreffende Sichtweise, nämlich die Abhängigkeit Manis

22 Vgl. jetzt die kritische Notiz von H. Merkel, Der Epheserbrief in der neueren Diskussion, ANRW II 25,4, Berlin – New York 1987, 3174–3183. 3188–3190.

vom Christentum, eröffneten[23], hat Reitzenstein im 14. Kapitel seiner ›Mysterienreligionen‹, überschrieben ›Die neuen manichäischen Fragmente‹ unbeirrt auf seinem Standpunkt beharrt.

Seine Unbeirrbarkeit gründete sich nicht zuletzt auf den Umstand, daß er sich durch regelmäßige, im privaten Kreis stattfindende Zusammenkünfte mit dem Göttinger Iranisten Andreas und dem Berliner Pionier der Turfan-Philologie Friedrich Wilhelm Karl Müller eigens in die manichäischen Dokumente persischer Sprachzugehörigkeit eingearbeitet hatte und daher von einer ganz gesicherten Position aus zu argumentieren meinte. Das gleiche galt auch für die neuentdeckten Schriften der Mandäer, einer mesopotamischen Taufsekte, deren letzte Nachfahren noch heute im Irak existieren sollen. Bereits bevor diese Schriften veröffentlicht wurden, hatte er von ihrem späteren Herausgeber, dem Göttinger Semitisten Mark Lidzbarski, eine Übersetzung erhalten. Die Früchte dieser frühzeitigen Unterrichtung aus erster Hand brachte Reitzenstein 1919 in dem Heidelberger Sitzungsbericht ›Das mandäische Buch des Herrn der Größe und die Evangelienüberlieferung‹ ein. Seine darin vorgelegten Thesen betrafen zunächst erneut den gnostischen Urmenschen als ›erlösten Erlöser‹[24] und dessen terminologische Austauschbarkeit mit dem Begriff der Weltseele, darüber hinaus aber nun auch mit den mandäischen Anthropos-Gestalten Enoš und Adam. Auffällig und folgenreich erscheint jedoch vor allem eine noch schärfer markierte Ausrichtung der genannten Anthropos-Typen auf die Selbstbezeichnung Jesu als ›Menschensohn‹ in den Evangelien: »Wir können, seit der Gott Anthropos im iranischen Volksglauben erwiesen ist, die Bezeichnung ›Mensch‹ oder ›Sohn des Menschen‹ für den Messias oder ein dem Messias ähnliches Wesen nicht mehr davon trennen oder die Selbstbezeichnung Jesu als Menschensohn als bedeutungslos hinstellen. Neben die Weissagung Daniels, das vierte Buch Esra, das Henoch-Buch oder die unklaren Andeutungen Philos über den Πρῶτος Ἀδάμ tritt jetzt ein voll abgerundetes Bild in den nichtchristlichen Überlieferungen von Enoš und Manda d'Haijê, der in den liturgischen Stücken geradezu als ›erster Mann‹ bezeichnet wird.«[25]

Zu diesem weiteren Ausbau der Anthropos-Theorie durch den mandäischen Stützpfeiler trat ergänzend der Versuch Reitzensteins, das christliche Taufsakrament über Johannes als Vorläufer Christi auf die baptismatischen Praktiken und Anschauungen der Mandäer zurückgehen zu lassen. Das alles wird in seinen ›Hellenistischen Mysterienreligionen‹ wieder

23 H. S. NYBERG, Monde Oriental 23, 1929, 354–373.

24 Vgl. RUDOLPH, Die Gnosis 139–140.

25 R. REITZENSTEIN, Das mandäische Buch des Herrn der Größe, SHAW Ph.-Hist. Kl. 1919, 12, Heidelberg 1919, 45–46. Vgl. COLPE, Die religionsgeschichtliche Schule 39–40. J. ERNST, Pleroma und Pleroma Christi, Regensburg 1970, 274–275.

aufgegriffen[26], insbesondere die Parallele zwischen der Jordantaufe Jesu durch Johannes in den Evangelien und einer Schilderung des Ginzā, der mandäischen ›Bibel‹, wo der Erlöser Manda d'Haijê dem Johannes als kleiner Knabe erscheint, ihn um die Taufe bittet, von diesem als der Gott erkannt wird, in dessen Namen er tauft, und daraufhin seinem Diener auf dessen Ersuchen hin selbst die Taufe und damit zugleich auch die Entrükkung zum Lichtreich im Tode gewährt[27]. Ausführlich dargelegt hat Reitzenstein seine Einschätzung mandäischer Priorität gegenüber der christlichen Taufsymbolik in seinem letzten großen Werk ›Die Vorgeschichte der christlichen Taufe‹ (1929), mußte allerdings erleben, daß von theologischer Seite Joachim Jeremias gewichtige Gegenargumente vorbrachte[28] und daß auch sein früherer Mitarbeiter Hans Heinrich Schaeder, der die iranische Anthropos-Theorie in den von beiden gemeinsam verfaßten ›Studien zum antiken Synkretismus in Iran und Griechenland‹ (1926) aus orientalistischer Sicht noch nachhaltig gestützt hatte, jetzt in seiner Gnomon-Besprechung von 1929 auf der Basis eindringender, zum Teil geradezu demontierender Kritik deutlich von ihm abrückte[29].

IV.

Die strittige Frage der Beziehungen des Mandäismus und des Manichäismus zum Christentum ergibt die Brücke zu einem letzten, das Vorhergegangene ergänzenden Ausschnitt des von Reitzenstein entwickelten Forschungspanoramas, und auch in diesem Falle läßt sich – wie beim Psyche-Thema – der Ansatzpunkt auf dem Felde der Philologie und der Literaturgeschichte ausfindig machen. Reitzenstein war von den in seinen ›Hellenistischen Wundergeschichten‹ behandelten Darstellungsformen der Aretalogie und der Thaumasiologie zu dem damit verbundenen Genus der schon von Usener angegangenen christlichen Heiligen-, Märtyrer- und Mönchslegenden hingeführt worden. Den Anfang machten die Heidelberger Sitzungsberichte ›Nachrichten über den Tod Cyprians‹ (1913) und ›Des Athanasius Werk über das Leben des Antonius‹ (1914); es folgten die ›Bemerkungen zur Märtyerliteratur‹ in den Nachrichten der Göttinger Gesellschaft der Wissenschaften von 1916 und im gleichen Jahr die bei Vandenhoeck & Ruprecht publizierte Monographie ›Historia Monachorum und Historia Lausiaca. Eine Studie zur Geschichte des Mönchtums und der frühchristlichen Begriffe Gnostiker und Pneumati-

26 Die hellenistischen Mysterienreligionen 13–16. 53–55. 231–234.
27 Das mandäische Buch des Herrn der Größe 78. Vgl. aber J. M. Lagrange, La gnose mandéenne et la tradition évangelique, RB 37, 1928, 5–31.
28 J. Jeremias, Der Ursprung der Johannestaufe, ZNW 28, 1929, 312–320.
29 H. H. Schaeder, Gnomon 5, 1929, 353–370.

ker‹. Wie der Titel bereits aussagt, zielte sie vom Ausgangspunkt novellistisch gefärbter Hagiographie auf die Eigentümlichkeiten der mönchischen Askese und Spiritualität, um bei der Analyse von zwei darauf bezüglichen Begriffen, Pneuma und Gnosis, bedeutend etwa ›göttlicher Geisteshauch‹ und daraus erwachsende ›höhere, intuitive Erkenntnis‹, zu enden. Da die beiden Begriffe nach Reitzenstein für die geistige und religiöse Kondition des Apostels Paulus relevant waren, wurde dieser Aspekt folgerichtig in seinen ›Mysterienreligionen‹ unter der Überschrift ›Paulus als Pneumatiker‹ und ›Paulus als Gnostiker‹ aufgenommen und vertieft[30].

Das Interesse Reitzensteins an Paulus hatte bereits der Aufsatz über die Areopagrede (1913)[31] sichtbar gemacht; sein Studium der paulinischen Brieftheologie erfolgte konsequent nach den Regeln der historisch-kritischen Methode, welche die Theologen der Religionsgeschichtlichen Schule inzwischen mit der klassischen Philologie teilten. Das Ergebnis lautete – nach der Formulierung des katholischen Theologen und Religionshistorikers Karl Prümm –, es bestehe zwischen der apostolischen und der Mysterienliteratur des neutestamentlichen Zeitalters die Gemeinsamkeit, daß beide sich das Heilsgut, das zum Wesensbestand ihrer Botschaft gehöre, als reales Sein einer ›gehobenen ethischen Ordnung‹ vorgestellt hätten[32]. Dabei gehe es nicht mehr darum, ob die heidnischen Mysterien – etwa durch Vermittlung gewisser sakramentaler Züge – die gebende Rolle gegenüber dem Christentum gespielt, sondern ob sie durch ihr sakramentales Erscheinungsbild ihren Anhängern das Christentum nahegebracht und eine Bekanntschaft mit ihm gefördert hätten. Damit war die Ursprungsfrage, nach dem Urteil des bis 1918 führenden Göttinger Alttestamentlers und Orientalisten Julius Wellhausen das πρῶτον ψεῦδος der religionsgeschichtlichen Schulmethode[33], in den Hintergrund gerückt, die radikale Einstellung Boussets, wonach das Christentum einer unter anderen orientalischen Mysterienkulten gewesen sei, einigermaßen entschärft. Gleichwohl blieb bei Reitzenstein die grundsätzliche Überzeugung, daß die paulinischen Anschauungen über Pneuma und Sakramente von der hellenistischen Mysterienreligiosität geprägt seien, daß die Terminologie der hellenistischen Offenbarungsliteratur mehr oder weniger deutlich auf ihn abgefärbt habe: »Die hellenistische religiöse Literatur muß er gelesen haben; ihre Sprache redet er, in ihre Gedanken hat er sich

30 Die hellenistischen Mysterienreligionen 76–78. 284–333. 333–393.

31 NJb 31, 1913, 393–422.

32 K. Prümm, Stand R. Reitzenstein als Deuter von Einzelstücken des paulinischen Christusmysteriums in rückläufiger Bewegung zur Tradition?, in: U. Bianchi – M.J. Vermaseren (Hg.), La soteriologia dei culti orientali nell' Impero Romano (EPRO 92), Leiden 1982, 834–835.

33 J. Wellhausen, Skizzen und Vorarbeiten 6, Berlin 1899, 233.

hineinversetzt. So gewannen sie für ihn lebendige Kraft. Sie befreite ihn unmerklich zunächst von der Tradition, die sich in der Gemeinde auf jüdischem Boden zu bilden begonnen hatte.«[34] Aber bei einer solchen generellen Diagnose mehr formaler, literarisch-terminologischer, also eher peripherer Infiltration blieb es nicht. Wenn von den Mitgliedern der Religionsgeschichtlichen Schule Wilhelm Heitmüller die christlichen Tauf- und Abendmahlssakramente aus vorderasiatischen Mysterien abgeleitet hatte (›Taufe und Abendmahl im Urchristentum‹ 1911) und Bousset den Κύριος Χριστός der griechischen und kleinasiatischen Gemeinden als hellenistischen Kultheros zu definieren suchte, so kam Reitzenstein im Banne seiner Anthropos-Theorie nicht umhin zu behaupten: »Ich bin überzeugt, daß Paulus eine im hellenistischen wie palästinischen Judentum schon vorhandene, letzten Endes aus dem Iran stammende Vorstellung vom göttlichen Anthropos als Träger der wahren Religion für die Ausgestaltung seiner Christusauffassung benutzt hat.«[35]

Derartige Worte mußten die Gralshüter der protestantischen Theologie auf den Plan rufen, darunter einen Mann von Format Albert Schweitzers, der sich zuerst in seiner ›Geschichte der paulinischen Forschung‹ (1911) gegen Reitzenstein wandte, um rund zwanzig Jahre später in seinem Buch ›Die Mystik des Apostels Paulus‹ (1930) Boussets Aufstellungen vom Kyrios Christos als eine völlig in der Luft hängende Konstruktion abzuqualifizieren[36]. Der einflußreiche und angesehene Berliner Kirchenhistoriker und Dogmatiker Adolf Harnack hatte schon bei seiner Stellungnahme zu Useners ›Weihnachtsfest‹ (1889) von einer Untersuchungsmethode gesprochen, »welche unser Gebiet mit der Anarchie bedroht, welche in der ›Wissenschaft‹ der allgemeinen Religionsgeschichte und Mythologie herrschend ist«[37]; er hatte dann 1908 gegen Boussets ›Hauptprobleme der Gnosis‹ Front gemacht und seinen prinzipiellen Standpunkt betont, daß alle Erscheinungen des ältesten Christentums aus dem Spätjudentum erklärbar seien. Das mußte indirekt auch Reitzenstein berühren; und wenn dieser den Paulus als Gnostiker einstufte, so war er zwangsläufig mit Harnacks Gnosis-Begriff konfrontiert, der in dieser spätantiken Geistesbewegung einen Ableger der griechischen Philosophie sah, während er den mythologischen Gnostizismus als Sammelsurium von Fossilien, als Rumpelkammer synkretistischer, aus vielen Elementen zusammengesetzter Gebilde abtat[38]. Für Reitzenstein dage-

34 Die hellenistischen Mysterienreligionen, Göttingen 1910[1], 59–60.

35 Die hellenistischen Mysterienreligionen[3] 423. Vgl. zur Position der gegenwärtigen Paulus-Forschung G. SELLIN, Hauptprobleme des Ersten Korintherbriefes, ANRW II 25,4, Berlin – New York 1987, 3020.

36 Vgl. VERHEULE, Wilhelm Bousset 191–192.

37 ThLZ 14, 1889, 212.

38 Rez. W. BOUSSET, Hauptprobleme der Gnosis, ThLZ 33, 1908, 10–13.

gen war die Gnosis »die notwendige Fortbildung der orientalischen Religionen in der Diaspora, der Höhepunkt ihrer individualistischen und zugleich universalistischen Entwicklung, ... in gewissem Sinne die letzte Stufe des Hellenismus und daher so allgemein wie dieser selbst, inhaltlich ein unmittelbares, aus direktem Verkehr mit der Gottheit entnommenes Wissen ihrer Geheimnisse, die dem natürlichen Menschen und seinem Verstande verborgen bleiben müssen, – kurz, so ziemlich das gerade Gegenteil von Philosophie oder selbst Religionsphilosophie«[39]. So war es kein Wunder, daß es anläßlich von Reitzensteins Artikel ›Die Formel Glaube, Liebe, Hoffnung bei Paulus‹ (1916) zwischen beiden zu einer scharfen Kontroverse kam, weil Harnack in der Behauptung Reitzensteins, Paulus nehme mit der besagten Formel auf ähnliche Wendungen der heidnischen Gnosis Bezug, die Originalität des Christentums in Frage gestellt sah. Reitzenstein erwiderte darauf zutiefst getroffen in der Historischen Zeitschrift von 1916[40]. Genau zehn Jahre später zwang ihn ein weiterer direkter Angriff durch das Buch ›Urchristentum und Religionsgeschichte‹ (1925) des neben Harnack in Berlin wirkenden Kirchenhistorikers Karl Holl mit dem Vorwurf, mehr oder weniger verhüllt vom iranischen Erlösungsgedanken her das Christentum erklären zu wollen, und mit einer dezidierten Polemik gegen sein angeblich einseitig hellenistisches Paulus-Bild ebenfalls zu einer längeren Entgegnung, einer ›Laienantwort an Karl Holl‹ im Anhang der ›Studien zum antiken Synkretismus‹[41].

Als Ausgleich für solche Invektiven aus dem Lager der Orthodoxie und des Intellektualismus blieb ihm die Genugtuung, daß seit etwa 1923 sozusagen die zweite Generation der Religionsgeschichtlichen Schule, Neutestamentler wie Rudolf Bultmann[42], Heinrich Schlier[43] und Ernst Käsemann[44] (später Philipp Vielhauer[45] und Günter Bornkamm[46]) an

39 Die hellenistischen Mysterienreligionen 69. Vgl. W. Foerster, Das Wesen der Gnosis, Welt als Geschichte 15, 1955, 100–101.

40 Die Entstehung der Formel Glaube, Liebe, Hoffnung, HZ 116, 1916, 189–208. Vgl. Pohlenz, NGA 1931/32, 73–74.

41 Studien zum antiken Synkretismus in Iran und Griechenland, Leipzig – Berlin 1926 [Darmstadt 1965], 174–189.

42 R. Bultmann, Der religionsgeschichtliche Hintergrund des Prologs zum Johannes-Evangelium, in: Eucharisterion. Festschrift für Hermann Gunkel (FRLANT 36,2), Göttingen 1923, 3–26. Die Bedeutung der neuerschlossenen mandäischen und manichäischen Quellen für das Verständnis des Johannes-Evangeliums, ZNW 24, 1925, 100–146.

43 H. Schlier, Christus und die Kirche im Epheserbrief (BHTh 6), Tübingen 1930.

44 E. Käsemann, Leib und Leib Christi (BHTh 9), Tübingen 1933.

45 Ph. Vielhauer, Oikodome. Das Bild vom Bau in der Literatur vom Neuen Testament bis Clemens Alexandrinus, Heidelberg 1939.

46 G. Bornkamm, Das Ende des Gesetzes. Paulusstudien (BETh 16), München 1952, 139–156.

seinen bahnbrechenden Ideen und Entdeckungen anknüpfend für die Exegese sowohl des Johannesevangeliums als auch der paulinischen Briefe neue, vieldiskutierte Perspektiven eröffnet haben[47]. Und wenn auch seine Beurteilung des Zarathustra-Textes von Turfan kurz nach seinem Tode durch den Iranisten Walter Henning endgültig widerlegt wurde[48], so hält immerhin die durch Geo Widengren repräsentierte religionsgeschichtliche Schule von Uppsala bis heute am allgemeinen iranischen Hintergrund vor allem der manichäischen Gnosis fest[49].

Niemanden wird es überraschen, daß manche Erklärungen und Überzeugungen Reitzensteins inzwischen fragwürdig geworden sind, da auf dem so ungemein diffizilen und verwickelten Gebiet der Synkretismus-Forschung nach wie vor vieles umstritten ist, eine letzte Eindeutigkeit und Einhelligkeit längst noch nicht gewonnen werden konnte. Die durch die Natur der Sache bedingte Überforderung des einzelnen infolge der Heterogenität der Stoffe und der Kompliziertheit der Probleme spiegelt sich, wie ich meine, nirgends deutlicher als in der vor nahezu einem halben Jahrhundert abgegebenen kritischen Würdigung Reitzensteins durch den ihm in mancher Hinsicht durchaus kongenialen Hans Heinrich Schaeder, mit der ich schließen möchte: »Reitzensteins Stellung in der religionsgeschichtlichen Forschung ist eine eigentümlich zwiespältige; seine Arbeit fordert immer in einem zu Bewunderung und Widerspruch heraus. Wer seine Schriften studiert, steht immer wieder vor der Tatsache, daß darin ein bestimmter, ausgesprochen oder unausgesprochen im Mittelpunkt aller der rastlosen Arbeit stehender Erscheinungszusammenhang mit einem Feingefühl ohnegleichen geahnt und empfunden, aber nicht eigentlich analysiert ist. Man gewinnt von der eigenartigen religiösen Anschauungswelt einen starken, vielfach faszinierenden Eindruck, aber nicht ihren Begriff: sowohl die begriffliche Durchdringung wie die geschichtliche Einreihung bleibt unbefriedigend. (Gleichwohl): Bei den mit der Religionsgeschichte des Hellenismus beschäftigten Forschern setzt sich als heuristisches Prinzip die Einsicht durch, daß im religiösen Bewußtsein

47 Vgl. Foerster, Welt als Geschichte 15, 102. Colpe, Die religionsgeschichtliche Schule 57–60. Ernst, Pleroma und Pleroma Christi 62–63. 275–276. G. Widengren, Les origines du Gnosticisme et l'histoire des religions, in: Le origini dello Gnosticismo. Colloquio di Messina 13–18 avril 1966, 28–60 (= Der Ursprung des Gnostizismus und die Religionsgeschichte, in: K. Rudolph (Hg.), Gnosis und Gnostizismus (Wege der Forschung 262), Darmstadt 1975, 668–706).

48 W.B. Henning, Mitteliranische Manichaica III, SBPrAW 27, 1934, 872 A.1. Vgl. M. Boyce, The Manichaean Hymn Cycles in Parthian, Oxford 1954, 1 A.6. G. Widengren, Der Manichäismus, in: Gnosis. Festschrift für Hans Jonas, Göttingen 1978, 287.

49 Vgl. H.S. Nyberg, Forschungen zum Manichäismus, ZNW 34, 1935, 70–83. Widengren, Der Manichäismus 286–290. – S. andererseits R.N. Frye, Reitzenstein and Qumrân revisited by an Iranian, HThR 55, 1962, 261–268.

dieser Epoche eine in der Mannigfaltigkeit individueller Abwandlungen doch homogene Auffassung vom Menschen lebendig ist, die sich ihren adäquaten Ausdruck in der Konzeption einer mythisch symbolisierten Idee des Gottmenschen schafft und die sich von der Idee des Menschen in der attischen Philosophie genauso unterscheidet wie etwa von den anthropologischen Theorien im neuzeitlichen Denken, wie Dilthey und Scheler sie zusammenfassend gewürdigt haben. Diese Einsicht nun ist in erster Linie durch die Arbeiten Reitzensteins angebahnt worden, die Idee des Gottmenschen als Koordinate der ganzen hellenistisch-orientalischen Religionsgeschichte ist seine große Entdeckung.«[50]

50 Gnomon 5,368. Vgl. COLPE, Die religionsgeschichtliche Schule 116. – Letzter forschungsgeschichtlicher Überblick bei D. H. WIENS, Mystery Concepts in Primitive Christianity and in its Environments, ANRW II 23, 2, Berlin–New York 1980, 1248–1284.

Carl Joachim Classen

Kurt Latte, Professor der Klassischen Philologie 1931–1935; 1945–1957

I.

Kurt Latte, ordentlicher Professor der klassischen Philologie der Georg-August-Universität 1931–1935 und 1945–1957. Dreierlei rücken uns die Jahreszahlen, die mit der Tätigkeit Kurt Lattes in Göttingen zu verbinden sind, unmittelbar vor Augen: den Einschnitt, d.h. die durch das NS-Regime erzwungene rechtswidrige Unterbrechung der Lehrtätigkeit, damit zweitens die Zeit der Diktatur, die Latte nicht nur seines Lehrstuhls und fast aller Möglichkeiten zu wissenschaftlicher Arbeit und zu normalen menschlichen Kontakten beraubte, sondern ihn nur mit knapper Not im Verborgenen überleben ließ, und drittens die zeitliche Nähe dieses Gelehrtenlebens, für das daher die Quellen reichlicher fließen, da neben die Veröffentlichungen, Akten und Briefe auch persönliche Äußerungen, Erinnerungen und Eindrücke treten, und das daher nicht leicht angemessen zu schildern, geschweige denn zu würdigen ist. Wie wir bei der Betrachtung eines Gemäldes, wenn wir zu nahe herantreten, die Einzelheiten zwar deutlicher zu erfassen vermögen, zugleich aber durch deren Deutlichkeit oft genug irritiert und jedenfalls vom Gesamteindruck abgelenkt werden, während sich uns die Harmonie der Komposition des Ganzen erst aus einer gewissen Entfernung erschließt, so müssen wir auch versuchen, Abstand zu gewinnen, wenn wir Leben und Wirken eines Zeitgenossen, auch eines älteren Zeitgenossen gerecht werden wollen, eines Zeitgenossen, der für viele von uns Jüngeren der stets weit überlegene, hochgeachtete Meister war, für andere aber auch der unerbittlich strenge und gefürchtete Lehrer und Prüfer, der Gelehrte, den einige Kollegen schätzten und gern um Rat fragten, andere wegen seiner nie verhehlten Überlegenheit und Ansprüche belastend und schwer erträglich fanden[1].

1 Erläuternd darf ich hinzufügen, daß ich selbst zu jung bin, um Lattes Kollege gewesen zu sein, und ihn nie als Prüfer zu fürchten brauchte, weil ich meine Examina in Hamburg abzulegen plante, als ich 1949–1951 in Göttingen studierte und vier Semester lang in Lattes Seminaren saß. Neben den persönlichen Erinnerungen, die mein Bild von Latte

Kurt Latte war ordentlicher Professor der klassischen Philologie an der Universität Basel, als ihn im Frühjahr 1931 der Ruf nach Göttingen erreichte. Wer war der Gelehrte, den die Göttinger Fakultät auf den Lehrstuhl von Friedrich Leo und Richard Reitzenstein berief – nicht unmittelbar als Nachfolger Reitzensteins, sondern erst nach dem allzu kurzen Zwischenspiel Eduard Fraenkels? Als Richard Reitzenstein zum Ende des Wintersemesters 1927–1928 emeritiert wurde[2] – er lehrte danach noch weiter – legte die Fakultät eine Berufungsliste mit den Namen von drei Ordinarien vor, Eduard Fraenkel (Kiel), Johannes Stroux (München)[3] und Günther Jachmann (Köln)[4], also von drei Schülern Leos, von denen zwei in Göttingen promoviert waren: Jachmann, der, obwohl er schon früher als Extraordinarius (1917–1918) und als Ordinarius (1920–1922) in Göttingen gewirkt hatte, an die dritte Stelle gesetzt wurde, und Eduard Fraenkel, dem man den ersten Rang gab, weil man ihn als »die aktivere Natur« ansah[5]. In der Tat bezeugt die Chronik des Seminars, daß die Teilnehmerzahlen bald nach Fraenkels Eintreffen in den Seminaren stark anstiegen; im Wintersemester 1929–1930 wurde das Proseminar Fraenkels von 40 ordentlichen und 36 außerordentlichen Mitgliedern besucht. Doch obwohl Fraenkel zunächst den Ruf nach Göttingen ohne Zögern und lange Verhandlungen angenommen hatte, wohl weil er die Universität kannte und stolz war, den Lehrstuhl seines verehrten Lehrers Leo zu übernehmen, zog es ihn bald fort nach Freiburg. Vergeblich suchte die Fakultät den Minister zu drängen, Fraenkel zu

geprägt haben, standen mir die Akten der Archive der Universität Göttingen (Archiv U.G.), der Akademie der Wissenschaften in Göttingen und der Mommsen-Gesellschaft und die Chronik des Seminars für Klassische Philologie zur Verfügung, dazu persönliche Unterlagen Lattes wie Notizen für die Vorlesungen, unveröffentlichte Vorträge und Manuskripte und einige Briefe, die mir seine Witwe, Frau H. Latte (Tutzing) zugänglich machte. Allen, die mir die Quellen zu benutzen ermöglicht haben, sei ausdrücklich gedankt.

2 Archiv U.G. XVI, IV, Aa 288: Personalakte Richard Reitzenstein; im Sommersemester 1928 vertrat er seinen Lehrstuhl, im Wintersemester 1928–1929 hielt er das Proseminar ab (Tibull), wie die Chronik des Seminars für Klassische Philologie lehrt. Nachruf: M. Pohlenz, in: N.G.G. 1930–1931, Berlin 1931, geschäftliche Mitteilungen 66–67.

3 Zu J. Stroux (1886–1954) s. J. Dummer, Philologus 124, 1980, 290–296, der Anm. 1 zahlreiche Nachrufe aufführt. 1928 erhielt Stroux als erster den Ruf, doch lehnte er ihn gleich ab, vgl. Gnomon 4, 1928, 168.

4 Zu G. Jachmann (1887–1979) s. S. Prete (Hg.), Tra filologi e studiosi della nostra epoca, Pesaro 1984, der 141 die wichtigsten Nachrufe verzeichnet. Am 17. Mai 1935 schlugen M. Pohlenz und K. Latte vor, Jachmann zum korrespondierenden Mitglied der Gesellschaft der Wissenschaften zu wählen, am 14. Juni 1935 wurde er gewählt.

5 Berufungsvorschlag der Philosophischen Fakultät vom 17. Dezember 1927 (Archiv U.G. XVI, IV B, Ersatzvorschläge II, 1920–1930). Zu E. Fraenkel s. H. Lloyd-Jones, Gnomon 43, 1971, 634–640 (= H. Ll.-J., Blood for the Ghosts, London 1982, 251–260 mit Zusätzen; dort 251 Anm. 1 eine Liste vieler Nachrufe, s. außerdem W.-H. Friedrich, Jahrb. Ak. Wiss. Göttingen 1970, Göttingen 1971, 65–70).

Abb. 20: Kurt Latte (1891–1964)

halten, »die auf dem Lehrstuhl Leos nicht nur einen Mann von höchster Wissenschaftlichkeit, sondern von aktiver Lebendigkeit wissen möchte«[6].

Erneut galt es, einen Gelehrten zu finden, der ebenso erfolgreich zu lehren versprach wie Fraenkel und den hohen Ansprüchen der Fakultät genügte, die sie nun, 1931, erneut in ihrem Berufungsvorschlag unterstrich: »Wie vor drei Jahren geht die Fakultät von der Voraussetzung aus, daß bei der traditionellen Bedeutung der Göttinger Klassischen Philologie nur hervorragende Gelehrte vorgeschlagen werden dürfen, daß ferner alles versucht werden muß, um eine Persönlichkeit zu gewinnen, die imstande ist, im Sinne der Göttinger Tradition die gesamte lateinische Philologie in ihrer Lehrtätigkeit würdig zu vertreten.«[7] Ohne Reihung wurden drei Ordinarien genannt, einer, der sich als Latinist hervorgetan hatte, aber als zurückhaltend galt, Jachmann, und zwei, »die mit ihren Interessen und bisherigen Arbeiten dem Hellenentum zuneigen, aber als Persönlichkeit und Philologen die Gewähr bieten, daß sie imstande sind, als Lehrer auch das gesamte Gebiet des Lateinischen zu umspannen«, Otto Regenbogen (Heidelberg)[8] und Kurt Latte (Basel). Von ihm heißt es, nachdem seine religionsgeschichtlichen Arbeiten gewürdigt sind, im Hinblick auf sein rechtsgeschichtliches Interesse: »Er ist einer der wenigen heutigen Philologen, die diese Studien mit ursprünglicher juristischer Begabung pflegen« und weiter: »Durch die Verbindung von umfassender Gelehrsamkeit, sicherer Kombinationsgabe und weitem Blick gelangt er überall zu festen Ergebnissen, die sich über das zunächst behandelte Problem hinaus fruchtbar erweisen.«

Am 13. Februar 1931 beschlossen geht der Berufungsvorschlag am folgenden Tage direkt von der Fakultät an den Kurator, der ihn am 17. Februar nach Berlin schickt, und am 7. März ergeht der Ruf; schon am 19. März heißt es, Latte sei in Göttingen gewesen, und als er am 30. April noch keinen Bescheid aus Berlin erhalten hat, mahnt M. Pohlenz wegen der »Bummelei des Ministeriums«. Am 17. Juni erfolgt die Ernennung zum 1. Oktober 1931[9].

6 Schreiben des Dekans der Philosophischen Fakultät vom 13. Dezember 1930 an das Ministerium für Wissenschaft, Kunst und Volksbildung (Archiv U. G.: Personalakte der Fakultät E. Fraenkel).

7 Alle Zitate entstammen dem Berufungsvorschlag der Philosophischen Fakultät vom 14. Februar 1931 (Archiv U. G. XVI, IV B, Ersatzvorschläge II, 1920–1930): S. 1; 2–3; 5.

8 Zu O. Regenbogen (1891–1966), s. H. Gundert, Gnomon 39, 1967, 219–221.

9 Vgl. Protokoll der Sitzung der Philosophischen Fakultät vom 13. Februar 1931 (Archiv U. G.); Schreiben des Dekans der Philosophischen Fakultät vom 14. Februar 1931 an das Ministerium (Archiv U. G. XVI, IV B, Ersatzvorschläge); Schreiben des Ministeriums an die Philosophische Fakultät vom 7. März 1931 (Archiv U. G. XVI, IV Aa 143: Personalakte Latte); Schreiben des Dekans der Philosophischen Fakultät vom 19. März 1931 an das Ministerium (ebd.); Schreiben von Pohlenz an den Dekan vom 28. Mai 1931

Wer war der Mann, den die anspruchsvolle Fakultät als Latinisten berief, obwohl er eher Gräzist war? Der Mann, von dem v. Wilamowitz in jenen Wochen, als die Berufungskommission in Göttingen tagte, im Hinblick auf zwei vakante griechische Lehrstühle an Eduard Fraenkel schrieb: »Latte halte ich freilich für Nr. 1, aber der geht weder nach Halle noch nach Rostock.«[10]

II.

Kurt Latte wurde am 9. März 1891 in Königsberg als Sohn eines Arztes geboren. Nach dessen frühem Tode wuchs er im Hause seines sich zur *fides vetus*, zum jüdischen Glauben bekennenden, liberal denkenden Großvaters, des Arztes Dr. Abraham Maschke in seiner Vaterstadt auf, selbst allerdings evangelisch getauft und, wie er später bezeugt, evangelisch erzogen[11]. Er besuchte das traditionsreiche Königsberger Collegium Fridericianum, dessen Rektor G. Ellendt er in seiner Dissertation ebenso dankbar erwähnt wie seinen Lehrer Martin Bodendorff; beide waren klassische Philologen. Eben siebzehnjährig bestand er das Abitur, fraglos jünger als die Mehrzahl seiner Mitschüler, wie das Bild der Unterprima lehrt, das Latte mit fast noch jungenhaften Zügen in der ersten Reihe zeigt, während hinter ihm einige deutlich ältere Klassenkameraden sitzen, die Vertrautheit mit Wirtshaus und Paukboden ahnen lassen. Latte schwankte, wie er später erzählte, zwischen dem Studium der Mathematik und der klassischen Philologie, entschied sich für die klassische und

(ebd.); Schreiben des Ministeriums vom 17. Juni 1931 an Latte (ebd.). – Zu M. Pohlenz s. H. Dörrie, Gnomon 34, 1962, 634–636; W.-H. Friedrich, Jahrb. Ak. Wiss. Göttingen 1962, Göttingen 1963, 59–63 (mit Bibliographie 64–82). – S. Zusatz S. 233.

10 Vgl. W. M. Calder III (Hg.), Ulrich von Wilamowitz-Moellendorff, Selected Correspondence 1869–1931, Neapel 1983, 110. Latte erhielt 1928 einen Ruf nach Kiel, den er ablehnte, vgl. Gnomon 4, 1928, 360 und 468.

11 Vgl. die Angaben in der *vita* seiner Dissertation De saltationibus Graecorum armatis, Diss. phil. Königsberg 1913, 50, in der Personalakte (Archiv U.G. XVI, IV Aa 143; wichtig die ausgefüllten Fragebögen vom 18. Januar 1946 und 27. Juli 1947) und in den Dissertationen seines Onkels Richard Maschke (1862–1926): De magistratuum Romanorum iure iurando, Diss. phil. Berlin 1884, 31, und Cap. 24 und 26 der lex Francorum Chamavorum, Diss. iur. Königsberg 1898, und seines Großvaters Abraham Maschke, De Cholelithiasi, Diss. med. Königsberg 1856, 34–35; eine Dissertation seines Vaters Peter Latte habe ich nicht ermitteln können. – G. A. B. Ellendt (1840–1908), Sohn von J. E. Ellendt (1803–1863), Neffe von F. Th. Ellendt (1796–1855), 1865 in Königsberg promoviert, war seit 1865 Lehrer, seit 1891 Direktor der Schule, M. Bodendorff seit 1874 Lehrer dort, vgl. G. Ellendt, Lehrer und Abiturienten des Königlichen Friedrichs-Kollegiums, Schulpr. Königsberg 1898, 54–55; A. Bettelheim (Hrsg.), Biographisches Jahrbuch und Totenliste 1908, Berlin 1910, 25*.

romanische Philologie und studierte diese Fächer zunächst in Königsberg in damals üblicher Breite, d. h. er belegte auch historische und archäologische, kunsthistorische, philosophische und germanistische, vor allem sprachwissenschaftliche und indologische Veranstaltungen, dazu spezielle Übungen zur Paläographie und Papyrologie.

Wer heute das Vorlesungsverzeichnis der Königsberger Universität für das Sommersemester 1908 aufschlägt, so wie es der junge Studiosus Latte vor achtzig Jahren aufgeschlagen haben dürfte, der stößt zunächst weder auf eine Übersicht der Vorlesungen noch des Lehrkörpers (oder gar der Verwaltung, mit der heute alles beginnt), sondern auf die Seiten 161–192 der »Anekdota zur griechischen Orthographie«, die der ordentliche Professor der klassischen Philologie Arthur Ludwich[12] seit dem Wintersemester 1905–1906 in den Vorlesungsverzeichnissen zu veröffentlichen pflegte. Wie weit dadurch bei Latte gleich vom ersten Tage des Studiums an ein Interesse an Grammatikern und Glossen geweckt wurde, läßt sich ebensowenig mit Sicherheit behaupten wie sich klären läßt, welchen Einfluß die Vorlesung auf ihn ausübte, die Ludwig Deubner in jenem Semester vierstündig über ›Religion und Kultus der Römer‹ hielt[13]. Sicher ist, daß Latte Deubners Schüler wurde und fünfzig Jahre später seine »Römische Religionsgeschichte« vorlegte. Neben Deubner hörte Latte Ludwig Jeep, Arthur Ludwich, Otto Rossbach und Richard Wünsch, die in ihren Vorlesungen nicht nur einzelne Autoren interpretierten und Ausschnitte aus der Literaturgeschichte, auch der nichtklassischen, behandelten, sondern Themen wählten wie ›Das altgriechische Haus‹ oder ›Einführung in das griechische Bühnenwesen‹[14]. Gegenstand des Stu-

12 Zu A. Ludwich (1840–1920) s. J. TOLKIEHN in: Biogr. Jahrb. Bursian 42, 1922 (194) 45–73.

13 Ebenso im Sommersemester 1913; zu L. Deubner (1877–1946) s. M.P. NILSSON, Gnomon 21, 1949, 87–88 und vor allem K. LATTE selbst, Philologus 97, 1948, 403–405, der von seinem Lehrer ein Bild zeichnet, das viele eigene Züge widerspiegelt; s. ferner P. R. FRANKE, Neue Deutsche Biogr. 3, 1957, 621; O. DEUBNER in: L. DEUBNER, Kleine Schriften zur Klassischen Altertumskunde, Königsstein 1982, XIV–XX.

14 Zu L. Jeep (1846–1911) s. J. TOLKIEHN in: Biogr. Jahrb. Bursian 35, 1913 (164) 121–133; zu O. Rossbach (1858–1931) kann ich nur auf G. LÜDTKE (Hg.), Kürschners Deutscher Gelehrten-Kalender 1931, Berlin [4]1931, 2428 und 1935, Berlin [5]1935, 1706, verweisen; zu R. Wünsch (1869–1915) s. W. KROLL in: Biogr. Jahrb. Bursian 38, 1916–1918 (177) 1–11. Im Wintersemester 1908–1909 hielt A. Ludwich eine vierstündige Vorlesung ›Einführung in das griechische Bühnenwesen und Erklärung der Eumeniden des Aeschylos‹ und L. Deubner eine einstündige ›Das altgriechische Haus‹, R. Wünsch eine vierstündige ›Griechisch-römische Epigraphik‹ (ebenso im Wintersemester 1912–1913). Nach Lattes Rückkehr lasen z. B. im Wintersemester 1911–1912 A. Ludwich über ›Ausgewählte Kapitel der griechischen Privataltertümer‹ (einstündig) und O. Rossbach über ›Die Religion der Griechen in der Literatur und bildenden Kunst‹ (vierstündig), im Sommer 1912 L. Deubner über ›Leben und Sitten der Griechen‹ (vierstündig).

diums war die ganze Antike ohne zeitliche Begrenzung, aber auch ohne Einschränkung etwa auf die Literatur; alle heute noch erreichbaren Formen griechischen und römischen Lebens, Denkens und Fühlens wurden einbezogen.

Nach dem dritten Semester wurde Latte in das von Rossbach und Deubner geleitete Seminar aufgenommen[15], nach dem vierten ging er, fraglos auf Rat des Usenerschülers Deubner nach Bonn und hörte die klassischen Philologen August Brinkmann, Anton Elter und Friedrich Marx, dazu den Archäologen Georg Loeschcke, den Indologen Hermann Jakobi und den Sprachwissenschaftler Felix Solmsen, um nur die wichtigsten Namen zu nennen[16]; vierzig Jahre später sind es Marx und Brinkmann, derer er wegen der gründlichen textkritischen Schulung dankbar gedenkt, dazu Solmsen und Loeschcke. Zum Wintersemester 1911–1912 kehrte Latte nach Königsberg zurück, wo Friedrich Münzer 1912 an die Stelle des Althistorikers Franz Rühl trat, Deubner zum Ordinarius aufrückte und Christian Jensen zum Winter 1912–1913 seine Tätigkeit aufnahm[17].

Im Sommersemester 1913 schloß Latte sein Studium zweiundzwanzigjährig mit dem Staatsexamen und der Promotion ab[18]. Als Dissertation reichte er ein Kapitel des Buches ein, das noch im gleichen Jahr in der von den Königsberger Ordinarien Richard Wünsch und Ludwig Deubner herausgegebenen angesehenen Reihe Religionsgeschichtliche Versuche und Vorarbeiten mit dem Titel »De saltationibus Graecorum capita quinque« erschien. Hier trägt das breit angelegte Studium und das reli-

15 So Latte in seiner *vita* (s. Anm. 11); laut Vorlesungsverzeichnis kündigten im Wintersemester 1909–1910 O. Rossbach ein Seminar über Senecas ›De clementia‹, L. Deubner ein Proseminar, dagegen R. Wünsch ein Seminar über ›Die Götterhymnen der griechischen Zauberpapyri‹ an.

16 Zu Hermann Usener (1834–1905) s. L. Deubner in: Biogr. Jahrb. Bursian 31, 1908 (141) 53–74 und zuletzt A. Momigliano et al., Aspetti di Hermann Usener, Pisa 1982; zu A. Brinkmann (1863–1923) s. H. Oppermann in: Biogr. Jahrb. Bursian 44, 1924 (202) 37–61; zu A. Elter (1858–1925) s. E. Bickel u. H. Herter in: Biogr. Jahrb. Bursian 46, 1926 (210) 111–132; zu F. Marx (1859–1941) s. E. Bickel, Gnomon 18, 1942, 122–124; zu G. Loeschcke (1852–1915) s. U. Heimberg in: Neue Deutsche Biogr. 15, 1987, 61–62 (der betont: Nach Loeschcke sollte »die Archäologie alle Denkmälergattungen der materiellen Kultur... als historische Quellen erschließen und auswerten«; in diesem Sinne hat Latte stets die Archäologie verstanden); zu H. Jacobi (1850–1937) s. B. Kölver in: Neue Deutsche Biogr. 10, 1974, 228–229; zu F. Solmsen (1865–1911), s. Ernst Fraenkel in: Biogr. Jahrb. Bursian 36 (1914) 169, 19–27.

17 Zu F. Münzer (1868–1942) s. A. Kneppe u. J. Wiesehöfer, Friedrich Münzer, Bonn 1983; zu F. Rühl (1845–1915) s. A. Mentz in: Biogr. Jahrb. Bursian 39, 1919 (181) 37–55, zu Ch. Jensen (1883–1940) s. G. Baader in: Neue Deutsche Biogr. 10, 1974, 408–409.

18 Vgl. dazu die Personalakte Latte (s. Anm. 9), Staatsexamen ›mit Auszeichnung‹, Promotion ›summa cum laude‹. Die Dissertation Gießen 1913, Neudruck mit Addenda et Corrigenda Berlin 1967.

gionsgeschichtliche Interesse reiche Früchte. Denn Latte begnügt sich nicht damit, die verschiedenen Formen der Tänze bei den Griechen unter Heranziehung selbst der entlegensten Quellen (Scholien und Glossen, Lexikographen und Grammatiker) zu beschreiben, er versucht auch deren Funktionen teilweise mit Hilfe sprachwissenschaftlicher Deutungen einzelner Bezeichnungen zu erfassen und erklärt sie als Schutz- oder Abwehrzeremonien. Zugleich beschränkt er sich bewußt auf das Wißbare und verzichtet auf den Vergleich mit den Anschauungen und Bräuchen anderer Völker. Die Sitten und Bräuche von Indianern und Negern schienen Latte stets weniger hilfreich, die Griechen und Römer zu verstehen, als die sorgfältige Sammlung und Interpretation der Quellen – aller antiken Quellen jeder Art. So faßt ein Rezensent sein Urteil über die Dissertation in den Worten zusammen: Er habe »den reichhaltigen und bisweilen schwer zu behandelnden Stoff« nicht nur »gut dargestellt«, sondern »viele Einzelfragen eingehend und mit gesundem Urteil erörtert«[19].

Das allgemein positive Echo auf die erste Arbeit erhellt daraus, daß Latte noch im Herbst 1913 die Aufforderung erreichte, für ein von dem schwedischen Religionshistoriker M.P. Nilsson geplantes Lexikon der griechischen und römischen Religion eine Reihe sakralrechtlicher Artikel zu schreiben[20], zugleich auch die Einladung zur Mitarbeit an Pauly Wissowas Realencyclopädie.

Für diese Arbeiten und zum weiteren Studium ging Latte zum Winter 1913–1914 für ein Semester nach Berlin[21]; kurz vorher hatte der Bonner Archäologe Loeschcke einen Ruf dorthin angenommen, der gleichzeitig die von v. Wilamowitz seit langem betriebene Einbeziehung des Archäologischen Seminars (oder Apparates) in das Institut für Altertumskunde ermöglichte. Latte trat nun wieder zu Loeschcke in Verbindung und erhielt für 1914–1915 das Reisestipendium des Deutschen Archäologischen Instituts, das er wegen des Krieges nicht gleich nutzen konnte, und wurde auch mit v. Wilamowitz bekannt, der von dem jungen Gelehrten

19 E. FEHRLE, W.Kl.Ph. 32, 1915, 817–821, L. ZIEHEN, Th.L.Z. 42, 1917, 186–187; s. ferner A. REINACH, R.H.R. 68, 1913, 367–369 (nur zur Dissertation); A. ABT, D.L.Z. 35, 1914, 525–526; C. ZURETTI, B.F.C. 21, 1914, 53–54; N. TERZAGHI, A&R 18, 1915, 142.

20 Vgl. K. LATTE, Heiliges Recht, Tübingen 1920, V; eigene Angaben in der Personalakte (Archiv U.G. XVI, IV Aa 143); die ersten R.-E. Artikel erschienen 1916 (s. Schriftenverzeichnis in den Kleinen Schriften, München 1968, 911), eine erste Rezension in der D.L.Z. schon 1913.

21 Vgl. Lattes eigene Angaben in der Personalakte (s. Anm. 9); in den Genuß des Reisestipendiums kam er erst 1921, wegen der Geldentwertung nur für drei Monate (August–Oktober). Zur Einbeziehung der Archäologie in das Institut für Altertumskunde s. W. UNTE in: W.M. Calder III et al. (Hg.), Wilamowitz nach 50 Jahren, Darmstadt 1985, 733–734.

sofort stark beeindruckt gewesen sein muß. Das ergibt sich nicht aus dem schon zitierten späteren Brief an Eduard Fraenkel oder jener oft erwähnten Bemerkung des mit Lob nicht gerade verschwenderischen v. Wilamowitz in der »Griechischen Verskunst« (29 A. 4): »So gedeutet von Latte in der nach jeder Seite ausgezeichneten Untersuchung de saltationibus Graecorum 28, die für alle Tänze zu vergleichen ist«; das lehrt vor allem die Tatsache, daß v. Wilamowitz Latte für eine der schwersten Aufgaben, die es damals zu lösen galt, empfahl.

Nachdem sich A. B. Drachmann bereit gefunden hatte, die Ausgabe der griechischen Lexikographen zusammen mit Wilamowitz' Schüler G. Wentzel[22] zu betreuen, suchte er einen Herausgeber für den Hesych oder, wie er an v. Wilamowitz angesichts der vielfältigen zu lösenden Schwierigkeiten schreibt, sogar zwei, einen klassischen Philologen und einen Sprachwissenschaftler[23]. Schon ein paar Jahre vorher wies v. Wilamowitz auf die »grosse und unvergleichbar wertvolle Arbeit hin«, die mit der Ausgabe des Hesych zu leisten war, die »energischen Willen und Fleiss« erfordere; jetzt schlägt er den eben promovierten Latte vor. Schon am 7. April 1914 erscheint der Name Lattes in der Korrespondenz des Teubner-Verlages mit A. B. Drachmann, dem Vertreter der Dänischen Akademie[24], und am 19. Mai 1914 schließen Drachmann und der dreiundzwanzigjährige Latte auf der einen Seite, der Teubner-Verlag auf der anderen einen Vertrag über die Herausgabe des Hesych ab. Daß der erste Band dieser Ausgabe vierzig Jahre später tatsächlich erscheinen konnte, wenn auch nicht bei Teubner, mutet wie ein Wunder an; denn selten wurde das Unternehmen eines Gelehrten so oft und so nachhaltig behindert und in seinem Fortgang bedroht. Um zum Erfolg zu kommen, braucht der Forscher eben nicht nur Begabung, energischen Willen und Fleiß, sondern auch Ruhe, Besinnung, Freiheit von überflüssigen Aufre-

22 1862–1919, in Göttingen habilitiert 1895, seit 1902 Professor in Berlin, vgl. W. Ebel, Catalogus Professorum Gottingensium 1734–1962, 145; ferner U. v. Wilamowitz-Moellendorff, Erinnerungen 1848–1914, Leipzig 1928, 283–284; auch W. M. Calder III et al. (Hg.), The Preserved Letters of Ulrich von Wilamowitz-Moellendorff to Eduard Schwartz, SB Bayer. Ak. phil. hist. Kl. 1986, 1, 25 Anm. 87. – Zu A. B. Drachmann (1860–1935) s. nur K. Lattes Nachruf in: N. G. G. Jahresbericht 1935–1936, Göttingen 1936, 9–11 (im Rahmen des Berichtes des Sekretärs). Latte hatte (mit M. Pohlenz und H. Thiersch) am 18. November 1933 vorgeschlagen, Drachmann zum korrespondierenden Mitglied zu wählen; er wurde am 15. Dezember 1933 gewählt. 1936 gab Latte Drachmanns Abhandlung ›Die Überlieferung des Cyrillglossars‹ heraus (Kgl. Danske Vid. Selskab hist. fil. Medd. 21, 5; fehlt in Lattes Schriftenverzeichnis 915).

23 Vgl. dazu J. Mejer in: W. M. Calder III et al. (Hg.) (s. O. Anm. 21) 529–530 mit Anm. 56.

24 K. Alpers (Hamburg) bin ich für die Mitteilung dieser Einzelheiten aus den Akten der Dänischen Akademie zu herzlichem Dank verpflichtet, ebenso der Dänischen Akademie für die Erlaubnis, sie hier verwerten zu dürfen (s. auch u. Anm. 67).

gungen und Belastungen, wie sie uns heute täglich beschert werden. Latte gelang es sogar, trotz aller Widrigkeiten des Krieges, der Entrechtung, der lebensbedrohenden Verfolgung und der Vernichtung der Bibliothek und fast aller Vorarbeiten wenigstens einen Teil der Hesychausgabe zu vollenden.

Kaum war Latte im Frühjahr 1914 nach Königsberg zurückgekehrt, um gleichzeitig an seiner alten Schule die Referendarausbildung zu absolvieren und seine lexikographischen Studien zu beginnen[25] – der erste Aufsatz erschien im Hermes 50 (1915) – als der Erste Weltkrieg ausbrach und gerade für weite Teile Ostpreußens zunächst die russische Besetzung brachte[26]. Latte, der als dienstuntauglich gegolten hatte, meldete sich freiwillig und nahm zunächst an den Kämpfen im Osten (1915–1917), zuletzt im Westen teil, seit dem 13. Februar 1917 Leutnant, am 29. Juni 1917 mit dem Eisernen Kreuz ausgezeichnet. Später wurde in der Personalakte festgehalten, daß er in allen Kriegsjahren aktiv an Kampfhandlungen teilnahm, was für die Berechnung des Dienstalters als wesentlich galt; eine Fußnote belehrt den Chronisten heute, daß nicht alle Kämpfe aufgezählt werden, sondern nur pro Jahr einer[27]. Mochten die Frontsoldaten auch in Dutzenden von Gefechten ihr Leben riskiert haben; für die Bürokraten zählt das alles jeweils als eines – aus Platzmangel in den Formularen.

25 Vgl. wiederum die Angaben in der Personalakte Latte (s. Anm. 9); Latte trat seinen Dienst am 1. April 1914 an und wurde am 5. März 1915 Soldat.

26 F. Gause, Die Russen in Ostpreußen 1914/15, Königsberg 1931; B. Schumacher, Geschichte Ost- und Westpreußens, Würzburg ^{2}1957, 289–297; zu Königsberg: F. Gause, Die Geschichte der Stadt Königsberg in Preussen III, Köln 1971, 4–5.

27 Vgl. die Entwürfe zur Berechnung der Versorgungsbezüge vom 13. Dezember 1935, 24. Januar, 21. Februar und 24. März 1936, dazu die Militärdienstbescheinigung vom 8. Januar 1936 mit dem Hinweis »Anordnungsgemäß erfolgt für jedes Jahr nur Angabe einer Kampfhandlung« (alles in der Personalakte Latte, Archiv U. G. s. Anm. 9). In einem Bescheid vom 30. März 1936 heißt es schließlich, die Entscheidung über die Anrechnung der Zeit vom 1. April 1926–30. September 1931 werde bis zum 1. April 1956 zurückgestellt (d. h. der Vollendung des 65. Lebensjahres). Da Latte unter die siebte Verordnung zum Reichsbürgergesetz vom 5. Dezember 1938 fiel, erhielt er ab 1. Januar 1939 nur noch 51/100 des bisherigen Ruhegehaltes, durch die »Sozialausgleichsabgabe« stark vermindert, vgl. u. Anm. 69. Als der Kurator, der schon am 24. Februar 1936 die Anrechnung »sehr befürwortet« hatte, von sich aus durch Schreiben vom 3. Januar 1939 an den Reichsminister für Wissenschaft, Erziehung und Volksbildung die Anrechnung der Basler Dienstzeit beantragte, wurde dies am 16. Oktober 1939 abgelehnt, da Latte nicht selbst einen Antrag gestellt habe und »bei Juden von Kannbestimmungen kein Gebrauch mehr zu machen« sei.

III.

Nach seiner Entlassung im Frühjahr 1919 ging Latte im April 1920 nach Münster, wohin die Verbindung wohl noch durch seinen 1915 gefallenen Lehrer Richard Wünsch hergestellt worden war. Die dort tätigen Philologen, Hermann Schöne, Karl Münscher und Peter Ernst Sonnenburg[28] scheinen keinen Einfluß auf ihn genommen zu haben. Schon im Sommersemester 1920 habilitierte sich Latte, der trotz des Krieges neben dem schon genannten Hermesaufsatz zur ›Zeitbestimmung des Antiatticista‹ eine Reihe von R. E. Artikeln zur griechischen Mythologie und zur römischen Religion publiziert hatte[29], und hielt am 27. Juli 1920 seine Antrittsvorlesung zum Thema ›Selbsthilfe und Schiedsverfahren im alten Hellas‹[30], die teilweise in seine ›Beiträge zum griechischen Strafrecht‹ (Hermes 66, 1931) eingegangen ist. Auch hier ist er mit erstaunlicher Übersicht über das breit gestreute Material bemüht, das Entstehen der Popularklage und dann die Formen der Strafe nicht nur zu beschreiben, sondern auch in ihrer Entwicklung verständlich zu machen – ausgehend von elementaren Formen der Selbsthilfe über abgestufte, in ihrer Höhe vom Ansehen des Geschädigten abhängigen Bußen bis zur Anerkennung der Gerichtshoheit des Staates, der geordnete Prozeßformen und Strafen garantiert. Wie in der Dissertation spürt man ständig das Bemühen, sich in die frühen Formen des Zusammenlebens und das von ihnen abhängige Empfinden, Denken und Handeln der Griechen hineinzuversetzen, dabei jede Einzelheit in ihren Zusammenhang, d. h. entsprechend den allgemeinen Lebensverhältnissen der Zeit und der historischen Entwicklung einzuordnen und uns so gleichsam losgelöst von den Kategorien unserer Zeit Formen antiken Lebens unmittelbar greifbar und verständlich werden zu lassen.

Zwei Tage nach der Antrittsvorlesung datierte Latte das Vorwort seiner schon im Januar abgeschlossenen, trotz widriger Nachkriegsbedingungen rasch abgefaßten Habilitationsschrift »Heiliges Recht. Untersuchungen zur Geschichte der sakralen Rechtsformen in Griechenland«[31], eine – wie einer der führenden Juristen der Zeit schreibt – »für den

28 Zu Hermann Schöne (1870–1941) und P. E. Sonnenburg (1859–1944) vgl. M. Wegner, Altertumskunde, in: H. Dollinger (Hg.), Die Universität Münster 1780–1980, Münster 1980, 416, zu K. Münscher (1871–1936) s. L. Weber in: Biogr. Jahrb. Bursian 63, 1937 (258) 25–50. – Latte war vom 1. April 1920 bis 31. März 1923 Assistent in Münster, zuletzt beurlaubt, s. Personalakte Latte (vgl. Anm. 9).

29 Sie sind im Schriftenverzeichnis zusammengestellt (s. o. Anm. 20).

30 Den Antrag auf Habilitation stellte er am 12. Juni 1920; eine Einladung zur Antrittsvorlesung findet sich in der Personalakte (Archiv U. G. s. o. Anm. 9).

31 Tübingen 1920, dazu J. Partsch, Z. S. R. 44, Rom. Abt. 1924, 556–558; zu J. Partsch (1882–1925) s. W. Ebel, Catalogus... 53.

Juristen ertragreiche Arbeit«, in der er beweist, daß er sich »in die Literatur und die Arbeitsmethoden der vergleichenden Rechtsgeschichte gut eingelebt hat«, wofür er sich nach eigenem Bekunden nicht zuletzt dem Bruder seiner Mutter, Richard Maschke, verpflichtet wußte, dessen »Willenslehre im griechischen Recht« er einige Jahre später postum herausgab (1926)[32]. Auch in seinem zweiten Buch begnügt sich Latte nicht damit, das weit verstreute und oft schwer zugängliche Material zu sammeln und bereitzustellen, obwohl sich schon dabei Schwierigkeiten in Fülle ergeben, etwa wenn bruchstückhafte Inschriften erst ergänzt, Dialektformen erst richtig erkannt und gedeutet werden müssen. Auch hier geht es ihm darum, die einzelnen Phänomene, also aus dem Gerichtsverfahren religiös geprägte Züge der Eidesleistung oder der Zeugenbewertung, der Formen der Urteile und der Strafen in den jeweiligen Kontext einzuordnen und aus ihm heraus in ihrer Funktion zu verdeutlichen, also das einzelne Institut im Ganzen eines Verfahrens, das einzelne Verfahren im Zusammenhang der Rechtsordnung, die Rechtsformen und Rechtsnormen aus ihrer Entwicklung und das Rechtsleben mit der Vielfalt seiner Erscheinungen im Spannungsfeld zwischen Religion, Staat und Individuum mit ihren jeweiligen Ansprüchen und Rechten verständlich zu machen.

Wenngleich in späterer Zeit nur einzelne ›Fossilien‹ älteren Rechtsdenkens und älteren Rechtslebens mit einiger Mühe erkennbar sind, vermag Latte doch zu zeigen, wie die willkürliche Vereinbarung freier Einzelpersönlichkeiten der Frühzeit, der Zeit unentwickelten Rechtes, in der sakrale Formen dem Schwachen oft Garantien boten, die er aus eigener Kraft nicht schaffen konnte, allmählich dem Staat weicht, der sich gern religiöser Formen bedient, wo es gilt, Mächtige an Verträge und Urteilssprüche zu binden. »Der Wert«, so betont er abschließend, »der Erkenntnis religiöser Formen für die Rechtsgeschichte liegt darin, daß sie die Fugen und Lücken im Bau einer noch unvollkommenen Gesetzgebung bezeichnen«[33]. Souveräne Beherrschung der Quellen verbunden mit der Gabe, die Fugen und Lücken aufzuspüren, der nötigen Kombinationsfähigkeit und einem sensiblen Einfühlungsvermögen, erlauben es ihm, das fast völlig Verlorene wiederzugewinnen, d. h. wieder zum Leben zu erwecken. Zugleich gelingt es ihm, die Eigenart der Griechen herauszustellen, die die Möglichkeit eines Priesterrechtes neben dem staatlichen im Gegensatz zu den orientalischen Völkern nicht nutzen und sakrale Rechtsformen nur als Ausdruck allgemeinen religiösen Empfindens kennen, die sie allmählich beiseite schieben und beiseite schieben können, weil sie weder

32 Berlin 1926, Nachdruck Darmstadt 1968; den Einfluß seines Onkels bezeugt er selbst (s. Personalakte, Archiv U.G. s. Anm. 9).

33 Heiliges Recht 112.

einen dogmatisch festgelegten Glauben noch eine organisierte Glaubensgemeinschaft kennen, sondern eine frei entwickelte und sich frei wandelnde Religion. Mag der Ausgangspunkt der Untersuchung begrenzt erscheinen – »Heiliges Recht« – er dient Latte dazu (wie in der Dissertation) zum Wesen der Griechen vorzudringen, die ihnen eigenen Vorstellungen und Formen des Denkens, Empfindens und Handelns selbst zu begreifen und seinen Lesern begreifbar zu machen, lebendig vor Augen zu rücken.

Das ist das entscheidende Anliegen seiner philologischen Arbeit, das schon in den frühen Arbeiten deutlich wird und durch das sie sich von allein antiquarischem Interesse unterscheidet, daß sie zwar vom Detail ausgeht, es ernst nimmt und seinen Wert zu ermitteln bemüht ist, d. h. die Dialektform zu verstehen sucht, auch wenn das umfangreiche sprachwissenschaftliche Kenntnisse erfordert, oder für ein isoliertes Phänomen des religiösen Brauchtums oder des Rechtslebens den Kontext rekonstruiert, auch wenn das weitgespannte religionsvergleichende oder rechtsvergleichende Forschung nötig macht; das Ziel aber ist, für jede Einzelheit den Sitz im Leben wiederzugewinnen und damit das Leben der Menschen der Antike in seiner Gesamtheit und Fülle, zu der die schöne Literatur allein den Zugang nicht zu öffnen vermag.

Neben die griechischen und lateinischen Sprachkurse, die Latte als Assistent in Münster zu halten hatte, traten nach seiner Habilitation Vorlesungen, deren Themen weder den klassischen Autoren noch den großen literarischen Genera galten. Vielleicht bedingt durch seine Stellung als Privatdozent, aber gewiß auch durch seine eigenen Neigungen bestimmt und durch die Anregungen, die er in Königsberg empfangen hatte, las er über ›Griechische Epigraphik‹, ›Ausgewählte Kapitel aus der griechischen Religionsgeschichte‹, ›Die Geschichte der Philologie im Altertum‹ und gab Einführungen in die Papyruskunde und das Vulgärlatein[34]. Die Geschichte der Sprache, die Geschichte der Philologie und alle Zeugnisse des antiken Lebens, auch und gerade die nichtliterarischen, prägten also auch seine Lehrtätigkeit, weil es ihm am Herzen lag, auch seinen Studenten zu verdeutlichen, daß ein Verständnis der Antike, der Eigenart und Vielfalt des Denkens und Empfindens der antiken Menschen nur möglich ist, wenn man in alle Bereiche ihres Lebens einzudringen, alle Dimensionen ihrer Vorstellungen, Sitten und Bräuche auszuloten versucht.

34 Vgl. die Vorlesungsverzeichnisse.

IV.

Für das Sommersemester 1923 kündigte Latte eine Vorlesung über ›Die Religion der Römer‹ an. Er sollte sie nicht mehr halten, weil er zum 1. April 1923 nach dem Fortgang von Günther Jachmann und Johannes Mewaldt[35] als ordentlicher Professor der klassischen Philologie nach Greifswald berufen wurde, gleichzeitig mit dem etwas älteren Konrat Ziegler, zu dem er bald eine tiefe Abneigung entwickelte, die er auch später trotz der beiden gemeinsamen Gegnerschaft zu den Nazis und vor allem nach dem Zweiten Weltkrieg stets unvermindert bewahrte.

Als Ordinarius wandte er sich in seinen Vorlesungen und Seminaren auch der Interpretation klassischer Autoren zu[36]; er las über Horaz und Seneca, griechische Literaturgeschichte des Hellenismus und römische Geschichtsschreibung, und behandelte in seinen Seminaren Homer, Aischylos, Herodot, Lysias, hellenistische Dichter und Lukian, Cicero, Plinius und Tacitus, daneben weiter Themen wie ›Papyruskunde‹ oder ›Das hellenistische Griechisch mit besonderer Berücksichtigung des Neuen Testamentes‹, eine Vorlesung, die zugleich bei den Theologen angekündigt wurde. Doch knüpfte er in Greifswald nicht nur Beziehungen zu den Theologen, wie es bekanntlich vierzig Jahre vorher sein Lehrer v. Wilamowitz dort getan hatte, er war auch sonst bemüht, über seine Fachgrenzen hinaus zu wirken. Wie er selbst sein Studium einst breit anlegte und von den Vorlesungen der Germanisten und Kunsthistoriker profitierte, so bot er jetzt – und er hat das später immer wieder getan, bis in seine letzten Göttinger Semester – Vorlesungen für Hörer aller Fakultäten an, z. B. über ›Die griechische Tragödie‹ oder ›Die Religionen der römischen Kaiserzeit (mit Lichtbildern)‹. Die Verwendung von Lichtbildern weist nicht nur auf seine Aufgeschlossenheit gegenüber den techni-

35 Zu G. Jachmann s. o. Anm. 4, zu J. Mewaldt (1880–1964) H. Hunger, Gnomon 36, 1964, 524–526; zu K. Ziegler (1884–1974) s. H. Gärtner, in: Register zu Paulys Realencyclopädie, München 1980, V–XXII. – Latte vertrat schon im Winter 1922–1923 in Greifswald einen Lehrstuhl und »übernahm hauptsächlich die Pflege des Griechischen«, wie der Berufungsvorschlag für die Nachfolge von J. Mewaldt vom 20. November 1922 bemerkt, in dem W. Schubart (1873–1960), J. Kroll (1889–1980) und F. Pfister (1883–1967) genannt werden, schließlich an dritter Stelle K. Latte und O. Regenbogen (s. o. Anm. 8); weiter heißt es dort, »sollte sich das Ministerium für einen der erstgenannten Herren ... entscheiden«, so »würde unter weiterer Belassung Dr. Latte's als Vertreters in Greifswald sowohl die Tradition auf dem Gebiete der klassischen Philologie gewahrt als auch zugleich die allseitige Ausbildung der Studierenden gewährleistet sein, da Latte in der Lage ist, auch die lateinische Philologie zu vertreten«. – Am 2. Mai 1923 wurde Latte zum Nachfolger von G. Jachmann (für klassische, insbesondere lateinische Philologie) ernannt.

36 Vgl. die Vorlesungsverzeichnisse. Zu v. Wilamowitz in Greifswald s. dessen Erinnerungen (s. o. Anm. 22) 177–196, bes. 186–189.

schen Neuerungen der Zeit, auch sie läßt sein Bemühen erkennbar werden, ein lebendiges, anschauliches Bild von der Antike zu vermitteln, ebenso wie diese Vorlesungen vor allem Zeugnis ablegen von seiner früh – und stets – empfundenen Verpflichtung, der eigenen Zeit ungeachtet der jeweiligen akuten Nöte – und die Vorlesung zur Tragödie wurde im Winter 1923–1924 angeboten, der zuerst den Höhepunkt der Inflation, dann deren Ende mit vielen Sorgen für die Studierenden brachte – also: den Zeitgenossen trotz und angesichts der eigenen Schwierigkeiten und Probleme die Antike nahezubringen und zu verdeutlichen, daß sie auch den Menschen des zwanzigsten Jahrhunderts, allen und nicht allein den Experten etwas zu sagen hat.

Die wissenschaftliche Arbeit Lattes galt in diesen Jahren – ich fasse die Zeit bis zur Berufung nach Göttingen zusammen – vier Bereichen. Zum einen legte er eine Reihe kritischer Untersuchungen einzelner Texte vor, klassischer wie das Pisonenbriefes des Horaz oder abgelegener wie der Sophistenbiographien des Eunapios[37]. Während es ihm durch eine scharfsinnige Analyse der horazischen Epistel gelingt, sowohl die Arbeitsweise des Dichters deutlicher faßbar werden zu lassen als auch einzelne Elemente in der Übersicht über die Literaturgattungen aufzuspüren und herauszuarbeiten, die sich weder durch dessen Zeit noch durch dessen Publikum erklären lassen und die er deswegen überzeugend auf eine Poetik zurückführt, die die literarischen Bestrebungen der frühhellenistischen Zeit berücksichtigt, entdeckt er bei Eunapios das Nebeneinander zweier Fassungen einer Geschichte, das er mit Photios' Nachricht von den beiden Versionen des Geschichtswerkes des Autors verknüpft und zu vorsichtigen Vermutungen zu einer Überarbeitung auch der Sophistenviten nutzt, ohne sich in Spekulationen zu verlieren. Beide Aufsätze zeichnen sich durch eine enge Vertrautheit auch mit entlegenen Texten, einem sorgfältig ausgebildeten Sprachgefühl, einer seltenen Fähigkeit, sich in die Situation eines Autors hineinzuversetzen, Präzision der eigenen Sprache und Zuverlässigkeit der Ergebnisse aus.

Daneben setzte Latte die Vorbereitung der Hesych-Ausgabe fort. Nachdem er in seinem ersten, erst unlängst als »grundlegend« und »glänzend« bezeichneten Aufsatz[38] (Hermes 50, 1915) durch eingehende Analysen gegen die damals herrschende Meinung den heute allgemein akzeptierten Nachweis erbracht hatte, daß der sog. Antiatticista in das zweite

37 ›Reste frühgriechischer Poetik im Pisonenbrief des Horaz‹, Hermes 60, 1925, 1–13; ›Eine Doppelfassung in den Sophistenbiographien des Eunapios‹, Hermes 58, 1923, 441–448, beides in den Kleinen Schriften (s.o. Anm. 20) 885–895 und 600–605; s. ferner ›Hipponacteum‹, Hermes 64, 1929, 385–388 (= Kl. Schr. 464–467).

38 K. Alpers, Das attizistische Lexikon des Oros, Berlin 1981, 57. ›Zur Zeitbestimmung des Antiatticista‹, Hermes 50, 1915, 373–394 (= Kl. Schr. 612–630); zu Oros ebd. 378–616.

nachchristliche Jahrhundert gehört und die inzwischen bestätigte Vermutung geäußert hatte, daß sich in der sogenannten Συναγωγὴ λέξεων χρησίμων auch Fragmente des Attizisten Oros erhalten haben, ließ er nun ›Glossographica‹ mit Verbesserungen vernachlässigter Texte und Untersuchungen zur antiken Philologie folgen, die seine Belesenheit ebenso illustrieren wie seine meisterhafte Beherrschung der griechischen Sprache[39].

Drittens blieb Latte auch dem griechischen Recht treu, wie seine weiteren ›Beiträge zum griechischen Strafrecht‹ (s. o.) ebenso lehren wie weitere R. E. Artikel und zahlreiche sachkundige und förderliche Rezensionen[40]. Vor allem aber widmete Latte sich (viertens) auch in diesen Jahren der antiken Religion. Er gab die deutsche Übersetzung von F. Cumonts »Mysterien des Mithra« mit neuen Ergänzungen heraus (1923) und rezensierte wichtige Neuerscheinungen, er verfaßte wertvolle Beiträge zur antiken Religion für Roschers Mythologisches Lexikon und für die R. E. und legte mehrere Spezialuntersuchungen vor (›Ein sakrales Gesetz auf Kyrene‹; ›Ζεὺς Τελεσίουργος‹)[41]. Vor allem erhellte er in grundlegenden Aufsätzen einige charakteristische Züge der griechischen und römischen Religion, auf die einzugehen Zeitmangel leider verbietet: ›Schuld und Sühne in der griechischen Religion‹; ›Religiöse Strömungen in der Frühzeit des Hellenismus‹; ›Über eine Eigentümlichkeit der italischen Gottesvorstellung‹ und verdeutlichte seine Auffassungen auch für die Spätzeit durch seinen Beitrag zu dem von A. Bertholet herausgegebenen »Religionsgeschichtlichen Lesebuch« unter dem Titel »Die Religion der Römer und der Synkretismus der Kaiserzeit« (1927)[42]. Während sein Lehrer L. Deubner einen knappen Überblick über die Religion der Römer für Bertholets »Lehrbuch der Religionsgeschichte« gab (1925)[43], illustrierte Latte durch eine sorgfältig getroffene Auswahl der verschiedensten Texte aus der gehobenen Literatur wie aus Fachbüchern, aus Inschriften und Papyri bis hin zu Fluchtafeln und Zauberpapyri die Vielfalt und Fülle religiösen Lebens und Empfindens in der römischen Welt und

39 Philologus 80, 1924, 136–175 (= Kl. Schr. 631–666).

40 Hermes 66, 1931, 30–47; 130–157 (= Kl. Schr. 252–293); für die Beiträge zur R. E. und die Rezensionen ist auf das Schriftenverzeichnis zu verweisen (s. Kl. Schr. 911–914); viele sind in den Kl. Schr. nachgedruckt.

41 A. R. W. 26, 1928, 41–51; Philologus 85, 1930, 225–227 (= Kl. Schr. 112–121; 122–123). Für die Rezensionen und die Beiträge zur R. E. und Roschers Lexikon ist wieder auf das Schriftenverzeichnis zu verweisen (s. Kl. Schr. 911–914). Für F. Cumont verfaßte er später einen kurzen Nachruf: Jahrb. Ak. Wiss. Göttingen 1944–1960, Göttingen 1962, 155–156.

42 Tübingen 1927. Die Aufsätze: A. R. W. 20, 1921, 254–298; Ant. 1, 1925, 146–157; A. R. W. 24, 1926, 244–258 (= Kl. Schr. 3–35 [mit falschem Titel]; 36–47; 76–90).

43 I/II, Tübingen 1925, II 418–505, dazu K. Latte, Römische Religionsgeschichte, München 1960, 13.

zugleich den Wandel von der Frühzeit bis zum Kampf des Heidentums mit den Christen. Wie er mit den hier vorgelegten Übersetzungen das Verständnis der römischen Religion über die Fachgrenzen hinaus zu erschließen bemüht war, wandte er sich neben den Vorlesungen für Hörer aller Fakultäten auch in überblickartigen, zusammenfassenden Aufsätzen in der neuen Zeitschrift »Die Antike« an das breitere gebildete Publikum. Im ersten Band (1925) erschien die schon genannte Übersicht über die religiösen Strömungen in der Frühzeit des Hellenismus, im vierten Band (1928) ein Vortrag über ›Kaiser Julian‹, der ein ebenso zuverlässiges wie lebendiges Bild des jungen, von der heidnischen Philosophie geprägten Herrschers zeichnet – nicht zufällig wurde die knappe Skizze, die sich auch durch ihre gepflegte Diktion auszeichnet, nach fünfzig Jahren in einem Sammelband zu Julian nachgedruckt[44]. Ihre Grundzüge und Ergebnisse hatten sich im wesentlichen als richtig und gültig erwiesen.

Das Titelblatt des Beitrages zum »Religionsgeschichtlichen Lesebuch« bezeichnet Latte als ordentlichen Professor an der Universität Basel. Dort hatte Latte nach dreijähriger Tätigkeit in Greifswald zum 1. April 1926 wiederum die Nachfolge von Günther Jachmann angetreten, die ihn neben Peter Von der Mühll[45] stärker als in Greifswald neben Konrat Ziegler dazu zwang, in seinen Vorlesungen und Seminaren die Literatur und Kultur der Römer zu behandeln. Nur einmal legte er einem Seminar ein Werk der griechischen Literatur zugrunde, Demosthenes' »Leptinea«, einmal griechische Inschriften, bezeichnenderweise religionsgeschichtlich bedeutsame, ferner einmal die sog. Zeno-Papyri; außerdem dürften griechische Texte im Zentrum der Einführung in die Papyruskunde gestanden haben, die er auch hier anbot, und ebenso seiner Vorlesungen für Hörer aller Fakultäten über ›Mysterien und Synkretismus. Die Religion der Spätantike‹.

Sonst galt seine Lehrtätigkeit den Römern, in den Vorlesungen der ›Literatur der Republik‹ und der ›Literatur nach Augustus‹, der ›Römischen Geschichtsschreibung‹, den ›Elegikern‹, ›Horaz‹, ›Vergil‹ und ›Tacitus‹, daneben auch ›Ausgewählten Abschnitten der römischen Kulturgeschichte‹ und der ›Römischen Religionsgeschichte‹. In seinen Semina-

44 Ant. 4, 1928, 325–341 (= Kl. Schr. 124–139 = R. Klein (Hg.), Julian Apostata, Darmstadt 1978, 112–129). Auch wenn Latte zwei Aufsätze in der ›Antike‹ veröffentlichte, stand er Werner Jaegers Drittem Humanismus doch skeptisch gegenüber.

45 Zu P. Von der Mühll (1885–1970), der 1951 auf Vorschlag von M. Pohlenz und K. Latte zum korrespondierenden Mitglied der Göttinger Akademie gewählt wurde und dem Latte später den zweiten Band seiner Hesych-Ausgabe widmete, s. F. Wehrli, Gnomon 43, 1971, 427–429. Übrigens pflegte auch P. Von der Mühll in jenen Jahren religionsgeschichtliche Interessen, vgl. Der große Asias, Basel 1930, neben ihm natürlich K. Meuli (1891–1968), vgl. dessen Gesammelte Schriften I/II, Basel 1975 mit biographischem Nachwort von F. Jung (II 1153–1209).

ren wurden Plautus, Ennius und Terenz, Cato und Cicero, Catull und Horaz, Properz und Ovid, Livius, Frontin und Seneca, Statius, Juvenal und Sueton, sogar Firmicus Maternus und vulgärlateinische Autoren behandelt. Latte vertrat also die lateinische Literatur in der von der Göttinger Fakultät gewünschten Breite, und es ist nicht überraschend, daß er von ihr als kompetenter Vertreter der Latinistik angesehen und gewünscht wurde.

V.

Obwohl Latte in Basel seinem gräzistischen Kollegen Von der Mühll freundschaftlich verbunden war und auch dem Sprachwissenschaftler Jacob Wackernagel und dem Germanisten Andreas Heusler nahestand[46], obwohl er von dort leicht in dem von ihm geliebten Hochgebirge und dessen Einsamkeit Erholung suchen konnte, folgte er dem Ruf der damals hoch angesehenen Göttinger Fakultät, der ihn zugleich auch in seine deutsche Heimat zurückführte. Die politischen Gefahren sah er nicht, vielleicht unterschätzte er sie auch. Jedenfalls sollte seine Entscheidung ihm unsägliches Leid bringen.

Zunächst wurde er von den Kollegen in Göttingen, die durch Fraenkels abrupten Fortgang irritiert waren, freundlich aufgenommen. Schon im ersten Semester wurde er in eine Ringvorlesung einbezogen, schon nach wenigen Monaten, im Sommer 1932, zum ordentlichen Mitglied der Gesellschaft der Wissenschaften gewählt und bald darauf, am 31. Januar 1933, wurde ihm mitgeteilt, er sei zum Mitglied von nicht weniger als vier von deren Kommissionen gewählt worden[47].

Einen Tag vorher, am 30. Januar 1933, übernahm Hitler die Macht in Deutschland, und damit begann jener Abschnitt der deutschen Geschichte, der für viele eine Zeit des Versagens, für manche der Bewährung, für

46 Zu J. Wackernagel (1853–1938) s. E. Hermann, N.G.G. Jahresbericht 1937/1939, Göttingen 1939, 76–89; J. Lohmann, Biogr. Jahrb. Bursian 68, 1942 (280), 57–70; s. ferner B. Forssmann, Vorwort zu J. Wackernagel, Kleine Schriften III, Göttingen 1979, XVII–XVIII, deren erste beide Bände Latte veröffentlicht hatte (Göttingen 1955, ²1969; fehlt im Literaturverzeichnis der Kl. Schr. 917). Zu A. Heusler (1865–1940) s. Jahrb. Ak. Wiss. Göttingen 1939/1940, Göttingen 1940, 39–40; A. Heiermeier, Jdg. Jahrb. 25, 1941, 396–400.

47 Ringvorlesung Wintersemester 1931–1932: ›Kulturübergänge‹, Latte: ›Hellas und Rom‹. Am 23. Juni 1932 schlugen M. Pohlenz und H. Thiersch Lattes Wahl zum ordentlichen Mitglied der Gesellschaft der Wissenschaften vor, am 27. August 1932 wurde er davon unterrichtet, am 31. August 1932 nahm er die Wahl an. Latte wurde Mitglied der Kommissionen für den Thesaurus Linguae Latinae (statt E. Fraenkel), für die Posterioris medii aevi poetae Latini minores (statt M. Pohlenz), für die Septuaginta (neben M. Pohlenz) und der religionsgeschichtlichen Kommission.

allzu viele aber, zu denen Latte gehörte, eine Zeit der Entrechtung und Verfolgung wurde, die ihm alles nahm, was einem Menschen äußerlich genommen werden kann, die berufliche Stellung, die nächste Angehörige[48], Hab und Gut, die noch nicht abgeschlossenen oder gedruckten wissenschaftlichen Arbeiten, und die seine Gesundheit beeinträchtigte – ihm blieb gerade noch sein Leben und damit sein reiches Wissen, seine Energie, sein Selbstgefühl und sein Stolz, nicht zuletzt sein Pflichtgefühl gegenüber seinem Vaterland, seiner Heimat und der von ihm vertretenen Wissenschaft, deren Maßstäben, Zielen und Idealen.

Für Kurt Latte, der am 26. Juni 1933 einem ausgefüllten Fragebogen ein erläuterndes Schreiben an die Verwaltung beifügte, in dem es heißt: »Es liegt mir fern, die Tatsache, daß ich nichtarischer Abstammung im Sinne des Gesetzes bin, verschleiern zu wollen«[49], setzten die Beeinträchtigungen und Schikanen zunächst langsam ein, da er Kriegsfreiwilliger, Leutnant der Reserve und Träger des E. K. II war. Für das Sommersemester 1933 kündigte er eine Vorlesung über die römischen Elegiker an, und es besteht kein Grund daran zu zweifeln[50], daß er sie hielt ebenso wie sein Proseminar, ein Kolloquium über die ›Griechische Mythologie‹ (mit vier Teilnehmern).

Auch in den folgenden Jahren konnte Latte seine Lehrtätigkeit noch fortsetzen mit Vorlesungen über ›Staat und Gesellschaft der Römer‹, ›Horaz‹, ›Literatur der römischen Republik‹, einer ›Einführung in das Vulgärlatein‹ und Seminaren zu ›Terenz‹ und ›Cicero de legibus‹, den ›homerischen Hymnen‹ und ›Theokrit‹ sowie Lektüren von Homer und Plautus für Hörer aller Fakultäten[51]. Doch schon im Laufe des Jahres 1934 wurde ihm die Prüfungserlaubnis entzogen, obwohl er am 25. Oktober 1934, wie auch andere von den Rassegesetzen Betroffene, den Eid auf Hitler leistete.

Das Jahr 1935 brachte das gewaltsam herbeigeführte Ende seiner Lehrtätigkeit. Wer sich heute die Vorgänge anhand der Personalakte vor

48 Im Herbst 1943 starb Lattes Mutter, nachdem die Wohnung in Hamburg dem Bombenkrieg zum Opfer gefallen war, in einem Krankenhaus in der Lüneburger Heide.

49 Personalakte Latte (Archiv U.G. XVI, IV Aa 143); dort auch die Angaben zur Teilnahme am Krieg und den Auszeichnungen.

50 Dies ist ausdrücklich zu betonen, da CORNELIA WEGELER in ihrem Beitrag zu H. BEKKER et al (Hg.), Die Universität Göttingen unter dem Nationalsozialismus, München 1987, 255 das Gegenteil behauptet und sich auf die Chronik des Seminars für Klassische Philologie Göttingen beruft, die ihr von mir zugänglich gemacht worden sei (267 Anm. 24). Es trifft zu, daß ich Frau Wegeler auf ihre Bitte Einzelheiten aus der Chronik mitgeteilt habe, aber nicht die von ihr jetzt behaupteten (auch andere Angaben in der Darstellung von Frau Wegeler sind falsch oder irreführend, vgl. u. Anm. 55; 70). Die Seminarchronik nennt für Lattes Proseminar im Sommer 1933 folgende Teilnehmer (in Lattes eigener Handschrift): Exner, Kugler, Nauhardt, Frl. Walbrecht.

51 Zum Eid und Entzug der Prüfungserlaubnis s. die Personalakte Latte (s. Anm. 9).

Augen führt, steht voll Betroffenheit vor der Niedertracht eines durch antisemitische Propaganda verhetzten und fanatisierten Professors, aber auch vor den Zeugnissen einer Bürokratie, die das Unrecht mit einer korrekt erscheinenden Pedanterie verwaltete, die einem das Blut in den Adern gefrieren läßt. Zwei Tage bevor der nach Nürnberg einberufene Reichstag am 15. September 1935 die überstürzt abgefaßten neuen Rassegesetze verabschiedete (›Das Reichsbürgergesetz‹ und ›Das Gesetz zum Schutz des deutschen Blutes und der deutschen Ehre‹), bat der damalige Dekan Hans Plischke Latte schriftlich um ein Gespräch »in einer Fakultätsangelegenheit«, und schon am folgenden Tage schrieb er an den Minister über den Rektor, Latte sähe ein, daß »seine Stellung als Hochschullehrer unhaltbar geworden« sei, und sei »bereit, aus dem Lehrkörper der hiesigen Universität auszuscheiden«. Es wurde die Beurlaubung für das Wintersemester 1935–1936 und die Emeritierung zum 31. März 1936 vereinbart; der Rektor gab den Antrag sofort weiter[52], und am 16. Oktober 1935 wurde er vom Minister genehmigt, allerdings mit dem Hinweis, Lattes eigener Antrag läge noch nicht vor – eine Bemerkung, die keiner weiteren Erläuterung bedarf[53]. Lattes eigener Antrag brauchte nicht mehr vorgelegt werden, denn die inzwischen erlassenen Gesetze erzwangen die Versetzung in den Ruhestand. Auf die weiteren Aktenstücke, die Befürwortung einer Auslandsreise Lattes zu einer Sitzung der Dänischen Akademie durch eben jenen Dekan, der sein Ausscheiden gerade so eifrig betrieben hatte[54], die Befürwortung durch den Kurator, Lattes in Basel

52 Vgl. Schreiben des Dekans H. Plischke an Latte vom Freitag den 13. September 1935, an den Rektor vom Sonnabend den 14. September 1935, des Rektors an das Ministerium vom Freitag den 20. September 1935, alle in der Personalakte Latte (Archiv U.G. s.o. Anm. 9). – Der Reichstag billigte die Gesetze am Sonntag, dem 15. September 1935, vgl. B. Lösener u. F.A. Knost, Die Nürnberger Gesetze, Berlin 1936; zur überstürzten Vorbereitung der Gesetze s. U.D. Adam, Judenpolitik im Dritten Reich, Diss. phil. Tübingen 1972, Düsseldorf 1972, 125–131. Zur Berichterstattung über den Nürnberger Parteitag und die dort beschlossenen Gesetze in Göttingen ist es aufschlußreich, die Tageszeitungen zu vergleichen, etwa die Göttinger Nachrichten vom 9. September–17. September 1935 oder das Göttinger Tageblatt vom 9.–18. September 1935. – Zu H. Plischke (1890–1972) s. W. Ebel, Catalogus... 118 u.ö.

53 Latte wird vom Ministerium mitgeteilt, man sei bereit, »Ihre Emeritierung zum 1. April 1936 bei dem Führer und Reichskanzler zu beantragen.« Gleichzeitig heißt es ergänzend an den Kurator »Der Emeritierungsantrag des Professors Latte ist noch nachzureichen«. Diese Mitteilung gibt der Kurator am 19. Oktober 1935 an den Dekan weiter; dieser bittet Latte am 23. Oktober 1935, ihn aufzusuchen, »damit wir die endgültige Abwicklung vornehmen können«. (Vgl. Personalakte Latte, Archiv U.G. s.o. Anm. 9).

54 Am gleichen Tage, an dem der Rektor den Antrag der Philosophischen Fakultät auf Emeritierung Lattes an den Minister weiterleitet, trägt er dessen Bitte, eine Reise zur dänischen Akademie nach Kopenhagen unternehmen zu können, vor (20. September 1935); der Dekan unterstützt Latte (10. Oktober 1935): »Der Sitzung kommt große allgemeine wissenschaftliche Bedeutung zu. Es ist daher notwendig, daß Professor

verbrachten Jahre auf die Dienstzeit anzurechnen und die zahlreichen Berechnungen der Bezüge, bald für einen Emeritus, bald für einen pensionierten Beamten, die mit dem Hinweis enden, über die Anrechnung der Zeit in Basel brauche erst nach Vollendung des fünfundsechzigsten Lebensjahres des Beamten, also zum 1. April 1956, entschieden werden, kann ich hier nicht eingehen[55].

Die nächsten Jahre brachten eine Entwicklung, die sehr anders aussah, als die kleinen rechnenden Bürokraten es sich vorstellten, viel schrecklicher als selbst ein so kluger Mann wie Latte ahnen konnte. Zunächst zog er nach Hamburg, da das tägliche Leben in der Anonymität der Großstadt leichter erträglich erschien als in Göttingen, wo fast alle früheren Kollegen sich von ihm abwandten, mit Ausnahme etwa des Kunsthistorikers Graf Vitzthum und des Rechtshistorikers Wolfgang Kunkel[56]. Vom Herbst 1936 bis Juli 1937 nahm er eine Gastprofessur in Chicago wahr und unternahm anschließend Reisen nach Italien, England und wie immer nach Dänemark[57]. Doch kehrte er stets nach Deutschland zurück, wohl nicht weil er keine Tätigkeit im Ausland finden konnte, wie bisweilen behauptet wird, sondern weil er seiner alten Mutter eine Emigration nicht zumuten wollte[58] und weil er selbst wie viele deutschen Juden glaubte, trotz allem sein Vaterland, für das er im Ersten Weltkrieg gekämpft und für dessen internationales Ansehen er als Wissenschaftler gewirkt hatte, nicht verlassen zu dürfen. Wer Lattes Entscheidung verstehen will, sei erinnert an den Ausspruch eines anderen verfolgten klassischen Philologen, Paul Maas (aus dem Jahre 1936), der sagte: »Ich kann doch nicht

Latte der Einladung Folge leisten kann.« Die Ablehnung durch das Ministerium erfolgt am 16. Dezember 1935 (durch den Kurator weitergegeben am 18. Dezember 1935); doch s. u. Anm. 57.

55 Am 13. Dezember 1935 teilt der Kurator Latte mit, daß er »aufgrund des § 4 der Ersten Verordnung zum Reichsbürgergesetz vom 14. November 1935 ... mit dem 31. Dezember 1935 in den Ruhestand trete«. Die Behauptung von C. Wegeler a. O. 258 (s. Anm. 50), Latte »erhielt anfangs auch kein Gehalt und mußte lange um das sogenannte vorläufige Ruhegehalt kämpfen«, entbehrt jeder Grundlage; s. ferner o. Anm. 27; u. Anm. 69.

56 Zu W. Graf Vitzthum (1880–1945) s. W. Ebel, Catalogus ... 116, zu W. Kunkel (1902–1981) ebd. 54; Ch. Meier, Gnomon 55, 1983, 185–191; er verfaßte einen Nachruf auf Latte: Z. S. R. 82, Rom. Abt. 1965, 486–490; eine gemeinsame Publikation beider: Z. S. R. 53, Rom. Abt. 1933, 508–513.

57 Latte gibt in einem Fragebogen vom 18. Januar 1946 die Zeit vom 1. Oktober 1936–30. Juni 1937 für die Gastprofessur an (Personalakte Latte, Archiv U. G. s. o. Anm. 9), dort auch die Hinweise auf die anderen Auslandsaufenthalte; bis 1938 konnte er zu den Sitzungen der Kommission für das Corpus Lexicographorum Graecorum nach Kopenhagen fahren.

58 Mündliche Mitteilung von Professor Dr. A. Dihle (Köln).

fahnenflüchtig werden«[59]; er sei vor allem an den Satz erinnert, mit dem Latte 1920 das Vorwort zu seiner Habilitationsschrift geschlossen hatte: »Dem Freunde, dem es vergönnt war, den schönsten Tod im siegreichen Kampfe zu sterben, ist die Arbeit als Zeichen gemeinsam verlebter Jugend gewidmet. Wieviel ihm erspart blieb, fühlt man besonders tief in diesem Augenblick, da die Gedanken in schwerer Sorge bei der uns beiden gleich lieben ostpreußischen Heimat verweilen.«[60]

Latte war deutscher Patriot, und gerade deswegen verletzte ihn die antisemitische Hetze und Verleumdung der ersten Jahre der Naziherrschaft nicht weniger als ihn die spätere Entrechtung und Verfolgung bedrohte. Zunächst durfte er noch publizieren, neben »Zwei Exkursen zum römischen Staatsrecht« (1935 in den Nachrichten der Gesellschaft der Wissenschaften) ein Buch über »Sallust«, über das A. Kurfeß 1936 im Bursian sachlich und freundlich berichtete[61]. In der R. E. wurden unter der Leitung von Wilhelm Kroll und Karl Mittelhaus die Beiträge von Latte, wie die anderer verfolgter Gelehrter auch, noch im letzten während des Krieges erschienenen Bandes (1941) veröffentlicht[62]. Doch schon 1938 erfolgte das Verbot, öffentliche Bibliotheken zu benutzen; im gleichen Jahr wurde Lattes Paß ungültig und ihm damit die Möglichkeit genommen, ins Ausland zu reisen[63].

Nur der Mut und die Kühnheit Bruno Snells, der sich nicht um das Kontaktverbot kümmerte und Latte Bücher besorgte[64], erlaubte ihm in Hamburg, seine Vorbereitungen der Hesychausgabe und anderer Vorhaben fortzusetzen, wenn auch unter kaum vorstellbaren Schwierigkeiten. Schreibmaschinen zu besitzen wurde Juden später ebenso verboten wie

59 Mitgeteilt von W. Peek in seinem Nachruf auf P. Maas (1880–1964), in: Jahrbuch Deut. Ak. Wiss. Berlin 1964, Berlin 1965, 250.

60 Heiliges Recht VI. Als ihm 1963 nach fünfzig Jahren sein Doktordiplom erneuert wird, dankt er mit dem Worten: »Mir persönlich verstärkt die Wiederkehr des Tages den Schmerz, daß eine der ältesten Stätten deutscher wissenschaftlicher Kultur für immer ausgelöscht ist.« (Archiv U. G. s. o. Anm. 9).

61 N.G.G. phil. hist. Kl., N.F. Fachgr. Altertumsw. 1, 1934–1936) 59–7 (= Kl. Schr. 341–354); Sallust, Leipzig 1935, dazu A. Kurfeß, J.A.W. (Bursian) 62, 1936 (252) 31–32, 81–82; auch die anderen Besprechungen sind weitgehend positiv; »beim NS-Dozentenbund bestellte negative Besprechungen« (s. C. Wegeler a. O. [s. Anm. 50] 258) habe ich nicht ermitteln können.

62 Vgl. das Schriftenverzeichnis Kl. Schr. 914–915, das zugleich über die anderen Publikationen der Jahre 1933–1942 Auskunft gibt. Zum Nachruf auf Drachmann s. o. Anm. 22.

63 Vgl. Fragebogen vom 18. Januar 1946 in der Personalakte Latte (Archiv U.G., s. o. Anm. 9), auch zum Verbot der Auslandskorrespondenz.

64 Zu B. Snell (1896–1986) s. H. Erbse, Z.P.E. 22, 1976, 1–7; Gnomon 59, 1987, 770–775; W. Bühler, J. Jungius – Ges. Wiss. Hamburg, Jahresb. 1984–1986, Hamburg 1987, 61–69.

jede Korrespondenz mit dem Ausland[65]. Trotzdem erschienen in den Jahren 1936–1942 mehrere Aufsätze zu religionsgeschichtlichen Fragen von Latte in den USA und in den Niederlanden (s. Anm. 62), und regelmäßig gab er der Dänischen Akademie, deren Kommission für das Corpus Lexicographorum Graecorum er seit 1927 als Mitglied angehörte, Rechenschaft über seine Arbeit am Hesych, die allen Behinderungen zum Trotz fortschritt. Seit Februar 1939 war das Manuskript für den ersten Band fertig[66], Ende März 1943 konnte der letzte Band in Angriff genommen werden[67]. Die Korrespondenz führte Latte nicht selbst, er durfte es nicht, sondern Bruno Snell, der die Briefe schrieb oder wenigstens unterschrieb – ein für alle Beteiligten höchst gefährliches Verfahren – im Dienst der Wissenschaft.

Der letzte Brief Lattes an Frau Ada Adler, unterschrieben von Snell, ist am 22. Juli 1943 in Hamburg datiert; wenige Tage später verlor Latte (wie übrigens auch Snell) Wohnung, Bibliothek und Manuskripte. Nur Weniges war vorher sichergestellt, ein paar Handexemplare wie das des Liddell and Scott, das Manuskript des ersten Bandes und der Prolegomena zum Hesych; alles andere verbrannte, Handexemplare, Manuskripte, weitere Vorarbeiten zum Hesych bis zum Buchstaben O[68].

Zugleich wurde die allgemeine Lage so bedrohlich, daß Latte fortan *incognito* lebte, ohne Lebensmittelkarten, ohne Kleiderkarten oder Bezugsscheine, in der Tasche stets eine Kapsel mit Zyankali. Er erhielt zwar immer weiter, wenn auch stark reduzierte Bezüge (auf sein Postscheckkonto[69] – hier bewährte sich die Sturheit der Verwaltung), doch mußte er

65 Vgl. B. Blau, Das Ausnahmerecht für die Juden in Deutschland 1933–1945, Düsseldorf ³1965, 109 (Nr. 391); L. Poliakov u. J. Wulf, Das Dritte Reich und seine Diener. Dokumente, Berlin 1956, 219–221; B. Hoffmann, Die Ausnahmegesetzgebung gegen die Juden von 1933–1945, Diss. jur. Köln 1962, 65.

66 Zur Kommission für das Corpus Lexicographorum Graecorum s. Det Kongelige Danske Videnskabernes Selskab 1742–1942 II, Kopenhagen 1950, 282–285; 297; Lattes Berichte in: Oversigt over det Kongelige Danske Videnskabernes Selskab Forhandlinger 1927–1928, Kopenhagen 1928, 212–213; 1928–1929, 221; 1929–1930, 158–159; 1930–1931, 203; 1931–1932, 271; 1932–1933, 226; 1934–1935, 250–251 (für 1933 und 1934); 1935–1936, 277; 1936–1937, 213 (datiert in Chicago); 1937–1938, 238–239; 1938–1939, 198; 1939–1940, 284 (Ms. A–Δ fertig); 1940–1941, 222 (ab jetzt auf dänisch); 1941–1942, 79; 1942–1943, 123; 1943–1944, 88. Die letzten Berichte sprechen von wachsenden Schwierigkeiten, vor allem dem Verbot, mit dem Ausland zu korrespondieren.

67 Mitteilung von Latte vom 31. März 1943 an Hans Raeder (1869–1959, vgl. P. Maas, Gnomon 32, 1960, 87); der von B. Snell handgeschriebene Brief liegt mir dank der Freundlichkeit von K. Alpers (s. o. Anm. 24) in Kopie vor.

68 Auch der Brief vom 22. Juli 1943, mit der Maschine geschrieben, liegt mir in von K. Alpers vermittelter Kopie vor. Zu den geretteten Büchern und Unterlagen s. K. Lattes Brief 27. April 1946 an H. Raeder (Kopie liegt mir durch K. Alpers vor).

69 Vgl. Personalakte Latte, Fragebögen vom 18. Januar 1946 und 27. Juli 1947; Antrag auf Entschädigung vom 17. November 1954 (Archiv U. G. s. o. Anm. 9). Am 28. August

sich verborgen halten, was ihm die Selbstlosigkeit und der Mut der Mutter unseres Kollegen Wolfgang Schmid bei Düsseldorf ermöglichte, später Konrat Ziegler bei Osterode in einem Dorf, das ausgerechnet den Namen Freiheit trägt, wo Latte, wie er später einmal schreibt, »am 12. April 1945 erobert wurde«[70].

Bewegend ist, wie er ein Jahr danach, am 27. April 1946, in einem Brief an den dänischen Kollegen Hans Raeder über diese Zeit spricht. In der für ihn charakteristischen Knappheit und Nüchternheit berichtet er, daß er sich auf Umwegen Exemplare der Hesychausgaben von Alberti und Schmidt besorgt und fast völlig ohne Hilfsmittel die verlorene Arbeit zu rekonstruieren versucht habe – kein Wort von der täglichen Angst vor Entdeckung, Verhaftung und Deportation, geschweige denn von Hunger und Entbehrung. Nicht weniger bewegend ist, mit welcher Selbstverständlichkeit Latte wenige Monate nach der Befreiung 1945 der Bitte entspricht, an die Universität Göttingen zurückzukehren, obwohl ihm nicht angeboten wird, seinen eigenen Lehrstuhl wieder zu übernehmen, sondern zunächst nur, den durch die Suspendierung von Drexler nicht besetzten Lehrstuhl zu vertreten[71]. Erst zum 1. November 1946 wird er wieder zum Ordinarius ernannt, nachdem sich u.a. ein Mitglied der Bezirksregierung eine so unvorstellbare Entgleisung geleistet hatte, einen Umschlag mit der Namensform Kurt Israel Latte zu versehen. Bewegend ist weiter, mit welchem Einfühlungsvermögen Latte dann bei Beginn des ersten Nachkriegssemesters vor seine Studenten mit den Worten trat, die zu Beginn seiner »Kleinen Schriften« abgedruckt sind, Worten, die ihrer

1945 schreibt Latte an den Kurator, er sei am 10. Oktober 1943 in Berlin Wilmersdorf gemeldet gewesen; s. auch Anm. 70.

70 Brief an H. Raeder vom 27. April 1946 (s. Anm. 68), außerdem Fragebögen vom 18. Januar 1946 und 27. Juli 1947 in der Personalakte Latte (Archiv U. G. s. o. Anm. 9); 1946 gibt er als Zeugen B. Snell und K. Ziegler an, 1947 B. Snell und W. Schmid (1913–1980, s. W. Schetter, Gnomon 53, 1980, 810–812). C. Wegeler a. O. (s. Anm. 50) 259 nennt auch G. Jachmann; dafür fehlt mir jede Bestätigung.

71 Personalakte Latte (Archiv U. G. s. o. Anm. 9). Am 3. August 1945 bittet der Dekan H. Schöffler (1888–1946; s. W. Ebel, Catalogus... 118) Latte, den Lehrstuhl von H. Drexler (1895–1984; s. W. Ebel, Catalogus... 118 u. ö.) zu vertreten, am 8. August 1945 sagt Latte zu, eine erste Gehaltsabrechnugn wird am 21. August 1945 erstellt, eine Berechnung des Lattes selbst zustehenden Ruhegehalts dann am 13. September 1945. Am 8. April 1946 teilt der Dekan (H. Schöffler) dem Kurator den Wunsch der Fakultät mit, Latte wieder einzusetzen, und am 25. Oktober 1946 macht der Dekan (H. Nohl, 1879–1960, s. W. Ebel, Catalogus... 116) dem Minister schließlich die Mitteilung, daß Drexler entlassen sei und Latte daher wiedereingesetzt werden könne. Am 4. Dezember 1946 ernennt der Minister Latte wieder zum Ordinarius, entsprechend teilt der Kurator Latte am 16. Dezember 1946 mit, seine Versetzung in den Ruhestand sei mit Wirkung vom 1. November 1946 aufgehoben. – Auch der Umschlag zum Runderlaß des Regierungs-Präsidenten vom 4. September 1945 an den Kurator (Eingang 5. September 1945) mit der Aufschrift Kurt Israel Latte befindet sich in der Personalakte.

Situation, den Sorgen der Studenten gewidmet waren und der daraus für ihn sich ergebenden Aufgaben[72].

Bewegend ist schließlich, wie Latte sich gleich in die wissenschaftliche Arbeit stürzte – schon im Herbst 1945 legte er der Akademie, in der er sofort wieder seinen Platz einnahm[73], eine kurze Abhandlung vor – obwohl neue Sorgen den Alltag belasteten, Sorgen um Nahrung und Kleidung, Bücher und Papier. Ein Brief an Hans Raeder vom 14. Mai 1946 berichtet darüber und zeigt zugleich, daß Latte weder seinen Humor noch seine Bissigkeit eingebüßt hatte, vielmehr weitreichende neue Pläne schmiedete: »Vorbedingung für alles ist freilich, daß man wieder so etwas wie eine Häuslichkeit sich aufbaut; der Zustand, wie er seit 6 Jahren besteht, daß ich meine Strümpfe selbst stopfe und auch sonst alle Näh- und Küchenarbeiten selber besorge, ist mit der Lehrtätigkeit und wissenschaftlichen Arbeit nur schlecht vereinbar, so reizvoll diese Nachfolge des Sophisten Hippias an sich sein mag. Vermutlich hatte der aber besseres Material zur Verfügung, das weniger dauernd reparaturbedürftig war, als das meinige.«[74] Weiter belehrt er Raeder über die inzwischen in Deutschland eingeführte Postleitzahl: Sie »ist eine Nazieinrichtung, die auf die geographische Unkenntnis der Postbeamten Rücksicht nimmt. Sie soll in einen Kreis eingeschlossen werden, weshalb ich ein Quadrat zu machen pflege«. Schließlich heißt es nach einer Bemerkung zum Abschluß des Lexicons von Liddell and Scott: »Ob ich erreiche, als Ersatz für Georges eine Lateinische Parallele dazu in Gang zu bringen, ist noch unsicher, obwohl das mit dem Material des Thesaurus leicht sein müsste.« Seine Schaffenskraft scheint ungebrochen, ebenso offenkundig ist sein Verantwortungsbewußtsein für die Allgemeinheit und deren Bedürfnisse.

72 Kleine Schriften XV–XVI.

73 Schon am 14. März 1936 teilt Latte anläßlich seines Umzuges nach Hamburg (Adresse 1939: Uhlenhorsterweg 52) sein Ausscheiden aus den Kommissionen der Gesellschaft der Wissenschaft mit; als er am 9. Dezember 1938 »wunschgemäß bestätigt«, »daß meine frühere Mitgliedschaft in Ihrer Gesellschaft seit Ende 1936 für mich ebensowenig vorhanden gewesen ist wie für Sie«, antwortet der Sekretär K.J. Hartmann (1893–1965; s. G.B. Gruber, Jahrb. Ak. Wiss. Göttingen 1965, Göttingen 1966, 83–87), daß allein die fehlende Adresse den Kontakt mit Latte verhindert habe. In den Verzeichnissen der Mitglieder wurde Latte bis 1936 als ordentliches Mitglied geführt, als auswärtiges Mitglied im Bericht für 1937–1938 (29), ab 1938–1939 nicht mehr. – Am 21. August 1945 wird er über das Wiederaufleben seiner Mitgliedschaft unterrichtet; am 24. August 1945 dankt er dafür. Am 9. November 1945 trägt er zum ersten Mal wieder in der Akademie vor: Über den ›Ozean der Freigebigkeit‹ (N.G.G. phil. hist. 1945, 10–11).

74 Auch dieser Brief liegt mir in Kopie durch Vermittlung von K. Alpers vor (s.o. Anm. 24).

VI.

So gilt es schließlich, Lattes vielfältiges Wirken in den Jahren nach der Befreiung 1945 zu würdigen, seine Lehrtätigkeit, seine Publikationen, seine Bemühungen, die Antike auch einer breiteren Öffentlichkeit nahezubringen und seinen Anteil an der Rückführung der deutschen Altertumswissenschaft und der deutschen Akademien in die internationale Gemeinschaft.

Mit dem zuletzt Genannten sei begonnen. Denn hier liegen Verdienste Lattes, die heute, da uns der internationale Austausch wieder selbstverständlich geworden ist, allzu leicht vergessen oder nicht angemessen gewürdigt werden. Nur wer die ersten Jahre nach dem Zweiten Weltkrieg in eigener wacher Erinnerung hat, damals selbst internationale Beziehungen anknüpfen oder selbst ins Ausland gehen konnte, kann ermessen, welche Schwierigkeiten es zu beseitigen, welche Widerstände es zu überwinden, welche Empfindlichkeiten es zu berücksichtigen galt. Es bedurfte solcher Männer wie Bruno Snell und Kurt Latte, die wegen ihrer wissenschaftlichen Verdienste und ihrer persönlichen Integrität höchstes Ansehen genossen, um der deutschen Altertumswissenschaft den Weg in den Kreis der internationalen Fachkollegen wieder zu öffnen. Die Mommsen-Gesellschaft, der Verband der deutschen Forscher auf dem Gebiete des griechisch-römischen Altertums, hatte das Glück, daß sich Kurt Latte bereit fand, einen Teil seiner Kräfte dieser Aufgabe zu widmen, gleich nach der Gründung 1950 als Mitglied des Vorstandes, dann als Zweiter Vorsitzender, von 1954–1958 als Erster Vorsitzender. Als derzeitiger Zweiter Vorsitzender unseres Fachverbandes darf ich versichern, daß sich die deutschen Altertumswissenschaftler auch heute dankbar an die Fülle dessen erinnern, was Latte in jenen schwierigen Jahren für sie alle geleistet hat. Mit Geschick und Takt vermochte er Skepsis und Ressentiments behutsam zu überwinden und die Fäden zu vielen Fachkollegen, aber auch zu den Fachverbänden im Ausland erneut oder neu zu knüpfen. Dafür ist ihm reiche internationale Anerkennung zuteil geworden, die ihn spürbar freute und die er genoß: Schon 1954 wurde er Vizepräsident der Fédération Internationale des Associations d'Études Classiques. Zugleich wirkte er für die UNESCO und die Deutsche Forschungsgemeinschaft und kümmerte sich um das Wiedererscheinen der wichtigsten Zeitschriften und den Nachdruck unentbehrlicher Texte und Nachschlagewerke. Daß er dabei manches scharfe Urteil über Kollegen fällte, wie die Akten lehren, wird niemanden überraschen; doch galt seine Kritik stets der wissenschaftlichen Leistung (genauer deren mangelnder Qualität), nie dem Versagen der Einzelnen in der Nazizeit[75].

75 Vgl. die Akten der Mommsen-Gesellschaft. Zwei Nachdrucke versah er mit Addenda,

Auch der hiesigen Akademie, wie die Gesellschaft der Wissenschaften nun hieß, widmete Latte viel Zeit, von 1949–1956 als Präsident bzw. Vizepräsident, und trug viel zur frühen Rückkehr der deutschen Akademien in die ›Union Académique Internationale‹ bei, die ihn ebenfalls für einige Jahre zum Vizepräsidenten wählte[76]. Über die Rolle der Akademien und deren Aufgaben äußerte er sich anläßlich des zweihundertfünfzigjährigen Jubiläums der Preußischen Akademie der Wissenschaften in Berlin 1950 und des zweihundertjährigen Jubiläums der Göttinger Akademie in kurzen, die Grundsätze klärenden Aufsätzen, auf die ich nicht eingehen kann, die aber auch heute gelesen zu werden verdienen[77]. Erinnert sei auch daran, daß Latte für das Wiedererscheinen der Göttingischen Gelehrten Anzeigen (ab 1953) sorgte, die zuerst von Albrecht Dihle, dann von Günther Patzig und für viele Jahre von Günter Neumann herausgegeben wurden, drei Schülern von Kurt Latte[78].

Wenn sich hier heute Schüler von Latte von nah und fern versammelt haben, so zeigt sich darin deutlicher als in allem, was ich zu formulieren vermöchte, welche tiefe Dankbarkeit wir auch nach dreißig Jahren und mehr gegenüber unserem Lehrer empfinden, der immer viel zu fordern, aber immer noch viel mehr zu geben pflegte. Mochten wir in den ersten Jahren nach dem Krieg auch ohne ausreichende Nahrung und Kleidung, ohne Strom und Heizung, ohne Papier und eigene Bücher zu studieren gezwungen sein, ohne ausreichende Vorbereitung wagte niemand in Lattes Seminare zu gehen, in denen er neben den klassischen Autoren gern schwierige und abgelegene Texte behandelte – die Themen seiner Veranstaltungen kann ich hier nicht alle aufzählen – uns über alle Einzelheiten der Textkonstitution Rechenschaft zu geben zwang und nicht zuließ, daß wir zu allgemeinem Gerede Zuflucht nahmen. Ich muß hier der Versuchung widerstehen, aus der persönlichen Erinnerung ausführlich Lattes Seminare zu schildern, zu denen am Semesterende auch das Zusammensein beim Glase Wein gehörte, oder seine Vorlesungen, die er, zu Beginn ein paar Notizen auf schmal zusammengefalteten Blättern fast unauffällig aus der Tasche ziehend, mit schneidender Stimme vorzutragen pflegte, knapp und präzise formulierend, selbst aus dem reichen Fundus seiner Kenntnisse schöpfend und seine Hörer stets zu konzentrierter Aufmerksamkeit fordernd, auch überfordernd, den Blick weit über den üblichen Horizont lenkend[79]. Auf zwei Bemerkungen kann ich nicht verzichten.

die Ausgabe der Komikerfragmente von G. Kaibel und des Aischylos von v. Wilamowitz (1958, s. Schriftenverzeichnis 917).

76 Personalakte Latte (Archiv U. G. s. o. Anm. 9).

77 Deut. Univ. Ztg. 5, 1950, 5–6 und 6, 1951, 4–6.

78 G.G.A. 207 (1953)–211 (1957): A. Dihle; 212 (1958)–213 (1960): G. Patzig; 214 (1962)–239 (1987): G. Neumann.

79 Über Latte als Lehrer in den dreißiger Jahren s. R. Stark, Gnomon 37, 1965, 216, in

Zum einen ließ Latte gerade in seinen Lehrveranstaltungen die Zusammengehörigkeit der altertumswissenschaftlichen Fächer unmittelbar greifbar werden. In regelmäßigem Wechsel mit Wolf-Hartmut Friedrich bot er griechische und lateinische Themen an, sofern sie nicht beide übergreifende Themen behandelten. Gern hielt er Seminare mit Vertretern der Nachbarfächer, mit dem Ägyptologen Eberhard Otto zu Herodot, mit dem Romanisten Franz Wieacker zu den Zwölf Tafeln. Rudolf Horn und Walter Hatto Gross kamen in Lattes Vorlesungen, und anschließend gingen sie zu dritt in das benachbarte archäologische Seminar[80]. Die Alte Geschichte bildete noch einen Teil des gemeinsamen Instituts für Altertumskunde, und mit Alfred Heuß arbeitete Latte auch im Vorstand der Mommsen-Gesellschaft zusammen; Schriftführer war Heuß' Assistent Jochen Bleicken. Die Einheit der Altertumswissenschaft war überall unmittelbar gegenwärtig. Latte hätte sich gewiß über diese Ringvorlesung als öffentlich bekundeten Ausdruck dieser auch heute lebendigen Zusammengehörigkeit der altertumswissenschaftlichen Fächer gefreut, er hätte es bedauert, daß die Bauplanung den Zusammenhang zerrissen und die klassische Philologie und die Alte Geschichte von der Archäologie getrennt hat und daß die unzureichende personelle Ausstattung des archäologischen Seminars dazu geführt hat, daß ein archäologisches Proseminar für Philologen nicht mehr wie früher angeboten werden kann, obwohl unsere Studienordnungen den Besuch einer solchen Veranstaltung vorsehen[81].

Zum zweiten: Die Maßstäbe, die Latte in seinen Seminaren anlegte und damit die Strenge der Schulung, die er uns vermittelte, lassen sich erahnen, wenn man seine Rezensionen liest, in denen er sich schon früh einer sehr deutlichen Sprache bediente und in denen er Verdienste ebenso angemessen würdigte wie Mängel bloßstellte. So schrieb er zu einer Dissertation über »Die Schicksalsidee im Altertum« (im Gnomon 3, 1927, 252): »Der Stil ist flüssig und gewandt und meidet den pedantischen Ton wissenschaftlicher Untersuchung. Die Arbeit würde, in ihre Teile zerlegt, die Beilage jeder mittleren Tageszeitung zieren. Weshalb sie stattdessen in den Veröffentlichungen des indogermanischen Seminars der Universi-

der Zeit nach 1945 F. Greiner, Hochland 61, 1969, 476–479. Zu seinem Verständnis der Aufgaben und der Ausbildung der Klassischen Philologen s. K. Latte, Klassischer Philologe, Blätter zur Berufskunde 3, Bielefeld 1960.

80 Zu E. Otto (1913–1974) s. H. Donner, Jahrb. Heidelberger Ak. Wiss. 1975, Heidelberg 1976, 85–87; zu R. Horn (1903–1984) s. K. Fittschen in: R. Lullies et al. (Hgg.), Archäologenbildnisse, 1988, 289–290.; zu W.-H. Gross (1913–1984) R. Winkes, Gnomon 58, 1986, 83–84.

81 Es sei ausdrücklich betont, daß die Studierenden der klassischen Philologie natürlich trotzdem auch heute die angebotenen Lehrveranstaltungen der klassischen Archäologie regelmäßig besuchen.

tät Erlangen erscheint, wird aus den Worten der Vorrede, daß sie sich eng an des Verfassers Dissertationsschrift anschließt, nicht völlig klar.« Etwa dreißig Jahre später nutzte er die Besprechung von Jean Gagés Apollomonographie zu einigen grundsätzlichen Bemerkungen: »Die Argumentation ist weder philologisch noch historisch; vielmehr ist sie repräsentativ für eine heute weit verbreitete Methode, Meinungen dialektisch hin und her zu wenden und Berichte ohne Prüfung ihrer Gewähr zu pragmatisieren...« und etwas später »man vermißt den dauernden Umgang mit dem Material, der durch geistreiche Einfälle und Phantasie nun einmal nicht zu ersetzen ist«[82].

Gern nutzte Latte die Gelegenheit von Rezensionen, um durch eigene Vorschläge, etwa Ergänzungen von Papyri oder Inschriften, unmittelbar zum besseren Verständnis des jeweils behandelten Gegenstandes beizutragen oder durch weiterführende Hinweise die Diskussion anzuregen, weswegen seinen Besprechungen oft über den speziellen Anlaß hinaus allgemeine Bedeutung zukommt[83].

VII.

Damit kann ich mich Lattes eigenen Arbeiten der letzten zwanzig Jahre zuwenden. Auch sie galten allen Bereichen der antiken Welt von der frühgriechischen Dichtung bis zur Lexikographie der Spätzeit und bezogen sich auf textkritische und sprachgeschichtliche Probleme, schlossen die Erörterung von Inschriften und Papyri ebenso ein wie die Edition ganzer Werke und die Interpretation einzelner Autoren oder Gattungen und verfolgten auch weiterhin religionsgeschichtliche und rechtsgeschichtliche Fragen[84]. Gerade dem antiken Recht wandte Latte, der schon 1951 von der juristischen Fakultät der Universität Heidelberg mit der Ehrendoktorwürde ausgezeichnet worden war, sein besonderes Interesse zu, als er nach seiner Emeritierung 1957 von Göttingen nach Tutzing übergesiedelt war, und hielt Seminare über griechisches Recht in der juristischen Fakultät der Universität München bis zu seinem Tode (18. Juni 1964)[85].

Etwas näher eingehen kann ich hier nur auf die zwei großen Werke, die er in der Nachkriegszeit publizierte, die zwei Bände der Hesychausgabe und die Römische Religionsgeschichte, und kann nur daran erinnern, daß

82 Gnomon 30, 1958, 120–125, bes. 120–121 (leider nicht in die Kleinen Schriften aufgenommen).

83 Es kann hier summarisch auf die in den Kleinen Schriften wieder abgedruckten Besprechungen verwiesen werden.

84 S. Schriftenverzeichnis 915–918.

85 Vgl. den Nachruf von W. Kunkel, Z. S. R. 82, Rom. Abt. 1965, 286–287.

er daneben auch eine Literaturgeschichte der Kaiserzeit vorbereitete, von der er aber nur wenige Abschnitte ausarbeiten konnte.

1953, fast vierzig Jahre nach dem Abschluß des Vertrages zwischen Latte, Drachmann und dem Verlag Teubner in Leipzig erschien in Kopenhagen bei Ejnar Munksgaard, der übrigens Latte im Kriege seine Hilfe angeboten hatte[86], der erste Band der Hesychausgabe (A–Δ und die Prolegomena); der zweite folgte erst nach Lattes Tod (E–O: 1967). Hesych verfaßte wohl eher im sechsten als im fünften Jahrhundert n. Chr. Geb. das umfangreichste griechische Lexikon, das aus der Antike erhalten geblieben ist, allerdings in verkürzter Form und doch auch erweitert durch Zusätze aus dem sog. Kyrill-Glossar, dem wohl verbreitetsten Lexikon der byzantinischen Zeit, aus Homer- und Euripidesparaphrasen, aus einem Bibelonomasticon u. a. Hesychs Lexikon ist nur in einem Kodex auf uns gekommen, der von dem Humanisten Musurus mit Korrekturen versehen, als Vorlage für den ersten Druck diente (1514). Seither war er nicht wieder vollständig verglichen worden; die wenigen späteren Ausgaben bauten also auf äußerst unsicherer Grundlage auf. Was hat nun Latte geleistet?

Zum einen nahm er als erster Gelehrter seit vierhundert Jahren (vor allem im Herbst 1926) die entsagungsvolle Mühe auf sich, die ganze Handschrift zu kollationieren[87], zum anderen zerlegte er im Anschluß an die Arbeiten von Reitzenstein und Drachmann die vielfach undurchsichtige Glossenmasse bei Hesych soweit möglich in ihre Bestandteile, d. h. er kennzeichnete das aus dem sog. Kyrill-Glossar stammende Material ebenso wie andere spätere Zusätze nach ihrer Herkunft, analysierte aber auch den Originaltext Hesychs, charakterisierte dessen Arbeitsweise und beschrieb dessen Quellen und schließlich die weitere Geschichte des Werkes, die Art der Interpretationen und die Besonderheiten des Kyrill-Glossars. Für seine Ausgabe entwickelte er ein sorgfältig ausgeklügeltes Zeichensystem, das den Benutzer heute mit einem Blick ein Bild von der Herkunft fast jeder einzelnen Glosse gewinnen läßt. »Die Sonderung der Bestandteile«, so urteilte der wohl beste Kenner der Materie, Hartmut Erbse, in seiner Rezension[88], »stellt zweifellos das Hauptverdienst der neuen Aufgabe dar, und auch wenn man nichts weiter zu ihrem Vorteile sagen könnte, müßte man sie unbedenklich als epochemachend bezeichnen. Aber sie bietet wesentlich mehr.« Erbse rühmte auch den kritischen

86 Latte in seinem Brief an H. Raeder vom 27. April 1946 (s. o. Anm. 70). Der erste Band ist der Erinnerung an A. B. Drachmann (s. o. Anm. 22) und J. Wackernagel (s. o. Anm. 46) gewidmet.

87 Vgl. Lattes Berichte (s. o. Anm. 66) und H. Erbse, Byz. Z. 61, 1968, 76: 16. August – 12. Oktober 1926, außerdem je einen Tag 1921; 1927; 1928.

88 H. Erbse, Byz. Z. 48, 1955, 131–132; das folgende Zitat ebd. 135; zum zweiten Band: Byz. Z. 61, 1968, 74.

Apparat als Meisterwerk und hob die zahlreichen gelungenen Verbesserungen des Textes hervor, die der Überprüfung der Handschrift, der Berücksichtigung der Kyrill-Überlieferung, aber auch neugefundener Texte mit bisher unbekannten Formen und schließlich Lattes eigenen Vorschlägen verdankt werden. »Selten ist der Öffentlichkeit eine Ausgabe mit so viel vorzüglichen Emendationen vorgelegt worden. Den meisten Konjekturen sieht man an, daß der Herausgeber über ein ungeheures Wissen auf allen Gebieten der Altertumskunde verfügt und die Sprache mit seltener Meisterschaft handhabt«, urteilte Erbse in seiner Besprechung des ersten Bandes und ähnlich in der des zweiten Bandes. Doch setzte auch die Kritik gerade an diesem Punkte an. Mit Bedauern stellte sie fest, daß Latte sich zu oft allein auf seine Einfälle beschränkt und die Konjekturen anderer nicht einmal in seinem sehr knapp gehaltenen kritischen Apparat notiert hat. Außerdem ergab eine Überprüfung der Kollation der Handschrift durch Erbse[89] und vor allem durch Winfried Bühler, den anderen wirklich kompetenten Rezensenten, einen mehr als geringfügigen Grad von Unzuverlässigkeit. Dazu äußerte Erbse auch Zweifel an der Abgrenzung der aus dem Kyrill-Glossar stammenden Glossen und betonte, daß auch das Vergleichsmaterial reichlicher hätte vorgelegt werden sollen.

In doppelter Hinsicht ist Lattes Hesych-Edition ein Torso geblieben: Sie konnte nicht zu Ende geführt werden, und sie erreichte nicht den Grad von Zuverlässigkeit und Vollständigkeit, der erreichbar gewesen wäre. Denn der Herausgeber starb zu früh, vor allem aber blieb ihm zu Lebzeiten versagt, die Fülle seiner Gaben und seiner Arbeitskraft der gewaltigen Aufgabe zu widmen: Krieg, Entrechtung, Verfolgung und schließlich, nach dem Zweiten Weltkrieg, andere Verpflichtungen hinderten ihn, und überdies wurden wichtige Materialsammlungen und Vorarbeiten durch den Krieg vernichtet. So legt der Torso Zeugnis ab zugleich von der Größe dieses Gelehrten und der Tragik seines Schicksals.

VIII.

Fertigstellen konnte Latte 1960 seine »Römische Religionsgeschichte«. Schon früh hatte er sich dem Gegenstand zugewandt, mehrfach heftig über ihn gestritten – etwa mit Franz Altheim und der Frankfurter Schule[90] – und schließlich seinen eigenen Standpunkt in einem kurzen Aufsatz

89 H. Erbse, Byz. Z. 48, 1955, 136–137; 61, 1968, 73–77; W. Bühler, Gnomon 42, 1970, 339–354, bes. 345–346.

90 Vgl. nur seine Rezension von F. Altheim, Römische Religionsgeschichte I, Gnomon 26, 1954, 15–23 (= Kl. Schr. 198–209).

über die ›Probleme der modernen Religionsgeschichte‹ historisch und systematisch bestimmt. Wenn er darin 1954 die Forderung beschreibt, »ein gegebenes geschichtliches, also einmaliges Phaenomen als Ausformung allgemeiner Denkkategorien unter bestimmten soziologischen Voraussetzungen und in einem bestimmten geschichtlichen Augenblick nicht lediglich zu beschreiben, sondern zu verstehen«[91], so verknüpfte er gleichsam die Traditionslinien, die von W. Mannhardt, H. Usener und A. Dieterich ausgegangen waren, mit denen von Max Weber und W. Dilthey zu einer Einheit, und wandte sich zugleich nicht nur gegen das ausdeutende Enthüllen der verborgenen Sinngehalte von Riten und Bräuchen, sondern betonte auch, daß »eine reine Bestandsaufnahme« nicht »etwas Wesentliches über die Erscheinungen auszusagen vermag«. Damit machte er deutlich, was er nicht geben wollte, auch und gerade im Gegensatz zu Georg Wissowa, dessen Werk »Religion und Kultus der Römer« er im Handbuch der Altertumswissenschaft ersetzen sollte und wollte.

Wissowa beschränkte sich auf den Staatskult; Latte unternahm stattdessen den fraglos kühnen Versuch, eine Geschichte der römischen Religion zu schreiben, also die Entwicklung der römischen Religion in ihren verschiedenen Phasen trotz der verzweifelten Quellenlage (die er gleich eingangs schildert) zu erfassen, d.h. trotz des Mangels an direkter Überlieferung für die früheste Zeit. Die Aufgaben, die er für die Forschung und damit für sich selbst gestellt sah, beschrieb er so: »Es gilt zu ermitteln, was in historischen Zeiten noch lebendiger Glaube war, und in den Dienst dieser Aufgabe alle uns verfügbaren Hilfsquellen zu stellen. Für die Zeit, aus der wir keine direkte Überlieferung haben, sind nur vorsichtige Rückschlüsse möglich, die versuchen, mit Hilfe versteinerter Reste eine Zeit zu erreichen, in der diese Reste noch in einem lebendigen Sinnzusammenhang standen. Dabei wird die wichtigste Aufgabe sein, für diese Frühzeit gerade die Unterschiede, die besonderen Merkmale des Römischen herauszuarbeiten und dann zu fragen, wie im Laufe der Geschichte zuerst griechische, dann orientalische Vorstellungen diese ursprünglichen Elemente umgeprägt oder verdrängt haben.«[92] Latte griff damit Prinzipien auf, die er in ähnlicher Weise schon für die Wiedergewinnung der frühgriechischen Rechtsvorstellung entwickelt und befolgt hatte und die er wieder erfolgreich anwenden konnte, weil er das gesamte Material einschließlich entlegener Inschriften oder archäologischer Zeugnisse nicht nur überblickte, sondern es auch, die Möglichkei-

91 ›Methodenprobleme der modernen Religionsgeschichte‹, in: Acta Congressus Madvigiani I, Kopenhagen 1958, 213–222, bes. 220 und 221.

92 Römische Religionsgeschichte, München 1960, 15. Zu G. Wissowa (1859–1931) vgl. die Gedächtnisrede von O. Kern, Hallische Universitätsreden 51, Halle 1931; ders. Gnomon 7, 1931, 398–400.

ten quellenkritischer und sprachgeschichtlicher Analyse nutzend und deren Grenzen mit aller Vorsicht beachtend, kritisch auszuwerten vermochte.

So entwirft er wenigstens im Umriß eine Skizze vom Verhältnis der Menschen zu den Göttern, wie es sich für die Frühzeit aus einigen Grundbegriffen, die in der Sprache fortleben, aus einigen Grundvorstellungen etwa von menschlicher Schuld und göttlichem Wirken und aus einigen sakralen Handlungen erahnen läßt. Deutlicher kann er das Bild von der Religion der Bauern zeichnen, aufgrund von mancherlei Riten zum Schutz der Felder, Saaten und Ernte, von Opfern und Kulten, von Festen und Bräuchen, die Haus und Hof, Geburt, Hochzeit und Tod betrafen, und schließlich von einigen Gottheiten wie Juppiter und Veiovis, Kulten und Kultstätten und den als ursprünglich anzusetzenden Vorstellungen von Genius und Iuno, den dem Mann bzw. der Frau innewohnenden Kräften und Mächten. Von dieser Bauernreligion sucht er dann die spätere Religion der Gemeinde abzugrenzen, und an die Übersicht über die ihr wesentlichen Züge und Elemente schließt er die Darstellung und Erklärung der italischen Einflüsse, der Pontifikalreligion und des Wandels, wie ihn erst etruskische, dann griechische Einflüsse bewirkten. Auch die Veränderungen in der frühen und späteren Kaiserzeit werden durch bestimmte historische Ereignisse, Einflüsse oder Entwicklungen verständlich gemacht, so daß insgesamt ein anschauliches Gesamtbild vom religiösen Leben der Römer in seiner unverwechselbaren Eigenart mit den die einzelnen Phasen prägenden typischen Zügen entsteht, das nur ein Gelehrter zeichnen konnte, dem es nicht genügte zu sammeln, zu registrieren und zu beschreiben, sondern der sich bemühte, den von ihm selbst zitierten Rat Useners zu befolgen: »Nur durch hingebendes versenken in diese geistesspuren entschwundener zeit, also durch philologische arbeit, vermögen wir uns zum nachempfinden zu erziehen: dann können allmählich verwandte saiten in uns mitschwingen und klingen, und wir entdecken im eigenen bewußtsein die fäden, die altes und neues verbinden. Reichere beobachtung und vergleichung gestattet weiter zu gehen, und wir erheben uns vom einzelnen zum ganzen.«[93]

Das Echo auf Lattes Buch war vielfältig: Neben bewundernder oder nüchtern abwägender Anerkennung wurde bei einigen Enttäuschung laut[94], die ein Handbuch zum Nachschlagen erwartet hatten – das hatte

93 H. Usener, Götternamen, Bonn 1896, VII, von Latte in dem Anm. 91 zitierten Aufsatz am Schluß (222) etwas ungenau zitiert.

94 Vgl. z. B. R. Arbesmann, Augustinianum 3, 1963, 236–238; A. Bernardi, Athenaeum 42, 1964, 590–597; O. Gigon, D. L. Z. 85, 1964, 13–18; J. Heurgon, Latomus 21, 1962, 644–649; W. Pötscher, Kairos 4, 1962, 142–144; H. J. Rose, J. Th. St. 12, 1961, 414; ders. C. R. 75, 1961, 255–257; L. Ross Taylor, C. W. 54, 1961, 217–218; K. H. Schelkle, Th. Q. 141, 1961, 357–359; H. Wagenvoort, Mnemosyne 4. ser. 15, 1962,

Latte, in dem manche einen verspäteten Vertreter des neunzehnten Jahrhunderts sehen wollten und wollen[95], nicht schreiben wollen. Auch und gerade im Bereich der Religion hatte er die Antike zum Leben erwecken wollen. Schärfste Kritik blieb nicht aus von denen, mit denen Latte seit langem im Streit lag. Kaum gezügelte Polemik beherrscht die vierundvierzig Seiten eines Artikels, den Angelo Brelich dem ›libro dannoso‹ glaubte widmen zu müssen[96], und F. Altheim wählte den dritten (mit Ruth Stiehl herausgegebenen) Band seines Werkes über »Die Araber in der antiken Welt«, um Gerhard Radke auf über zwanzig Seiten seine vielfältigen Vorbehalte vortragen zu lassen. Doch diese Kritik hatte keinen Bestand. G. Radke selbst hat vor einigen Wochen in seinem Buch »Zur Entwicklung der Gottesvorstellung und der Gottesverehrung in Rom« freimütig eingeräumt: »Meine erste Enttäuschung ist längst anerkennender Hochachtung gegenüber diesem Standardwerk gewichen.«[97]

IX.

Die Bemühungen, sich in die Lebenswirklichkeit der Antike und die je verschiedenen Denk- und Wesensarten der antiken Menschen hineinzuversetzen und sie mit ihren Besonderheiten den Menschen unserer Tage nahezubringen, bestimmte auch Lattes Wirken über die Fachgrenzen hinaus dort, wo er sich an die breitere Öffentlichkeit wandte. Daß er auch dabei nicht auf Ironie und Sarkasmus verzichten mochte, kann niemanden überraschen, der ihn kannte. Als Beleg zitiere ich nur eine Formulierung aus einem der Vorträge, die er im ersten Nachkriegsjahr trotz Hunger und Entbehrung vor der Deutsch-Griechischen Gesellschaft in Hamburg hielt. Bemüht, Hesiods Selbstzeugnis von seiner Dichterweihe zu deuten, sagte er: »Es geht nicht an, in den Versen des boeotischen Dichters sein früheres Hirtendasein als willkommenes biographisches Detail zu buchen, aber die Musen in das Reich dichterischer Erfindung zu verweisen oder gar als Allegorie für den Besuch einer Rhapsodenschule zu verflüchtigen, lediglich, weil dem modernen Menschen die Realität von Schafen einleuchtender zu sein pflegt, als die der Musen. Um die Worte

84–93; H. Waszink, Gnomon 34, 1962, 433–453; St. Weinstock, J.H.St. 51, 1961, 206–215.

95 So schreibt z.B. der Rezensent der Kleinen Schriften in: The Times Literary Supplement vom 8. August 1968: »Latte was, fundamentally, a nineteenth-century humanist«; vgl. auch H. Erbse, Gnomon 41, 1969, 531.

96 S.M.S.R. 32, 1961, 311–354; F. Altheim u. R. Stiehl, Die Araber in der Alten Welt III, Berlin 1966, 458–483 (G. Radke: ›Zu einem Buch K. Lattes‹).

97 G. Radke, Zur Entwicklung der Gottesvorstellung und der Gottesverehrung in Rom, Darmstadt 1987, IX.

wirklich zu verstehen, müssen wir nach dem Glauben fragen, der die Menschen jener Zeit beherrschte. Nur so ist es möglich, das ganz persönliche Erlebnis Hesiods gegen traditionelle epische Stilelemente abzugrenzen.«[98]

Diese Worte spiegeln fraglos eine gewisse Skepsis, die Latte wohl oft gegen sein Publikum und allgemeiner gegen seine Mitmenschen hegte, sie machen zugleich sein hohes Verantwortungsbewußtsein gegenüber den antiken Menschen und deren Werken und seine eigene Überzeugung offenkundig, daß nur der ehrliche, unvoreingenommene, keine Anstrengung scheuende Versuch, jede Einzelheit in den antiken Texten aus der Denk- und Vorstellungswelt der jeweiligen Verfasser, Schicht, Generation und Zeit zu erfassen, es uns ermöglicht, diese vergangene Welt zu verstehen, sie uns selbst lebendig vor Augen zu rücken und in ihrer Eigenart auch unseren Mitmenschen nahezubringen.

Denn das war das zentrale Anliegen dieses verschlossenen, schwer zugänglichen und daher oft mißverstandenen Mannes, wie es in seiner kleinen Schrift »Griechentum und Humanität«, auch in der schwierigen ersten Nachkriegszeit verfaßt, am deutlichsten greifbar wird[99]. Ich kann hier seine Analyse der wichtigsten Züge griechischen Wesens nicht auch nur im Umriß nachzeichnen und muß mich damit begnügen, wenigstens die letzten Sätze zu zitieren, die uns unmittelbar spüren lassen, daß die Versenkung in die antike Welt und deren Vermittlung an die eigene Zeit für Latte bewußt gewählter Inhalt seines Lebens waren: »Wirr wie die Trümmer unserer Städte emporragen, laufen die verschiedenartigsten geistigen Strömungen nebeneinander und gegeneinander. Es gibt nur einen Weg, der aus dem Chaos herausführen kann: Besinnung auf die Güter, denen die abendländische Kultur ihr Dasein verdankt, Aufsuchen der Grundlagen, auf denen sie ruht. Griechisches Menschentum ist eine einmalige geschichtliche Erscheinung, aber an seinem Licht kann sich echtes Menschentum entzünden, heute wie so oft schon im Laufe der europäischen Geschichte. Auf dem Boden von Hellas haben Lebensfragen und Daseinsformen des abendländischen Menschen zuerst Gestalt gewonnen, darum weckt die Hinwendung zu diesem Quell immer aufs neue schöpferische Kräfte. Hier ist eine auch heute mögliche Haltung, jedem zugänglich, aber freilich nur um den Preis sittlicher und intellektueller Arbeit, die jeder an sich selbst leisten muß. Es geht nicht um ein Bildungsideal, nicht einmal ausschließlich um das Verhalten gegen andere, worin man Humanität so gern sich erschöpfen läßt, sondern um Forderungen an die Weite der eigenen Gesinnung. So können wir den

98 Ant. u. Abendl. 2, 1946, 154–155. (= Kl. Schr. 63).

99 Iserlohn 1947; das Zitat: 28. Der Vortrag wurde bei der Immatrikulationsfeier der Göttinger Universität am 17. Mai 1947 gehalten.

Boden ebnen, auf dem wir uns wieder begegnen. Das Schicksal Deutschlands, das Schicksal Europas hängt daran, ob wir den Weg zurückfinden zu echtem Menschentum, zu Licht und Freiheit, zu Wahrhaftigkeit und Güte.«

X.

Wir stehen am Ende unseres Überblicks über das Leben und Werk eines Gelehrten, dem schönste Erfolge und reiche Anerkennung zuteil wurden, dem aber auch tiefste Erniedrigung während der Diktatur nicht erspart blieb. Es fehlt die Zeit, seine Leistungen noch einmal systematisch zusammenzufassen. Stattdessen sei der Blick nur rasch auf die Sammlung seiner »Kleinen Schriften« gelenkt, deren »erstaunliche Divergenz und Vielschichtigkeit in den behandelten Themen« einen der Rezensenten, Lattes Schüler Albrecht Dihle, zu dem Urteil kommen ließ[100], daß man »die Möglichkeit, auf so verschiedenen und, für sich genommen, gelegentlich geradezu abseitigen Gebieten sich produktiv und mit eindrucksvollen Ergebnissen als Forscher zu qualifizieren, kaum ohne das Vorhandensein einer klaren Konzeption vom Wesen und von der Bedeutung des Gesamtbereiches erklären kann, dem alle die voneinander weit entfernten Einzelthemen in sinnvoller Weise zuzuordnen sind«; und er fährt fort: »Trotz aller Differenzierung in der Forschung vermag unser in die Vergangenheit gerichteter Blick nach wie vor die griechisch-römische Kultur als Einheit zu erfassen, ja wahrscheinlich können die Hervorbringungen dieser Geschichtsepoche überhaupt nur dann unser Denken in Bewegung setzen, wenn wir aus eigener Kraft diese Einheit zu verstehen imstande bleiben.«

Das war Kurt Latte gelungen und hatte ihm ermöglicht, trotz aller Widrigkeiten so mannigfache Einsichten auf so verschiedenen Feldern der Forschung zu gewinnen. So darf er als einer der großen Vertreter der deutschen Altertumswissenschaft im Sinne seines Lehrers v. Wilamowitz gelten und zugleich als einer der großen Gestalten seiner Generation an unserer Universität, der er, auch als ihn Rufe nach auswärts erreichten, treu blieb. Er hat es sich bei der Erfüllung seiner Aufgaben selbst nie leicht gemacht, er hat es auch anderen nicht immer leicht gemacht, was bisweilen zu Mißverständnissen und Verstimmungen führte. Sie können das Bild nicht trüben, das wir Schüler in unserer Erinnerung bewahren, das anderen etwa in den Würdigungen zu seinem siebzigsten Geburtstag und vollends nach seinem Tode entgegentritt als das einer eindrucksvollen und unvergeßlichen Gelehrtenpersönlichkeit, das eines vielseitigen und fruchtbaren Altertumswissenschaftlers, der würdig die Reihe der Göttin-

100 Jb. A.C. 11–12, 1968–1969, 187.

ger Vorgänger von Gesner über Heyne und Müller bis hin zu v. Wilamowitz, Leo und Reitzenstein fortsetzte, denen frühere Gedenkvorträge[101] und diese Ringvorlesung galten, eine Ringvorlesung, die meine Kollegen und ich der Universität gleichsam als lebendigen Beweis der auch heute empfundenen Zusammengehörigkeit der altertumswissenschaftlichen Fächer zum Geburtstag zugedacht haben. Ähnliche Gaben sind der Georgia Augusta auch von den Historikern, Theologen, Juristen und anderen dargebracht worden; zugleich wurden der Universität aber auch sehr anders geartete Gaben zum Jubiläum beschert, Sparmaßnahmen der Politiker und Boykottmaßnahmen der Studenten, die sich einig zu sein schienen in dem Mangel an Verständnis dafür, daß das Jubiläum für uns zum Anlaß wurde für einen Blick in die früheren Jahrzehnte und Jahrhunderte, nicht aus antiquarischem Interesse, nicht um Kuriositäten wieder ans Licht zu ziehen, sondern um uns durch die Reflexion über das Gewesene für das Kommende zu rüsten im Bewußtsein, daß die Besinnung auf die Eigenart und die Leistungen unserer Vorgänger unsere eigenen Möglichkeiten und Kräfte zu vermehren und zu stärken vermag, anders formuliert in den Worten Richard Maschkes, die Kurt Latte am Ende seines Vorwortes für dessen Buch zum griechischen Recht zitiert und die als Motto über dieser Ringvorlesung wie über unserem Jubiläum, aber auch über dem Leben Kurt Lattes stehen könnten, im Bestreben, »die Zukunft zu schützen, indem man die Vergangenheit unlösbar an die Gegenwart anknüpft.«[102]

101 Zu C. G. Heyne s. Der Vormann der Georgia Augusta, Sechs akademische Reden, Göttingen 1980; U. Schindel, Gymnasium 88, 1981, 193–208; zu U. v. Wilamowitz R. Kassel, Z. P. E. 45, 1982, 271–300.

102 R. Maschke, Die Willenslehre im griechischen Recht, Berlin 1926, V.

Zusatz zu Anm. 9: Freundlicherweise macht mein Kollege U. Schindel mich darauf aufmerksam, daß die Philosophische Fakultät schon 1922 für die Nachfolge von G. Jachmann (s. o. Anm. 4) nach R. Pfeiffer (primo loco) neben W. A. Baehrens auch K. Latte (secundo loco pari passu) auf die Berufungsliste setzte, dessen Vielseitigkeit man schon damals ebenso hervorhob wie die zuverlässige Sachkenntnis auf seinen Spezialgebieten.

Carl Joachim Classen

Die Klassische Altertumswissenschaft an der Georgia Augusta 1734–1987

Mehrere Jahre bevor die Georgia Augusta am 17. 9. 1737 feierlich inauguriert wurde, nämlich bereits im Wintersemester 1734/35, begannen bekanntlich die ersten nach Göttingen berufenen Professoren, Vorlesungen zu halten; unter ihnen war Johann Matthias Gesner, der vorher als Rektor der Thomasschule in Leipzig gewirkt hatte und nun eine Professur der Beredsamkeit und Poesie übernahm. Zugleich leitete er die Bibliothek der neuen Universität und hatte die Oberaufsicht über die hannoverschen Landesschulen inne, vor allem aber wurde ihm bei seiner Berufung auf seinen Wunsch die Gründung und Leitung eines Seminarium philologicum zugestanden, dessen Stipendiaten, junge Theologen, eine besondere Ausbildung für eine Lehrtätigkeit an öffentlichen oder privaten Schulen erhielten. Gesner werden nicht nur wichtige wissenschaftliche Arbeiten, noch heute nützliche Kommentare zu den römischen Landwirtschaftsschriftstellern, zur ›Institutio oratoria‹ Quintilians und zu den Gedichten Claudians sowie ein ›novus linguae et eruditionis romanae Thesaurus‹, sondern auch der Aufbau und erste Ausbau der Universitätsbibliothek verdankt. Außerdem entfaltete er eine erfolgreiche Lehrtätigkeit, die viele Studenten nach Göttingen lockte. Denn er betonte die Inhalte stärker als die Form und ließ das Auswendiglernen von Regeln und die »statarische« Lektüre weniger Texte zugunsten einer »kursorischen« Lektüre zurücktreten, um die Studierenden mit möglichst vielen Schrifteen der Alten bekannt zu machen und ihnen dadurch die Möglichkeit zu geben, eigenen Geschmack, eigene Urteilsfähigkeit und eigene Produktivität zu entwikkeln.

Weder der gleichzeitig als ordentlicher Professor der Literaturgeschichte wirkende Ch. A. Heumann (1734–1758) noch der als Kontrahent Lessings bekannte Ch. A. Klotz (a.o. Professor 1762, o. Professor der Philosophie 1763–1765), der Vertrautheit mit den modernen Literaturen forderte, konnte spürbaren Einfluß ausüben. Dagegen fand Gesner (1734–1761) in Christian Gottlob Heyne (o. Professor 1763–1813) einen Nachfolger als Professor der Beredsamkeit und Poesie, der ihm weder als Philologe noch als Bibliothekar (alphabetischer Nominalkatalog) oder als

Pädagoge (Schulreform) nachstand und ihn durch seine weitgreifenden Studien im Bereich der alten Geschichte und Archäologie sowie sein Wirken in der Universität und als Sekretär der Societät der Wissenschaften, deren Gelehrte Anzeigen er jahrzehntelang redigierte, übertraf. Zu seinen Schülern zählten F.A. Wolf, A.W. und F. von Schlegel und W. v. Humboldt. Heyne edierte und erklärte Homers Ilias und die Dichtungen von Pindar, Vergil und Tibull und war bemüht, deren künstlerischen Wert zu verdeutlichen, die Eigenart des poetischen Ausdrucks und die Farbigkeit der Sprache. Außerdem gab er Apollodors Bibliothek heraus, ein mythologisches Handbuch, und veröffentlichte selbst zahlreiche Einzeluntersuchungen zur Mythologie, da er von Herder beeinflußt die Mythen als besondere Ausdrucksformen des Volksgeistes der Griechen und Römer verstand, die er in ihrer Entwicklung und individuellen Ausprägung zu erfassen bemüht war. Zugleich widmete er sich in seinen Vorlesungen und Publikationen auch Problemen der Geschichte und Kunst der Antike und begann, ein Münzkabinett und eine archäologische Lehrsammlung anzulegen: Aus dem Professor für (an den antiken Autoren geschulter) Beredsamkeit und Poesie entwickelte sich der Altertumswissenschaftler, der alle Bereiche der antiken Kultur kannte und wissenschaftlich zu erforschen und Studierenden wie einer breiten Öffentlichkeit nahezubringen trachtete.

Sein heute vergessener Schüler Christoph Wilhelm Mitscherlich (seit 1785 a.o. Professor, seit 1794 o. Professor) beschränkte sich ganz auf philologische Themen. Dagegen entwickelte Heynes nach dessen Tod nach Göttingen zurückberufener Schüler Ludolph Dissen (a.o. Professor 1813, o. Professor 1816–1837) zwar eine breit angelegte Vorlesungstätigkeit, vermochte aber in der Universität kaum Einfluß auszuüben; doch werden einige seiner Schriften, z.B. sein Pindarkommentar noch heute mit Gewinn benutzt. Friedrich Gottlieb Welcker schließlich, der philologische, historische, archäologische und mythologische Interessen pflegte und 1816 als Professor der Archäologie und griechischen Lliteratur berufen war, verließ Göttingen schon nach drei Jahren. An Welckers Stelle trat wiederum einer der bedeutendsten Vertreter der inzwischen zur klassischen Altertumswissenschaft entwickelten Disziplin: K. Otfried Müller (seit 1819 a.o. Professor, 1823–1840 o. Professor der Philosophie(!), mit der Aufgabe, Altertumskunde und Philologie zu lehren). Schon seine unter dem Einfluß von A. Boeckh in Berlin entstandene Erstlingsarbeit über die Insel Ägina (1817) hatte neben den allgemeinen Lebensbedingungen die Entwicklung und Vielfalt des politischen und kulturellen Lebens der Griechen in einem räumlich begrenzten Ausschnitt gewürdigt. In ähnlich weitgreifender Sicht hielt Müller in Göttingen Vorlesungen über die Archäologie und Geschichte der Kunst bei den Völkern des Altertums, über antike Mythologie und Religionsgeschichte, besonders die Orakel, über griechische Altertümer und römische Literaturgeschichte, über zahlreiche einzelne Autoren und über vergleichende Grammatik, und wirkte durch seine zahlreichen Publikationen, die ›Prolegomena zu einer wissenschaftlichen Mythologie‹, die umfassenden Darstellungen der Dorier und der Etrusker, die Ausgaben von Varro und Festus, die griechische Literaturgeschichte und das ›Handbuch der Archäologie der Kunst‹, die erste Gesamtdarstellung der archäologischen Disziplin, weit über die Grenzen Göttingens hinaus.

Nach Dissens Tod waren die bei ihm und Müller in Göttingen ausgebildeten Privatdozenten Ernst Ludwig von Leutsch und Friedrich Wilhelm Schneidewin zu Extraordinarien ernannt worden (1837), beide erhielten, als Karl Friedrich Hermann nach Müllers Tod (1840) und dem kurzen Zwischenspiel von Carl Ferdinand Ranke (o. Professor 1840–1841) 1842 als o. Professor der Klassischen Philologie und Archäologie berufen wurde, ebenfalls ordentliche Professuren, während Friedrich Julius August Wieseler das erste archäologische Extraordinariat übertragen wurde (o. Professor 1854–1892) und zugleich die Leitung des archäologisch-numismatischen Instituts. Zwar behandelte K.F. Hermann (†1855) in seinen Vorlesungen noch ein breites Spektrum altertumswissenschaftlicher Themen und widmete sich in seinen Publikationen neben der Edition von Texten »Geschichte und System der platonischen Philosophie«, der griechischen Geschichte und dem Recht sowie den griechischen Antiquitäten (Staatsaltertümer, gottesdienstliche Altertümer und Privataltertümer). Doch sein Nachfolger wurde Ernst Curtius (o. Professor 1856–1868, dann in Berlin), der nach epigraphischen und topographischen Studien eine griechische Geschichte verfaßte (1857–1867), die von idealisierender Begeisterung erfüllt, weite Verbreitung fand, wenn sie auch wissenschaftlich stark angefochten wurde. Auch die Wege von klassischer Philologie und alter Geschichte begannen sich zu trennen.

F.W. Schneidewin (o. Professor 1842–1856), obwohl ein Schüler von Müller, beschränkte sich unter dem Einfluß von G. Hermann und K. Lachmann ganz auf kritische und vor allem exegetische Arbeiten zu den griechischen Lyrikern, zu Sophokles und zu neu gefundenen Papyri und gründete eine Zeitschrift mit dem bezeichnenden Titel ›Philologus‹, deren Herausgabe sich sein Kollege E.L. v. Leutsch (o. Professor 1842–1887), der zunächst mit Schneidewin die griechischen Parömiographen herausgab, später fast ausschließlich widmete. Auch Hermann Sauppe hatte sich durch mehrere Ausgaben vor allem der attischen Redner und ihrer Fragmente einen Namen als Textkritiker gemacht, als er nach Göttingen berufen wurde (o. Professor 1856–1893), zugleich allerdings auch Probleme der athenischen Verfassung und Topographie erörtert, und auch während seiner langen fruchtbaren Lehrtätigkeit pflegt er eine breite Vielfalt philologischer und historischer Themen. Dagegen ließ Curtius' Nachfolger C. Wachsmuth (o. Professor 1869–1877) Probleme der Philologie deutlich hinter denen der Alten Geschichte, der Geographie und der Ethnographie zurücktreten. H. Nissen (o. Professor 1877–1878) blieb nur kurz, Ch. A. Volquardsen beschränkte sich auf die Alte Geschichte (o. Professor 1879–1897), ohne viel Interesse zu zeigen, und A. Wilmanns (o. Professor 1875–1886) widmete sich fast nur seinen Pflichten als Direktor der Bibliothek. Der 1877 berufene K. Dilthey (o. Professor bis 1907) ging bald ganz zur Archäologie über.

Im Gegensatz zu ihnen entfaltete der aus Greifswald berufene geniale Ulrich von Wilamowitz Moellendorff auch in Göttingen reiche und fruchtbare Aktivitäten (o. Professor 1883–1897), die er in Berlin fortsetzte (1897–1931) und die ihn zum bedeutendsten Altertumswissenschaftler seiner Zeit werden ließen. Wilamowitz, der früh Nietzsches Forderung, daß die klassische Philologie Bildung und Selbststeigerung durch den Umgang nur mit den allergrößten Wesen vermitteln soll, entgegengetreten war, verfolgte selbst mit Leidenschaft und Rastlosigkeit das hochgesteckte Ziel, »das antike Leben in seiner ganzen Weite geschichtlich zurückzugewinnen«, und so bezog er Archäologie und Landeskunde, Geschichte und Staatskunde, Religion und Philosophie, Recht und Sprachgeschichte in seine Lehrtätigkeit und seine Publikationen ein, deren Vielfalt auch nur im Umriß anzudeuten hier unmöglich ist.

Als besonders fruchtbar erwies sich die Tätigkeit der jüngeren Gelehrten, deren Berufung Wilamowitz veranlaßte: Wilhelm Meyer (o. Professor 1886–1917), der Begründer der Mittellateinischen Philologie, Friedrich Leo (o. Professor 1889–1914) und Wilhelm Schulze (o. Professor 1895–1902), der die Sprachwissenschaft als erster eigenständig zu vertreten begann; zu ihnen gesellte sich bald Georg Busolt (o. Professor der Alten Geschichte 1897–1920), bekannt als Verfasser der ›Griechischen Staatskunde‹.

F. Leo widmete sich vor allem der lateinischen Literatur; er schuf bahnbrechende Editionen der Tragödien Senecas, der Komödien des Plautus und der Werke des Venantius Fortunatus und verfaßte u. a. ›Plautinische Forschungen‹ und eine ›Geschichte der römischen Literatur‹ (Die Archaische Literatur), die noch heute wichtig und nützlich sind. Wenn er in seinen Vorlesungen und Seminaren auch griechische und lateinische Themen im Wechsel mit seinen Kollegen behandelte, deutete sich in seinem Werk die Tendenz zu weiterer Spezialisierung an. Nach Wilamowitz' Fortgang trugen neben Leo drei Gräzisten zur internationalen Geltung der Göttinger Philologie bei, die jeweils nur kurz hier wirken konnten, der früh verstorbene Georg Kaibel (o. Professor 1897–1901), ein begnadeter Kenner und Interpret griechischer Dichtung, Eduard Schwartz (o. Professor 1902–1909), ein selten vielseitiger und fruchtbarer Gelehrter, und Paul Wendland (o. Professor 1909–1915), der die

Beziehungen zwischen Christentum und Hellenismus erforschte. Kurz nach Wendland verstarb auch der Archäologe Gustav Körte (o. Professor 1907–1917), an dessen Stelle Hermann Thiersch trat (o. Professor 1918–1939), etwas später Georg Busolt, auf dessen Lehrstuhl Ulrich Kahrstedt (o. Professor 1921–1952) berufen wurde.

Die Entwicklung der folgenden Dekaden wurde geprägt und belastet durch den ersten Weltkrieg und dessen Folgen, dann die Diktatur mit ihren Verfolgungen und den zweiten Weltkrieg. Immerhin konnte Richard Reitzenstein (o. Professor 1914–1928) eine reiche Wirksamkeit neben Max Pohlenz entfalten, der seinerseits (seit 1906 a.o. Professor, 1909–1937 o. Professor) eine große Zahl von Lehramtskandidaten ausbildete und ein umfangreiches wissenschaftliches Werk schuf, u.a. eine Darstellung der stoischen Philosophie. Während G. Jachmann (a.o. Professor 1917–1918, o. Professor 1920–1922) Göttingen bald verließ und Wilhelm Adolf Baehrens (o. Professor 1922–1929) aus gesundheitlichen Gründen größerer Einfluß versagt blieb, erlebte das Philologische Seminar unter Eduard Fraenkel (o. Professor 1928–1931) eine leider nur kurze Blüte, die die Studentenzahlen rasch vervielfachte. Sein Nachfolger Kurt Latte (o. Professor 1931–1935), »der bedeutendste geistige Erbe seines Lehrers Wilamowitz«, wurde ebenso wie der einflußreiche und feinsinnige Hermann Fränkel (a.o. Professor 1925–1935) bald nach 1933 aus ›rassischen Gründen‹ aus dem Amt vertrieben. Die Studentenzahlen sanken drastisch, vor allem während des Krieges; Karl Deichgräber (o. Professor 1938–1946), vor allem bekannt durch seine Forschungen zur antiken Medizin, sorgte für den Fortbestand des Seminars, unterstützt durch Hans Drexler (o. Professor 1940–1945).

Nach dem Kriege konnte K. Latte auf seinen Lehrstuhl zurückkehren, und die Altertumswissenschaft erlebte unter ihm (o. Professor 1945–1957) und Wolf Hartmut Friedrich (o. Professor 1948–1972, seither Emeritus) sowie Rudolf Horn (a.o. Professor 1941, o. Professor für Archäologie 1952–1971) und Alfred Heuß (o. Professor für Alte Geschichte 1955–1977, seither Emeritus) eine neue Blüte in Göttingen, zugleich gefördert auch von Konrat Ziegler (früher Greifswald) und Ludolf Malten (früher Breslau), Karl Deichgräber (o. Professor 1957–1969) und Will Richter (o. Professor 1959–1975).

Nachdem in den späten sechziger Jahren die Studentenzahlen stark zurückgegangen waren, erfreuen sich die altertumswissenschaftlichen Disziplinen heute wieder vielfachen Interesses. Die Alte Geschichte wird vertreten durch Jochen Bleicken (o. Professor seit 1962, in Göttingen seit 1977), die klassische Archäologie durch Klaus Fittschen (o. Professor seit 1977), die Klassische Philologie durch Klaus Nickau (o. Professor seit 1970), Carl Joachim Classen (o. Professor seit 1966, in Göttingen seit 1973), Ulrich Schindel (o. Professor seit 1976), Wolfgang Fauth (Professor seit 1976) und Wolfram Ax (Professor seit 1984), die Mittellateinische Philologie durch Fidel Rädle (Professor seit 1981). Forschungsschwerpunkte sind in der Alten Geschichte die griechische Verfassungsgeschichte und die römische Sozial- und Verfassungsgeschichte, in der Archäologie antike Porträts und kaiserzeitliche Skulptur und in der klassischen Philologie: antike Literaturtheorie, Grammatik, Rhetorik, Philosophie und Religion; außerdem werden neue kritische Ausgaben mehrerer Autoren vorbereitet.

Addendum: Nachzutragen sind Ernst Karl Friedrich Wunderlich, seit 1808 a. o. Professor der Klassischen Philologie und 1814–1816 Mitdirektor des Philologischen Seminars (gest. 1816) und Karl Friedrich Christian Hoeck, seit 1818 Privatdozent, seit 1823 a.o. Professor und seit 1831 o. Professor der Klassischen Philologie, 1845–1875 Direktor der Universitätsbibliothek (gest. 1877). Die früher verbreiteten Textausgaben des Erstgenannten sind heute ebenso vergessen wie die historischen Darstellungen von Hoeck.

Abbildungsverzeichnis

*Namenregister**

Antike und Mittelalter

* Werktitel sind kursiv gesetzt, Sammelnamen und moderne Bezeichnungen mit einfachen Anführungszeichen ›‹.

Neuzeit